Cornelia Koppetsch
Die Gesellschaft des Zorns

Rechtspopulismus im globalen Zeitalter

[transcript]

Bibliografische Information der Deutschen Nationalbibliothek
Die Deutsche Nationalbibliothek verzeichnet diese Publikation in der Deutschen Nationalbibliografie; detaillierte bibliografische Daten sind im Internet über http://dnb.d-nb.de abrufbar.

© 2019 transcript Verlag, Bielefeld

Alle Rechte vorbehalten. Die Verwertung der Texte und Bilder ist ohne Zustimmung des Verlages urheberrechtswidrig und strafbar. Das gilt auch für Vervielfältigungen, Übersetzungen, Mikroverfilmungen und für die Verarbeitung mit elektronischen Systemen.

Umschlaggestaltung: Maria Arndt, Bielefeld
Lektorat & Korrektorat: Demian Niehaus
Satz: Michael Rauscher
Druck: Friedrich Pustet GmbH & Co. KG, Regensburg
Print-ISBN 978-3-8376-4838-6
PDF-ISBN 978-3-8394-4838-0
EPUB-ISBN 978-3-7328-4838-6
https://doi.org/10.14361/9783839448380

Gedruckt auf alterungsbeständigem Papier mit chlorfrei gebleichtem Zellstoff.
Besuchen Sie uns im Internet: *https://www.transcript-verlag.de*
Bitte fordern Sie unser Gesamtverzeichnis und andere Broschüren an unter: *info@transcript-verlag.de*

Inhalt

Einleitung | 9

Die globale Moderne 15 | Mobilisierung gegen die Folgen der Globalisierung 23 | Wegweiser durch das Buch 26 | Methodologische Randbemerkungen 31 | Dialektik der Protestbewegungen 34

1. Eine andere soziale Frage. Rechtspopulismus als gesellschaftliche Protestbewegung | 37

Wie Protestbewegungen entstehen und was sie erfolgreich macht 42 | Rechtspopulismus, 1968 und aktuelle Protestbewegungen im Vergleich 43 | Dialektik des Protests: Die Wurzeln des Rechtspopulismus 47 | Was den Rechtspopulismus ausmacht 49 | Eine Schubumkehr: Veränderungen in den Tiefenstrukturen der Gesellschaft 52 | Die neue Rigidität: Top-down-Strukturen und sinkende Ambiguitätstoleranz 53 | Die Nostalgie-Welle 57 | Spaltungen und Abspaltungen: Bewältigungsstrategien 59 | Wann schlägt ein Gefühl ins Politische um? 61 | Stellungskonflikte 63

2. Die Neuordnung des politischen Raums | 65

Politische und kulturelle Paradigmenwechsel 65 | Die Geschichte der Globalisierung: Ein Abriss 67 | Globale Transformationen seit 1989 68 | Die neuen Konfliktlinien: National vs. postnational 70 | Globale Migration, migrantisches Deutschland 72 | Mauern gegen die Globalisierung 75 | Der Wandel der Parteienlandschaft 78 | Linke Globalisierungskritik und das postindustrielle Bürgertum 80 | Der doppelte Liberalismus 83 | Der gesellschaftliche Wandel hinter der Transformation der Parteienlandschaft 85 | Die neue Hegemonie des Liberalismus 88 | Ursachen der Repräsentationslücke 90 | Fazit: Rechtspopulismus als sinnstiftendes Narrativ 92

3. **Die neuen Trennlinien.**
   Zur Transnationalisierung des Sozialraums | 95
   Wer sind die AfD-Wähler? 95 | Die ökonomische Globalisierungs-
   verlierer-Hypothese 97 | Die kulturelle Backlash-These 101 |
   Ökonomische und kulturelle Motive: Eine zusammengesetzte
   Konfliktlinie 104 | Neue Trennlinien: Die Transnationalisierung des
   Sozialraums 106 | Vertikale Trennlinien: Die Herausbildung
   globaler Märkte 108 | Transnationales kulturelles Kapital: Neue
   Distinktionsordnungen 111 | Konservative gegen Kosmopoliten: Eine
   neue horizontale Konfliktlinie 114 | Der kosmopolitische
   Habitus 116 | Gegen den kosmopolitischen Geist 119

4. **Herrschaftskonflikte: Eine Koalition der Deklassierten** | 123
   ›Guter‹ Kulturliberalismus und ›böser‹ Neoliberalismus? 124 |
   Ideologische Kämpfe sind Klassen- und Machtkämpfe 126 | Das
   Postfaktische als subversive Häresie 128 | Die Mobilisierung von
   Koalitionen 130 | Die AfD als ideologisches Sammelbecken für
   Häresien 131 | Islam- und Migrationsthema als ›allgemeine
   symbolische Klammer‹ 135 | Oben, Mitte, Unten: Milieus der
   Anhängerschaft im Spiegel der Islam- und Migrationskritik 137 |
   Deklassierung: Abwärtsmobile Flugbahnen 141 | Rechtspopulismus
   als Therapie 145

5. **Emotionen und Identitäten.**
   Der Aufstieg der (Neo-)Gemeinschaften | 149
   Ressentiments und Ängste: Zur Politik der Gefühle 150 |
   Ressentiments und Kollektivbewusstsein 153 | Rigidität und
   Abschottung: Wenn Angst starr macht 157 | Das Zeitalter des
   Individualismus 159 | Neogemeinschaften: Eine Welle der Re-
   Kollektivierung 162 | Rechtspopulistische Neogemeinschaften 165 |
   Ethnonationale Grenzziehungen: Das System des abgestuften
   Außenseitertums 168

6. **Dialektik der Globalisierung:**
   Ein neues Imaginarium sozialer Zugehörigkeit? | 175
   Der Preis der Globalisierung 175 | Solidarität und Kollektiv 177 |
   Nation, Staat und Solidarität 182 | Die Fragmentierung der

Mittelschicht 186 | Grenzbefestigungen und Diasporas 189 |
Postnationale Klassen: Eine neue Geografie sozialer Grenzen und
Zugehörigkeiten 191 | Sozialräumliche Trennung und Abspaltung
der Privilegierten 193 | Globale Verteilungs- und Deutungskämpfe –
ethnische und soziale Ungleichheiten 196 | Die Monopolstellung
des Zentrums und der soziale Frieden 199 | Globale Verteilungs-
konflikte im Gewand ethnonationaler Kämpfe 200 | Fazit: Gegen
den Verlust der Ausbeutungsprämie 202

7. Neue Bürgerlichkeit und die illiberale Gesellschaft: Eine historische Perspektive auf (De-)Zivilisierungsprozesse | 205

Distinktive Lebensführung im Prozess der Zivilisation 206 |
Postindustrielle Bürgerlichkeit: Affektmodellierung und
Abgrenzung nach unten 210 | Polarisierende Spaltungen und
Märkte 218 | Deklassierung und Ent-Zivilisierungsprozesse 224 |
›Phantasiepanzer‹ gegen die Deklassierung 227 | De-Zivilisierung
und Zornbewirtschaftung 229

8. In Deutschland daheim – in der Welt zu Hause. Alte Privilegien und neue Spaltungen | 233

Die Heimat der Eingeborenen und die Heimat der
Zugewanderten 235 | Was ist Heimat? 243 | Fazit: Heimat – ein
Machtkonflikt 246

Schluss – Von der Therapiekultur zur Demokratieangst: Neue deutsche Ängste | 249

Neue deutsche Ängste 249 | Reaktionen auf den
Rechtspopulismus 251 | Irrtümer im Umgang mit dem
Rechtspopulismus 253 | Wie umgehen mit der AfD? 256 |
Gesellschaftliche Gründe für den politischen Rechtsschwenk 257

Danksagung | 259

Literatur | 261

Einleitung

Jeder soziale Wandel bedeutet die Vertreibung aus einem Paradies, einem Ort, der im Rückblick als ein Hort von Frieden, Ruhe, Ordnung und Wohlstand erscheint. Während die einen schon vor längerer Zeit daraus vertrieben wurden, realisieren die anderen erst allmählich, was sich vor ihren Augen ereignet hat. Konnte man – sofern man selbst davon profitierte – den Horizont der Globalisierung bis zur Jahrtausendwende noch mit Bildern von Reichtum und Emanzipation in Verbindung bringen, so mehren sich heute die skeptischen Stimmen. Viele erleben Globalisierung angesichts der Explosion von Ungleichheiten, der Erosion des gesellschaftlichen Zusammenhalts und des Rückschlags externalisierter Kosten als kollektiven Kontrollverlust. Daraus erwachsen Spaltungen. Die einen halten den Kurs, versuchen aber, durch Krisenmanagement die alte Stabilität zurückzugewinnen, die anderen wollen eine vollständige Kehrtwende, indem sie in die alte Gesellschaftsordnung zurückkehren möchten. Die einen möchten die grenzüberschreitenden Wirtschaftsformen der globalen Moderne in die Zukunft fortschreiben, die anderen verklären die gesellschaftlichen Strukturen der Vergangenheit. Aus der Gruppe der Skeptiker und derjenigen, die Globalisierung als Kontrollverlust erleben, sind in den letzten Jahren rechtsnationale und rechtspopulistische Parteien hervorgegangen, die im Mittelpunkt des vorliegenden Buches stehen.

Dieses Buch ist der Versuch einer Soziologin, sich einen soziologischen Reim auf den Aufstieg der neuen populistischen Rechtsparteien zu machen – keinen politischen und auch keinen sozialwissenschaftlich akribischen, sondern einen, der folgende Fragen stellt: Wie konnten reaktionäre und autoritäre Tendenzen in einer Gesellschaft erstarken, die sich auf dem Höhepunkt des Friedens, der Aufklärung und des Fortschritts glaubte? Was können wir durch die Brille der Mobilisierungsursachen der neuen Rechtsparteien über die heutige Gesellschaft und ihre Spaltungen erfahren? Und welche Umrüstungen von Gesellschaftserzählungen und theoretischen Erkenntniswerkzeugen sind dazu notwendig?

Seit der Parteigründung der Alternative für Deutschland (AfD) im Jahr 2013 wurde in regelmäßigen Abständen deren nahender Untergang vorausgesagt. Weder hatte man mit ihrem Einzug ins Europaparlament im Jahr 2014 gerechnet,[1] noch wollte man seinen Augen trauen, als die AfD ab 2016 nach und nach mit zweistelligen Zahlen in die Landtage einzog. Die Bundesrepublik Deutschland, und später auch das vereinigte Deutschland, schien aufgrund beispielloser wirtschaftlicher Prosperität, aber auch infolge der intensiven Auseinandersetzung mit den Folgen des Nationalsozialismus, lange Zeit gefeit gegen ernstzunehmende Erfolge rechter Parteien, weshalb man den Einzug der AfD in den Bundestag im Jahr 2017 noch im Frühjahr desselben Jahres für schlechterdings unmöglich gehalten hatte. Indessen ist die AfD nicht nur kontinuierlich stärker geworden, sondern ist in einigen Bundesländern zur zweitstärksten Partei aufgestiegen und rangiert im Frühjahr 2019 in Umfragen wenige Prozentpunkte hinter der SPD.

Nun beschreitet Deutschland hinsichtlich der wachsenden Bedeutung der neuen Rechtsparteien allerdings keinen Sonderweg, sondern ist Nachzügler einer Entwicklung, die in anderen westlichen Ländern schon weiter fortgeschritten ist. In fast allen OECD-Ländern werden wir Zeugen einer von rechts getragenen Mobilisierung von Bevölkerungsgruppen, die sich bis vor Kurzem noch überwiegend an die Regeln und Ideen liberaler Demokratien gehalten und das Projekt globaler Öffnungen mitgetragen hatten. Ob in den USA, in Frankreich, Großbritannien, Österreich, Italien, Deutschland oder, unter etwas anderen Rahmenbedingungen, in ehemals sozialistischen Ländern wie Ungarn, Polen und Tschechien: Ein erheblicher Teil der Menschen wendet sich gegen den politischen Konsens des westlichen Parteiensystems.

Der Aufstieg der neuen Rechtsparteien stellt in der Tat eine Widerlegung bisheriger Erwartungen an die Entwicklung westlicher Gesellschaf-

---

1 | Die Europawahl 2014 markierte für den Kontinent eine Zäsur, denn sie brachte vielen rechtspopulistischen Bewegungen Rekordergebnisse ein, wobei sich der Anteil der auf die rechtspopulistischen Parteien entfallenden Stimmen von 5,1 Prozent auf 13,2 Prozent mehr als verdoppelt hat (Inglehart/Norris 2016). Dass der Front National in Frankreich oder die UKIP in Großbritannien zur jeweils stärksten Partei ihres Landes aufsteigen könnten, schien bis dato undenkbar (Hillebrand 2015: 7).

ten dar. Er widerlegt zum einen die modernisierungstheoretischen Gesellschaftserzählungen, die mehr oder weniger unausgesprochen davon ausgegangen sind, dass wir mit der Globalisierung in Bälde eine neue und letzte Stufe der Erweiterung gesellschaftlicher Großkörper auf eine höhere und inklusivere Einheit, d. h. auf die Ebene der *Weltgesellschaft*, erreichen würden. Inzwischen scheint ein solch friedliches Fortschreiten zivilisatorischer Entwicklungen mit dem Erfolg rechter Protestbewegungen, die Abschottung und den Primat nationalistischer und völkischer Partikulargemeinschaften gegenüber universalisierbaren Wertbezügen fordern und teils schon durchsetzen, zunehmend unwahrscheinlicher. Der Aufstieg der Rechtsparteien widerlegt aber auch solche Gesellschaftsnarrative, die darauf hofften, dass eine neue globale Arbeiter- oder linke Antiglobalisierungsbewegung (zum Beispiel Occupy Wallstreet) dem über die Maßen ausbeuterischen und gefräßigen Kapitalismus bald schon einen Maulkorb verpassen könnte. Ganz im Gegenteil: Soziale Ungleichheiten sind heute größer denn je in der Geschichte der Bundesrepublik – gleichzeitig ist die effektive Macht der global agierenden Unternehmen und der Finanzindustrie ungebrochen.

Das utopische Denken selbst, das sich in Hoffnungen auf eine Weltgesellschaft und eine Abkehr vom neoliberalen Kapitalismus ausdrückte, scheint mit dem Aufstieg von Rechtsparteien wie der AfD (die als einzige Partei die ›Alternative‹ im Namen trägt) lahmgelegt. So ist im politischen Denken ein Vakuum entstanden. In allen politischen Lagern kann demgegenüber eine kollektive Rückwärtsgewandtheit beobachtet werden, denn

»allenthalben verweist der – mal eher melancholische, mal eher aggressive – Blick zurück auf als verlorengegangen behauptete ›goldene Zeiten‹. Konkret: Auf Zeiten der Mittelstandsgesellschaft, die in der von der Gegenwart irritierten Rückschau in umso hellerem Licht erstrahlen: als sichere, geordnete und eindeutige Zeiten, in denen Deutschland noch Deutschland war (und andere Nationen ebenfalls noch ganz bei sich sein konnten).« (Lessenich 2018: 172 f.)

Die melancholische Form der Rückwärtsgewandtheit begegnet uns gegenwärtig in zahllosen Kulturprodukten, etwa in Nostalgie-Filmen im Sechzigerjahre-Dekor (oder, bezogen auf die DDR, in Filmen wie »Gundermann« und »Familie Brasch«), in historisierender Architektur (zum Beispiel in der Neuen Altstadt in Frankfurt a. M.), in der ästhetischen Verklärung des Handwerks (etwa bei der Handelskette Manufactum) oder in den Praktiken von Heritage-Bewegungen. Die aggressive Version der Rückwärtsgewandtheit begegnet uns in Gestalt der neuen Rechtsparteien, die sich von der Idee der Gleichheit und der Inklusion verabschieden, wenn sie für exklusive Solidarität und Abschottung eintreten.

Dieser politische Ausdruck der Rückwärtsgewandtheit hat dabei in den letzten zehn Jahren Formen angenommen, die man in den 1990er-Jahren schlechterdings für unmöglich gehalten hätte: Größere Bevölkerungsgruppen verlassen den gemeinsamen Boden der Wirklichkeit, sie bilden eine Parallelöffentlichkeit heraus, kehren bisherigen politischen Narrativen den Rücken oder bestreiten gar die Gültigkeit wissenschaftlichen Wissens, etwa wenn sie den Klimawandel leugnen oder die Auffassung vertreten, dass die Rollen von Mann und Frau biologisch festgelegt (und nicht etwa gesellschaftlich geprägt) seien. Auffällig sind darüber hinaus die nationalen und nationalistischen Revivals, die mit Hilfe des Rückgriffs auf nationale Symbole und Mythen und zuweilen auch, indem sie Verschwörungstheorien in Umlauf bringen, eine antimoderne Mythologisierung der Geschichte betreiben. Und schließlich beobachten wir nach drei Dekaden des Zurückweichens des gesellschaftlichen und politischen Denkens im Windschatten eines elitär-autoritären Neoliberalismus erneut Prozesse der Re-Politisierung, allerdings in einem für Liberale befremdlichen Rahmen: Menschen benutzen Politik nicht nur dazu, ihre Interessen zu fördern, sondern auch dazu, ihre Identität zu definieren – getreu dem Motto: »Wir wissen, wer wir sind, wenn wir wissen, wer wir *nicht* sind und *gegen wen* wir sind.« Schließlich kommt es zum Wiederaufleben auch der Institution des Sündenbocks, in Deutschland und Frankreich etwa in der Figur des Islams und der Muslime.

Was mich im Folgenden interessiert, ist, die gesellschaftlichen Voraussetzungen nachzuzeichnen, die zu diesen Phänomenen geführt haben, und den Folgen auf den Grund zu gehen, die diese Veränderungen nach sich ziehen. Dem liegt die Annahme zugrunde, dass der Aufstieg der populistischen Rechten keiner kurzfristigen Gefühlsaufwallung folgt, sondern eine längerfristige strukturelle Veränderung anzeigt, von der nicht nur die Anhängerschaft der neuen Rechtsparteien, sondern die *gesamte* Gesellschaft betroffen ist. Rechtspopulismus zeigt gewissermaßen einen ›Strukturwandel‹ *und* einen ›Mentalitätswandel‹ an, die durch einen politisch und gesellschaftlich bislang unbewältigten Epochenbruch ausgelöst worden sind. Diesen Wandel, der sich nicht plötzlich vollzogen, sondern etwa dreißig Jahre lang angebahnt und im Auftauchen des Rechtspopulismus lediglich einen vorläufigen Höhepunkt erfahren hat, aufzuspüren und zu erklären, ist die Zielstellung dieses Buches.

Die populärste Interpretation des gesellschaftlichen Mentalitätswandels geht davon aus, dass der Rechtsruck durch die Entscheidung von Bundeskanzlerin Merkel vom September 2015, etwa eine Million größtenteils muslimische Flüchtlinge ins Land zu lassen, verursacht worden ist. Doch sollte daran erinnert werden, dass die PEGIDA-Demonstrationen, die das ›populistische Moment‹ der Bewegung bildeten, bereits im Jahr 2014 stattfanden. Auch erscheint diese Lesart nicht stichhaltig, wenn man analoge Ereignisse in anderen Ländern dagegenhält. In den USA beispielsweise waren es kaum muslimische Flüchtlinge, die zum Aufstieg Trumps beitrugen, sondern Migranten aus Mexiko und anderen lateinamerikanischen Staaten. Der Brexit wiederum bezog seine Anschubenergie daraus, dass sich viele Briten von polnischen Handwerkern und ähnlichen Einwanderergruppen bedroht fühlten. In Frankreich schließlich befeuern muslimische Einwanderer die Spaltung. Dabei handelt es sich allerdings nicht um Flüchtlinge, sondern um Menschen aus den ehemaligen französischen Kolonien in Nordafrika. Ganz analog dazu waren um 1900 in dem gern als beispielhaft dargestellten Einwanderungsland USA viele Einwanderergruppen unerwünscht, etwa Iren, Italiener, Juden und Chinesen. An den Iren und Italienern störte die Amerikaner vor allem der Katholizismus: Katholiken galten, ähnlich wie Muslime im heutigen Deutschland, als Feinde von Demokratie und Freiheit. Zudem wurden ihnen nachgesagt, sie seien illoyal und einer fremden Macht verpflichtet – gemeint war der Papst. Hier ist die Parallele zum türkischen Präsidenten Erdoğan nicht abwegig.

Als gleichermaßen unbefriedigend erweisen sich paternalistische Sichtweisen auf vorgebliche Persönlichkeitsdefizite von AfD-Anhängern. Alternativ wird den Wählern, die vorrangig in den benachteiligten Schichten vermutet werden, Irrationalität oder eine kollektive seelische Störung – wie zum Beispiel Autoritarismus, Fremdenfeindlichkeit etc. – attestiert, die mal auf ungünstige Sozialisationsbedingungen (in der Arbeiterklasse), mal auf die unvollständige Aufarbeitung zweier Diktaturerfahrungen (in Ostdeutschland), mal auf die mentalen Sedimente eines autoritären Kapitalismus zurückgeführt wird (Heitmeyer 2010). Damit wird der politische Konflikt gleichsam aus dem persönlichen Horizont in die vorgeblich defizitäre Persönlichkeitsausstattung ›der anderen‹ gerückt – eine Form der Zuschreibung, die in der Anthropologie Edward Saids als *othering* bezeichnet wird.

Gegenüber diesen zwei Erklärungsversuchen – dem ereignisgebundenen, der die Fluchtmigration von 2015 in dem Mittelpunkt stellt, und dem paternalistischen – soll hier ein alternativer Ansatz entwickelt werden, der die strukturellen Ursachen für den Aufstieg der neuen Rechtsbewegungen als Folge eines bislang noch *unbewältigten epochalen Umbruchs* betrachtet, der in den zurückliegenden 30 Jahren deutliche Spuren in den Tiefenstrukturen westlicher Gesellschaften hinterlassen hat. Bei diesem Umbruch handelt es sich um die im Mauerfall kulminierende Neuausrichtung westlicher Gesellschaften von einer im nationalen Rahmen verankerten Industriemoderne hin zu einer Ordnung, die in diesem Buch als *globale Moderne* bezeichnet wird und die kulturell durch das Regime des *progressiven Neoliberalismus* abgestützt wird (Fraser 2017).

Unter dem Begriff *Neoliberalismus* soll ein Regime verstanden werden, das den Markt grundsätzlich dem Staat als Mittel der Lösung von Problemen vorzieht und alle Bereiche des Lebens wirtschaftlichen Imperativen unterwirft und einem ökonomischen Bild entsprechend vermisst – mit nachteiligen Folgen für die Demokratie. An die Stelle des *homo politicus*, der sich für das Gemeinwesen engagiert, tritt der *homo oeconomicus*, der Marktbürger, der sich über sein Humankapital definiert und in seine Wettbewerbsfähigkeit investiert. Damit haben sich Formen kapitalistischer Herrschaft in alle Gesellschaftsbereiche hinein ausgeweitet. Als *progressiv* ist dieser Neoliberalismus nun dort zu bezeichnen, wo er sich kultur- und linksliberale Ideen einverleibt hat, die ihm ein fortschrittliches Charisma verleihen, der Vertiefung sozialer Ungleichheiten und der Macht des Kapitals allerdings in keiner Weise entgegenstehen. So stehen die tonangebenden progressiven Kräfte, die sich gegenwärtig für Feminismus, Antirassismus, Multikulturalismus und die Rechte sexueller Minderheiten engagieren, faktisch im Bündnis mit den wissensintensiven Ökonomien der Finanzindustrie, des Silicon Valley und des *New Public Management* an Universitäten, Schulen und öffentlichen Verwaltungen (Fraser 2017).[2]

---

2 | Zum Maßstab von Emanzipation wird die *Diversifizierung* kapitalistischer Teilhabe, der Umstand also, dass Frauen, ethnische Minderheiten, Schwule und Lesben an der ökonomischen Konkurrenz gleichermaßen teilhaben können, und nicht mehr die Durchsetzung von Gleichheit und eines Lebens jenseits der Winner-take-

Die globale Moderne

Global sind mittlerweile nicht nur Wirtschaft, Produktion, Handel, Transportwesen und Geldströme, sondern auch Unterhaltungsindustrie, Kunst, Wissenschaft und Kommunikation. Gleiches gilt aber auch für die Mobilität der Menschen in Form von Tourismus und Migration. Die gesellschaftsstrukturell folgenreichste Öffnung besteht in der Globalisierung der Ökonomie, die durch die Liberalisierung der Finanzmärkte in den 1970er-Jahren angestoßen wurde. Mit dem Fall der Mauer erreichte die globale Wirtschaftsverflechtung eine neue Stufe. Im Windschatten des explosionsartigen Aufstiegs globaler Finanzmärkte und transnationaler Wertschöpfungsketten kam es zur Auflösung der Strukturen des Konzernkapitalismus (Castells 2001; Boltanski/Chiapello 2003). Durch den Aufbau globaler Produktions- und Lieferketten wurden die alten Produktionssysteme in Einzelteile zerlegt und rund um den Erdball jeweils dort (immer wieder) neu aufgebaut, wo sich Produkte am besten entwickeln oder am billigsten fertigen lassen. So können Designer in einem Land Prototypen für ein neues Produkt entwerfen und Ingenieure in einem zweiten Land die erforderlichen Maschinen und Produktionsstätten entwickeln, wodurch das Produkt schließlich in einem dritten Land, etwa in Taiwan oder Indonesien, gefertigt wird. Unternehmen sind keine räumlich situierten Behälter, sondern global vernetzte Einheiten. In einem solchen Geflecht, dem Netzwerkkapitalismus, ist die Zuordnung einzelner Unternehmen zu nur *einer* Nation problematisch geworden, was protektionistische Maßnahmen zugunsten einzelner nationaler Volkswirtschaften unter schwierige Bedingungen stellt. Transnationale Unternehmen wiederum wären ohne avancierte Kommunikationstechnologien, d. h. ohne den Ausbau elektronischer Infrastrukturen, die ihrerseits die globale Verflechtung von Wissen, Kultur, Unterhaltung, Medien und schließlich auch Migration und Tourismus vorangetrieben haben, nicht möglich gewesen. Die vielfältigen Grenzüberschreitungen haben zur Ausweitung von Horizonten und Möglichkeiten geführt, sie haben allerdings auch gesellschaftliche Risiken mit sich gebracht, da sie

---

all-Hierarchien (siehe auch Kapitel 2). Der progressive Neoliberalismus ist somit als eine Gesellschaftsformation anzusehen, die darauf beruht, die Forderungen progressiver Strömungen zu endogenisieren, um dadurch den Kapitalismus flexibler, innovativer und globaler zu gestalten.

nationale Wohlfahrtslagen bedrohen und wachsende Ungleichheiten hervorgebracht haben.

Nun haben Globalisierungsprozesse im Sinne der Zunahme weltweiter Verflechtungen bereits im ausgehenden Mittelalter stattgefunden, etwa in Form der Herausbildung globaler Hafen- und Handelsstädte sowie durch die Vernetzung von Kunst, Handwerk und Wissenschaft in Europa. Was also ist das dezidert Neue an der globalen Moderne, verglichen mit früheren derartigen Prozessen? Der wichtigste Unterschied besteht wohl darin, dass Globalisierung in der Frühmoderne *kontinuierlich* erfolgte und in der Tat wesentlich zur Herausbildung von souveränen Nationalstaaten im Rahmen einer arbeitsteiligen Weltwirtschaft beigetragen hat (Wallerstein 1983). Gegenüber dieser inkrementellen Globalisierung der Frühphase zeichnet sich die 1989 eingeleitete Phase der Globalisierung dagegen durch ihren *umwälzenden* Charakter und die *Gleichzeitigkeit des Wandels* von Staat, Wirtschaft und Gesellschaft aus. Dies hat zur Folge, dass sich im Zuge der Zunahme weltweiter Vernetzung *alle* Zugehörigkeiten grundlegend verändern – die zu einem Land, zu den Regionen, zum Weltmarkt und zu den kulturellen Traditionen eines Landes. Die unbestrittene Führungsrolle der Globalisierung kommt dabei dem Wirtschaftssystem zu, doch wäre ohne die Herausbildung der digitalen Informations- und Kommunikationstechnologien weder die länderübergreifende Aufspaltung von Produktionsketten noch die informationelle Vernetzung unterschiedlicher Weltregionen möglich gewesen. Diese Entwicklungen haben zur Herausbildung eines gemeinsamen ›globalen‹ Bewusstseins geführt, wie es sich etwa in der Debatte um den Klimawandel manifestiert. Hier ist erstmals ein Bewusstsein dafür entstanden, dass es sich bei der Erde um ein relativ kleines System handelt.

Ein zweiter wesentlicher Aspekt des epochalen Globalisierungsschubes der Gegenwart ist der Souveränitätsverlust von Nationalstaaten und der Dominanzgewinn ökonomischer gegenüber politischen Akteuren. Es kommt zu einer Umkehrung des Abhängigkeitsverhältnisses zwischen Weltwirtschaft und Nationalstaaten. Während die Souveränität von Staaten schwindet, führt der grenzüberschreitende Machtgewinn des Kapitals zu einem Zugewinn an Kontroll- und Selektionsmacht gegenüber nationalen Wirtschaftsstandorten mit weitreichenden Auswirkungen auf alle gesellschaftlichen Institutionen (Brock 1997).

Ein drittes, damit zusammenhängendes Strukturmerkmal der globalen Moderne stellt der Aufstieg der *global cities* zu transnationalen Steuerungszentren dar (Sassen 1991; 2007). Diese sind Knotenpunkte einer neuen Geografie der Macht. Mit der Ablösung des Industriezeitalters hat die Gleichförmigkeit der Industriestädte mit ihrer Massenproduktion, ihren Massenarbeitnehmern und ihren funktionalen Aufteilungen ein Ende, während Großstädte und Metropolregionen einen enormen Aufstieg erleben und eine auch in sozialräumlicher Hinsicht polarisierte Bevölkerungsstruktur hervorbringen. Diese sozialräumliche Polarisierung transzendiert die klassische Sozialstruktur der Industriemoderne. In der globalen Stadtlandschaft von Amsterdam bis Tokio, Frankfurt bis Paris, Philadelphia bis Rio de Janeiro ballt sich der gesellschaftliche Wandel in räumlicher Form. In diesen global miteinander vernetzten urbanen Zentren konzentriert sich die postindustrielle Gesellschaft der globalen Moderne in verdichteter Form, denn hier verschränken sich die globalen Dienstleistungszentren, die polarisierte Sozialstruktur von neuer transnationaler Mittelklasse und neuer Unterklasse sowie die Politik der internationalen Wettbewerbsfähigkeit. In den großen Städten konzentriert sich ein Großteil hochqualifizierter Dienstleistungsarbeit, wie sie typischerweise von transnationalen Unternehmen nachgefragt wird. Gleichzeitig konzentriert sich hier auch ein Großteil der einfachen Dienstleistungsarbeit sowie der unterprivilegierten Bevölkerungsgruppen. Die so aufgewerteten modernen Großstädte, besonders ihre Innenstädte, werden dabei zu Bühnen des neuen multikulturellen Urbanismus, der die Stadt als Ort kultureller Diversität von Aktivitäten und Milieus zelebriert und durch affektive Qualitäten wie Authentizität, Unverwechselbarkeit, kulturelle Offenheit und Lebendigkeit geprägt ist. Hier ist die ethnische Durchmischung Teil einer kosmopolitischen Kultur (Sassen 2007).

Spiegelbildlich zum Aufstieg metropolitaner Zentren ist es zur Entleerung und Verödung ganzer Landstriche in ländlichen Regionen, d. h. zur Herausbildung neuer Peripherien inmitten Europas, gekommen. Aus den deindustrialisierten Gebieten etwa in Ostdeutschland und vielen Regionen Osteuropas sind immer größere Teile der aktiven Bevölkerung abgewandert – Arztpraxen, Schulen, Kindergärten und Geschäfte mussten schließen. Eine ähnliche Verödung von ländlichen Regionen zeigt sich auch in Frankreich in der größer werdenden Kluft zwischen den Metropolen und *la France périphérique*. Diese Trennlinien zwischen prosperierenden globalen Städten und schrumpfenden Peripherien haben Auswirkungen auch auf das kulturelle Selbstverständnis: Während sich die bunt zusammengesetzten Bewohner der *global cities* häufig schon nicht mehr als Bürger einer Nation, sondern als postnationale Kosmopoliten begreifen, empfinden die Bewohner der schrumpfenden Regionen gerade die kosmopolitischen Werte, auf denen die urbane Kultur der globalen Moderne beruht, als Bedrohung. Ihr ›Wir‹ gründet stärker auf der Vorstellung einer Nation und einer gemeinsamen Abstammung und Kultur (Krastev 2017). In den entvölkerten Dörfern, aus denen junge Familien fortziehen und in denen Läden und Infrastrukturen zunehmend verschwinden, wird der Zustrom von Migranten daher nicht als Trost empfunden. Die Ankunft von Migranten verstärkt die demografische Melancholie in diesen Regionen und das Bedürfnis, zu den Strukturen des Industriezeitalters zurückzukehren.

Schließlich ist als ein viertes Strukturmerkmal der globalen Moderne die *Transnationalisierung* sozialer Ungleichheitsverhältnisse zu sehen (Mau 2007; Berger/Weiß 2008; Weiß 2017; Sassen 2007). Vor allem am oberen und unteren Rand kommt es zur Herausbildung von transnationalen Klassenlagen. Am oberen Pol befinden sich Gruppen, die als Globalisierungsgewinner verstanden werden können. Dazu gehört zum einen die kleine Elite der Superreichen, die in den Winner-take-it-all-Prozessen überproportionale Vermögens- oder Aufmerksamkeitsgewinne erzielt haben (Sklair 2001), und zum anderen die relativ breite Schicht der Kosmopoliten in den Kultur- und Wissensökonomien der *global cities*, die weder emotional noch ökonomisch übermäßig an einen spezifischen Nationalstaat gebunden ist. In urban-gemischten Kulturen lebend, entwickeln sie postnationale Identitäten und bilden gemeinsam mit den hochqualifizierten Migranten eine globale Oberschicht. Sie verfügen über global einsetzbares kulturelles Kapital, transnational verwertbare Bildung und weltweit anerkannte Qualifikationen.

Eine Unternehmensberaterin in Frankfurt a.M., ein Investmentbanker in London oder eine Architektin in Taiwan bewohnen einen gemeinsamen Verkehrs- und Transaktionsraum, selbst wenn sie sich nie persönlich begegnet sind und stets innerhalb ihrer Länder verbleiben. Häufig teilen sich die transnationalen, etwa in den Beratungs-, Finanz- oder Kulturökonomien tätigen, Experten nicht nur eine professionelle Identität, sondern auch einen gemeinsamen kosmopolitischen Lebensstil, der aus dem Leben in globalen Metropolen resultiert, die in allen Ländern der Welt ähnliche Infrastrukturen und urbane Landschaften aufweisen. Wer sich etwa von Frankfurt aus in die Metropolen anderer Länder, etwa nach Shanghai, Bangkok oder London begibt, findet überall eine vergleichbare urbane Geografie von In-Vierteln, gentrifizierten Stadtteilen, Museen, Theatern und Kulturdenkmälern vor. Dadurch werden sich die Lebensbedingungen in den Metropolen auch in Zukunft voraussichtlich noch stärker angleichen. Das Zugehörigkeitsgefühl der kosmopolitischen Mittelschicht zur eigenen Nation dürfte sich allerdings in dem Maße lockern, wie transnationale Verflechtungen zunehmen (Sassen 1996).

Spiegelbildlich finden sich am anderen Pol der sozialen Hierarchie unterschiedliche unterprivilegierte Gruppen ebenfalls zu einer transnationalen Klasse, zu einem transnationalen Unten, zusammen. Hier finden sich Geringverdiener aus unterschiedlichen Weltregionen als globales Dienstleistungsproletariat wieder. Für dieses existiert die ›soziale Rolltreppe‹ in die Mittelschicht zumeist nicht mehr, weil sich unter dem Druck internationaler Wettbewerbsfähigkeit auch die Löhne in den Ländern des globalen Nordens an die niedrigeren internationalen Maßstäbe angeglichen haben. Transnationalisierung ist somit nicht mit Migration identisch – die Verflechtung mit konkurrierenden Arbeitnehmern anderer Weltregionen hat gerade auch dort stattgefunden, wo sich die Einzelnen *gar nicht bewegt haben*. Transnational ist diese Klasse, weil sie faktisch nicht mehr unter dem Dach der nationalen Volkswirtschaft angesiedelt ist, auch wenn ein Teil ihrer Mitglieder alle Rechte der Staatsbürgerschaft genießt. Dieses transnationale Unten hat die traditionelle Arbeiterklasse abgelöst und ist weitaus heterogener, als diese es war. Es umfasst sowohl unterschiedliche geringqualifizierte bis gut ausgebildete Migranten wie auch gering- und de-qualifizierte einheimische Arbeitnehmer und setzt sich aus einfachen Dienstleistern, Randbelegschaften im industriellen Sektor, Arbeitslosen und Sozialhilfeempfängern zusammen.

Die Herausbildung eines transnationalen Unten wird durch zwei Prozesse vorangetrieben: zum einen durch die Möglichkeit von Unternehmen, ihre Unternehmenssitze in Niedriglohnländer auszulagern, und zum anderen dadurch, dass Migranten aus dem globalen Süden bereit sind, zu schlechteren Arbeitsbedingungen und niedrigeren Löhnen zu arbeiten. Die Spirale der Lohnunterbietungen im Zustell- und Transportgewerbe, in den Wach- und Sicherheitsdiensten, in der Pflege und in Ernteeinsätzen wird dadurch noch zusätzlich weiter angetrieben. Allerdings ist auch das transnationale Unten kein homogener Ort, da darin aufwärtsmobile migrantische Milieus aus den Mittelschichten des globalen Südens auf abwärtsmobile einheimische Geringverdiener treffen.

Zwischen dem transnationalen Oben und dem transnationalen Unten befinden sich nun die noch in den nationalen Wirtschafts- und Wohlfahrtsraum eingebundenen Mittelschichten, deren Wohlstandsniveau nach wie vor umfassend von innerstaatlichen und nationalen Institutionen geprägt wird. Allerdings verlieren diese Gruppen zunehmend ihren gesellschaftlichen Einfluss. Über Lebenschancen und Ressourcenzuteilungen entscheiden immer weniger die klassischen Anwälte der Mitte, wie etwa die Gewerkschaften oder die Volksparteien, sondern globale Wirtschaftsverflechtungen sowie supra- oder transnationale Einrichtungen (Werding/Müller 2007). Es zeichnet sich somit immer deutlicher eine zentrale Spaltungsachse innerhalb der Mittelschicht ab: Die akademisch ausgebildete urbane Mittelschicht wird zunehmend in die globale Oberschicht integriert, während die in den Regionen und Kleinstädten angesiedelte mittlere und untere Mittelschicht zunehmend in die Defensive gerät und ein unbedingtes Interesse am Erhalt eines exklusiv nationalen Wirtschafts- und Wohlfahrtsraums hat, notfalls auch durch Abkopplung von der Globalisierung. Diese traditionellen Mittelschichtsfraktionen können gewissermaßen als die unmittelbaren Nachfahren der ›nivellierten Mittelschicht‹ der Industriemoderne gesehen werden.

Schließlich haben, als ein fünftes Strukturmerkmal der globalen Moderne, auch politische Steuerungskonzepte die nationalstaatlichen Grenzen transzendiert.[3] Während die Politik des Steuerungs- und Wohlfahrtsstaates der Industriemoderne eng an den Nationalstaat gekoppelt war, ist der Bedeutungsverlust nationaler Regulierung in der globalen Moderne einerseits mit dem Aufschwung *supra*nationaler Steuerungsinstanzen und andererseits mit einem Bedeutungsgewinn politischer Akteure *unterhalb* der nationalen Ebene verbunden. Dabei spielen die Städte, vor allem die Großstädte und Metropolregionen als Brennpunkte globaler Investitionen, eine Schlüsselrolle.

Trotz all dieser globalen Verflechtungsprozesse ist die globale Moderne allerdings nicht mit einer *Weltgesellschaft* zu verwechseln, denn von

---

3 | Von den 1940er-Jahren bis in die 1970er-Jahre galt der Nationalstaat als der Ort des gesellschaftlichen Allgemeinen und wurde als zentrale gesellschaftliche Planungs- und Steuerungsinstanz modelliert. Paradigmatisch für diese Politik war eine Form korporatistisch-sozialdemokratischer Regulierung, die eine kulturell vergleichsweise homogene, nationale Gesellschaft gleichermaßen voraussetzte wie förderte.

allen sozialen Feldern weist lediglich das politische Feld supranationale Strukturen auf. Die globale Moderne kann aus Containerperspektive am besten durch *Transnationalisierung*, d. h. durch die grenzüberschreitende Re-Figuration sich überlagernder Räume, verstanden werden, die allerdings stets an lokale Infrastrukturen rückgekoppelt ist.[4] Transnationalisierung bedeutet, dass soziale Felder und Positionen nicht mehr innerhalb des Containers gestaltet werden, sondern sich zunehmend durch soziale Kontexte geprägt finden, deren flächenräumliche Ausdehnung die Grenzen von Staaten überschreitet (Mau 2007; Berger/Weiß 2008; Weiß 2017; Koppetsch 2017c).[5] Am ehesten lassen sich Transnationalisierungsprozesse im Sinne der Vernetzung und Entgrenzung von zuvor in getrennten ›Behältern‹ ansässigen Lebensformen, Ideen, Wissensräumen oder politischen Strukturen verstehen. So arbeiten etwa die Beschäftigten in der deutschen Niederlassung des Unternehmens Microsoft auf Englisch und sind in transnationale epistemische Gemeinschaften, transnationale Organisationsgeflechte und grenzüberschreitende Arbeitsmärkte eingebunden (Weiß 2017). Sie zeigen entweder virtuell oder durch

---

4 | Dies wird oftmals mit dem Begriff der *Glokalisierung* bezeichnet und bedeutet die Hervorbringung des Globalen durch das Lokale, die ermöglichende Rückbindung des globalen Verkehrs von Wissen, Geld, Kultur oder Ideen an lokale Infrastrukturen. Metaphern, die einseitig das Fluide und Flottierende im Globalisierungsprozess betonen, unterschlagen die Bedeutung des Lokalen bei der Hervorbringung und Regulierung des Globalen (Opitz/Tellmann 2012). So sind wichtige Bestandteile globaler Informationsökonomie ortsgebunden, aber auch rechtliche Regulative – etwa in der Offshore-Praxis von Scheinfirmen – spielen bei der Herstellung des Globalen eine wichtige Rolle. *Global cities* sind zentrale Standorte für hochentwickelte Dienstleistungen und Technologien, wie sie für die Durchführung und das Management globaler Wirtschaftsaktivitäten erforderlich sind (Sassen 1991). Das rapide Wachstum des Finanzgewerbes und der spezialisierten Experten- und Beratungsfunktionen schaffen nicht nur für hochqualifizierte Fachleute Beschäftigungsmöglichkeiten, sondern auch für niedrigbezahlte, unqualifizierte Arbeiter, die als Wachdienste, Putzkolonnen, Köche, Hotelfachleute, Haushaltskräfte etc. tätig sind. Neben der bereits erwähnten Ungleichheit zwischen den Städten entwickelt sich somit auch innerhalb der Städte eine wachsende Ungleichheit.
5 | Wurde gesellschaftliche Räumlichkeit in der Industriemoderne noch euklidisch, d. h. als System konzentrisch angeordneter, ineinander geschachtelter Behälter verstanden, so wird der Raum heute, in der Spätmoderne, relational, d. h. als netzwerkartiger Verflechtungszusammenhang sich überlagernder Regionen gedacht.

Kurzreisen Präsenz an unterschiedlichen Orten Europas und leben so in einer globalen Stadt, in der sich Lebenswelten überschneiden, ohne sich im *sozialen* Sinne zu berühren.

Transnationalisierung impliziert eine neue Vorstellung auch von Räumlichkeit. Um dies zu verstehen, müssen wir zunächst die Geschichte der Nationalstaaten besehen, die als Geschichte der Durchsetzung zentraler räumlicher Organisationsprinzipien beschrieben werden kann. Die Kartografie entwickelte sich ab dem 19. Jahrhundert zum Leitmedium räumlicher Repräsentation, welche auch alltägliche Raumvorstellungen beeinflusste. Eine zuvor vielfältige Schichtung von Macht- und Handlungsfeldern wurde durch die Herausbildung von Nationalstaaten zunehmend homogenisiert und innerhalb der Territorien zentralisiert (Elias 1992 [1976] I). Die Territorienbildung als räumliches Strukturprinzip erfasste nicht nur politische Räume, sondern setzte sich in Form der Hervorbringung homogener Zonen auch in Städten durch (Einkaufszonen, Erholungszonen, Altstadtzonen etc.). Damit wurde der Containerraum zur räumlichen Leitfigur (Löw 2018) und zum Leitprinzip etwa auch sozialwissenschaftlicher Forschungsperspektiven, die ihre Untersuchungsgegenstände im Ausschnitt territorialer Begrenzungen definieren. Bis heute stellt die Containerperspektive das dominante räumliche Paradigma auch der sozialen Ungleichheitsforschung dar.

Demgegenüber kann der gesellschaftliche Raum der globalen Moderne nicht mehr im Sinne eines euklidischen Behälters oder als System konzentrisch angeordneter Kreise verstanden werden, sondern ist vielmehr global-relational zu verstehen. Jeder Punkt innerhalb dieses Raums befindet sich im Schnittfeld translokaler Überschneidungs- und Verflechtungszusammenhänge von sich überlagernden Regionen, Communities oder Netzwerken. Dies bedeutet, dass sozialräumliche Praktiken und Positionen stets *mehr als einen sozialräumlichen Bezug* erhalten. Eine Vielzahl an Aktivitäten findet heute in elektronischen Räumen statt, die mit territorialen Räumen auf spezifische Weise interagieren. Dies prägt auch alltägliche Raumerfahrungen. So befinden sich Schüler auf einem Schulhof etwa geografisch innerhalb eines bestimmten Stadtviertels ihrer Stadt, interagieren über die Kameras der Überwachungsanlage mit der Schulleitung und kommunizieren via Smartphone mit ihren Freunden außerhalb der Schule.

Auch der Raum der sozialen Positionen definiert sich nicht mehr nur innerhalb eines einzigen nationalen Bezugssystems. Einheimische Arbeitnehmer positionieren sich heute nicht nur innerhalb der Sozialstruktur ihres eigenen Containers, sondern auch zu den Beschäftigten des globalen Südens, etwa den Mittelschichten in Südostasien, die sie auf ihren Urlaubsreisen treffen. Die Auswirkungen von Transnationalisierungsprozessen zeigen sich in besonderer Anschaulichkeit im vereinigten Deutschland. Während im Westen nach der Wende zunächst noch vieles beim Alten blieb, durchlief Ostdeutschland die Transformation von der Industriemoderne in die spätmoderne Dienstleistungsökonomie gleichsam im Zeitraffer, was bei vielen Ostdeutschen zu einer quasi-migrantischen Erfahrung führte – der Erfahrung, fremd im eigenen Land zu sein und über ungleich geringere Gestaltungsmöglichkeiten als die Westdeutschen zu verfügen. Aus dieser nachholenden Entwicklung resultieren bis heute unterschiedliche Erwartungen und Denkmuster in Ost und West. So wird im Osten stärker als im Westen am Ideal der Mittelstandsgesellschaft festgehalten und der soziale Zusammenhalt betont, da die Erfahrung einer relativen sozialen Gleichheit noch nicht so lange zurückliegt wie im Westen.

Konträr zur Herausbildung der Nationalstaaten stellt die Herausbildung der globalen Moderne also eine Geschichte der Durchsetzung dezentraler und translokaler räumlicher Organisationsprinzipien dar, die mit der Zunahme weltweiter Vernetzung und globalen Austauschs deutlicher hervortreten und auch das Alltagsleben bestimmen.

MOBILISIERUNG GEGEN DIE FOLGEN DER GLOBALISIERUNG

Die zentrale These dieses Buches lautet, dass der Aufstieg der Rechtsparteien eine aus unterschiedlichen Quellen gespeiste Konterrevolution gegen die Folgen der skizzierten Globalisierungs- und Transnationalisierungsprozesse darstellt. Dies darf allerdings nicht in dem Sinne verstanden werden, dass die Rechtsparteien wie viele linke Globalisierungskritiker die Systemfrage in den Vordergrund stellen würden oder dass sie, wie die Occupy-Bewegung in Amerika, versuchen würden, Globalisierung anders zu gestalten. Ihr Aufstieg resultiert vielmehr aus einem *kollektiven emotionalen Reflex* auf Veränderungen, die bereits vor längerer Zeit in die Gesellschaft eingesickert sind. Der Rechtspopulismus ist eine Reaktion auf eine Zeitenwende. Wichtig ist dabei zu sehen, dass die neuen Rechtsparteien erfolgreich sind, gerade *weil* sie sich nicht auf einzelne Themenfelder oder Fragen der sozialen Gerechtigkeit kaprizieren, sondern als *gesamtgesellschaftliche* Gegenbewegung agieren. Die neuen Rechtsparteien agieren polythematisch, indem sie bislang unverbundene gesellschaftliche Problembereiche und Krisenerscheinungen (wie etwa Weltfinanzkrise, ›Flüchtlingskrise‹, Verkrustung der Eliten, emotionale Entfremdung) verknüpfen, auf die sie mit drei Kernvorhaben reagieren: erstens einer *Re-Nationalisierung*, zweitens einer *Re-Souveränisierung* und drittens einer *Re-Vergemeinschaftung*. Im Folgenden sollen diese kurz umrissen werden.

Auf einer ersten Ebene können die neuen Rechtsparteien als Protestbewegung all derjenigen gesehen werden, die das Nationale auf die Bühne des Politischen zurückbringen möchten und daher gegen fortschreitende Globalisierungstendenzen die *Re-Nationalisierung* der Gesellschaft anstreben. Re-Nationalisierung hat unterschiedliche Gesichter. Im politischen Feld zielt sie auf die Verhinderung bzw. die Verminderung des Einflusses supranationaler Regierungen, wie etwa des Europaparlaments oder transnationaler Abkommen im Kontext von Freihandel, Klimaschutz oder Verteidigung; im ökonomischen Bereich auf den Schutz der wirtschaftlichen Interessen der einheimischen Bevölkerung durch Schutzzölle (dies insbesondere in den USA) oder durch Zuwanderungsbeschränkungen; und im kulturellen Bereich auf die Wiederherstellung eines symbolischen Zentrums (zumeist des ›Volkes‹ und/oder der Mittelschicht) als Reaktion auf Pluralisierungstendenzen, die durch gesellschaftliche Öffnungsbewegungen (gegenüber Frauen, Minderheiten und Migranten) entstanden sind.

Auf einer zweiten Ebene zielen die neuen Rechtsparteien auf eine *Re-Souveränisierung* ihrer Klientele ab. Ehemals Privilegierte, die ihre als legitim erachteten Vorrechte als durch Globalisierungs- und Transnationalisierungsprozesse gefährdet ansehen, sollen symbolisch entschädigt und von Neuem mit Macht und Einfluss ausgestattet werden. Angesprochen werden Gruppen und Individuen mit sehr unterschiedlichen Deklassierungserfahrungen: entmachtete Eliten, enttäuschte Familienväter, Ostdeutsche mit entwerteten Biografien oder ganz allgemein marginalisierte Belegschaften und Berufsgruppen. Die unterschiedlichen Adressaten können dabei keiner einzigen Klassenlage zugeordnet werden, sie bilden vielmehr ein vertikales Bündnis unterschiedlicher zurückfallender Gruppen. Allerdings sind nicht alle Deklassierten gleichermaßen durch *Rechts*parteien mobilisierbar. Neben einer Abstiegs- oder Verlusterfahrung muss als eine weitere Bedingung auch eine *kulturelle Entfremdung* vorliegen: Die Anhänger der Rechtsparteien rekrutieren sich schwerpunktmäßig aus den *konservativen* Fraktionen in Ober-, Unter- und Mittelschichten, deren Wertorientierungen und Lebensformen durch den Aufstieg des Kulturkosmopolitismus an den Rand gedrängt worden sind. Dies erklärt auch, warum Kulturkämpfe, wie sie gegenwärtig etwa um das Themenfeld ›Heimat‹ ausgefochten werden, einen so großen Stellenwert im Umfeld der AfD-Unterstützter einnehmen. Behauptet wird, man wolle den moralischen Maßstäben einer ›gesellschaftlichen Mehrheit‹ gegen die vorgebliche Vorherrschaft von kosmopolitischen Minderheiten (darunter wahlweise etwa Karrierefrauen, Homosexuelle oder Migranten) wieder zu ihrem Recht verhelfen.

Auf einer dritten Ebene beantworten die Programme der Rechtsparteien den Wunsch nach kollektiver Zugehörigkeit und *Re-Vergemeinschaftung*. Gegen das Regime individualistischer Markt- und Selbstverwirklichungskulturen soll ›das Volk‹ als Hort exklusiver Zusammengehörigkeit gestärkt und gegen nicht Dazugehörige verteidigt werden. Die neuen Rechtsparteien reagieren damit auf Verunsicherungen der Globalisierung und erfüllen eine weit verbreitete Sehnsucht nach Geborgenheit und Gemeinschaft. Als attraktive Lebensform kann diese Gemeinschaft deshalb erscheinen, weil sie die Schwächen der globalen Moderne mit ihren Ausscheidungskämpfen, den Kämpfen um Sichtbarkeit, persönlichen Wert und Individualität kompensieren und überwinden will. Die kompensatorischen Funktionen von Gemeinschaften zeigen sich gerade auch im Hinblick auf die wachsenden Mobilitäts- und Flexibilitätsanforderungen einer sich im beständigen Wandlungsprozess befindlichen Gesellschaft. Zwar verliert das Individuum mit der Unterordnung unter die Normen der Gemeinschaft individuelle Freiheitsspielräume, gewinnt aber andererseits die Gewissheit auf Anerkennung. Der Gemeinschaftlichkeit der eigenen Gruppe, ihren Werten und Normen, wird dabei Vorrang vor anderen Gruppen eingeräumt.

Die Kernthese, dass Rechtspopulismus einen emotionalen Reflex auf einen Epochenbruch darstellt, sowie ihre drei Dimensionen der Re-Nationalisierung, Re-Souveränisierung und Re-Vergemeinschaftung sollen in den acht Kapiteln dieses Buches genauer beleuchtet werden. Hier folgt nun eine kurze Übersicht.

WEGWEISER DURCH DAS BUCH

Das erste Kapitel *Eine andere soziale Frage. Rechtspopulismus als gesellschaftliche Protestbewegung* dokumentiert, dass die neuen Rechtsparteien eine soziale Gegenbewegung gegen die globale Moderne darstellen. Durch Kontrastierung mit linken Protestbewegungen werden die Entstehungsbedingungen, Trägergruppen und politischen Narrative der neuen Rechtsbewegungen herausgearbeitet. Die Rechtsparteien rekurrieren auf ein grundsätzlich anderes, ein vergangenheitsorientiertes und geschlossenes Modell von Gesellschaft, setzen sich überwiegend aus sozial absteigenden Schichten zusammen und gedeihen eher in Angst- als in Furchtkulturen. Sie sind allerdings nicht ohne Grund gerade in der Gegenwart so erfolgreich geworden, da sie mit allgemeinen gesellschaftlichen Rigidisierungstendenzen und Exklusionsschüben korrespondieren. Jede gesellschaftliche Epoche bringt ihre spezifische gesellschaftliche Konfliktlinie hervor: Die neuen Rechtsparteien repräsentieren, in Reaktion auf den bislang unbewältigten epochalen Umbruch nach dem Fall des Eisernen Vorhangs, *die zentrale Konfliktlinie* der Gegenwart.

Das zweite Kapitel *Die Neuordnung des politischen Raums* beleuchtet die globalen Entwicklungen seit 1989 im Einzelnen und zeichnet die gesellschaftlichen Hintergründe des Aufstiegs rechter Protestparteien nach. Der Fall der Mauer hat einen grundsätzlichen Paradigmenwechsel in der Weltpolitik eingeleitet und neue Konfliktlinien auch im Inneren von Gesellschaften hervorgebracht. Dazu haben auch die globalen Migrationsströme und die Herausbildung supranationaler Politikmodelle beigetragen. Sichtbar wird, dass die im Nationalstaat entwickelte Idee von Demokratie nicht umstandslos auf Strukturen jenseits des Nationalstaates übertragen werden kann. Infolge dieser Veränderungen haben sich die Parteienlandschaften transformiert: Die für die Nachkriegsepoche charakteristischen Polaritäten zwischen den konservativen und sozialdemokratischen Parteien sind weitgehend bedeutungslos geworden und von der parlamentarischen Opposition zwischen den Rechtsparteien und den bürgerlichen Parteien abgelöst worden. Im Aufstieg des Rechtspopulismus verdichten sich äußere Krisen und innere gesellschaftliche Entwicklungen zu einer *politischen Repräsentationskrise*.

Das dritte Kapitel *Die neuen Trennlinien: Zur Transnationalisierung des Sozialraums* rekonstruiert, ausgehend von einer detaillierten Analyse der Wählerschaft, die veränderte Sozialstruktur transnationaler Gesellschaften. Studien über die Zusammensetzung der Wählerschaft zeigen, dass Rechtspopulismus eine zusammengesetzte politische Konfliktlinie repräsentiert, die nicht auf eine einfache Zweiteilung – etwa ökonomischer oder kultureller Art – reduziert werden kann. Die gängige Annahme, bei den Anhängern handele es sich hauptsächlich um ökonomische Globalisierungsverlierer, greift insofern zu kurz, als sich unter diesen nicht ausschließlich und in Deutschland und den USA nicht einmal primär ökonomisch Benachteiligte finden. Aber auch die Annahme einer kulturellen Zweiteilung, die eine Trennlinie zwischen Hochgebildeten und Geringgebildeten zieht, ist nicht schlüssig, da sich auch Hochgebildete unter den Wählern finden. Die Zusammensetzung der Wählerschaft kann auf der Basis von Pierre Bourdieus Modell des Sozialraums besser als *Reaktion auf globale Öffnungen* in ganz unterschiedlichen gesellschaftlichen Teilsystemen gedeutet werden. Wo transnationale Qualifikationen, Beziehungen oder Märkte an Bedeutung gewinnen, werden gültige Einsätze und soziale Hierarchien in Wirtschaft, Politik, Kultur, Bildung und Wissenschaft neu verhandelt. Dadurch sind in allen Feldern neue Verlierer entstanden. Die Vielschichtigkeit dieses Wandels kann erklären, warum sich die Resonanz des Rechtspopulismus nicht nur in sozioökonomisch deprivierten Gruppen, sondern auch in privilegierten Milieus findet.

Trotz der Vielschichtigkeit zeigt sich eine übergreifende Trennlinie, die allerdings keine sozialstrukturelle, sondern eher eine affektiv-ontologische Spaltung darstellt und die zwischen denjenigen verläuft, die Resonanz und Anerkennung erfahren sowie Selbstgewissheit ausstrahlen, weil sie über ihre Existenzbedingungen verfügen können, und denjenigen, deren Selbstgewissheiten und Kontrollmöglichkeiten bedroht sind oder die den Zugriff darauf verloren haben. Es geht um die Möglichkeit und Fähigkeit, sein Selbst, sein Ich, in Zeiten beschleunigter Lebensrhythmen und historischer Umwälzungen zu reproduzieren und seinen Gewohnheiten, Sichtweisen und Wahrnehmungen – seiner Identität – gesellschaftliche Anerkennung zu verschaffen. Es geht also um die Aufrechterhaltung der sozialen Existenz. Sicherlich hängt die Möglichkeit dazu nicht unwesentlich auch von ökonomischen Ressourcen ab, allerdings nicht *nur*. Vielmehr hat der Identitätserhalt in Zeiten des beschleunigten Wandels und der Unsicherheit subjektive Voraussetzungen wie die Befähigung, das Sein als ein Instrument zu betrachten, über das man verfügen, das man gar gezielt manipulieren kann. Die neue Selbstgewissheit stammt dann nicht mehr in erster Linie aus habituellen Sicherheiten, sondern aus performativen Kompetenzen. Wichtiger als das ›Sein‹ wird die Fähigkeit zur Modellierung und zur gezielten Hervorbringung spezifischer Identitäten.

Das vierte Kapitel *Herrschaftskonflikte: Eine Koalition der Deklassierten* nimmt eine Nahaufnahme der gegenwärtig zu beobachtenden Kulturkonflikte zwischen Kosmopoliten und den Anhängern des Rechtspopulismus vor und geht dazu den ›Lebenslügen‹ kosmopolitischer Milieus auf den Grund. Diese Kulturkonflikte haben im Zuge globaler Öffnungsbewegungen an Brisanz gewonnen und in ihrer Bedeutung die traditionellen Klassenkämpfe zwischen Industriearbeitern und Unternehmern abgelöst. Während sich Kosmopoliten in ihrem Selbstbild als liberal, aufgeklärt, freiheitsliebend und fortschrittlich empfinden, postulieren die Anhänger der Rechtsparteien ›alternative Wahrheiten‹ und treten für die Wiedereinsetzung der auf Gleichheit, Tradition und nationaler Souveränität beruhenden Verhältnisse der Industriemoderne ein. Zudem stellen sie den Dominanzanspruch der kosmopolitischen Ober- und Mittelschichten in Frage. Aus Sicht der politischen Soziologie Pierre Bourdieus ist der hier aufbrechende Konflikt – Häresie gegen Orthodoxie – nicht verwunderlich, denn Klassenkämpfe sind immer auch Kämpfe um ›Wahrheiten‹, d. h. um Meinungsmonopole. Wahrheiten entstehen nicht im luftleeren Raum, sondern sind, vermittelt über den Habitus, an gesellschaftliche Standorte und Positionen gebunden. Die gesellschaftlichen Standorte und Standpunkte der Rechten werden im zweiten Teil des Kapitels anhand dreier Milieus ausgeleuchtet, aus denen sich die Anhängergruppen des Rechtspopulismus schwerpunktmäßig rekrutieren: nämlich aus der konservativen Oberschicht, der traditionellen Mittelschicht und der prekären Unterschicht.

Das fünfte Kapitel *Emotionen und Identitäten. Der Aufstieg der (Neo-) Gemeinschaften* befasst sich mit den emotionalen Auswirkungen des epochalen Umbruchs und dem Aufstieg neuer politischer Gemeinschaften. Im Zentrum stehen Ressentiments und Ängste, die aus sozialen Deklassierungen bzw. aus potenziellen Gefährdungen hervorgehen und jeweils ein persönlichkeitsveränderndes Potenzial besitzen. Ressentiments sind eminent politische Gefühle: Anders als Neid oder Scham, die den Einzelnen auf sich selbst zurückwerfen, unterbinden Ressentiments die serielle Isolation des Scheiterns zugunsten eines kompakten Wir. Das von Ressentiments erfüllte Subjekt blickt nicht länger auf sein defizitäres Selbst, sondern hält Ausschau nach Gegnern und feindlichen Mächten, an denen sich Rachegelüste und das Verlangen nach Vergeltung entzünden können. Die politischen Narrative der rechten Protestparteien sind darauf ausgerichtet, diese Ressentiments zu aktivieren und ein ›Bündnis der Betrogenen‹ zu errichten, wodurch die Kränkungen in gemeinschaftlichen Zorn auf ›das Establishment‹ verwandelt werden können. Neben rechtspopulistischen Parteien bilden auch ethnische oder religiöse Protestbewegungen ähnlich politische Neogemeinschaften heraus, die Schutzfunktionen übernehmen und eine Vergesellschaftung von sozialen Niederlagen vornehmen. Sie treten damit in die Lücke, die der Rückzug der Arbeiterbewegungen hinterlassen hat.

Das sechste Kapitel *Dialektik der Globalisierung: Ein neues Imaginarium sozialer Zugehörigkeit?* rückt die gesamtgesellschaftlichen Kosten und Rückschläge der Globalisierung in den Mittelpunkt. Globalisierung bezeichnet demnach keinen Prozess der stetigen Erweiterung, Öffnung oder gar der Auflösung von traditionellen, nationalen oder existenziellen Bindungen in einen globalen ›Raum der Ströme‹ (Castells 1996), sondern sollte als eine spezifische Form der *Re-Figuration von Räumen, Grenzen und Zugehörigkeiten* verstanden werden. Dabei stellt sich auch die Frage nach der Zukunft von Solidarität, da nationale Gemeinschaften im Zuge globaler Öffnungsbewegungen erodieren. Die Herausbildung transnationaler Communities stiftet zwar einerseits neue Zugehörigkeiten und Solidaritäten, erhöht andererseits aber auch das Risiko neu auflodernder religiöser oder ethnischer Konflikte, die eine globale Ausweitung erfahren und immer weniger im nationalstaatlichen Rahmen gezähmt werden können.

Möglicherweise sehen wir einer Zukunft entgegen, die eine neue Struktur sozialer Ungleichheiten herausbildet: Die Vorstellung einer im nationalen Container enthaltenen Klassengesellschaft könnte durch das Bild eines Flickenteppichs globaler Zugehörigkeiten in einer transnationalisierten Ordnung überlagert oder sogar ersetzt werden. So beobachten wir schon heute eine Vielzahl von Diaspora-Gemeinschaften, transnationalen Communities oder postnationalen Gruppierungen, deren Grenzen über jene des Nationalstaates hinausweisen, die jedoch hinsichtlich ihres Umfangs deutlich unterhalb der Ebene der Nation angesiedelt sind. Die Rechtsparteien treten demgegenüber für die Wiedereinsetzung nationaler Gemeinschaften und Grenzen ein. Dies ist vor dem Hintergrund, dass die Zugehörigkeit zu einer Nation mit zahlreichen Leistungen verbunden ist und im globalen Maßstab ein umkämpftes Privileg darstellt, keineswegs irrational.

Im siebten Kapitel *Neue Bürgerlichkeit und die illiberale Gesellschaft: Eine historische Perspektive auf (De-)Zivilisierungsprozesse* werden Veränderungen von Affektstrukturen im Kontext polarisierender Auf- und Abstiegsprozesse betrachtet. Der Prozess der Zivilisation hat sich nach Norbert Elias nicht gleichmäßig, sondern seit dem Mittelalter ausgehend von den Oberschichten vollzogen, d.h. zunächst von der höfischen Aristokratie, dann von den bürgerlichen Eliten her, die zu ihrer Zeit jeweils dichte Formationen gegenseitiger Abhängigkeiten bildeten. Zu einem gesamtgesellschaftlichen Prozess konnte die Zivilisation erst dadurch werden, dass in »langen Reihe[n] von Aufstiegsbewegungen« (Elias 1992 [1976] II: 342) die unteren Schichten nach oben drängten und dabei Verhaltenskodes der jeweiligen Oberschicht übernahmen. Heute bildet das postindustrielle Bürgertum, das aus einer Verschmelzung der akademisch-kosmopolitischen Mittelschicht mit dem traditionellen Bürgertum hervorgegangen ist, eine solche ›zivilisierte‹ Oberschicht, deren Aufstieg als Geschichte der Affektmodellierung erzählt werden kann.

Da die Klassengesellschaft des beginnenden 21. Jahrhunderts nicht mehr durch das Aufholen der unteren, sondern durch das Auseinanderstreben der oberen und unteren Schichten geprägt ist, finden sich die Gruppen der unteren und mittleren Klassen zunehmend am Aufschließen gehindert. Damit wird aber auch der Prozess der Zivilisierung blockiert. Der Prozess der Übernahme herrschender Verhaltensmuster wird unterbrochen. In den deklassierten Schichten steigt das Risiko regressiver Persönlichkeitsentwicklungen, da blockierte Aufstiege oder Abstiege von den Betroffenen oftmals als Machtverluste erfahren werden und ein unrealistisches Verlangen nach Restauration der alten Ordnung auslösen können. Die populistischen Rechtsparteien greifen diese Gefühle auf und agieren stellvertretend für die in ihrer Überlegenheit bedrohten Gruppen als politische »Zornunternehmer« (Sloterdijk 2008). Sie erarbeiten politische Erzählungen, in denen individuelle Zornpotenziale in den Dienst politischer Ziele gestellt werden können.

Im achten Kapitel *In Deutschland daheim – in der Welt zu Hause. Alte Privilegien und neue Spaltungen* werden Auseinandersetzungen um Zugehörigkeit anhand eines konkreten Themenfeldes, nämlich des Streits um *Heimat*, dargestellt. Sichtbar wird, dass es im Konflikt um Heimat nicht allein um Fragen des Lifestyles geht, sondern vielmehr um gesellschaftliche Positionen gerungen wird. Auf der einen Seite stehen die ›Fortschrittlichen‹ und ›Beweglichen‹, die aufgrund der transnationalen Anschlussfähigkeit ihrer Ressourcen über einen größeren Radius verfügen und die unermüdlich behaupten, dass Heimat auch Zuwanderern offenstehe und niemals etwas sei, was man für immer haben oder besitzen könne, sondern stets nur das Ergebnis eines ›gelungenen Heimischwerdens in der Welt‹ und der ›tätigen Auseinandersetzung mit der Umwelt‹ sei; auf der anderen Seite stehen jene, die zumeist weniger mobil sind, die deutlich weniger Wahlmöglichkeiten hinsichtlich ihres Wohn-, Arbeits- oder Urlaubsortes haben und deren Identität auf Zugehörigkeit zu einem spezifischen Territorium beruht, sei dies eine Region, eine Nation oder ein spezifischer Ort. Hier existiert häufig die Vorstellung einer schicksalhaften Verbindung mit dem eigenen Ursprung. In dieser Perspektive muss die ›unbegrenzte Flexibilität‹ einer offenen Selbstverortung dazu führen, dass am Ende niemand mehr eine Heimat hat.

METHODOLOGISCHE RANDBEMERKUNGEN

Als Untersuchungseinstellung soll eine Methodologie der *theoriegeleiteten Empathie* vorgeschlagen werden. Im Unterschied zur alltäglichen Empathie ist diese nicht durch Identifikation, sondern durch gesellschaftliche Betroffenheit geleitet, da dem Aufstieg der neuen Rechtsparteien nach Meinung der Autorin spezifische Veränderungen innerhalb der Gesellschaft im Ganzen vorausgegangen sind, die in meiner und unserer Zuständigkeit liegen. Sozialwissenschaftliche Beobachter können dabei allerdings keinen gleichsam göttlichen Standpunkt für sich reklamieren. Die methodologische Herausforderung besteht vielmehr darin, ein Konfliktgeschehen zu untersuchen, bei dem die Untersucher wissenschaftliche Objektivität beanspruchen, aber gleichzeitig unweigerlich selbst – buchstäblich – Partei ergreifen, da sie als (mehr oder weniger etablierte) Akademiker einer spezifischen Sozialklasse angehören und als (zumeist links oder liberal eingestellte) Sozialwissenschaftler in weltanschaulicher Opposition zu den Positionen der AfD oder anderer Rechtsparteien stehen. Das vorliegende Buch möchte in diesem Sinne einen Beitrag zur Selbst-Dezentrierung akademischer und sozialwissenschaftlicher Diskurse leisten, indem es deren Stand*punkte* auf gesellschaftliche Stand*orte*, d.h. auf soziale Lagen innerhalb des (sich zunehmend global erweiternden) Sozialraums, bezieht.

Die wirkungsvollste und zugleich subtilste Form der Leugnung eigener Standortgebundenheit besteht darin, die Existenz eines *politischen* Konfliktes überhaupt zu leugnen, indem man rechten Positionen qua Untersuchungsanordnung die politischen Inhalte und damit auch die gesellschaftliche Legitimität im Ganzen abspricht. Dieser Agenda folgt etwa Jan-Werner Müller (2017), wenn er Rechtspopulismus mit Antipluralismus gleichsetzt. Für ihn ist klar, dass Populismus keine spezifischen politischen Inhalte vertritt, sondern lediglich eine unspezifische Form der Identitätspolitik darstellt – ›wir gegen sie‹. Der ausgewiesene Populismus-Experte Cas Mudde folgt hier Müller, wenn er in diesem Zusammenhang behauptet, die Anhänger der Rechtsparteien würden einer »dünnen Ideologie« folgen, die er auf nur drei Basisideologeme zurückführen will: *Nativismus, Autoritarismus* und *Populismus* (Mudde 2016: 296).[6] Rechtspopulisten werden in diesen Theorien nicht als politische Akteure betrachtet, sondern ausschließlich auf ihre Rolle als Symptomträger, nämlich als Inhaber ›autoritärer Charakterstrukturen‹ oder Träger ›rassistischer‹, ›irrationaler‹ oder schlichtweg ›gefährlicher‹ Vorurteile, reduziert.

Die Deutungsschablonen und wissenschaftlichen Analyseinstrumente, mit denen der Aufstieg der AfD seitens der Sozialwissenschaftler zumeist analysiert und bewertet wird, stellen demnach keine neutralen Untersuchungsperspektiven dar, sondern theoretische Linsen, welche die eigenen Sichtweisen und Bewertungen, wenn auch zumeist ungewollt, stets mitreproduzieren. Sie sind damit ein Stück Begriffspolitik in den Sozialwissenschaften und dienen immer auch der Selbstvergewisserung, auf der richtigen Seite zu stehen. Viele Ansätze betrachten populistische Rechtsparteien daher nicht als ernstzunehmende Akteure, sondern als

---

6 | Nativismus steht für ›völkisches Denken‹, das den Staat und die Nation als Garanten der Interessen und Privilegien der ethnischen Eigengruppe begreift und Migranten als nicht Dazugehörige ausgrenzt. Autoritarismus, die zweite Säule, beinhaltet den Glauben an eine strikt geordnete Gesellschaft, in der Übergriffe auf Autoritäten hart bestraft werden sollen. Dies äußert sich politisch in einer *Law-and-order*-Politik, in welcher der Polizei größere Kompetenzen eingeräumt und soziale Probleme wie Abtreibung, Drogensucht oder Prostitution kriminalisiert werden sollen. Populismus schließlich basiert auf einer Betrachtungsweise, welche die Gesellschaft in zwei homogene und antagonistische Gruppen spaltet: das reine Volk und die korrupten Eliten. Dabei wird stets beansprucht, dass Politik aus der Hand der Eliten in die des Volkes gelangen sollte.

›Symptomträger‹, deren politischen Meinungen keinerlei Bedeutung beizumessen ist.

Die hier verwendete Methode der theoriegeleiteten Empathie ruht demgegenüber auf zwei Prinzipien: dem Prinzip des kontrollierten Fremdverstehens und dem Prinzip der theoriegeleiteten Erweiterung des Beobachtungsfeldes. Das erste Prinzip besteht in der Anwendung der Wissenssoziologie sowie der Grundlagen des methodischen Fremdverstehens, wie sie etwa durch die Paradigmen der interpretativen Sozialforschung bereitgestellt werden (Przyborski/Wohlrab-Sahr 2010). Dazu gehört die methodologische Bereitschaft zur ›Befremdung‹ der eigenen Sichtweisen und Gesellschaftserzählungen, um sich von darin mitgelieferten ideologischen Voreinstellungen zu lösen. Demgegenüber erheben manche Untersuchungen des Rechtspopulismus die Lebensgewohnheiten und Sichtweisen der kosmopolitischen akademischen Mittelklasse zum universellen Lebensmodell. Darin eingemeißelt ist die unverbrüchliche Überzeugung, dass die liberalen und kosmopolitischen Kultur- und Politikmuster ›moderner‹ und ›fortschrittlicher‹ seien.

Die affirmative Verengung der Perspektive ist angesichts der Relevanz politischer Überzeugungen für die Reproduktion sozialer Dominanzverhältnisse im Grunde nicht überraschend. Im Unterschied zu marginalisierten oder dominierten Gruppen haben sozial tonangebende Gruppen zumeist wenig Veranlassung, ihre Beurteilungskriterien und Prämissen zu hinterfragen. Dies verführt dazu, die Wirkung mit der Ursache zu verwechseln: Dominante Gruppen sind ja nicht deshalb hegemonial, weil sie fortschrittlicher sind oder weil sie allein über universalistische Normen verfügen, sondern weil sie über die Macht und die Mittel verfügen, ihre Sichtweisen zum gesellschaftlichen Maßstab insgesamt zu erheben. Die Schlüssel- und Gatekeeper-Funktionen in Schulen, Gewerkschaften, Parteien, Sozialämtern, Universitäten, Medien und Kulturanstalten werden heute häufiger von Vertretern der akademischen Mittelschichten eingenommen, deren Meinung *maßgeblich* zählt, weil sie Selektionsfunktionen übernehmen und dabei Maßstäbe und Kriterien der Beurteilung festlegen.

Das zweite methodische Prinzip besteht darin, die Untersuchungsperspektive insgesamt zu erweitern, um die Narrative der rechten Protestparteien auf ihren Realitätsgehalt zu überprüfen. Dazu ist es zunächst sinnvoll, Gesellschaft *über den Container hinaus* zu denken. Solange Lebenschancen durch das Staatensystem und Staatsbürgerschaften, d. h.

über eine Art »Lotterie der Geburt« (Shachar 2009), vergeben werden, ist es nur rational, wenn Menschen glauben, dass ›ihr‹ Staat überlegen ist und gegenüber Zuwanderern und Außenstehenden geschützt werden sollte (Weiß 2017: 12). Da der Abstand heimischer Arbeitnehmer zu den Menschen im globalen Süden durch die immer stärkeren Verflechtungen der Weltwirtschaft sowie die technologische Entwicklung kleiner wird, ist es nicht so irrational wie oft behauptet, eigene Privilegien im Namen der Souveränität ›des Volkes‹ durch explizite ethno-kulturelle Ausgrenzungen wiederherzustellen. Selbstverständlich ist es mehr als fraglich, ob nationale Kontrolle durch eine Politik der Abschottung wiedererlangt werden kann, doch öffnen sich dem soziologischen Beobachter hier grundsätzliche Perspektiven auf Fragen der Grenzziehung. Ethno-nationale Abschottungstendenzen zeigen sich ja nicht ohne Grund gerade in solchen Gruppen, deren postkoloniale Ausbeutungsprämien schwinden. Gleichzeitig wird sichtbar, dass jede gesellschaftliche Gruppe ihre eigenen Prinzipien der Schließung gegenüber unerwünschten Zuwanderern und aufholenden Außenseitern kennt. Die Anhänger der politischen Lager unterscheiden sich daher weniger im Prinzip als in den *Methoden* der Ausschließung.

DIALEKTIK DER PROTESTBEWEGUNGEN

Die Notwendigkeit einer Untersuchungsperspektive, die sich der eigenen Standortgebundenheit bewusst ist, wird deutlich, wenn man das Verhältnis der linken Protestbewegungen, die 1968 ihren Anfang nahmen, und der heutigen rechtspopulistischen Bewegungen besieht. Allgemein lässt sich sagen, dass Protestbewegungen erstarken, wenn die Unzufriedenheit spezifischer Gruppen mit den sozialen Zuständen nicht mehr im Rahmen der etablierten gesellschaftlichen Ordnung absorbiert werden kann. Drei Faktoren müssen zusammenkommen, um Proteste zu mobilisieren (Kern 2008): erstens eine strukturelle Deklassierung wesentlicher Teile der Bevölkerung; zweitens ein Glaubwürdigkeitsverlust geltender Werte und Normen, woraus sich Gesellschaftskritik (hier: an liberalen Werten und gesellschaftlichen Ideologien) speist und an Fahrt aufnehmen kann; und drittens strukturbedrohliche Krisenereignisse, wie sie in der jüngeren Vergangenheit etwa die Finanzkrise, die Eurokrise, die Wachstums- und Ungleichheitskrise oder eben auch die Bedrohung durch Terror, Kriege und – für manche Bevölkerungsgruppen – die massenhafte Zuwanderung darstellten.

Die strukturellen Ähnlichkeiten zu den Gegenbewegungen seit 1968 liegen auf der Hand: Die 1968er-Bewegung wie auch die in ihrer Folge Ende der 1970er-Jahre erstarkenden Friedens- und Frauenbewegungen waren Vorreiter gesellschaftlicher Liberalisierungsprozesse; sie forcierten eine allgemeine Trendwende von den Ordnungswerten hin zu Toleranzwerten und Fragen der Gleichberechtigung, der individuellen Selbstverwirklichung, der politischen Partizipation und der Menschenrechte. Auch sie verdankten ihren Erfolg dem Zusammenwirken gesellschaftlicher Krisenereignisse (etwa der atomaren Bedrohung sowie der Ökologie- und der Ölkrise) mit dem Legitimationsverlust der von den Protestakteuren als scheinheilig-bürgerlich empfundenen herrschenden Ordnung. Und auch diese Bewegungen wurden getragen von damals eher marginalisierten Gruppen, wie etwa Frauen, Homosexuellen, gesellschaftlichen Außenseitern und, ganz allgemein, jungen Erwachsenen.

Die Ironie besteht nun darin, dass die Milieus, die sich nach 1968 herausbildeten, allmählich mit dem Bürgertum verschmolzen und mithin ihrerseits hegemonial geworden sind. Heute werden sie selbst zur Zielscheibe des Protests. Dadurch fällt es ihren Vertretern nun schwer, eine objektive Sicht auf gesellschaftliche Konflikte, in denen sie selbst Partei ergreifen, zu gewinnen. Dies zeigt sich gerade bei Wissenschaftlern, Publizisten, Regisseuren und anderen Figuren des öffentlichen bzw. kulturellen Lebens, die sich zu dem Aufstieg der neuen Rechtsparteien äußern, dabei aber fast durchweg dem staatstragenden Bürgertum angehören: Ihnen gelingt es bislang kaum, den eigenen Standpunkt auch als Ausdruck einer sozialen Lage, genauer: *ihrer herrschenden Stellung*, zu reflektieren. Vielmehr unterstreichen sie ihre Position im ›Establishment‹, indem sie die rechten Protestbewegungen reflexhaft politisch, moralisch oder inhaltlich verurteilen oder – ins Pädagogische gewendet – als »falschen Weg«, etwa als die »falsche Antwort auf die richtige Frage nach den Fehlern der Globalisierung« (Stegemann 2017: 10), apostrophieren. Währenddessen wird wie selbstverständlich davon ausgegangen, all das, was die Unterstützer dieses ›falschen Weges‹ repräsentieren, selbst nicht zu sein. Es sind demnach stets die anderen, die Ressentiments pflegen, die Ausgrenzung von Migranten und Minderheiten forcieren oder dem Autoritarismus verfallen. Diese Ausführungen, die in Kapitel 1 im Detail verfolgt werden, zeigen, dass es notwendig ist, den gleichsam göttlichen

Beobachtungsstandpunkt aufzugeben und die eigenen politischen Überzeugungen als Teil einer herrschenden Meinung zu reflektieren, um zu einer gehaltvollen Analyse der Entstehungsursachen rechter Protestbewegungen zu kommen.

1. Eine andere soziale Frage. Rechtspopulismus als gesellschaftliche Protestbewegung

Auf dem Demonstrationszug in Chemnitz am ersten September 2018 zeigte sich das AfD-Milieu erstmals in seiner ganzen Breite: Abgeordnete und Spitzenfunktionäre führten eine Kolonne an, in der ›gewöhnliche‹ Chemnitzer Bürger ebenso mitliefen wie die fremdenfeindliche Splittergruppe Pro Chemnitz, Neonazis, Identitäre und mehr oder weniger unpolitische Hooligans. Der Auslöser war der tödliche Angriff auf einen Deutschkubaner durch zwei Ausländer. Nur Stunden nach der Tat marschierten 800 Demonstranten durch die Stadt, Polizisten wurden zu Boden gestoßen, Menschen, die für Flüchtlinge gehalten wurden, bedroht. Ähnliche Ausschreitungen hat es auch in Bautzen, Freital, Heidenach, Clausnitz und Kandel gegeben. Diese Ausschreitungen stehen für Szenen von aufgebrachter Wut, Hass und Gewalt gegenüber Fremden, sie sind gegen ankommende Flüchtlinge, Migranten oder auch die Kanzlerin gerichtet. Von allen Demonstrationszügen haben die Chemnitzer Ausschreitungen besonderes Aufsehen erregt, weil sie in Windeseile eine beträchtliche Kampftruppe aus Neonazis, Hooligans, AfD-Anhängern und ›besorgten Bürgern‹, die alle Migranten in Sippenhaft nehmen, mobilisieren konnten.

Allerdings kennt das AfD-Milieu auch gemäßigte Stimmen – ›ganz normale‹ Bürger, Anhänger des Konservativen und Menschen, welche die industriellen Lebensformen oder einfach nur die ›gute alte Zeit‹ erhalten wollen. Auffallend ist indessen, wie weit die AfD über im engeren Sinne rechte Kreise hinaus Zustimmung auch in bürgerlichen Kreisen findet, die bislang keine Nähe zu rechtssextremen Weltbildern aufwiesen oder Identitätsmythen und Gemeinsamkeitsvorstellungen nachhingen, etwa bei jenen, die ein überkommenes Familienbild propagieren, sich gegen Geschlechtergerechtigkeit aussprechen und den ›unkontrollierten‹ Zuzug von Migranten oder die rechtliche Gleichstellung homosexueller Paare ablehnen.

Dabei erweist sich der Schulterschluss zwischen gemäßigten und radikalen Gruppen als wirksame Mobilisierungsstrategie. Ob Gauland, Petry, Bachmann oder Höcke: Die radikalen Köpfe erweisen sich als geschickte politische Unternehmer, wenn es darum geht, die ›Altparteien‹ in die Empörungsfalle zu lenken und mit Themen wie Ausländerkriminalität, Burkaverbot, Grenzkontrollen, Genderfragen oder dem Holocaust ein hohes Maß an medialer Aufmerksamkeit zu erlangen. Die Parteiführer brechen unter lautem Getöse Tabus und schärfen damit ihr Alleinstellungsmerkmal als deutlich wahrnehmbare Opposition zu den anderen, den ›bürgerlichen‹ Parteien. Im Gegenzug plädieren die gemäßigten Kräfte in der Partei für eine Distanzierung vom ›rechten Rand‹, was bürgerliche Wähler goutieren.

Die AfD verfügt also keine sechs Jahre nach ihrer Gründung – wie viele ihrer Pendants in anderen Ländern auch – über eine beträchtliche Mobilisierungsfähigkeit bis tief in bürgerliche Kreise hinein. Der rasante Aufstieg rechtspopulistischer Bewegungen in der euroatlantischen politischen Landschaft ist folgerichtig von einem Nischenthema der Politikwissenschaften zu einem Hauptgegenstand aktueller Zeit- und Gesellschaftsdiagnosen avanciert (Mouffe 2007; Fraser 2017; Geiselberger 2017; Brown 2017; Krastev 2017; Reckwitz 2017). Der derzeit einflussreichste Erklärungsansatz sieht den Aufstieg des Rechtspopulismus unter dem Vorzeichen *ökonomischer Verteilungskämpfe*. Demnach sei der rechtspopulistische Protest als gleichsam ideologisch verzerrter Klassenkampf zu verstehen, da sich unter den Anhängern mehrheitlich Globalisierungsverlierer aus den unteren Sozialklassen befänden. Diese Ansicht hat, angestoßen durch den publizistischen Erfolg von Didier Eribons Buch »Rückkehr nach Reims« (2016), jüngst weite Verbreitung gefunden. Allerdings greift diese Sichtweise sowohl in empirischer wie auch in theoretischer Hinsicht zu kurz. Empirisch ist sie nicht haltbar, weil die AfD Zustimmung auch in den mittleren und oberen Schichten findet und Prekarität per se noch nicht zu einer größeren Wahlbereitschaft der AfD führt (dies wird in Kapitel 3 im Detail gezeigt); theoretisch ist die These unbefriedigend, weil sie gesellschaftlichen Widerstand auf rein ökonomische Fragen und Fragen der Verteilungsgerechtigkeit reduziert. Möglicherweise können sich gerade linke Sozialwissenschaftler nicht vorstellen, dass die

Anhänger der Rechtsparteien andere als ökonomische Interessen verfolgen, sondern die gesellschaftliche Ordnung als Ganzes hinterfragen. Das bedeutet nicht, dass gesellschaftliche Spaltungen bei der Entstehung der neuen Rechtsparteien keine Rolle spielen würden. Doch diese verlaufen oftmals mitten durch soziale Klassen hindurch und bringen antagonistische Fraktionen gegeneinander in Stellung. Hinzu kommt, dass die durch die AfD artikulierten Konfliktlinien, wie etwa die zwischen Ost- und Westdeutschen, zwischen Alteingesessenen und Zuwanderern oder zwischen Heimatverbundenen und Kosmopoliten, keine Klassenkämpfe im klassisch-marxistischen Sinne, sondern *Macht-* und *Geltungskämpfe* darstellen. Folgerichtig werden sie nicht in sozialpolitischen, sondern in identitätspolitischen Kategorien artikuliert. Hier meldet sich keine unterdrückte Unterklasse gegen eine Bourgeoisie zu Wort, vielmehr steht die Verteidigung bedrohter Positionen und Etablierten-Vorrechte im Vordergrund. Es handelt sich um einen ›Aufstand der Etablierten‹ (Koppetsch 2017a), die sich als ›bedrohte Mehrheiten‹ betrachten und ihre Kultur und Lebensweise als gefährdet wahrnehmen. Ihr Ziel ist eine Politik der Re-Souveränisierung.

Die neuen Rechtsparteien, so sollte allerdings unbedingt gesehen werden, lassen sich weder allein auf fremdenfeindliche Motive noch auf Status- oder Machtkonflikte, welcher Art auch immer, reduzieren, sondern treten als *soziale Gegenbewegung gegen die globale Moderne* an – sie sind als reaktionäre Protestbewegungen anzusehen, die ein Bündnis zwischen unterschiedlichen Bevölkerungsgruppen mobilisieren. In soziologischer Perspektive können Protestbewegungen als mobilisierte Netzwerke von Gruppen und Organisationen verstanden werden, die über eine gewisse Dauer hinweg versuchen, »sozialen Wandel durch Protest herbeizuführen, zu verhindern oder rückgängig zu machen« (Neidthardt/Rucht 1993: 307). Protestbewegungen sind also nicht notwendig progressiv, sie können auch rückwärtsgewandt und mithin gegen soziale Wandlungs- und Modernisierungsprozesse gerichtet sein. Dann handelt es sich zumeist um Rechtsbewegungen. Diese hat es auch schon in früheren Zeiten und anderen Weltregionen gegeben. Doch wie erklärt sich der Richtungswechsel im konkreten Fall? Wie konnte es nach fast einem Jahrhundert linker Bewegungsgeschichte dazu kommen, dass heute, zu Beginn des 21. Jahrhunderts, entgegen allen Erwartungen rechte Parteien und Bewegungen an Bedeutung gewinnen?

Das, wogegen sich der Protest richtet, sind die Folgen des durch den Fall der Mauer angestoßenen gesellschaftlichen Umbruchs, der durch Transnationalisierung sozialer Räume und den Aufstieg globaler Klassen und Steuerungsstrukturen induziert worden ist (vgl. Einleitung). Dieser Wandel hat in allen sozialen Lagen Verlierer hervorgebracht, die sich infolgedessen vom Multikulturalismus und Kosmopolitismus der akademischen Milieus kulturell bedrängt oder sogar abgehängt fühlen (vgl. Kapitel 3). Wichtig ist zu sehen, dass sich dieses Protestpotenzial nicht schlagartig, sondern über einen längeren Zeitraum herausgebildet hat und mit Veränderungen in den Tiefenschichten der Gesellschaft korrespondiert. Damit dieses Potenzial politisch mobilisiert werden konnte, bedurfte es jedoch konkreter Krisenauslöser, wie sie etwa durch die Weltfinanzkrise oder die ›Flüchtlingskrise‹ gegeben waren. Der Entstehung der Tea-Party-Bewegung in den USA und der Gründung der AfD in Deutschland gingen nicht von ungefähr die Weltfinanzkrise von 2008 voraus und die ›Flüchtlingskrise‹[1] bescherte den PEGIDA-Demonstrationen und der AfD beträchtlichen Zulauf.

Doch weder die Finanzkrise noch die ›Flüchtlingskrise‹ hätten allein das Potenzial einer rechtsgerichteten Mobilisierung besessen, wenn sich in unterschiedlichen Bevölkerungsgruppen nicht schon Ängste, Frustrationen und Unzufriedenheiten angesammelt hätten. Denn die Abneigung gegen Migranten ist keineswegs eine anthropologische Konstante. Zuwanderung größeren Ausmaßes allein ist in Europa historisch überhaupt nichts Neues. Die Asylbewerberzahlen des Sommers 2015 sind, verglichen etwa mit der Zuwanderungswelle der ›Spätaussiedler‹ aus der Ex-Sowjetunion in den 1990er-Jahren, eher als relativ gering zu bewerten. Auch war die Massenflucht in südeuropäische Staaten durchaus vorhersehbar (Münkler/Münkler 2016).[2] Deshalb ist die heftige Reaktion darauf und der

---

1 | Die Zunahme wurde in Europa als ›Krise‹ eingestuft, seit sich die Zahl der Asylbewerber 2014 auf rund 627.000 erhöhte und 2015 auf über 1,3 Millionen fast verdoppelte. Sie lag 2016 nochmals bei 1,26 Millionen und ging infolge der Schließung der Balkanroute, dem EU-Türkei-Abkommen vom 18. März 2016 und weiteren Maßnahmen 2017 auf rund 650.000 zurück.
2 | Überdies lässt die aktuell starke Fokussierung auf Fluchtmigration leicht aus dem Blick geraten, dass die Migration nur eine Folge einer ganzen Reihe unterschiedlicher internationaler Krisen darstellt. Diese Reihe hat mit der Finanzkrise begonnen und setzte sich mit dem Arabischen Frühling ab dem Jahr 2011 fort,

Aufschwung rechtspolitischer Proteste nur zu erklären, wenn man sie vor dem Hintergrund einer generellen gesellschaftlichen Unzufriedenheit betrachtet, die allerdings nicht mit Argumenten vorgetragen wird, sondern sich als *Widerstand der Lebensformen* artikuliert, der sich in der Ablehnung von Migranten verdichtet. Die Sozialfigur des Migranten vereinigt in sich, wie keine andere Figur, grenzüberschreitende Mobilität, kulturelle Fremdheit, identitäre Hybridität und transnationale Verflechtungen.

Das Auftauchen größerer Gruppen von Einwanderern ist ein allgemein sichtbarer Hinweis darauf, dass sich Gesellschaften durch Grenzöffnungen verändert und bisher geltende Werte- und Normorientierungen ihre unhinterfragte Geltung verloren haben. Diese Veränderungen sind allerdings keineswegs primär durch Einwanderer verursacht worden, sondern durch wirtschaftliche, kulturelle und technologische Umwälzungen. Digitale Kommunikationssysteme und globale Verflechtungen lassen wirtschaftliche, institutionelle und technologische Neuerungen schneller diffundieren und bringen in immer kürzeren Zeitabständen sozialen Wandel hervor. Die beschleunigten Diffusionsraten bewirken überdies, dass sich nationale Gesellschaften aus unterschiedlichen Weltregionen einander angleichen.[3]

Das Drehbuch für die neuen Rechtsbewegungen – mit Regieanweisungen für die ganze Welt – entwickelt sich dann aus der durchaus begründeten Furcht, dass das Spiel, um das es in der Welt geht, sich dem Zugriff staatlicher Souveränität und zwischenstaatlicher Diplomatie entzieht. Migranten werden dabei als Metapher für den durch Öffnungen angestoßenen Kontrollverlust und als Symbol des Verrates am nationa-

---

dem der Bürgerkrieg in Syrien und der Aufstieg des Islamischen Staates gefolgt ist, die schließlich auch die Fluchtmigration in Gang gesetzt haben. Die strenge Austeritätspolitik der EU hat den zeitweisen Zusammenbruch der Asylsysteme in Südeuropa und die humanitären Krisen in Griechenland und entlang der Westbalkan-Route mitverursacht. Erst durch die Unfähigkeit der EU, die Ankünfte über die Mittelmeerrouten zu managen, ist 2015 daraus eine ›Migrationskrise‹ geworden.

3 | Denn ein genauerer Blick zeigt, dass die ›Kulturen‹ in vielen Aspekten gar nicht so unterschiedlich sind, wie die These vom ›*clash of civilizations*‹ (Huntington 1996) nahelegt: Auch in einem oft als dem Westen grundlegend fremd dargestellten Land wie Saudi-Arabien funktionieren Flugzeuge, werden Handys und PCs benutzt, findet Forschung, Bildung und technologische Entwicklung auf globalem Niveau statt.

len Projekt, d. h. am Versprechen des Staates, die nationale Souveränität und Wohlstand zu gewährleisten, wahrgenommen. Vielen erscheint der Rückschluss von empfundener Entfremdung auf ›die Fremden‹, von nationalem Souveränitätsverlust auf Flüchtlingsströme und von kollektiver Entmachtung auf ›Überfremdung‹ oder gar ›Umvolkung‹ nur allzu sinnfällig. Migranten erweisen sich in einer Welt der ungeregelten Wirtschaftsströme und beeinträchtigten Souveränitäten als geeignete Projektionsfläche für Ängste vor der eigenen (wirklichen oder phantasierten) zahlenmäßigen Unterlegenheit oder Marginalität. Die Vielfalt und Nachhaltigkeit der durch Globalisierung angestoßenen Veränderungen erklärt jedenfalls, warum der europäische Rechtspopulismus so große Resonanz erzeugen konnte und im Wesentlichen zumeist mit zwei Gesichtern daherkommt: Das eine ist das Anti-Euro-Gesicht und das andere Gesicht wendet sich gegen Migration und ›Überfremdung‹.

WIE PROTESTBEWEGUNGEN ENTSTEHEN UND WAS SIE ERFOLGREICH MACHT

Damit bedeutende Protestbewegungen entstehen, müssen mindestens drei Faktoren zusammenkommen: erstens eine strukturelle *Deklassierung* wesentlicher Teile der Bevölkerung; zweitens eine *Legitimationskrise* der bestehenden Ordnung (in unserem Fall die Krise des progressiven ›Neoliberalismus‹); und drittens strukturbedrohliche *Krisenereignisse*, wie sie in der jüngeren Vergangenheit etwa, wie erwähnt, die Finanzkrise, die Bedrohung durch Terror, Kriege oder – für manche Bevölkerungsgruppen eben auch – die massenhafte Zuwanderung aus dem globalen Süden darstellt. Legitimationsverluste und Krisenereignisse lassen sich dann mit sozialen Benachteiligungen oder Kränkungserfahrungen unterschiedlicher Gruppen verknüpfen und verschaffen diesen Geltung weit über die Niederlage des Statusverlustes hinaus. Der Kampf für das Eigene wird so zum Kampf für die Allgemeinheit. Nur durch das Zusammenwirken dieser unterschiedlichen Entwicklungsfaktoren erhält der politische Protest sozial deklassierter oder an den Rand gedrängter Gruppen eine allgemeine Legitimationsgrundlage.

Protestbewegungen haben sich in der Vergangenheit immer dann als besonders einflussreich erwiesen, wenn sie sich nicht auf ein einziges Thema – wie etwa die soziale Frage – konzentrierten, sondern die bestehenden Verhältnisse im Ganzen kritisierten und dazu auf ein grundsätzlich anderes Gesellschaftsbild zurückgreifen. Auch die neuen Rechtsparteien sind erfolgreich, weil sie eine große Bandbreite von Themen verknüpfen und dabei durchaus auch gesamtgesellschaftliche Interessen (›des Volkes‹, ›der Nation‹) vertreten, nur dass sie die Grenzen der Gesellschaft eben enger ziehen. Dabei bestehen thematische Überschneidungen auch zu linken Themen. Kritik am ›Raubtierkapitalismus‹ oder die Betonung von Gemeinschaft und Solidarität findet sich rechts wie links. Gegen den herrschenden politischen Konsens gerichtet ist dagegen der rechte Rekurs auf soziale Schließung und die Verabsolutierung nationaler Interessen und Traditionen. Zu den ›gegenkulturellen‹ Haltungen gehört auch die Ablehnung individualistischer Lebensformen sowie die Ablehnung sozialkonstruktivistischer Denkweisen, welche von der prinzipiellen Formbarkeit des Menschen und seiner Individualität ausgehen. Migration und Mobilität werden auch deshalb kritisch gesehen, weil davon ausgegangen wird, dass diese die Menschen entwurzeln würden. Der Erfolg der neuen Rechten beruht allerdings nicht darauf, dass sie eine konsistente Weltanschauung anbieten, vielmehr besteht bei vielen Themen, etwa bei der Frage der Distanzierung der Parteien vom rechten Rand, in der Familien- und Sozialpolitik, in der Positionierung zur ›Homo-Ehe‹ oder bei der Ausrichtung zur EU, ein beträchtlicher Dissens innerhalb der AfD. Die ideologische Unschärfe ist indes die Voraussetzung dafür, unterschiedliche Milieus zusammenzubringen und ein Bündnis etwa zwischen den bürgerlichen Gegnern kosmopolitischer Lebensformen und den prekären Verlierern zu schmieden. Damit liegen bei der aktuellen Rechtsbewegung alle wichtigen Inhaltsstoffe einer politischen Protestbewegung vor.

RECHTSPOPULISMUS, 1968 UND AKTUELLE PROTESTBEWEGUNGEN IM VERGLEICH

Hinsichtlich der drei oben erwähnten strukturellen Aspekte *Deklassierung*, *Legitimationskrise* und *Krisenereignisse* lassen sich Parallelen zwischen rechtspopulistischen und den politisch völlig konträren Protestbewegungen von 1968 aufzeigen. Auch in letzteren konvergierten gesellschaftliche Krisenereignisse, wie etwa die atomare Bedrohung, die Ökologiekrise oder die Ölkrise, mit einer sozialmoralischen Krise: dem Glaubwürdigkeitsverlust der als repressiv und heuchlerisch empfundenen ›bürgerlichen‹

Moral der Nachkriegsgesellschaft. Und auch 1968 war Ausdruck sozialmoralischen Wandels, weil er, wie gesagt, einen gesamtgesellschaftlichen Wertewandel von Ordnungswerten hin zu Toleranzwerten, von Fragen der Ein- und Unterordnung hin zu Fragen individueller Selbstentfaltung und politischer Partizipation markierte und dabei wesentlich von eher untergeordneten Gruppen, etwa von Homosexuellen, Frauen und jungen Erwachsenen, getragen wurde.

Im Hinblick auf ihre gesellschaftliche Blickrichtung und ihre normativen Zielstellungen erweisen sich die beiden genannten Bewegungen allerdings als konträr. Die Blickrichtung resultiert jeweils aus der spezifischen Flugbahn im sozialen Raum. Die Anhänger rechter Bewegungen rekrutieren sich überwiegend aus *sozial absteigenden* Gruppen, deren Blick, anders als der sozial aufsteigender Gruppen, nicht primär nach oben, in Richtung der beneideten Eliten, sondern eher nach unten, in Richtung der aufholenden Neuankömmlinge gerichtet ist, deren tatsächliche oder vermeintliche Konkurrenz als illegitim empfunden wird. Demgegenüber rekrutieren linke Protestbewegungen ihre Klientele eher aus *aufstiegsorientierten, aber im Aufstieg blockierten Gruppen* und entzünden sich, konträr zu rechten Protestbewegungen, nicht an der Verteidigung bereits etablierter Rechte und Privilegien, sondern ergreifen *gegen* die Etablierten Partei für die Neuankömmlinge. Nicht nur 1968, sondern etwa auch die #MeToo-Kampagne hat diese Stoßrichtung, denn hinter der Anprangerung des männlichen Machtmissbrauchs steht (auch) die Erfahrung der (sexuellen) Ausbeutung weiblicher Aufstiegserwartungen. Im Zentrum der medialen Debatten stehen Frauen, die angeben, aufgrund der Abwehr sexueller Übergriffe oder der Verweigerung von Intimitäten gegenüber einflussreichen Männern berufliche Optionen verloren und in ihren Karrieren blockiert worden zu sein. Charakteristisch für linke Protestbewegungen – und seien sie noch so spontan oder kurzlebig – ist der Protest aufstrebender *unterprivilegierter* Gruppen gegen Benachteiligungen oder Ausbeutungsverhältnisse durch herrschende Gruppen.

Rechte Bewegungen resultieren, konträr dazu, aus der Entwertung sozialer Anwartschaften und Zukunftsaussichten relativ *privilegierter* Gruppen. Bedroht sind bestehende Vorrechte, die gegen den vermeintlich unverdienten Zugriff seitens gesellschaftlicher Neuankömmlinge verteidigt werden sollen. Soziale Anwartschaften werden unter dieser Perspektive in der Regel mit der Dauer territorialer Präsenz, mitunter auch mit Generationenfolge in Verbindung gebracht und können schnell in Vorstellungen von Herkunft und ethnischer Zugehörigkeit umschlagen. Während blockierte Aufsteiger universelle Chancengleichheit und die Beseitigung von Privilegien einfordern, sind rechte Proteste darauf gerichtet, partikulare Ansprüche spezifischer Gruppen durch Rekurs auf eine vorgeblich ›natürliche‹ Ordnung der Dinge geltend zu machen. Auf diese Weise soll unliebsame Konkurrenz durch aufstrebende Außenseiter – seien diese nun Einwanderer, Flüchtlinge, Minderheiten, Angehörige ›alternativer Milieus‹ oder Frauen – zurückgewiesen werden. Gleichwohl können auch rechte Bewegungen nicht einfach nur ausgrenzen, sondern bedürfen darüber hinaus einer positiven Legitimationsgrundlage: Durch die naturalisierende Festschreibung von vorgeblich biologisch bzw. ethnisch begründeten Hierarchien soll ein bestehender Status quo verteidigt werden.

Dass die Abwärtsbewegung tatsächlich das verbindende Element der durchaus heterogenen Anhängerschaft unterschiedlicher rechter Bewegungen darstellt, verdeutlicht ein Vergleich religiös-fundamentalistischer und rechtspopulistischer Protestbewegungen (Mishra 2017; Priester 2007; Riesebrodt 1990). So konnte etwa die gesellschaftsvergleichende Studie Martin Riesebrodts zu den Mobilisierungsursachen des religiösen Fundamentalismus zeigen, dass sowohl der islamische Fundamentalismus der iranischen Schiiten (1961–1979) als auch der historisch frühere Fundamentalismus deutscher Protestanten (1910–1938) jeweils durch etablierte Milieus des traditionellen Mittelstandes (Handwerker, kleine Selbständige, Ladenbesitzer) getragen wurde. Es handelt sich in beiden Fällen um fest verankerte, sogar tonangebende Milieus, die durch Urbanisierungs-, Feminisierungs- und Industrialisierungsprozesse Privilegien verloren hatten oder zu verlieren drohten und durch die Hinwendung zum religiösen Fundamentalismus für eine Beschränkung der Rechte von Frauen sowie eine repressive Familien- und Sexualmoral eintraten, wodurch sie gleichsam symbolisch Rache an den Modernisierungsgewinnerinnen nehmen konnten. Riesebrodt spricht daher mit gutem Grund von religiösem Fundamentalismus als einer patriarchalen Protestbewegung.

Ein ähnliches Muster erfüllen auch die rechtspopulistischen Protestbewegungen der Gegenwart. Einer aktuellen Studie von Nils Kumkar zufolge rekrutiert sich die Kernklientel der Tea Party aus den älteren Generationen der durchaus wohlhabenden, eigentumsbasierten US-amerikanischen Mittelschicht (Kumkar 2018), deren für sicher erachtete Zukunftserwartungen durch die Hypothekenkrise 2007/08 besonders stark erschüttert wurden. Anders als viele Angehörige der Arbeiterklasse und der unteren Mittelklasse wurden sie weder arbeitslos noch wurden ihre Häuser der Bank übertragen. Oft hatten sie nicht einmal besonders starke Einkommenseinbußen zu erleiden. Ihre sozialen Anwartschaften jedoch, d. h. ihre sicher geglaubten Zukunftsaussichten eines durch harte Arbeit und Sparsamkeit immer weiter wachsenden Wohlstands, brachen plötzlich in sich zusammen. Das Gemeinsame der hier genannten Gruppen ist nicht, dass sie von Armut oder Prekarität bedroht sind, sondern dass sie eine relative Entmachtung und eine nachhaltige Erschütterung ihrer etablierten Vorrechte erfuhren.

Die unterschiedliche Blickrichtung erklärt auch, warum die neue politische Rechte im Gegensatz zur Achtundsechziger-Bewegung nicht in die Zukunft, sondern auf den Erhalt des Bestehenden oder gar auf die Wiederherstellung des Vergangenen gerichtet ist. Und im Gegensatz zu 1968 ist die neue politische Rechte nicht an universellen Werten und Beziehungen orientiert, sondern betont den Vorrang des Kollektivs gegenüber dem Individuum und die Idee gleichsam ›heiliger‹ Ideale und Traditionen, die nicht angetastet oder hinterfragt werden dürfen. Rechtspopulisten betonen die unhintergehbaren Bindungen an die Familie, die Gemeinschaft und die Nation. In gewisser Weise streben sie ja eine Umkehrung der durch die sozialen Gegenbewegungen von 1968 bewirkten Veränderungen an: Nicht die Herauslösung, sondern die *Wiedereinbindung* des Individuums in Traditionen, nicht der Kampf des Subjekts gegen übermächtige Strukturen, sondern die *Wiederherstellung* von Strukturen, nicht Individualisierung und Verflüssigung, sondern *Vergemeinschaftung* und *Verfestigung* heißen die übergeordneten kulturellen Ziele der politischen Rechten.

Protestbewegungen, 1968 genauso wie der gegenwärtige Rechtspopulismus, stellen historische Wendepunkte in der Entwicklung moderner Gesellschaften dar, weil sie Legitimationskrisen zum Anlass von Forderungen nach grundsätzlichen gesellschaftlichen Erneuerungen machen. Oder, anders formuliert: Ohne den Glaubwürdigkeitsverlust bürgerlicher Werte wäre 1968 mit seinen Forderungen nach Authentizität, politischer Aufrichtigkeit und Selbstverwirklichung kaum resonanzfähig gewesen. Dieser Gedanke lässt sich auch auf die heutige Zeit übertragen: Ohne den Glaubwürdigkeitsverlust des progressiven ›Neoliberalismus‹ mit seinen kulturliberalen Begründungsstrukturen würden die *antiliberalen*, d. h. die gleichermaßen gegen den Kultur- wie auch den Wirtschaftsliberalismus gerichteten Narrative des Rechtspopulismus, wohl kaum größere Anhängergruppen mobilisieren können.

1968 stellt auch insofern einen historischen Wendepunkt dar, als die Wertorientierungen der Bewegung in den Mainstream integriert wurden und ihre Träger die Gesellschaft nachhaltig verändert haben. Offen ist bislang, ob auch die rechtspopulistischen Bewegungen nachhaltige Effekte auf die Entwicklung westlicher Gesellschaften haben werden. Dafür spricht, dass sie, durchaus vergleichbar mit 1968, von einem veränderten (inzwischen wieder konservativen) Zeitgeist profitieren, und – wie das Beispiel Brexit und die Politik europäischer Abschottung gegenüber Asylbewerbern zeigt – bereits jetzt schon Einfluss auf die Gesamtpolitik nehmen.

DIALEKTIK DES PROTESTS:
DIE WURZELN DES RECHTSPOPULISMUS

Protestbewegungen reagieren auf Folgeprobleme von Modernisierungsprozessen. Sie machen Probleme sichtbar, die ansonsten unerkannt und unbearbeitet blieben, und sind darüber hinaus Austragungsort zentraler Spannungs- und Konfliktfelder, in denen antagonistische Gruppen um die Verteilung von Ressourcen, gesellschaftliche Macht oder soziale Geltung kämpfen (Kern 2008). Alain Tourraine (1991) zufolge bringt jede Gesellschaftsepoche ihre eigene zentrale politische Konfliktlinie, ihre spezifische Gegenbewegung hervor. Beispielsweise standen in der beginnenden Industriegesellschaft Klassengegensätze im Zentrum gesellschaftlicher Auseinandersetzung: Auf der einen Seite stand die bürgerliche Oberschicht, welche die Kontrolle über die Produktionsmittel ausübte, und auf der anderen Seite das Proletariat. Beide teilten zwar das Interesse am wirtschaftlichen und gesellschaftlichen Fortschritt, in der Frage der Verteilung der Ergebnisse dieses Wachstums vertraten sie jedoch gegensätzliche Positionen.

Die Spätmoderne, d.h. die in der zweiten Hälfte des 20. Jahrhunderts beginnende Phase postindustrieller Gesellschaftsentwicklung, wurde durch eine neue Konfliktlinie eingeleitet: Ausgehend von den Protestbewegungen von 1968 und den Alternativbewegungen der 1970er- und 1980er-Jahren formierte sich eine überwiegend durch junge Erwachsene der Mittelschicht getragene kulturelle Gegenbewegung. Ihre Kritik entzündete sich nicht primär an Verteilungsfragen, sondern an, wie Habermas es formulierte, der »Grammatik der Lebensformen« (Habermas 1981b: 576). Dabei ging es darum, das Subjekt gegen die Tendenzen zur Erstarrung, gegen die vollständige Unterwerfung unter die zweckrationale Logik der gesellschaftlichen Institutionen zu verteidigen. Der normative Kern der sozialen Protestbewegungen zielte auf die Idee der Selbstbestimmung und auf die Verteidigung subjektiver Handlungsmöglichkeiten gegenüber den als übermächtig empfundenen Strukturen. Die Träger dieses Widerstandes waren 1968 zunächst die revoltierenden Studentengruppen und in den folgenden beiden Jahrzehnten die erstarkenden sozialen Bewegungen – die Frauen-, Friedens- und Ökologiebewegung. Sie bildeten den Keim der postindustriellen Gesellschaftsordnung der Gegenwart, die durch Netzwerke, Wissen, lebenslanges Lernen und den Aufstieg des Individualismus inmitten einer globalen kosmopolitischen Gemeinschaft geprägt ist.

Heute, zu Beginn des 21. Jahrhunderts, beobachten wir überall in Europa und den USA den Aufstieg einer neuen Generation von Protestbewegungen. Diese richten sich auf Problembereiche, die durch gesellschaftliche Öffnungsbewegungen, d.h. durch Globalisierung, Einwanderung und die marktradikale Entfesselung der Ökonomie, entstanden sind. Diese Bewegungen, zu denen neben den rechtspopulistischen auch neonationalistische, religiös-fundamentalistische und ethnozentrierte bzw. identitäre Protestbewegungen gerechnet werden können, repräsentieren eine neue, ja: *die* Konfliktlinie der Gegenwart. Ihr normativer Kern richtet sich nicht mehr auf die Selbstbestimmung eines als autonom gedachten Subjekts, sondern, im Gegenteil, auf die Begründung und Verteidigung eines als gefährdet wahrgenommenen ›Wir‹ in der globalen Moderne. Nicht mehr der Wunsch nach Herauslösung, sondern die Suche nach alten und neuen Gewissheiten, nach alten und neuen Gemeinschaften, die zumeist das Gegenteil des liberalen Modells der ›offenen Gesellschaft‹ im Sinne Karl Poppers (2003) darstellen, wird für die neuen Rechtsbewegungen strukturbildend. Im Gegensatz zu ideologisch festgelegten geschlossenen Gesellschaften, die einen für alle verbindlichen Heilsplan verfolgen, ist für offene Gesellschaften nach Popper ein fortwährender intellektueller Meinungsaustausch charakteristisch, der gesellschaftliche Institutionen einer fortwährenden Kritik unterzieht. Eine solche Dauerreflexion und Dauerkritik möchten die Rechtsbewegungen gerade unterbinden und dagegen feste Strukturen und klare Prinzipien errichten.

WAS DEN RECHTSPOPULISMUS AUSMACHT

Durch Kontrastierung mit linken Protestbewegungen soll hier nun versucht werden, ein klareres Bild davon zu erarbeiten, was rechte Protestbewegungen im Kern charakterisiert. Dabei geht es nicht nur um einzelne Inhalte, sondern um ein *grundsätzlich anderes Modell von Gesellschaft*. Dieses orientiert sich nicht an der Vorstellung einer ausdifferenzierten Gesellschaft, sondern am Begriff einer kulturell weitgehend als homogen gedachten Gemeinschaft der Nation, der ethnischen Gruppe oder der Religionsgemeinschaft und mithin an einem partikularen ›Wir‹. Menschen sollen in Gemeinschaften Solidarität erfahren, die weit über die Sachleistungen einer Versicherung hinausgeht, und in der sich Sicherheit und Schutz mit Solidarität, Geborgenheit und Sinn verbinden. Dies geht mit der Notwendigkeit der Unterordnung des Einzelnen unter die Ordnung des Kollektivs einher.

Ähnlich wie linke stellen auch rechte Protestbewegungen Reaktionen auf Gefahren und gesellschaftliche Krisenereignisse dar. Allerdings unterscheiden sich die Modi der Krisenbearbeitung. Während linke Bewegungen eher aus ›Furchtkulturen‹ heraus erwachsen und sich bei der Abwendung von Gefahren zumeist an Kalkülen der Risikoabwägung orientieren, gedeihen rechte Bewegungen eher in Kulturen der Angst, die durch existenzielle Bedrohungen geprägt sind. Im Unterschied zur Furcht, die sich auf spezifische, klar umrissene Gefahren richtet, stellt Angst eine Reaktion auf diffuse Gefährdungen dar, die das Subjekt in seiner Gänze bedrohen und eine ungewisse Zukunft enthalten. Und während Gefährdungen in Furchtkulturen zumeist als durch anonyme oder systemische Kräfte herbeigeführt gelten, operieren Angstkulturen gemeinhin mit der Unterstellung eines gegnerischen Willens. Folglich operieren Rechtsbewegungen nicht in erster Linie mit Risikoabwägungen, sondern mit *Sicherheitsdispositiven*, also mit Dispositiven der Einzäunung einer vorgeblich sicheren Gemeinschaft und der Ausgrenzung von vermeintlich von außen eindringenden Gefahren.

Durch Barrierebildungen sollen vermeintlich sichere Orte und Räume abgeriegelt und Gefahren aus dem gesicherten Bereich herausgehalten bzw. gänzlich aus der Welt geschafft werden. Die Einmauerung schafft allerdings neue Dilemmata: Je eingemauerter oder eingezäunter eine Gemeinschaft ist, als desto feindlicher wird die Welt außerhalb wahrgenommen, was erneut das Sicherheitsbedürfnis erhöht, noch höhere Mauern nötig macht sowie noch größeres Misstrauen schürt. Zudem stellt sich mit großer Regelmäßigkeit heraus, dass Mauern und Barrieren diesem Versprechen nicht wirklich genügen können, da durch sie trotz erhöhten Ressourceneinsatzes vielen Gefahren gar nicht adäquat begegnet werden kann (Münkler 2010; siehe Kapitel 2). Und mit dem Bemühen um Sicherheit wächst auch die Feindseligkeit gegenüber allen, die von außen Zugang in die Gemeinschaft suchen: Die Fremden verwandeln sich von Gästen in gefährliche Eindringlinge.[4]

Auch der historische Erwartungshorizont ist unterschiedlich. Rechtsbewegungen sind auf die Wiederherstellung einer vergangenen Gesellschaftsordnung gerichtet (Lilla 2018). Im Gegensatz zu Linksbewegungen hegen sie keine Fortschrittshoffnungen, sondern orientieren sich an Narrativen eines vergangenen ›Goldenen Zeitalters‹. Und schließlich orientieren sich rechte Bewegungen nicht an einem Ideal der inklusiven, sondern am Ideal der *exklusiven Solidarität*. Während linke Bewegungen den Schlüssel zur gesellschaftlichen Konfliktbewältigung zumeist in der Ausdehnung individueller Rechte und Teilhabemöglichkeiten auf immer größere Bevölkerungsgruppen und mithin in einer übergreifenden Solidarität sehen, artikulieren rechte Bewegungen exklusive Rechte und Solidaritäten, die sie aus der Zugehörigkeit zu partikularen, d. h. lokal, regional oder religiös begrenzten, Gemeinschaften ableiten und die sie gegen andere Gruppen verteidigen.

Die Frage, ob in einer gegebenen historischen Situation eher rechte oder vielmehr linke Bewegungen erstarken, ist allerdings nicht ins politische Belieben gestellt. Vielleicht würden sich viele enttäuschte oder deklassierte Menschen durchaus eher linken Bewegungen anschließen und für die allgemeine Erweiterung von Teilhabechancen aller votieren, wenn sie für sich darin eine realistische Möglichkeit der Verbesserung ihrer Le-

---

4 | Beispiele für solche Formen der Gemeinschaftsbildung sind neben den Parallelgemeinschaften der Migranten (Schiffauer 2008) vor allem die *gated cities*, in denen die Reichen sich von einer als bedrohlich erfahrenen Umgebung abschließen (Eick et al. 2007). Mit der wahrgenommenen Feindseligkeit wächst auch das Risiko von Überreaktionen. Das zeigt sich nicht nur im Kleinen, sondern, wie das Beispiel verunsicherter Nationen zeigt, auch im geopolitischen Maßstab: So wurde der terroristische Angriff auf die Twin Towers im Jahr 2001 mit Vergeltungsmaßnahmen beantwortet, die nicht nur ein Vielfaches an Todesopfern verursachten, sondern auch den Einmarsch in den Irak rechtfertigen sollten.

bensumstände durch gesellschaftliche Anerkennung und kulturelle Integration sehen würden. Wie das 2004 in Frankreich eingeführte generelle Verbot von auffälligen religiösen Symbolen wie Kreuzen, Kippas oder Kopftüchern an öffentlichen Schulen zeigt, verlangt beispielsweise der französische Republikanismus ein hohes Maß an Assimilation und die Verbannung kultureller Differenzen aus dem öffentlichen Raum (Münch 2002: 451). Die sozialen Unruhen im darauffolgenden Jahr haben jedoch deutlich gemacht, dass dies nur dann funktioniert, wenn gesamtgesellschaftlich für eine ausreichende soziale, politische und kulturelle Partizipation gesorgt ist. Je mehr jedoch die globalen Teilsysteme die Inklusion von Individuen eigenständig und unabhängig von staatlichen Vorgaben regeln, desto stärker nimmt das nationalstaatliche Integrationsvermögen ab. Infolgedessen neigen die Betroffenen zu Maßnahmen exklusiver Identitätsbehauptung durch ethnische Grenz- und Gemeinschaftsbildung (Kern 2008).

Der gegenwärtige politische Umschwung erklärt sich somit zu einem gewissen Teil auch daraus, dass kulturelle Inklusionschancen in transnationalisierten und ethnisch heterogener werdenden Gesellschaften fragiler geworden sind, während eine globale Adresse für übergreifende Solidarität (noch) nicht existiert. Doch nicht nur Einwanderer, auch autochthone Bevölkerungsgruppen, die sich kulturell nicht mehr vertreten fühlen, greifen auf Selbstethnisierungen und auf ethnische Formen der Selbstbehauptung zurück, wenn sie etwa die ›authentische Identität‹ des Volkes gegen Zuwanderer in Stellung bringen. Ethnische oder ethnonationale Partikulargemeinschaften stellen daher eine naheliegende Plattform für die Verteidigung von Geltungsansprüchen sozial deklassierter Bevölkerungsgruppen unter den Bedingungen der Globalisierung dar. Diese Entwicklungen zeigen, dass sozialer Fortschritt nicht linear verläuft und von Globalisierungsprozessen keine lineare Erweiterung und Verbesserung weltweiter Lebensbedingungen zu erwarten ist. Selbst wenn es am Ende gelingen sollte, sozial integrierte supranationale Einheiten wie etwa die ›Vereinigten Staaten von Europa‹ oder gar eine integrierte Weltgesellschaft herauszubilden, verläuft der Weg dahin nicht geradlinig, sondern als konfliktträchtiges Vor- und Zurückschreiten und als vielschichtige Re-Figuration wirtschaftlicher, kultureller und politischer Räume, die auf Kollektividentitäten und Neogemeinschaften (siehe Kapitel 5) gleichsam als ›Zwischenlösungen‹ zurückgreift.

Rechte Protestbewegungen lehnen die universalistische Erweiterung von Solidaritätsbeziehungen kategorisch ab. Aus ihrer Sicht steht nicht die Frage der universellen Inklusion und des Abbaus von Ungleichheiten, sondern vielmehr die Frage, durch welches ›Wir‹ Gesellschaften begründet werden sollen und wo die Grenzen zwischen diesem ›Wir‹ und dem Rest der Welt verlaufen, im Zentrum der politischen Debatte. Damit treten sie in eine Lücke, die durch die schwindende Integrationskraft des Nationalstaates und seiner Klassenkulturen hinterlassen worden ist. Ließen sich soziale und kulturelle Konflikte in der nationalstaatlich verfassten Industriemoderne sozialpolitisch schlichten, so prallen in der globalen Moderne immer häufiger partikularistische Ansprüche aufeinander, die über keine übergeordnete Schlichtungsinstanz verfügen. In der Folge hat die Lösung von Ungleichheitskonflikten nunmehr keine individualisierende, sondern zunehmend kollektivierende Wirkung. Aus diesen Gründen erstarken rechtsnationale und rechtspopulistische Bewegungen mit höherer Wahrscheinlichkeit in fragmentierten Gesellschaften, in denen das nationale Zusammengehörigkeitsgefühl geschwächt worden ist (Kern 2008: 195). Sie verknüpfen die neuen Identitätsbedürfnisse mit einer grundsätzlichen Kulturkritik postindustriell-individualisierter Gesellschaften. Erfolgreich sind sie damit nicht zuletzt deshalb, weil sich die Legitimationsressourcen spätmoderner Gesellschaften erschöpft haben und der Widerspruch zwischen den proklamierten Idealen von Freiheit und Demokratie auf der einen Seite und den unterirdischen Tendenzen der Erosion liberaler Formen des Zusammenlebens auf der anderen Seite immer deutlicher hervortritt.

EINE SCHUBUMKEHR: VERÄNDERUNGEN IN DEN TIEFENSTRUKTUREN DER GESELLSCHAFT

Der Aufstieg der neuen Rechtsbewegungen verdankt sich, wie schon in der Einleitung ausgeführt, keiner plötzlichen Gefühlsaufwallung, sondern, so hat der Philosoph Slavoj Žižek dies in einem Interview ausgedrückt, »gleicht vielmehr einem Lavastrom, der sich aus einem Riss in der gesellschaftlichen Erdoberfläche ergießt« (Žižek 2018). Dieser Riss ist einerseits das Resultat einer Desintegration des liberal-demokratischen Grundkonsenses und des Unvermögens der Linken und Liberalen, eine gangbare Alternative aufzuzeigen, und andererseits das Resultat tektonischer Verschiebungen unter der gesellschaftlichen Erdoberfläche: Unter der einer äußeren Schicht liberaler Gesinnungen haben sich illiberale Haltungen und Praktiken angesammelt, die heute an die Oberfläche strömen.

Die Ursachen dieses nach rechts gerichteten Mentalitätswandels können am besten verstanden werden, wenn man sie als Folge der Umkehrung der durch 1968 markierten Entwicklungstrends begreift. 1968 war der Kulminationspunkt gesellschaftlicher Öffnungsbewegungen, d. h. eines nach dem Zweiten Weltkrieg einsetzenden Trends, der immer mehr Menschen zu sozialem Aufstieg und zur Teilhabe an öffentlichen Diskursen brachte und politisierte, der durch Pluralisierungsprozesse, die reflexive Verflüssigung von gesellschaftlichen Institutionen, die Entdeckung der Gesellschaft als eines politischen Begriffs und die utopische Annahme der beinahe grenzenlosen Gestaltbarkeit von Gesellschaft geprägt war (Nassehi 2018). 2013 dagegen stellt als das Gründungsjahr der AfD den Kulminationspunkt einer umgekehrten Entwicklung dar, nämlich eines mit dem Fall der Mauer einsetzenden Trends, der durch soziale Schließungsbewegungen und Abstiegsdynamiken sowie durch die neuerliche Verhärtung von Strukturen geprägt ist (Heitmeyer 2010). Hatten die Inklusionsschübe und auch die Reflexionsmöglichkeiten der Nachkriegsepoche die Gesellschaft insgesamt liberaler und pluralistischer gemacht, weshalb Abweichungen und Alternativen eher prämiert wurden, so zeigen sich seit 1989 entgegengesetzte Tendenzen: Eliten und herrschende Gruppen schotten sich ab und intensivieren soziale Kontrollen und bürokratische Regulationsformen. Anstelle von Pluralisierungstendenzen finden sich – etwa hinter dem Imperativ der Selbstoptimierung – verschärfte Anpassung-, Vereinheitlichungs- und Konformitätszwänge (Koppetsch 2013; King 2011; Wagner 2017).

DIE NEUE RIGIDITÄT: TOP-DOWN-STRUKTUREN UND SINKENDE AMBIGUITÄTSTOLERANZ

Ganz vergleichbare Rigidisierungstendenzen zeigen sich auch im Inneren von Institutionen. Universitäten sind keine kulturellen Schmelztiegel mehr, sondern engmaschig verwaltete Lernanstalten, die nicht mehr die Befähigung zur ›Dauerreflexion‹, sondern marktgängige Kompetenzen vermitteln sollen. Anstelle des Willens zur diskursiven Aufweichung beobachten wir heute in allen Institutionen die Verdichtung von Regelwerken, angefangen von subtilen Gängelungen über permanente Evaluationen am Arbeitsplatz bis hin zur bürokratischen Verfestigung engmaschiger Kontroll- und Governance-Strukturen, die eine unbedingte Anpassung an Sachzwänge und die Erfordernisse von Märkten verlangen (Münch 2007). Die allenthalben zu beobachtende Verdichtung von Kontrollstrukturen stellt das genaue Gegenteil dessen dar, was mit der flächendeckenden Einführung von Wettbewerbsprinzipien unter dem Banner des *New Public Management* eigentlich intendiert war, nämlich die Aufweichung starrer Verwaltungsstrukturen. Nach dem Zerschlagen der bürokratischen Dinosaurier des Fordismus und der Durchsetzung flacher Hierarchien wurden zentralistische Bürokratien nämlich nicht einfach abgeschafft, sie erleben unter dem Vorzeichen der Digitalisierung vielmehr eine ungeahnte Renaissance. Noch während die Vertreter des ›Neoliberalismus‹ das Ende des Zentralismus verkündeten, konnte das Top-down-Prinzip durch die Institutionalisierung von Zielvorgaben und Leitlinien eine neue Vormachtstellung erlangen.

Dies lässt sich beispielhaft an öffentlichen Verwaltungen studieren, in denen in den letzten Jahren in wachsender Zahl zentralistische Governance-Systeme implementiert wurden. Dabei werden durch elektronische Informationssysteme immer neue Daten und Kontrollmöglichkeiten generiert. Die meisten dieser Informationen und Daten stammen von den Beschäftigten selbst, die durch Bewertungsprozeduren, Rechenschaftsberichte, Evaluationen, Akkreditierungen und elektronische Erfassungssysteme einen steten Strom von Daten der Autoüberwachung generierten. Ärztinnen, Wissenschaftler, Sozialarbeiter oder Lehrerinnen verbringen einen Großteil ihrer Arbeit mit Berichterstattung, Finanzierungsanträgen, Evaluierungen, Gremiensitzungen oder der Entwicklung von PR-Strategien und nicht mehr mit dem eigentlichen Zweck ihrer Tätigkeit.

Auf diese Weise werden Ressourcen und Arbeitskapazitäten von den Kernaufgaben in periphere Aufgabengebiete wie etwa Öffentlichkeitsarbeit, Qualitäts- und Konfliktmanagement, Internationalisierung und Gender-Mainstreaming und mithin in symbolische Repräsentationssysteme gelenkt, die oftmals geringe Bezüge zur eigentlichen Tätigkeit des Unterrichtens, Forschens, Heilens oder Helfens in der beruflichen Praxis haben. Im Extremfall wird eine Parallelwelt erschaffen, die weniger damit zu tun hat, was ein Beschäftigter ›wirklich macht‹, als mit dem Generieren und Beschönigen von Repräsentationen seines Tuns (Fischer

2013: 50). Diese Umkehr von Prioritäten steht nicht im Widerspruch zu den geforderten Tugenden der Flexibilität und der unternehmerischen Intelligenz (des ›Smart-Seins‹), sondern entspricht einem Trend zur dezentralen Bürokratisierung und der durch bürokratische Masken gefilterten PR-Produktion. Indem die elektronischen Informationssysteme den Verwaltungen und Führungsetagen ein umfassendes Profil der Stärken und Schwächen ihrer Beschäftigten erstellen, so dass der Einzelne wenige Möglichkeiten hat, sich innerhalb seiner Netzwerke zu verstecken, bewerkstelligen sie den Spagat zwischen Singularisierung und Bürokratisierung. Darüber hinaus greifen Verwaltungen durch Zielvereinbarungen steuernd in professionelle Tätigkeiten ein und reduzieren die pädagogische, medizinische, wissenschaftliche oder künstlerische Tätigkeit auf messbare Indikatoren. Die *Höhe* der eingeworbenen Mittel, die *Menge* der behandelten Patienten, der *Umfang* der Publikationslisten wird wichtiger als der Innovationsgehalt oder die Qualität der Forschung. Eine der Konsequenzen einer solchen Steuerung ist die wachsende Orientierung am kleinsten gemeinsamen Nenner des Mainstreams auf Kosten kreativer Ansätze und professioneller Diversität. Eine weitere Folge ist die Einschränkung beruflicher Freiheiten und Handlungsspielräume, da etwa, um auf das Beispiel der Universitäten zurückzukommen, im Hinblick auf Drittmittelanträge und Publikationsmöglichkeiten schon im Vorfeld Themen sondiert und (aus-)sortiert werden.

Auch das Politische, also die öffentliche Auseinandersetzung über die gesellschaftliche Gestaltung des Gemeinwesens, befindet sich auf dem Rückzug. Die Idee der reflexiven Gestaltung des Sozialen, die durch die Alternativbewegungen in den 1980er-Jahren in die Gesellschaft hineingetragen worden ist (Reichardt 2014), wurde zunächst aus dem Alltagsleben getilgt und schließlich auch in den politischen Institutionen durch eine Politik der Alternativlosigkeit zurückgedrängt. So wurden infolge der Finanzkrise von 2008 nicht etwa unterschiedliche Strategien der Krisenintervention öffentlich diskutiert, vielmehr wurde die staatliche ›Rettung der Banken‹ und die Bildung von ›Rettungsschirmen‹ von der Regierung sofort beschlossen und als alternativlos hingestellt. Darüber hinaus werden politische Entscheidungen mit großer Selbstverständlichkeit politischen Debatten entzogen, indem man sie mit wissenschaftlichem Expertenwissen begründet. Eine besonders ausgeprägte Form einer solchen ›Postpolitik‹ zeigt sich in den Entscheidungsroutinen des Europaparlamentes, die sich fast vollständig den öffentlichen Blicken entziehen, weshalb die Europäische Union nicht ohne Grund oftmals auch als ›Elitenprojekt‹ bezeichnet wird. An die Stelle demokratischer Entscheidungsfindung tritt also zunehmend eine primär auf Wissenschaft gestützte, welche Akademiker privilegiert und akademische Bildung zur Voraussetzung politischer Partizipation macht (Crouch 2008; Blühdorn 2013; Tormey 2015). Die daraus entstandenen Mentalitäten sind zwar nicht explizit rechts, doch enthalten sie eine spezifische Grundbotschaft: *Die Gesellschaftsordnung ist nicht verhandelbar und verlangt unbedingte Anpassung und Unterordnung.* Dies hat zu einem Glaubwürdigkeitsverlust liberaler Demokratien geführt und die Gesellschaft mit performativen Selbstwidersprüchen durchsetzt, was sich etwa in den Praktiken des *New Management* zeigt: Die Verdichtung digitaler und bürokratischer Regulations- und Kontrollsysteme widerspricht den Prinzipien der Projektlogik mit ihren flachen Hierarchien und ihrem Versprechen, sich in der Arbeit selbst zu verwirklichen und kreativ sein zu können.

Neben der Re-Etablierung zentralisierter Kontrollapparate in Betrieben, in Organisationen und im Politikbetrieb finden sich Anzeichen einer neuen Rigidität auch im Alltagsleben. Wieso, so könnte man sich fragen, war der gemeinsame Auftritt des deutschen Nationalspielers Mesut Özils mit dem türkischen Präsidenten im Fußballsommer 2018 so skandalös? Wieso wird von einem Fußballer mit türkischen Wurzeln ein eindeutiges Bekenntnis zu Deutschland verlangt? Warum glauben viele Menschen, man könne nur einem Land gegenüber loyal sein? Thomas Bauer (2018) sieht darin den Ausdruck einer nachlassenden *Ambiguitätstoleranz*, das Schwinden der Fähigkeit, Widersprüche und Mehrdeutigkeiten auszuhalten. Interessant sei in diesem Zusammenhang auch, dass gesundheits- und ernährungsbezogene Praktiken, wie etwa die Ausrichtung an Vorstellungen gesunder Ernährung, sportliche Betätigung oder die Überwachung des Körpergewichtes, die ursprünglich emanzipatorisch gemeint waren und der Verbesserung individueller Lebensführung dienen sollen, heute mit einer Unerbittlichkeit propagiert und oftmals in strikt quantifizierender Weise praktiziert werden, die an den ursprünglichen Zielen Zweifel aufkommen lässt.

Auch der Philosoph Robert Pfaller (2008) beobachtet seit Beginn des 21. Jahrhunderts eine schwindende Ambiguitätstoleranz, eine Tendenz zur Vereindeutigung und zur affektiven Entmischung. Diese Tendenz zeige sich etwa in modernen Kriminalromanen, die zunehmend zwischen faktenhuberischer Aufklärungsarbeit und moralischem Rigorismus oszillieren und in denen von der ›Eleganz des Verbrechens‹ etwa eines Humphrey Bogart nichts mehr spürbar sei. Ähnlich zeugen auch die strikten Rauchverbote im öffentlichen Raum von einer neuen Rigorosität, einer Sucht nach Bereinigung. Pfaller sieht darin ein Verschwinden jener Kulturelemente, die er zur ›Sphäre des Tabus‹, des ›alltäglichen Heiligen‹ rechnete und die heute durch eine abnehmende Ambiguitätstoleranz in den Ruch des Schmutzigen geraten würden. Für ihn geht die zwanghafte Fixierung auf das Saubere und Reine auf Kosten einer Haltung, die das ›schmutzige Heilige‹ kleiner Alltagsfluchten und das affektiv Mehrdeutige sozialen Zusammenlebens akzeptieren oder genießen könnte. Es seien Praktiken der ›reinen Vernunft‹, die dem Alltagsleben eine neue Rigidität verliehen.

DIE NOSTALGIE-WELLE

Schließlich hat sich in den letzten dreißig Jahren auch die gesellschaftliche Blickrichtung verändert: Nicht mehr die Zukunft, sondern die Vergangenheit erscheint als verheißungsvoller Ort. Ein Hauch von Nostalgie durchweht die Gesellschaft: Historisierende Architektur feiert fröhliche Urstände, im Kino sind in den letzten Jahren unterschiedliche Filme erschienen, die sich in der ästhetischen Verklärung der Sechzigerjahre gegenseitig überbieten, und schließlich stechen auch die von Jahr zu Jahr kostspieliger ausfallenden Abiturbälle ins Auge, auf denen junge Frauen in nahezu identischen Ballkleidern und junge Männer in Anzügen eine glatte Fassade der Zeitlosigkeit gegen die wachsenden Ungewissheiten ihres Lebens errichten. Und vielleicht war Didier Eribons Wiederentdeckung der Arbeiterklasse auch deshalb eine so erfolgreiche Idee, weil die Arbeiterklasse in den westlichen Industrieländern schon lange von der Bildfläche verschwunden ist (Steinfeld 2018; Eribon 2016).

Der Soziologe Zygmunt Bauman (2017: 10) argumentiert, dass die Gegenwart an einer »globalen Nostalgie-Epidemie« leide, an einer verzweifelten Sehnsucht nach Kontinuität und Stabilität in einer fragmentierten Welt. Diese epidemische Nostalgie fungiere als Abwehrmechanismus beschleunigter Lebensrhythmen und historischer Umwälzungen und bestehe im Wesentlichen aus dem Versprechen, jene ideale Heimat aus der Vergangenheit wiederherzustellen. ›Retrotopia‹, so der treffende Titel seines Buches, sei ein durchgängiges Merkmal einer verunsicherten und durch Ungewissheiten geprägten Gegenwart. Statt in eine ungewisse Zukunft investiere man alle Hoffnungen in die Restauration eines halbvergessenen Gesterns, an dem man vor allem dessen vermeintliche Stabilität und Vertrauenswürdigkeit schätzenswert fand (ebd.: 11). Gefahren, so Bauman, gingen vor allem von der restaurativen Spielart der Nostalgie aus, wie sie uns in nationalen und nationalistischen Revivals überall auf der Welt begegnet, die mit Hilfe des Rückgriffs auf nationale Symbole und Mythen eine reaktionäre Mythologisierung der Geschichte betreiben.

Die Zukunft, einst »natürliches Habitat der Hoffnung und berechtigter Erwartungen«, werde nun zum »Schreckenszenario drohender Alpträume« (Bauman 2017: 11): vom Verlust des Arbeitsplatzes und der an ihn geknüpften sozialen Stellung, von der Pfändung des auf Kredit erworbenen Eigenheims, von der Ohnmacht der Entfremdung und des Kontrollverlustes angesichts des sozialen Zurückfallens und des sinkenden Wertes der mühsam erlernten Qualifikationen. Vor diesem Hintergrund erscheint der Weg zurück ins Gestern als Ausweg. Mittlerweile findet sich auch im liberalen Lager eine gehörige Portion Rückwärtsgewandtheit, ein melancholischer Blick zurück auf das behauptete verlorengegangene Goldene Zeitalter der Mittelstandsgesellschaft, die die von der Gegenwart irritierte Rückschau in umso hellerem Licht erstrahlen lässt: als sichere, geordnete und eindeutige Zeiten, in denen ›Deutschland noch Deutschland‹ war (und andere Nationen ebenfalls noch ›ganz bei sich‹ sein konnten) (Lessenich 2018).

Ähnlich äußert sich der amerikanische Ideenhistoriker Mark Lilla (2018), der in seinem Essay über den ›Geist der Reaktion‹ eine Strukturanalyse reaktionären Denkens in Kontrastierung zum Narrativ des Revolutionärs unternimmt und das Politische in der nostalgischen Grundbefindlichkeit des Reaktionärs betont. So argumentiert er:

»Der Reaktionär ist ein schiffbrüchiger Geist. Wo andere den Strom der Zeit fließen sehen wie eh und je, meint der Reaktionär, die Bruchstücke eines Paradieses zu erkennen, die an ihm vorbeischwimmen. Er ist ein Flüchtling der Geschichte. Der Revolutionär sieht eine strahlende Zukunft, die den anderen verborgen ist, und dieses Bild beflügelt ihn. Der Reaktionär denkt sich immun gegenüber modernen Lügen, sieht die Vergangenheit in all ihrer Glorie, und auch ihn beflügelt ein Bild. Er glaubt sich in einer stärkeren Position als sein Gegenspieler, weil er sich als Hüter von etwas Gewesenem sieht, und nicht als ein Prophet von etwas, das sein könnte.« (Ebd.: 20)

Es sollte klar geworden sein, dass Veränderungen in Mentalitäten und Zeitgeist nicht allein durch Protestbewegungen herbeigeführt werden, sondern auch umgekehrt: Protestbewegungen greifen die tektonischen Verschiebungen in den Tiefenstrukturen auf und tragen die aus den Veränderungsprozessen hervorgehenden gesellschaftlichen Widersprüche auf eine politische Bühne. Rechts sind also nicht nur die rechtspopulistischen Parteien und Bewegungen, die sich dies explizit auf die Fahnen schreiben, rechts sind auch die gesellschaftlichen Tendenzen der Verhärtung, die eine Abwendung von der *Idee* der Gesellschaft und des Politischen implizieren. Diese sind nicht explizit, sondern implizit rechts und haben zur inneren Aushöhlung der liberalen Demokratie beigetragen.

Spaltungen und Abspaltungen: Bewältigungsstrategien

Wie wir gesehen haben, hat der Aufstieg der Rechtspopulismus eine lange Vorgeschichte. Dem liegt jedoch kein Automatismus zugrunde. Aus autoritären Tendenzen folgt nicht *notwendig* eine autoritäre Revolte, aus Ängsten gehen nicht *zwangsläufig* kollektive Wahnvorstellungen oder Sündenböcke hervor und Exklusionsschübe im Inneren führen nicht *automatisch* zur nationalistischen Abschottung nach außen. Oder, anders formuliert: Ein gesellschaftlicher Rechtsruck macht noch keine Rechtspartei. Es gibt unterschiedliche Möglichkeiten des Umgangs mit den geschilderten Tendenzen und ihrer Bewältigung. Die *politische* Mobilisierung, die Gegenwehr, ist nur eine, und zwar die verzweifelte Form der Bewältigung. Die allermeisten Menschen verbleiben dagegen innerhalb des liberalen Konsenses, sie mobilisieren persönliche Abwehrmechanismen, reagieren mit Rückzug, Abspaltung oder auch mit verstärkten Anpassungsbestrebungen.

Die Privilegierten verbleiben zumeist problemlos im demokratischen Rahmen solidarischen und egalitären Denkens, auch wenn sich ihre alltäglichen Gewohnheiten verhärtet und ihre Kreise geschlossen haben. Während sie noch an solidarischen Gesinnungen und liberalen Werten festhalten und das Imaginarium einer guten Welt und eines einträglichen Miteinanders aufrechterhalten, haben sie das Projekt des ›Neoliberalismus‹ mit seinen Konkurrenz- und Wettbewerbsordnungen durch und durch verinnerlicht – sie leben den ›kapitalistischen Realismus‹ strategischer Anpassung an die Wettbewerbs- und Ausbeutungsstrukturen der

Marktgesellschaft (Fischer 2013). Damit korrespondiert ein gespaltenes Bewusstsein: Die Privilegierten trennen eine ›reine‹ Moral der Solidarität von den sie umgebenden Marktstrukturen ab, deren Funktionsweise sie als hyperabstrakt und unpersönlich hinstellen, die in Wirklichkeit jedoch bis in die feinsten Verästelungen hinein mit ihren Begehrensstrukturen verwoben sind. Dies zeigt sich nicht nur in der emotionalen Grammatik spätmoderner Konsummuster, sondern auch in der kulturkapitalistischen Charismatisierung des Erfolgs und der Erfolgreichen. Aufgrund der Subjektivierung der Marktgesellschaft besteht kein wirklicher Veränderungswille, weshalb davon auszugehen, ist, dass sich die bestehenden Verhältnisse und die darin enthaltenen illiberalen Entwicklungen weiter fortschreiben werden. Derartige Bewusstseinsspaltungen begünstigen Prozesse der sozialen Enklavenbildung. Man bleibt innerhalb der privilegierten Stadtquartiere oder Nachbarschaften auch deshalb lieber unter sich, weil hier die liberalen Werte scheinbar noch gelten und unter Gleichgesinnten praktiziert werden, jedenfalls so lange, wie tatsächliche Probleme außen vor gehalten werden können.

Andere reagieren mit der gänzlichen Privatisierung, mit einer Abtrennung der individuellen Erwartungen von der sie umgebenden Welt, indem sie sich ganz auf ihre persönlichen Hoffnungen konzentrieren und sich in einen vermeintlich sicheren Hafen der Selbstbezüglichkeit begeben. Selbstbezüglichkeit ist die logische Konsequenz einer wachsenden Privatisierung auch der moralischen Verpflichtungen, wodurch eine Abkehr vom Denken in gesamtgesellschaftlichen Solidaritäten eingeleitet wird. Vielen erscheint Gegenseitigkeit als etwas, was einen daran hindert, mehr Profit aus einer Situation zu ziehen als die Mitstreiter, als Falle für die Naiven, Leichtgläubigen und Gedankenlosen (Verhaeghe 2014). Die Subsidiarisierung von Existenzrisiken auf die Ebene einer von jedem Einzelnen für sich allein zu betreibenden Vorsorge, wie sie in Deutschland etwa durch das sozialstaatlich verankerte Prinzip der Eigenverantwortlichkeit bei der Arbeitssuche, der Gesundheitsvorsorge und der Absicherung im Alter befördert wird, hat eine Lebensweise nahegelegt, mit der Solidarität entwertet und auf die Ebene der Allernächsten beschränkt wird. Die persönliche Moral wirkt nicht mehr zentrifugal, sondern zentripetal: Nicht mehr für die anderen, die Nächsten, für ›uns‹, die Gemeinschaft, die Gesellschaft, die Menschheit oder den Planeten bin ich verantwortlich, sondern einzig für *mich*, für meine Gesundheit, mein Vermögen, mein Fortkommen (Bauman 2017).

WANN SCHLÄGT EIN GEFÜHL INS POLITISCHE UM?

Die Ausbildung einer expliziten, d.h. *politischen*, Rechten ist nun allerdings nur dann zu erwarten, wenn darüber hinaus auch *kollektive* Gefühle der Angst mobilisiert werden können, denen dann durch die oben bereits erwähnten Sicherheitsdispositive begegnet wird. Durch die klare Abtrennung eines für sicher erklärten Innen von einem scheinbar gefährlichen Außen wächst allerdings auch die Feindseligkeit gegenüber all dem, was von außen eindringt. Nun steigt die Wahrscheinlichkeit, dass der Wunsch nach Grenzen und die Suche nach ›absoluten‹ Wahrheiten zu einem politischen Anliegen wird. Karin Stenner (2005) hat in ihrer Studie *The Authoritarian Dynamics* gezeigt, dass der Wunsch nach autoritärer Abgrenzung kein stabiles Persönlichkeitsmerkmal, sondern vielmehr eine Reaktion auf Bedrohungen darstellt. Dabei ist nicht jede Bedrohung relevant, sondern nur eine, wie Stenner dies nennt, »normative Bedrohung«, die bei der betreffenden Person das Gefühl auslöst, die gesamte moralische Ordnung sei in Gefahr und das ›Wir‹, zu dem die Person gehört, zerfalle und müsse gegenüber ›Fremden‹ verteidigt werden (ebd.).

Auslöser politischer Mobilisierung von rechts sind nicht zufällig häufig Signalereignisse des Totschlages oder des sexuellen Missbrauchs, die (tatsächlich oder auch nur vorgeblich) durch die stigmatisierten Minderheiten verübt wurden, da sich von hier problemlos Brücken zwischen persönlichen Ängsten und Projektionen eines bedrohlichen Außen bauen lassen. Der Protest kristallisiert sich auch deshalb vorzugsweise an Einwanderern, weil der Eindruck, dass die Ordnung durch ›Überfremdung‹ in Gefahr sei, hier eine große emotionale Plausibilität gewinnt. Damit ist auch das Bedürfnis verbunden, sich das Unverständliche vom Leib zu halten bzw. es auf ein verarbeitbares Maß an Komplexität zu reduzieren. Mit der Mobilisierung jener projektiven Abwehrmechanismen, die Anna Freud »Verkehrung ins Gegenteil« und »Verschiebung« nennt (Freud 2012 [1936]: 73 ff.), werden gesellschaftliche Spannungen dann als eine von außen eindringende Gefahr vorgestellt: Das Auftauchen des Fremden gilt als Symptom eines allgemeinen ›Kulturzerfalles‹ oder einer nahenden Katastrophe. Die befürchtete Katastrophe stellt dann das auf Weltmaßstäbe vergrößerte Spiegelbild einer inneren Bedrohung her.

Hier lassen sich unmittelbare Bezüge zur Mobilisierungspraxis der AfD herstellen, die apokalyptische Angstszenarien kolportiert und für sich reklamiert, die Zukunftsängste der Bürger aufzugreifen und zu benennen. So gehen etwa laut einer Umfrage 74 Prozent der AfD-Anhänger davon aus, dass »Deutschland in eine Katastrophe treibt«, wenn »die Politik so weitermacht« (Amann 2017: 221). Die Partei profitiert daher wesentlich von Zukunftsängsten, die sich auf unterschiedliche Angstobjekte – ›die Migranten‹, ›die Muslime‹, das politische System als solches – ausrichten und sich nicht allein auf einen wirtschaftlichen Niedergang, sondern viel mehr noch auf einen kulturellen und nationalen Verfall beziehen. Die AfD sieht sich als alleinige Verteidigerin der ›deutschen Kultur‹, die durch die Zuwanderung und vor allem durch den Islam bedroht sei. Die deutsche Gesellschaft wird dabei oftmals als eine von islamischer Einwanderung von außen überwältigte dargestellt. Dabei vereint sich die Angst vor der sichtbaren Andersartigkeit des Islam – Kopftuch und Burka – mit der Furcht vor der unsichtbaren Bedrohung durch einen fundamentalistischen Terroranschlag.

Analog zum klassischen Antisemitismus fungiert der Islam hier als das zentrale Feindbild, das nach rassistischen Prinzipien der Ausgrenzung aufgebaut wird. Die Religion bildet die Grundlage für die Konstruktion eines in unvereinbarem Gegensatz zur deutschen Mehrheitsgesellschaft stehenden Anderen. Der Islam wird dabei als homogen, statisch, doktrinär und immun gegenüber jeder Veränderung porträtiert und erscheint als das Gegenteil dessen, was die Beteiligten jeweils für sich reklamieren: Komplexität, Fortschrittlichkeit und Lernfähigkeit. Im islamophoben Diskurs wird gerade der Bereich der Geschlechterordnung und der Sexualität als zentraler Beleg für die Unvereinbarkeit des Islam mit westlichen Gesellschaften konstruiert. Diese Position wird von aufgeklärten Frauen mit muslimischem Hintergrund wie der Erziehungswissenschaftlerin Necla Kelek oder der Rechtsanwältin Seyran Ateş mit Nachdruck bestätigt, die sich als prominente Kritikerinnen der Unterdrückung von Frauen in islamischen Gesellschaften hervorgetan haben. Gleichzeitig und im scheinbaren Widerspruch dazu wird jedoch sichtbar, dass der Rechtspopulismus, ähnlich wie in den USA die Trump-Ära, selbst als eine Bewegung auch zur Stabilisierung fragiler Männlichkeit verstanden werden muss, und dazu, ähnlich wie es dem Islam unterstellt wird, auf archaische Geschlechterbilder und Vorstellungen einer naturgegebenen Geschlechterpolarität zurückgreift. Wenn AfD-Politiker wie Björn Höcke eine neue ›Männlichkeit und Wehrhaftigkeit‹ propagieren, sind sie von dem ansonsten kritisierten ›islamischen Geschlechterbild‹ nicht so weit entfernt. Hier zeigen sich erneut die strukturellen Ähnlichkeiten zwischen Rechtspopulismus und religiösen Fundamentalismen bei der Erzeugung idealisierter Zugehörigkeiten (siehe hierzu Kapitel 5). Unabhängig davon, ob es sich um eine religiöse, ethnische oder völkisch-nationale Gemeinschaft handelt: Die Zugehörigkeit zu einem als höherwertig vorgestellten Kollektiv bietet Anerkennung, die einem im sonstigen Leben oft versagt bleibt. Dazu muss der Einzelne allerdings bereit sein, die eigene Individualität dem Primat der Gruppe zu opfern.

STELLUNGSKONFLIKTE

Die Konstruktion und identitäre Zuspitzung der jeweiligen kollektiven Identität folgt dabei zumeist der Dynamik von Konflikten (Eckert 2006). Während Zugehörigkeiten im Alltag sich flexibel und situativ gestalten und von Rollenset zu Rollenset variieren, sind Zugehörigkeiten zu Religionsgemeinschaften, Weltanschauungskollektiven, Ethnien, Klassen und Nationen als ›imaginierten Gemeinschaften‹ (Anderson 1988) sehr viel voraussetzungsreicher. In ihnen werden symbolische Grenzen stabilisiert, die im Alltag nicht notwendig aufscheinen, sondern ideologisch befestigt werden müssen. Dabei spielen Konflikte eine Hauptrolle: Der deutsche Nationalismus ist in den Franzosenkriegen entstanden; der Zionismus als Antwort auf den Antisemitismus, wie er in der Affäre Dreyfus zum Ausdruck kam; der kurdische Nationalismus über die zentralstaatliche Assimilationspolitik gegenüber den Kurden als angeblichen ›Bergtürken‹. Bereits Marx hat deutlich gemacht, dass Klassenbewusstsein nicht linear aus einer Klassenlage hervorgeht, sondern sich erst in konkreten Auseinandersetzungen zwischen Arbeitern und Kapitalismus konstituiert (Marx 2014 [1867]).

Wie gesagt, ist eine solche Konfliktdynamik gegenwärtig auch bei der Ausgrenzung gegenüber Muslimen oder Flüchtlingen am Werk: Je mehr die Angst umgeht, desto wichtiger wird es zu wissen, auf welcher Seite jemand steht. Die Erfahrungen der Ohnmacht und des Kontrollverlustes werden durch das Ziehen einer Grenze zwischen ›ihnen‹ und ›uns‹ kuriert. Die Ursache für die Spannungen im Inneren der Gesellschaft wird dann nicht in der Gesellschaft selbst gesucht, sondern in den von außen hereinbrechenden ›Eindringlingen‹. Die Bezugnahme auf die Anderen oder Fremden jenseits der Grenze stabilisiert wiederum die Zugehörigkeit und schweißt die Gemeinschaft zusammen. Die so konstruierten Kollektive tendieren dabei nicht nur zu einer starken Grenzziehung nach außen, sondern auch zu einer Homogenisierung im Binnenverhältnis, da sie auf Normen und Praktiken bestehen, die das Zusammenleben frei von Widersprüchen und Ambivalenzen regulieren sollen, dabei aber die Einordnung des Einzelnen in den Kodex des Kollektivs verlangen (siehe auch hierzu Kapitel 5).

Rechtspopulismus als politische Figuration richtet sich nicht nur gegen ›die anderen‹, sondern auch gegen ›die Eliten‹, die für die Einwanderungswellen und die Zerstörung der alten Ordnung verantwortlich gemacht werden. Er verbindet somit zwei Konfliktlinien und zwei Ideen: zum einen die Idee eines auf der je besonderen Geschichte beruhenden Nationalcharakters und zum anderen die Idee der sozialen Einheit des Volkes. Die Idee eines einheitlichen Nationalcharakters begründet einen gegen Außenseiter und auf den Erhalt von Etablierten-Vorrechten gerichteten *Stellungskonflikt*; die Idee der sozialen Einheit des Volkes begründet einen gegen die Eliten gerichteten *Herrschaftskonflikt*. Letzterer sollte allerdings nicht mit einer tatsächlichen Einheitlichkeit der Wählerschaft oder gar mit einem Verteilungskampf zwischen ›unten‹ und ›oben‹ verwechselt werden. Vielmehr ist der Kampf gegen die Eliten Ausdruck eines symbolischen Kampfes gegen die hegemoniale Kultur, der Bündnispartner in unterschiedlichen Milieus und Lagen findet, die aus jeweils verschiedenen ›guten‹ Gründen versuchen, ›die Eliten‹ und ihre Ideologien zu bekämpfen. Dabei spielen ökonomische Konflikte und materielle Verteilungsfragen durchaus auch eine Rolle, sie sind jedoch eingebettet in ein größeres Gesellschaftsbild und antihegemoniale Vorstellungen einer gerechten sozialen Ordnung. Im Kern geht es dem Rechtspopulismus um die Ablehnung des Liberalismus und der liberalen Eliten, d.h. um die Erlangung *kultureller Deutungshoheiten* zur Durchsetzung alternativer Gesellschaftsmodelle (siehe hierzu Kapitel 4).

In diesem Kapitel wurde der Aufstieg des Rechtspopulismus als soziale Gegenbewegung gegen die globale Moderne dargestellt, die auf Folgeprobleme des mit dem Ende des kalten Krieges angestoßenen Umbruchs mit einem radikalen Gegenmodell von Gesellschaft antwortet. Die Radikalität des Wandels zeigt sich daran, dass nach drei Dekaden Konsenskultur der Mitte grundlegende politische Konflikte wieder Eingang in die Gesellschaft gefunden haben. Dies geht mit einer grundsätzlichen Neuordnung auch des Parteiensystems einher. Eingebunden findet sich dieser Wandel in eine Transformation politischer und ideologischer Kräftefelder auch im geopolitischen Maßstab.

2. Die Neuordnung des politischen Raums

Der Aufstieg der populistischen Rechtsparteien in Westeuropa und den USA ist eingebettet in eine grundsätzliche Neuordnung des politischen Raums. Der Fall des Eisernen Vorhangs war der Startpunkt einer epochalen Wende: Er markiert den Eintritt in eine neue globale Weltordnung. Zum ersten Mal in der Geschichte ist globale Politik sowohl multipolar als auch multikulturell. Die Weltordnung ist nicht mehr bipolar durch zwei Blöcke und einen einzigen globalen Zentralkonflikt entlang der West-Ost-Achse definiert, sondern gleicht einem Flickenteppich größerer und kleinerer Mächte, die ihre eigenen Interessen und Ambitionen verfolgen. Der Westen liefert zudem nicht mehr das universelle Modell der Modernisierung. China ist weit vom Modell einer liberalen Demokratie entfernt; gleichwohl ist es in den letzten Jahrzehnten zur zweitgrößten Volkswirtschaft der Welt aufgestiegen, die immer mehr Bürgern wachsenden Wohlstand beschert. Das Gleichgewicht zwischen den Großmächten hat sich verschoben: Der Westen ist zwar vorläufig noch der mächtigste Kulturkreis, gleichwohl geht seine Macht in Relation zur aufstrebenden wirtschaftlichen Supermacht China sowie zu den mächtigen Schwellenländern Russland, Brasilien, Indien oder Südafrika, aber auch gegenüber dem Nahen Osten, zurück (Fischer 2018). Im Folgenden sollen die Koordinaten des neuen politischen Kräftefeldes nach dem Mauerfall nachgezeichnet werden.

POLITISCHE UND KULTURELLE PARADIGMENWECHSEL

Politische Paradigmenwechsel sind langfristiger und grundsätzlicher Natur, aber sie konkretisieren sich in spezifischen Ereignissen, die das Auftauchen wirkmächtiger politischer und sozialer Gegenbewegungen markieren und/oder Ausgangspunkte für längerfristige strukturelle Entwicklungen bilden (Reckwitz 2017: 372). Das ultimative Ereignis dieser Kette stellt das Ende der Blockparteien mit dem Fall der Mauer dar, das den Eintritt in eine neue globale Weltordnung markiert und zugleich den Schlusspunkt hinter die Epoche der nationalstaatlich verfassten Industriemoderne mit ihren Großorganisationen, ihrer Orientierung an standardisierten Lebensformen und ihren Strukturen von Massenproduktion, Massenkonsum und Massenkultur setzt. Hier nehmen alle gegenwärtigen Entwicklungsstränge ihren Ausgangspunkt: die Herausbildung einer globalen Dienstleistungsökonomie, die durch wissens- und kulturkapitalistische Produktionsformen, kreative Arbeit und singularisierten Konsum geprägt ist, der Aufstieg einer globalen Mittelklasse als Schlüsselfigur einer transnationalen Klassengesellschaft und schließlich der Übergang vom westlichen Modell der Nationalgesellschaft unter der Schirmherrschaft der USA hin zur multiethnischen und multipolaren Weltgesellschaft, die (vorläufig) durch keine Supermacht und kein übergreifendes politisches Integrationsprinzip mehr zusammengehalten wird.

Die genannten Phänomene beinhalten sowohl innere als auch äußere Verschiebungen und sowohl strukturelle wie auch kulturelle Veränderungen. Innerhalb vieler Einzelgesellschaften verschieben sich, unter dem Vorzeichen von Vielfalt, die Grenzen von Teilhabe und Zugehörigkeit, so dass Frauen, Migranten, religiöse und ethnische Minderheiten sowie Menschen mit Behinderung Partizipation und Chancengleichheit eingeräumt werden. Diese Prozesse können als ›innere Öffnungen‹ verstanden werden. Diese bewirken, dass Gesellschaften ihr kulturelles Zentrum, ihre ›Leitkultur‹, verlieren. An die Stelle der früheren homogenen – durch die Figur des erwerbstätig-männlichen Familienernährers repräsentierten – Mittelschichtskultur tritt ein Nebeneinander unterschiedlicher Identitäten, Umgangsformen und kultureller Selbstverständlichkeiten. Dadurch verlieren Identitäten und Zugehörigkeiten ihre Eindeutigkeit. Demgegenüber meint der Begriff ›äußere Öffnung‹ die Verschiebung von Grenzen zwischen verschiedenen Gesellschaften, d. h. die Globalisierung im engeren Sinne: Global sind mittlerweile nicht nur die Wirtschaft, die Produktion, der Handel, das Transportwesen und die Geldströme, sondern auch die Unterhaltungsindustrie, die Kunst, die Wissenschaft und die Kommunikation. Gleiches gilt aber auch für die Mobilität der Menschen, für Tourismus und für Migration. Äußere und innere Öffnungen konvergieren in der Figur des *Migranten*, weil diese sowohl transnationale Grenzüberschreitung wie auch gesellschaftliche Vielfalt verkörpert. Die offensten Gesellschaften sind die mit der ›globalsten‹ Bevölkerung. Sie sind *in sich global*, oder, anders ausgedrückt: Es existiert *Globalität vor Ort*. Aus der Verknüpfung innerer und äußerer Öffnungen entstehen unterschiedliche Formen transnationaler Multiethnizität. Woher rühren aber diese tiefgreifenden Paradigmenwechsel?

DIE GESCHICHTE DER GLOBALISIERUNG: EIN ABRISS

Der Übergang von einer Welt der Blockparteien hin zur multipolaren und multiethnischen globalen Moderne, die unter dem Einfluss der transnationalen Entgrenzung ökonomischer, informationeller und kultureller Prozesse steht, ist nicht ausschließlich am Fall des Eisernen Vorhangs festzumachen, sondern wurde in mehreren Etappen herbeigeführt. Dabei lassen sich vier Schlüsseljahre nennen: 1968, 1979, 1989 und 2001. 1968 markiert den Beginn der *Neuen sozialen Bewegungen*, die in den 1980er-Jahren einen Höhepunkt erlebten und den Impuls für den Wertewandel von in der Nationalkultur verankerten Pflicht- und Akzeptanzwerten hin zu kosmopolitischen Werten des Multikulturalismus, des Pluralismus und des Individualismus lieferten, die als kulturelle Vorreiter der Globalisierung und der Herausbildung postnationaler Klassenidentitäten angesehen werden können. 1979 war das Jahr, in dem erstmals ein europäisches Land, nämlich die britische Regierung unter Maggie Thatcher, begann, den Neoliberalismus als politisches Programm durchzusetzen. Dieses unterwarf die Wirtschafts- und Sozialpolitik einer deregulierten Markt- und Wettbewerbslogik, die in der Folge zur nationalstaatlichen Entbettung von Märkten führte. Es folgte in den 1980er-Jahren die US-Regierung unter Präsident Bill Clinton und später auch die rot-grüne Koalition in Deutschland unter Bundeskanzler Gerhard Schröder. 1979 findet im Iran jedoch auch die Islamische Revolution statt, die als erste ereignishafte Zuspitzung des Aufschwungs religiös-fundamentalistischer Bewegungen gelten kann.

Eine maximale Symbolwirkung entfalten schließlich die Ereignisse nach dem Fall der Mauer im Jahr 1989. Aus dem Zusammenbruch des Ostblocks geht der Westen zunächst als Gewinner hervor. Die Systemalternativen verschwinden, zugleich etablieren sich überall auf der Welt grenzüberschreitende Märkte, globale Migrationsflüsse sowie transnationale Unternehmen mit eigenen Rechtsnormen, Regeln und Beschäftigungsstrukturen. Doch anders als etwa von Francis Fukuyama (1992) vorausgesagt führte dies nicht zur flächendeckenden Durchsetzung des westlichen Modells in allen Teilen der Welt; vielmehr brachen im globalen Maßstab sofort neue Systemantagonismen auf, die in unterschiedlichen Teilen der Welt ähnliche Varianten eines nationalistischen Populismus autokratischer Herrscher, wie etwa Donald Trump, Vladimir Putin, Viktor Orbán oder Recep Tayyip Erdoğan, hervorgebracht haben. Es wächst nicht nur die Zahl der Autokratien in entfernten Weltgegenden, sondern auch die Anziehungskraft autoritären Denkens in Europa. Nationalistische und illiberale Elemente schleichen sich zunehmend in westliche Demokratien ein, wie sich an der regelmäßigen Kritik der ›political correctness‹, an einem neuen Patriotismus und an der grassierenden Geringschätzung von Parteien, Medien und Minderheiten ablesen lässt. 2001 schließlich ist das Jahr des terroristischen Anschlags auf das World Trade Center in New York. In 9/11 verdichtet sich die gewaltsame Radikalisierung des religiös-islamistischen Fundamentalismus – und zugleich die Positionierung des Westens dagegen. An der hier nachgezeichneten historischen Entwicklung lassen sich also zwei große Trends ablesen: Einerseits stehen 1968 (der Aufstieg der Neuen sozialen Bewegungen), 1979 (die Deregulierung von Märkten) und 1989 (der Fall der Mauer) zusammen für die schrittweise Erosion der Politik der organisierten, nationalstaatlich verankerten Moderne und den Aufstieg des globalen Liberalismus westlicher Prägung. Betrachtet man andererseits 1979 (die Islamische Revolution), 1989 (das Erstarken antiliberalistischer Systemantagonismen) und 2001 (der Anschlag auf die Twin Towers) zusammen, so symbolisieren sie den Aufstieg der rechtsnationalen und rechtspopulistischen Gegenbewegungen, die sich gegen den globalen Liberalismus positionieren und sich auf die Nation als partikulare kulturelle Gemeinschaft berufen.

GLOBALE TRANSFORMATIONEN SEIT 1989

Die Entwicklungen, die zur Entfaltung des Keims der politischen Reaktion geführt haben, werden gut sichtbar, wenn wir uns noch einmal die Transformationen des Jahres 1989 besehen. So markiert die Auflösung der Sowjetunion in eine Reihe eigenständiger Einzelnationen den Beginn des Aufstiegs der neonationalistischen Gegenbewegungen. Eine wichtige Ursache dafür ist in den unbewältigten Formen der sogenannten Systemtransformationen, d. h. in der Herausbildung einer marktorientierten

Form des Politischen nach dem westlichen Modell, in den osteuropäischen Ländern und in Russland zu sehen. Die soziokulturellen Prägungen hielten mit dem Tempo der Modernisierung nicht Schritt, überdies kam es zu einer wachsenden Polarisierung zwischen denjenigen, die sich schnell an die neuen Rahmenbedingungen anpassen konnten und von den hinzugewonnen Optionen profitierten, und den sogenannten »Transformationsverlierern« (Hanisch 2017: 86), die zunehmend in ihren gesellschaftlichen Teilhabemöglichkeiten beschnitten wurden und durch kein übergreifendes Solidarangebot aufgefangen werden konnten. Aber auch in anderen Weltregionen und in Westeuropa sind neue nationale und separatistische Bewegungen zu beobachten. Dabei handelt es sich einerseits um Nationalbewegungen ohne Staat, die innerhalb von Gesellschaften nach kultureller Autonomie oder politischer Unabhängigkeit streben, wie etwa Quebec, Katalonien, Nordirland oder Schottland. Andererseits handelt es sich um kulturnationalistische Bewegungen von selbständigen Staaten, die ihr Verständnis von Nation auf Ethnizität oder partikulare Gruppenidentitäten stützen (Smith 1995).

Kapitalistische Gesellschaftsordnungen fassten nach 1989 auch in Ländern ohne demokratische Tradition Fuß. Anders als noch in den 1990er-Jahren geglaubt, ist die globale Ausbreitung des Kapitalismus allerdings nicht mehr an den Import der westlichen Werte gebunden. Der globale Kapitalismus funktioniert auch im Zusammenspiel mit einer Politik, die auf asiatischen Traditionen oder gar auf autokratischen Strukturen wie in Saudi-Arabien oder in China fußt. Die Ironie besteht somit darin, dass westliche Werte just in dem Moment kritisiert werden (etwa im Namen des Antikolonialismus), in dem der globale Kapitalismus die westlichen Werte gar nicht mehr braucht, um zu funktionieren. Damit gerät ein zentraler Pfeiler westlicher Hegemonie, nämlich die Unterstellung, dass wachsender Wohlstand an demokratische Gesellschaftsordnungen gebunden ist, ins Wanken. Hinzu kommt, dass westliche Werte gegenwärtig selbst einen Prozess der ›Ethnisierung‹ durchlaufen. So befinden sich europäische Länder in einem Widerspruch zwischen der Behauptung des universellen Charakters der Menschenrechte und ihrer Ausübung im nationalen Kontext, was mit der ›Flüchtlingskrise‹ offenbar geworden ist: Mittlerweile zweifeln auch Linke daran, dass ein anhaltend starker Zuzug von Asylbewerbern aus dem globalen Süden nach Europa zu bewältigen wäre, da offenbar keine Chance besteht, alle Hilfsbedürftigen aufzunehmen und zudem Zweifel an der Integrationsfähigkeit der großen Zahl gering ausgebildeter Neuankömmlinge aus agrarisch geprägten Gesellschaften aufkommen, ohne dass die Linke eine alternative Bewältigungsstrategie, etwa eine Aufstellung eines gesamteuropäischen Plans zum Umgang mit den Flüchtlingen, anzubieten hätte. Vor diesem Hintergrund gewinnen rechtsgerichtete Parteien an Attraktivität, die den Anspruch des westlichen Modells auf Universalismus ganz offen an den Nagel hängen wollen, indem sie behaupten, die wohlhabenden Länder Europas hätten das Recht, ihre Lebensweise zu verteidigen und Widerstand gegen jene Flüchtlinge zu leisten, die in Europa so leben wollten wie in ihren eigenen Ländern. Zudem glauben die Rechtspopulisten, mit einer Politik des Nationalismus und einer Verteidigung ihrer nationalkulturellen Identität den drohenden Hegemonieverlust westlicher Staaten rückgängig machen zu können.

DIE NEUEN KONFLIKTLINIEN: NATIONAL VS. POSTNATIONAL

Die unterschiedlichen Neonationalismen richten sich gegen die geschilderten Entwicklungstrends und werden deshalb auch nicht so schnell wieder verschwinden. Ganz im Gegenteil: Innerhalb des Westens zeichnet sich ein neuer, zäher Konflikt ab zwischen nationalen und postnationalen Kräften der politischen Willensbildung, zwischen Nativisten und Globalisten, zwischen Menschen, die die Welt von überall her, also von jedem beliebigen Ort aus, betrachten und solchen, die sie von einem bestimmten Ort, ihrem Herkunftsort, ihrer Region oder ihrer Nation aus sehen; zwischen denjenigen, die am alten Gesellschaftsmodell festhalten wollen, und denen, die davon ausgehen, dass die Gesellschaft von globalen Grenzöffnungen und der Herausbildung supranationaler Regierungsorganisationen wie der Europäischen Union langfristig profitieren wird und die gesellschaftliche und technologische Neuerungen eher bejahen (vgl. Kapitel 8). Dabei unterscheidet sich der neue, defensive Nationalismus, der zurückblickt und sich der überkommenen Ordnung versichern möchte, deutlich vom alten westlichen Nationalismus, der expansiv nach außen gerichtet war und auf Eroberung zielte. Offenkundig ist, dass der neue Nationalismus inmitten eines globalen Interregnums von geschwächten souveränen Nationalstaaten einerseits und einer sich andeutenden zukünftigen Weltordnung andererseits einen Wendepunkt in Europas Beziehung zu sich selbst und zur Welt markiert.

Sichtbar wird dabei allerdings auch, dass eine postnationale Welt eigene Problematiken mit sich bringt, da globale Organe der Mitbestimmung und der kulturellen Identitätsbildung (noch) nicht verfügbar sind. Die im Nationalstaat entwickelte Idee von Demokratie kann nicht einfach auf Strukturen jenseits des Nationalstaates übertragen werden. Dies zeigt sich besonders deutlich in der Problematik der EU, deren Regierungsform sich ohne Beteiligung der nationalen Wählermeinungen auf der Basis von Kommissionen und Expertengremien vollzieht. Die fehlende Bürgerbeteiligung zeigt sich in besonders deutlicher Form bei den TTIP-Verhandlungen oder auch, wenn etwa EU-Kommissionsbeamte mit Blick auf nationale Haushaltsüberlastung durchregieren und damit unkontrollierte Eingriffe in das öffentliche Wohl vornehmen können. Das bedeutet allerdings, dass postnationale Kräfte, nicht anders als die neonationalistischen Kräfte, einer spezifischen Form der *Postpolitik* Vorschub leisten, da sie demokratische Verfahren, welche die Existenz eines souveränen Wählervolkes voraussetzen, bislang nicht auf übergeordnete Einheiten übertragen haben (Guérot 2017).

Andererseits gibt es auch kein Zurück zum Nationalstaat: Die EU scheint die einzige politische Einheit zu sein, die für globale Herausforderungen wie den Klimawandel, Migration und die Bekämpfung von Monopolen und Steuerflucht politisch gerüstet ist. Die Nationalstaaten sind darauf angewiesen, sich zu einer größeren Einheit zusammenzuschließen, um globale Kräfte zu bändigen, gleichzeitig fehlen jedoch Mitbestimmungsmöglichkeiten, die europäische Entscheidungen mit gesellschaftlicher Legitimität versehen könnten. Die Politologin Wendy Brown (2017: 23) spricht in diesem Zusammenhang von zwei Formen der ›Postpolitik‹: dem reaktionären nationalen Populismus auf der einen Seite und der postnationalen Technokratie der überstaatlichen Regierungen und Organisationen auf der anderen Seite. Die Problematik der unterschiedlichen populistischen und nationalistischen Bewegungen besteht darin, dass sich diese zur Lösung aktueller Probleme auf eher rückwärtsgewandte und antiegalitäre Modelle stützen und sich auf nationale Gemeinschaften oder partikulare kollektive Identitäten berufen, um den destruktiven Auswirkungen von Globalisierung und der Politik der Öffnung von Märkten, Identitäten und Grenzen zu begegnen. Die Problematik der Politik des postnationalen Liberalismus, der von finanziellen Imperativen und Erwartungen an den technischen Fortschritt getragen wird, ist hingegen, dass dieser, obwohl er alle westlichen Regierungen wie auch die

Europäische Kommission beherrscht, überwiegend nicht demokratisch legitimiert ist, sondern durch Expertenkommissionen kontrolliert wird, welche die nationale Selbstbestimmung in Frage stellen. Der politische Souverän wird dabei oftmals auf den Status eines bloßen Verwalters ökonomischer Interessen herabgestuft.

Viele Regierungen sehen sich zunehmend weniger in der Lage, die Fährnisse der Globalisierung im Binnenraum des Nationalstaates wirkungsvoll zu steuern und in einer Welt transnationaler Unternehmen, supranationaler Militärbündnisse und globaler Kommunikationsströme staatliche Kontrollfunktionen wahrzunehmen. Migration, Digitalisierung, Finanzmärkte und Freihandel stellen grenzüberschreitende Herausforderungen dar, denen nicht im nationalstaatlichen Rahmen, weder mit einer graduellen Politik von Gesetzesreformen noch mit Abschottung, beizukommen ist. Bemerkenswert ist beispielsweise die fehlende Kontrolle über Migrationsströme und die nahezu vollständige Abwesenheit supranationaler Institutionen und internationaler Vereinbarungen zu deren wirkungsvoller weltweiter Regulation. Zwar werden seitens einzelner Länder keine Mühen gescheut, um durch strenge Grenzkontrollen, physische Mauern und Barrieren, Patrouillen, Flugüberwachung und elektronische Kontrolle insbesondere die illegale Einwanderung zu verringern oder zum Stillstand zu bringen, doch erweisen sich diese Methoden gewöhnlich als unwirksam (Bacci 2015: 148).

GLOBALE MIGRATION, MIGRANTISCHES DEUTSCHLAND

Globale Migrationsflüsse gehorchen Regeln, die durch einzelne Nationalstaaten kaum zu beeinflussen sind. Dabei ist an erster Stelle die Nachfrage nach billigen Arbeitskräften zu nennen. Die gängige Annahme, dass die globale Wissensökonomie in erster Linie nur hochqualifizierte Fachkräfte benötige, erweist sich hier als kurzschlüssig. Charakteristisch ist vielmehr die Ausweitung sowohl der oberen wie auch der unteren Ränder der Erwerbshierarchien. In den großen Städten kommt es zur Ausweitung nicht nur der hochqualifizierten, sondern auch der einfachen Dienstleistungsberufe, die häufig von Migranten ausgeübt werden. Der zukünftige Bedarf an Haushalts- und Pflegekräften kann mit autochthonen Beschäftigten allein nicht gedeckt werden. Darüber hinaus hat auch der wachsende Bedarf an körperlich anstrengender und gering bezahlter

2. Die Neuordnung des politischen Raums   73

Saisonarbeit in der Ernte und im Bauwesen zu einer anhaltenden Nachfrage an migrantischen Arbeitnehmern beigetragen (Sassen 2015). Der Kontakt zwischen den Kulturen, die Verringerung der Reisekosten und vor allem die wachsende Wohlstandskluft zwischen reichen und armen Ländern sowie das demografische Schrumpfen der Bevölkerung in den reichen Nationen unterstützen die Migrationsflüsse. In vielen Ländern tendiert die geänderte Gesetzgebung dahin, qualifizierte Einwanderer zu bevorzugen, doch die Zahl der Illegalen steigt weiter, und die Versuche, sie zu stabilisieren oder zu reduzieren, bleiben häufig ohne Erfolg (Bacci 2015).

Das Abschotten des Arbeitsmarktes zwecks Privilegierung der eigenen Staatsangehörigen kollidiert zudem mit der demografischen Entwicklung vor allem in den reichen Ländern der nördlichen Erdhalbkugel: In den 29 reichsten Ländern der Erde mit einer Bevölkerung von zusammen 1,2 Milliarden Menschen betrug im Jahr 2012 der Zuwachs durch Geburten 12 Millionen und der durch Migranten 5,4 Millionen Menschen. Statistisch gesehen kam damit auf zwei Neugeborene ein Migrant, was zeigt, dass Migration schon lange kein randständiges oder konjunkturelles Phänomen mehr ist, sondern ein struktureller Bestandteil der Reproduktion reicher Gesellschaften, auf den diese wegen ihrer niedrigen Geburtenraten dringend angewiesen sind (Bacci 2015: 138). Der Soziologe Franz-Xaver Kaufmann (2005) geht davon aus, dass allein die Bundesrepublik in den kommenden Jahrzehnten zur Erhaltung ihrer Population auf eine jährliche Zuwanderung von 700.000 bis einer Million Menschen angewiesen ist. Dabei erwartet der Migrationsforscher Hannes Weber (2016) eine faktische künftige Nettoeinwanderung von ca. 500.000 Menschen jährlich.

Die Brisanz der demografischen Entwicklung wird auch an folgenden Zahlen sichtbar: Im Jahr 2010 lebten in Europa einschließlich Russland 740 Millionen Menschen, und diese Zahl wird ohne Migration auf 711 Millionen im Jahr 2030 sinken. Ohne Migration würde die Zahl der Jugendlichen stark zurückgehen, während die der Älteren wächst. Die Zahl der zwischen Zwanzig- und Vierzigjährigen würde von 210 auf 155 Millionen sinken, was einen Rückgang um 26 Prozent bedeutet, und die Zahl derer, die älter als 65 Jahre sind, von 121 auf 162 Millionen steigen, was einem Zuwachs von 34 Prozent entspricht. Auch die Zahl der Arbeitskräfte schrumpft dramatisch: Sie würde ohne Migration von 266 Millionen im Jahr 2005 auf 200 Millionen im Jahr 2025 und schließlich auf 160 Millionen im Jahr 2050 sinken (Bacci 2015: 121–123).

Eine derartige Schrumpfung der Bevölkerung würde auch die Finanzierungsgrundlage des Sozialstaates in Frage stellen. Selbst wenn das Reservepotenzial der unterbeschäftigten Frauen, deren Erwerbsquoten seit den 1970er zwar angestiegen sind, die mehrheitlich allerdings als ›Zuverdienerinnen‹ in Teilzeitbeschäftigungen tätig sind, ausgeschöpft würde, müsste die Lebensarbeitszeit aller Beschäftigten um etwa zehn Jahre verlängert werden, um einen tragfähigen Ausgleich für die sinkende Zahl der Einzahler in die Sozialsysteme zu schaffen. Und selbst dann bliebe das Problem bestehen, dass die Europäer in überalterten, wenig dynamischen Gesellschaften leben. Der starke Anstieg der älteren Bevölkerung erhöht zudem die Nachfrage nach Pflegekräften, die voraussichtlich nur unter Rückgriff auf migrantische Arbeitskräfte gestillt werden kann. Dabei verteilt sich der Bevölkerungsrückgang in Europa sehr unterschiedlich auf die einzelnen Länder: Während Frankreich, Großbritannien sowie die skandinavischen Länder sich aufgrund ihrer höheren Geburtenraten wie auch aufgrund ihrer Zuwanderung demografisch stabil reproduzieren können, weisen Spanien, Italien, Deutschland und Russland eine deutlich schrumpfende Bevölkerung auf. Auch deshalb ist der deutsche Sozialstaat, wenn er seinen bisherigen Leistungsumfang aufrechterhalten will, auf eine erhebliche Zuwanderung angewiesen. Paradoxerweise ist die sinkende Bevölkerungszahl ja selbst ein Effekt des Sozialstaates (Kaufmann 2005).

Schon vor dem jüngsten Anstieg bei der Flüchtlingswanderung stand fest, dass der Bevölkerungsteil mit Migrationshintergrund in Deutschland in den kommenden Jahren deutlich anwachsen wird: Hatten 2017 23,6 Prozent der Einwohner ausländische Wurzeln entsprechend der Definition des statistischen Bundesamtes – eine Person hat einen Migrationshintergrund, wenn sie selbst oder mindestens ein Elternteil wurde nicht mit deutscher Staatsangehörigkeit geboren wurde –, so betrug der Anteil unter den Kindern bis fünf Jahren etwa 39 Prozent (Statistisches Bundesamt 2018a, 2018b). Selbst ohne künftige Zuwanderung würde die ethnische Vielfalt in Deutschland also von selbst immer stärker zunehmen. Wenn man genau hinsieht, dann dreht sich der ganze Migrationsfluss um die Arbeit und den Arbeitsmarkt: Reiche Länder mit einem großen Bedarf an Arbeitskräften ziehen Migranten aus bevölkerungsreichen, ärmeren Ländern an. Daher gehen politisch zugespitzte Kontroversen, die sich einseitig auf die Frage fokussieren, ob Deutschland in Zukunft ein ethnisch tendenziell einheitlicher, vorgeblich durch eine abendländischchristliche Leitkultur geprägter Nationalstaat sein soll oder vielmehr eine Einwanderungsgesellschaft, an den eigentlichen Fragen vorbei. Nicht das Ob, sondern das Wie und die Frage der Auswirkungen auf die gesellschaftliche Identität scheinen fraglich. Während einige glauben, dass insbesondere das vereinigte Deutschland angesichts der gewachsenen Heterogenität auf eine vereinheitlichende Großerzählung sehr viel stärker angewiesen ist, als das in der Ära der Blockkonfrontation mit der verbreiteten Vorstellung der Fall war, ›irgendwie zum Westen zu gehören‹ (Münkler/Münkler 2016: 189), gehen andere davon aus, dass Menschen unterschiedlicher Herkunft ›konvivial‹, d.h. fürsorglich einander zugetan, zusammenleben können, ohne dass damit eine einseitige Integration der Migranten in eine bestehende, in sich homogene Gesellschaft verbunden sei. Konvivialismus basiert auf der Annahme, dass sich im Zuge der wechselseitigen Integration aller in die Einwanderergesellschaft *sämtliche* Identitäten ändern und auch die Einheimischen gegenüber den Zugewanderten keine besonderen Privilegien in Anspruch nehmen dürfen. An die Stelle der nationalen Identität, an deren Leitkultur sich Migranten anzupassen haben, soll vielmehr die Vorstellung kultureller Vielfalt treten (Foroutan 2014: 205–213). Damit wird sichtbar, worum es bei der Migrationsfrage eigentlich geht: um das gesellschaftliche Selbstbild, die Frage der Hegemonie deutscher Kultur und letztlich um die Frage, welche Werte und Normen gelten soll. Während die Vertreter des Konvivialismus davon ausgehen, dass diese Frage im gegenseitigen Einvernehmen und durch friedliche Aushandlungsprozesse beantwortet werden kann, zeigt ein Blick auf aktuelle gesellschaftliche Auseinandersetzungen, dass hier immer auch Fragen von Macht und Einfluss auf dem Spiel stehen.

Mauern gegen die Globalisierung

Dieser Anstieg der Migration und die wachsende Heterogenität der Bevölkerung sind wahrnehmbare äußere Merkmale einer Globalisierung, die auf den kürzeren Arm nationaler Interessen trifft. Daher erzeugen sie bei einigen Menschen das Gefühl, in einer Ära des Kontrollverlustes zu leben. Ihre Verwundbarkeit mobilisiert Gegenkräfte und lässt Bewegungen aufkommen, die versuchen, mittels Abschottung die Rückwirkungen der Globalisierung auf bislang privilegierte, aber nun vom Abstieg bedrohte Bevölkerungsgruppen zu stoppen. In diesem Zusammenhang sind einige Staaten dazu übergegangen, Mauern zu bauen, die ihrer Abriegelungsfunktion zwar kaum genügen und überdies keine wirtschaftlich vernünftige und technisch effektive Antwort auf die Gefahren von Grenzöffnungen darstellen, jedoch Affekte legitimieren, weil sie Zugehörigkeit und Identität symbolisieren. Prominente Beispiele für derartige Mauern sind die von den USA an der Grenze zu Mexiko errichtete Anlage, die von Israel gebaute Mauer in der Westbank, die saudische Sperranlage an der Grenze zum Jemen, der Grenzzaun, der von Ungarn als Reaktion auf die Migrationszüge an der serbischen und kroatischen Grenze errichtet worden ist, die Grenzzäune zwischen Indien und Bangladesch sowie zwischen Indien und Pakistan oder das System von Mauern und Checkpoints in Südafrika. Darüber hinaus gibt es Mauern innerhalb von Mauern, wie etwa *gated communities* in den USA, die vor allem in den Städten im Südwesten nahe der Mauer zu Mexiko gehäuft auftreten (Brown 2017: 39). Gemeinsames Merkmal dieser Grenzanlagen und Mauern ist, dass diese, obgleich sie nationale Grenzen zu markieren oder festzuschreiben suchen, nicht als gegen andere Staaten gerichtete Verteidigungsstellungen, sondern als Schutzschilder gegen nichtstaatliche, informelle transnationale Akteure infolge von unerwünschter Migration, Schmuggel, Kriminalität oder Terrorismus errichtet worden sind.

Wendy Brown (2017) betrachtet die gegenwärtige Konjunktur von Mauern als »politisches Theater«, als Inszenierungen für Bevölkerungsgruppen, die von den die Souveränität und Identität von Staat und Subjekt bedrohenden globalen Kräften besonders beunruhigt sind. Diese Mauern seien durchweg nicht in der Lage, die illegale Migration, den Drogenschmuggel oder den Terrorismus aufzuhalten oder sie auch nur signifikant auszudünnen, schaffen aber das Imaginarium einer stabilen und homogenen nationalen Einheit. Besonders eindrücklich erweist sich die technische Wirkungslosigkeit von Mauern an der Grenze zwischen den USA und Mexiko. Die aus dem Süden kommenden Arbeitskräfte sind für die nordamerikanische Wirtschaft seit der Zeit des Eisenbahnbaus beständig von entscheidender Bedeutung gewesen. In den letzten zwei Jahrzehnten hat sich sowohl das Ausmaß dieser Migration als auch ihr ökonomischer Wert, der gerade darin besteht, diese in der Illegalität zu halten, dramatisch erhöht (Ackleson 2005). Benötigt werden Arbeitskräfte, die maximal billig und ausbeutbar sind, weniger als den Mindestlohn verdienen, keinen Gesundheits- oder Arbeitsschutzbestimmungen unterliegen und bei Bedarf schnell wieder entlassen werden können. Angesichts des

2. Die Neuordnung des politischen Raums 77

globalen Wettbewerbs um möglichst niedrige Arbeitskosten ist der Rückgriff auf illegale Migranten nicht nur im Landwirtschaftsbereich, sondern auch im Bauwesen, in der Produktion und im Fast-Food-Sektor von immer größerer Bedeutung. Aber auch der Handel mit Drogen ist durch eine Mauer zwischen USA und Mexiko nicht einzudämmen, da nicht der Drogenschmuggel, sondern die Nachfrage das Angebot an Drogen bestimmt. Mauern, die auf Einwanderung oder Drogen abzielen, bringen lediglich eine noch ausgefeiltere Schmuggelökonomie hervor. Drogen werden etwa in nur schwer zu inspizierenden Schiffsladungen versteckt oder durch raffinierte Tunnelsysteme unter der Mauer hindurch transportiert.

Kurz, das Mauerbauen ist eine politische Reaktion auf das subjektive Schutzbedürfnis. Die schwindende Macht der euroatlantischen Welt, das begrenzte Vermögen zur ökonomischen und kulturellen Einhegung durch den Staat und die damit einhergehenden Geltungsverluste der durch Öffnungen benachteiligten Bevölkerungsgruppen wecken das Verlangen nach Mauern. Die darin enthaltene Theatralität bildet, so Wendy Brown, den Rahmen für das Handeln wie auch für politische Affekte, für Zugehörigkeit und Identität. Dabei spielt die Figur des *Fremden* die Hauptrolle. Der Fremde, geformt aus Versatzstücken von illegalen Einwanderern, Drogenhändlern und Terroristen, steht stellvertretend für die Verunreinigungen durch verletzte Grenzen und die Entmachtung einer durchlässigen nationalen wie auch individuellen Identität. Er wird zu einer Projektionsfläche für die Erosion einer auf gemeinsamer Sprache und Kultur fußenden nationalen Identität, die Abhängigkeit des westlichen Wohlstandes von der Produktion eines verarmten Außen und einer durch Drogenabhängigkeit, Langeweile und Depressionen geprägten Lebensweise, die ihrer kulturellen Überlegenheit beraubt ist (Brown 2017: 195).

Zusammenfassend lässt sich konstatieren, dass sich die Koordinaten der Weltgesellschaft verschoben haben. Mit der Auflösung der Blöcke von Ost und West begann der Eintritt in das Zeitalter der globalen Moderne, mit dem der Sozialismus als Systemalternative verschwindet und neue politische Spaltungen an die Stelle der binären Ost-West-Logik treten. Die Trennlinien zwischen den Systemen verlaufen heute zwischen einer Kultur der Öffnung und einer Kultur der Schließung, zwischen liberalen und geschlossen-nationalistischen oder fundamentalistischen Strömungen. Dieser Konflikt ist keineswegs gleichbedeutend mit einem Konflikt zwischen dem Westen und ›dem Rest‹, d.h. den diversen osteuropäischen, nahöstlichen oder südlichen Gesellschaftsordnungen. Vielmehr hat sich der Kulturkonflikt längst globalisiert und spaltet nahezu alle Gesellschaften. Liberale Ideen der individuellen Selbstverwirklichung, der globalen Freihandelszonen und des Kosmopolitismus haben zwar ihre Wurzeln in Europa und den USA, doch sind sie längst in die ost- und südasiatischen und lateinamerikanischen Metropolen exportiert worden. Umgekehrt haben geschlossen-nationalistische Gesellschaftsbilder, wie die Wahl Trumps, das politische Theater der Grenzanlagen und der Aufstieg des Rechtspopulismus in Westeuropa zeigt, auch in westlichen Gesellschaften Einzug gehalten.

Der Wandel der Parteienlandschaft

Die neuen politischen Spaltungen, die in diesem Kapitel bislang beschrieben wurden, schlagen sich auch im Wandel der Parteienlandschaft und ideologischen Polaritäten westlicher Gesellschaften nieder. Die für die Nachkriegsepoche charakteristische Polarität zwischen konservativen und sozialdemokratischen Volksparteien ist weitgehend bedeutungslos geworden, während die Opposition zwischen den bürgerlichen Parteien der Mitte und den rechtspopulistischen (und gelegentlich auch linkspopulistischen) Parteien an den Rändern Bedeutung gewinnt und die alte Parteien- und Konfliktstruktur überlagert (Inglehart/Norris 2016; Kriesi et al. 2006). Diese Neuordnung manifestiert sich in Deutschland im Aufkommen einer die Links-rechts-Opposition ablösenden Meta-Polarität zwischen den bürgerlich-liberalen Parteien (CDU/CSU, SPD, FDP und Grüne) auf der einen Seite und der AfD auf der anderen Seite. Diese bilden nun die entgegengesetzten Pole sowohl innerhalb des sozialen wie auch des politischen Raums. Eine Sonderstellung nimmt vorläufig noch die Partei Die Linke ein, die bislang keinem der Lager eindeutig zuzuordnen ist. Wahrscheinlich ist jedoch, dass sich aufgrund der neuen ideologischen Polarität zukünftig noch weitere Parteien bzw. Abspaltungen am rechtspopulistisch-neonationalistischen Pol einfinden werden. Die Versuche der CSU unter Horst Seehofer, Wähler vom rechten Rand abzuwerben, sind ein Beispiel dafür, und auch die Hinwendung Sahra Wagenknechts zu einer restriktiveren Migrationspolitik und ihre Versuche, durch eine ›Sammlungsbewegung‹ Unterstützer für einen exklusiv nationalen sozialen Kapitalismus auf deutschem Boden zu gewinnen, zeigen, dass die Umpolung der Parteienlandschaft noch nicht abgeschlossen ist.

Während die etablierten Parteien sich immer stärker den bürgerlichen Schichten anverwandelt haben und dabei einander ähnlicher geworden sind, verläuft der politische Graben nunmehr zwischen den etablierten Parteien und den Populisten. Die beiden großen deutschen Volksparteien, die bislang eine Brücke zwischen den unterschiedlichen Milieus bildeten, können diese Mittlerrolle zunehmend weniger erfüllen – einerseits, weil sie zunehmend liberalen Weltanschauungen anhängen, und andererseits, weil sie sich überwiegend aus Eliten rekrutieren und sich von den konservativen und traditionsverwurzelten Milieus entfernt haben. Die SPD hat sich mit den Reformen der Sozialsysteme der Agenda 2010 wirtschaftsliberalen Reformen verschrieben, die zum Abbau sozialer Sicherungen, zu Reallohnverlusten und zur Ausweitung prekärer Beschäftigungsverhältnisse und mithin zu wachsenden sozialen Spaltungen geführt haben. Auch kulturell hat die Partei sich von sozialdemokratischen Milieus entfernt. Andererseits hat sich auch die CDU unter Merkel liberalen Werten und Gesellschaftsschichten geöffnet und damit viele konservative Wähler verloren. Da viele der Stammwähler von SPD und CDU zur europäischen Integration zudem eher skeptisch eingestellt sind, finden sich traditionelle Wählergruppen nun nicht mehr im herkömmlichen Parteienspektrum vertreten (Jörke/Selk 2015; Jörke/Nachtwey 2017).

Schließlich bietet auch die Partei der Grünen heute keine Alternative zur liberalen Mitte mehr. Sie ist selbst Teil des politischen Establishments geworden (Jörke/Selk 2015) und findet ihre Wähler überwiegend in der arrivierten Mitte der Gebildeteren und besser Verdienenden, die über politisches Vertrauen und liberale Einstellungen verfügen (Cuperus 2015).[1] Von ihrer einstigen Systemopposition ist jedenfalls nicht mehr viel übrig geblieben (Koppetsch 2011). Dies zeigt sich nicht zuletzt darin, dass grüne Themen wie etwa Multikulturalismus, Europa, Ökologie oder die Ehe für alle inzwischen in die Agenda auch der SPD und CDU eingewandert sind. Zudem profitieren die Grünen vom Aufstieg der AfD, deren direkte Antipode sie sind, da sie in keiner Weise Gefahr laufen, deren Themen zu übernehmen, sondern die Gruppe der kosmopolitisch-akademischen Mittelschicht in Reinform vertreten. Dessen ungeachtet zeigt sich, dass auch

---

1 | Im Spektrum der Grünenwähler finden sich schwerpunktmäßig akademisch gebildete Frauen mittleren Alters, die oftmals im öffentlichen Dienst beschäftigt und im weitesten Sinne dem kosmopolitischen Lager zuzurechnen sind (Walter 2010: 125 f.).

die Grünen hinsichtlich von Fragen der sozialen Gerechtigkeit auf eine gemischte Erfolgsbilanz zurückblicken, da sie sich zwar für Pluralismus, Anerkennung und ethnische Vielfalt einsetzen, aber den Kampf gegen wachsende ökonomische Ungleichheiten kaum aufnehmen.

Sichtbar wird damit eine doppelte Repräsentationslücke im politischen Raum des bürgerlichen Parteiensystems: Zum einen haben sich die etablierten Parteien durch die Übernahme wirtschaftsliberaler und kulturliberaler Positionen einander angeglichen und weiter von konservativen Milieus entfernt und zum anderen haben sie auch die soziale Frage, d. h. die Problematik wachsender sozialer Spaltungen, vernachlässigt. Statt Solidarität mit breiten Bevölkerungsschichten wie der Arbeiterschaft oder den traditionellen Mittelschichten herzustellen, konzentrieren sie sich zunehmend auf wirtschafts- und bildungsbürgerliche Eliten. Die sich dadurch öffnenden Flanken werden nun durch die Rechtspopulisten, die ihre Wähler sowohl in den sozial deprivierten unteren wie auch in den konservativen mittleren und oberen Schichten finden, besetzt.

Linke Globalisierungskritik und das postindustrielle Bürgertum

Die Mitte-links-Parteien leiden an einer Identitätskrise, nachdem sie in den Jahren der Massenmigration deutliche Rückschläge erlitten haben. In ganz Europa befinden sich die sozialdemokratischen Parteien im freien Fall, da sich die unteren Schichten oftmals den Rechten zuwenden. Vieles deutet darauf hin, dass die Linke im Begriff ist, ihre fortschrittliche Rolle in der Gesellschaft einzubüßen, weil sie keine progressiven Gesellschaftsentwürfe oder plausiblen Lösungsangebote hinsichtlich der Folgen und Gefahren, die aus Öffnungs- und Transnationalisierungsprozessen für moderne Gesellschaften hervorgehen, vorweisen kann. Zwar hat linke Gesellschaftskritik sehr früh vor den Folgen einer ungezügelten marktgetriebenen Globalisierung gewarnt (Dörre/Lessenich/Rosa 2009; Koppetsch 2011): Bereits zu Anfang der Nullerjahre wurde das enorme Wachstum sozialer Ungleichheiten angeprangert, zu dem entfesselte Finanzmärkte, die zunehmende Ausrichtung des Managements von Unternehmen an den Bedürfnissen von Aktionären und die wachsende Macht multinationaler Großkonzerne in aller Welt geführt haben (Harvey 2005; Dörre 2001; Castells 2001). All dies ging zu Lasten der einfachen Beschäftigten. Zudem wurden die problematischen Folgen der zunehmenden Ökonomisierung aller Gesellschaftsbereiche für den gesellschaftlichen Zusammenhalt aufgezeigt (Sennett 2000; Neckel 2008). Charakteristisch für die linke Globalisierungskritik ist insgesamt allerdings eine zu enge Fokussierung auf das Ökonomische und das ›eine Prozent‹ der Toppeliten, die exorbitante Einkommen und Vermögen auf sich vereinigen. Symptomatisch dafür ist auch die große Verbreitung von Untersuchungen, die sich entweder mit der Gruppe der ökonomisch prekarisierten Arbeitnehmer (Nachtwey 2016) oder aber mit dem kleinen Segment von Superreichen beschäftigen (Piketty 2014; Milanović 2016), wohingegen der Aufstieg der akademischen Mittelschicht in die herrschenden Schichten und die Relevanz von Bildung und kulturellem Kapital bei der Aufrechterhaltung und Rechtfertigung wachsender Ungleichheiten in der Klassengesellschaft der Gegenwart zumeist ausgeblendet bleiben.

Diese blinde Stelle hat mit der Standortgebundenheit linker Gesellschaftskritik, genauer: ihrer sozialen Verankerung in den Bildungs- und Kulturinstitutionen der akademischen Mittelschicht zu tun, was es ihren Mitgliedern erschwert, ein objektives Bild von der eigenen ›Mittäterschaft‹ zu entwickeln. Die Trägergruppen linker Gesellschaftskritik sind mitnichten nur Beobachter, sie sind auch wichtige ›Player‹ bei der Herausbildung neuer Gesellschafts- und Klassenstrukturen. Viele Globalisierungskritiker, die überwiegend selbst aus den Reihen der akademischen Mittelschicht stammen, gehen unausgesprochen davon aus, der ›Neoliberalismus‹ sei durch ökonomische Eliten gleichsam von oben gegen die Mittelschichten durchgesetzt worden. Symptomatisch dafür ist das Gesellschaftsbild der überwiegend aus jüngeren, akademisch gebildeten Kohorten stammenden Teilnehmer der Occupy- oder Blockupy-Proteste. Die Proteste bestanden in einer mehrere Tage andauernden Besetzung der Börsen in New York und Frankfurt, die als Symbol eines entfesselten Finanzmarktkapitalismus gelten. Deren vorrangige Fokussierung auf ökonomische Eliten liefert allerdings schon deshalb ein verzerrtes Bild, weil ohne die Mitwirkung der Mittelschicht kein komplexes Gesellschaftssystem fortbestehen könnte. Und da insbesondere Akademiker als Sinn- und Kulturvermittler zumeist privilegierten Sozialmilieus angehören oder gar das Führungspersonal der Gesellschaft stellen, erweisen sie sich in unterschiedlichen Bereichen de facto als Komplizen der herrschenden Ordnung.

In gewisser Weise stellt die akademische Mittelschicht sogar die *Schlüsselfigur* des neuen Kapitalismus und seiner globalen Verflechtungen dar –

zum einen, weil sie sich durch die Aneignung kulturkosmopolitischer Praktiken einen Weg an die Spitze des wissens- und innovationsgetriebenen Kapitalismus gebahnt hat, und zum anderen, weil sie das Akkumulationsregime des ›Neoliberalismus‹ durch die Herausbildung projekt- und teamförmiger Management- und Arbeitsstrukturen auch in normativer Hinsicht absichert (Boltanski/Chiapello 2003). Ein erhöhter Anpassungs- und Konformitätsdruck sowie ein verschärfter Zwang zur Selbstdisziplinierung sind der Preis, den die neue Mittelklasse für das Aufschließen in die herrschenden bürgerlichen Schichten zu zahlen hat. Doch wurde diese Anstrengung zuweilen von einem Klassenselbstbewusstsein begleitet, das erstens darin besteht, *besser* zu sein als die anderen – besser etwa als die kulturkonformistischen ›Kleinbürger‹, die ›einfachen‹ Arbeitnehmer oder auch die ›korrupten‹ Kapitalisten aus dem Finanzadel –, und zweitens impliziert, immer *noch besser* werden zu wollen – durch kulturelle Selbstverwirklichung, lebenslanges Lernen, gesunde Ernährung und Selbstoptimierung. Diese Anstrengungen wurden mit der Verknappung von Lebenschancen und Aufstiegsmöglichkeiten noch intensiviert. Wesentliche Teile der akademischen Mittelschicht avancierten zum neuen Bürgertum und wurden im Zuge der charismatisierenden Selbstveredelung zum zentralen Agenten auch einer durch exklusive Lebensstile und hochpreisige Stadtquartiere forcierten sozialen Schließung, während die traditionelle untere Mittelschicht zunehmend in die Defensive gerät.

Ein auf Rationalisierung und Selbstdisziplin gegründetes Muster der Selbstverfeinerung ist historisch nichts Neues, sondern seit dem 19. Jahrhundert das zentrale Merkmal eines bürgerlichen Klassenselbstbewusstseins. Neu ist jedoch, dass die neue bürgerliche Klasse, also das postindustrielle Bürgertum, ihre Vorherrschaft unter Berufung auf marktkonforme Freiheiten begründet (vgl. Kapitel 7). So wird die Beherrschung der sozial unterlegenen Gruppen gegenwärtig nicht mehr als Einschränkung der subjektiven Freiheit ausgegeben; Eingrenzungen sollen in der Selbstwahrnehmung als frei erwählt erscheinen, sie werden dem Einzelnen durch Gebote der ›Eigenverantwortung‹ oder durch Programme der Selbstoptimierung nahegelegt. Dies ist ein Grund, warum Herrschaft und Kontrolle heute zumeist in der Gestalt ihres Gegenteils auftreten: Wenn etwa Mitarbeiter alle paar Jahre ein neue Beschäftigung suchen müssen, wird ihnen erklärt, sie hätten die Gelegenheit, ›ihr kreatives Potenzial zu entfalten‹, und würden zu ›Selbstunternehmern‹.

Noch deutet allerdings nichts darauf hin, dass Kosmopoliten sich in ihrer Weltsicht erschüttern lassen. Für sie verkörpern die Anhänger der AfD schlichtweg das ›Andere‹ der modernen Gesellschaft, nämlich das Gegenteil von Toleranz, Weltoffenheit und Liberalismus. Man hebt sich selbst und sein soziales Image hervor, indem man rechte Haltungen von sich abweist und in Form einer Schwarz-weiß-Gegenüberstellung den anderen zuschreibt (liberale vs. autoritäre, moderne vs. antimoderne Haltungen, Kosmopoliten vs. Globalisierungsverlierer etc.). Bei genauerem Hinsehen sind die beiden Lager allerdings gar nicht so gegensätzlich, sondern finden sich gleichermaßen eingebettet in einen untergründig von rechts tickenden Zeitgeist. Die scharfe Abgrenzung folgt auf beiden Seiten dem Skript absoluter Zugehörigkeiten und trägt in bestimmten Hinsichten somit das Signum einer ›Rückkehr zum Stammesfeuer‹ (Bauman 2017).

DER DOPPELTE LIBERALISMUS

Während die Verstrickung in die herrschende Ordnung sich für die Linke somit eher als vorteilhaft erweist, da diese de facto die bestehende Gesellschaftsform in die Zukunft fortschreiben will, sind die rechten Narrative insofern grundsätzlicher, als sie nicht nur ökonomische Machtverhältnisse anprangern, sondern das gesamte sozialmoralische und kulturelle Fundament angreifen, auf dem die globale Moderne beruht. Dieses basiert, so hat es der politische Philosoph Jean-Claude Michéa (2014) gezeigt, auf zwei Säulen: zum einen auf einer wirtschaftsliberalen Säule des radikalen und deregulierten Wettbewerbs, welche das übergeordnete Ziel der Herstellung und Sicherung von globaler Wettbewerbsfähigkeit verfolgt, und zum anderen auf einer links- bzw. kulturliberalen Säule, die für kulturelle Vielfalt, Partizipation und die Förderung subjektiver Rechte und Werte in ihrer Verschiedenartigkeit eintritt. Dieser doppelte Liberalismus ist von den 1990er-Jahren bis zur Gegenwart das dominierende politische Paradigma und umspannt als solches ein großes politisches Spektrum der Mitte-links- bis Mitte-rechts-Parteien und -bewegungen.

Der doppelte Liberalismus konvergiert paradigmatisch in der Lebensführung der Eliten in den transnationalen Wissens- und Kulturökonomien (Neckel et al. 2018; Manske 2015; Koppetsch 2006). Hier verschmelzen Markt- und Wissensorientierung zu einer einzigen kulturkapitalistischen Lebensweise, die auf permanente Wissensaneignung, individuelle Selbstverwirklichung und Kulturkonsum ausgerichtet ist. Die Kultur der »Zweiten Moderne« (Beck 1986) mit ihrer Vielfalt von Lebensformen, ihren flexibilisierten Geschlechterrollen und multikulturellen Durchmischungen bleibt somit nicht auf das private Leben beschränkt, sondern ist Gegenstand marktlicher Durchdringung und ökonomischer Wertschöpfung geworden. Dies zeigt sich besonders prägnant in der kapitalistischen Ausrichtung urbaner Lebensführung, in der Arbeit und Konsum, die Vielfalt der Märkte und die Vielfalt der Kulturen eine Synthese eingehen. Ethnische Vielfalt hat dabei jeglichen Hauch von Fremdheit abgestreift.

Die Konvergenz der beiden Liberalismen zeigt sich auch im Aufstieg von Leitbildern wie *diversity*. Ursprünglich aus der amerikanischen Bürgerrechtsbewegung der 1970er-Jahre stammend, beinhaltete *diversity* die aus der Bevölkerung heraus artikulierte Forderung nach Gleichberechtigung unterschiedlicher Minderheiten (insbesondere der Schwarzen). In Deutschland machten Programme zur Frauenförderung den Anfang, in einem weiteren Schritt wurde die Förderung auf weitere Gruppen von Benachteiligten und schließlich auch auf unterschiedliche Migrantenpopulationen erweitert. Kulturelle Vielfalt in Unternehmen, Stadtverwaltungen, Schulen, Universitäten und Parteien wird dabei einerseits als Bereicherung, andererseits auch als ökonomischer Vorteil gesehen, weil sie als kreativitäts- und innovationsfördernd gilt, etwa, wenn es darum geht, neue Produkte zu entwickeln und neue Konsumentengruppen oder kulturelle Märkte zu erschließen. Kulturelle Vielfalt erscheint dann gleichbedeutend mit Reichhaltigkeit und wird unabhängig von den spezifischen Rechten von Individuen oder Gruppen als Wert an sich vertreten, der nicht nur auf einzelne Individuen, sondern auch auf Städte, Belegschaften, Ideen oder kulturelle Traditionen übertragen wird. Eine kommerzielle Zuspitzung erlangt ›Vielfalt‹ in der Verknüpfung von Städtemarketing, Tourismus und ›Heritage‹ (Frank 2009). Die Betonung des Eigenwertes der historischen Überlieferung und der kulturellen Besonderheit einer Region oder Kultur ist stets doppelgesichtig: Sie kann einerseits mit der Verteidigung von Minderheitenrechten verknüpft sein wie auch andererseits zum Gegenstand ökonomischer Verwertung oder der touristischen Aufarbeitung gemacht werden.

Ihre Gegnerschaft zu den beiden Säulen des Liberalismus positioniert die neuen Rechtsparteien nun in tatsächliche Opposition zur herrschenden Gesellschaftsordnung und den liberalen Narrativen. Die Rechten haben die beiden Medaillen des progressiven Neoliberalismus – die kulturelle und die ökonomische Öffnung – nur allzu gut verstanden, um zu begreifen, dass ein Großteil der Linken entgegen dem eigenen Selbstverständnis als ›kritisch‹ in Wirklichkeit wohl doch eher zu den Wegbereitern der herrschenden Verhältnisse in einer sich globalisierenden Gesellschaft gehört. Das ist sicherlich kein neues Argument. Denn es gehört zu den klassischen Topoi konservativer Kulturkritik, von denen auch die neue Generation der Rechtsparteien Gebrauch macht, den ›Ausverkauf der Werte‹, d. h. die durch die liberalen Milieus und die Kosmopoliten vorangetriebene Ökonomisierung des Kulturellen, anzuprangern. Dagegen fordern sie die kulturelle Fixierung auf die ›vorgegebenen‹, also die im nationalen Rahmen vermittelten kulturellen Traditionen.

Vor diesem Hintergrund ist es nicht verwunderlich, dass es die Rechtsparteien und nicht etwa die linken Protestbewegungen sind, die derzeit das Rennen machen. Sie greifen spezifische Identitätsbedürfnisse breiter Bevölkerungsgruppen auf und bekämpfen die global agierenden Funktionseliten (die ›Globalisten‹), die Angehörigen der neuen urbanen Mittelklasse und die Anhänger der neuen ›progressiven‹ Bewegungen. Gegen die kosmopolitisch-kapitalistische Lebensweise propagieren sie eine Nationalkultur in ihrer kollektiven Identität, ihrem ›natürlichen‹ *common sense* sowie ihren vorgeblich unhinterfragbaren Moralvorstellungen. Auf diese Weise kann die Linke als Teil der herrschenden Ordnung ausgewiesen werden. Ihr wird abgesprochen, die Werte und Interessen der einheimischen, national oder lokal verankerten Mehrheit zu vertreten.

DER GESELLSCHAFTLICHE WANDEL HINTER DER TRANSFORMATION DER PARTEIENLANDSCHAFT

Ohne gravierende Lücken im System gesellschaftlicher Repräsentation hätte eine solche von rechts artikulierte Fundamentalopposition allerdings kaum eine Chance gehabt. Unterschiedliche Bevölkerungsgruppen, politische Anliegen und kulturelle Bedürfnisse finden sich im politischen Raum gegenwärtig nicht mehr vertreten. Konservative Gruppen und die Milieus der unteren Mittelschicht fühlen sich in einer Phase beschleunigten Wandels an den Rand gedrängt, finden ihre Identitätsbedürfnisse und moralischen Überzeugungen verletzt und sehen sich durch ›die Eliten‹, d. h. die Repräsentanten in Politik und Gesellschaft, nicht mehr ausreichend gehört. Sie bilden nun eigene, oftmals rohe Formen der Öffentlichkeit etwa in Internetforen. Vertreter der politischen Theorie betrachten Rechtspopulismus nicht durch Zufall auch als Ausdruck einer generellen Krise der westlichen Parteiendemokratie (Crouch 2008; Blühdorn 2013; Jörke/Selk 2015).

Aufgrund der Komplexität der hier skizzierten Entwicklungen wäre es allerdings zu kurz gegriffen, diese vielzitierte ›Repräsentationskrise der Volksparteien‹ allein der Unfähigkeit des politischen Establishments anzulasten, die ›wahren Interessen‹ der Bevölkerung zu repräsentieren. Vielmehr antwortet der Wandel der Parteienlandschaft auf zwei aufeinanderfolgende Etappen eines gesellschaftlichen Wandels: auf eine Lockerung der subjektiven Bindungen an das Parteiensystem und auf die kulturelle Liberalisierung moderner Gesellschaften unter dem Einfluss der Neuen sozialen Bewegungen. Eine erste Veränderung der Parteienlandschaft zeichnete sich bereits in den 1970er-Jahren ab, als sich breite Bevölkerungsschichten neuen Lebensformen und Werten öffneten und damit eine Zersplitterung des relativ einheitlichen Lebenszuschnitts der Nachkriegsgesellschaft einsetzte. Von den 1940er- bis in die 1970er-Jahre war das politische System von einem sozialdemokratisch-korporatistischen Konsens geprägt gewesen, exemplarisch verkörpert durch Franklin Roosevelts »New Deal« und die Sozialdemokratie in Deutschland. Die staatliche Regulierung von Gesellschaft und Wirtschaft durch keynesianistische, nationalstaatliche Regulierung wirtschaftlicher Prozesse sowie die Etablierung sozialstaatlicher Standards führte zur Minimierung individueller Existenzrisiken, zur umfassenden Inklusion aller Bevölkerungsschichten und zur Reduktion sozialer Ungleichheiten. Diese Politik staatlicher Regulierung setzte eine vergleichsweise homogene nationale Gesellschaft voraus und förderte diese zugleich. Dies änderte sich, als im Kielwasser der Neuen sozialen Bewegungen individualisierte und pluralisierte Lebensformen entstanden, die Öffnungsbewegungen in Gang setzten.

Die Lockerung der Bindungen an das korporatistische System politischer Parteien ist von den Sozialwissenschaften mal als Beleg eines säkularen Wertewandels von der Anpassung zur Selbstverwirklichung (Inglehart 1990), mal als Pluralisierung von Lebensstilmilieus (Beck 1986) und schließlich als eine der Modernisierungsbewegung inhärente Tendenz zur Individualisierung beschrieben worden. Dieser Wandel hat den Parteienforscher Franz Walter bereits vor zehn Jahren veranlasst, einen

»Herbst der Volksparteien« zu konstatieren (Walter 2009). Die Sozialdemokraten begannen zu schrumpfen, als ihre industriellen Hochburgen zerfielen und die Welt der Zechen, Werften und Hochöfen unterging. Seit den Neunzigerjahren erzielt die SPD ihre besten Ergebnisse bei den Wählern mittlerer Bildung und mittleren Einkommens. Aus der Partei des Proletariats war eine Partei emporgekommener Ex-Facharbeiter-Kinder geworden (Walter 2009: 94).[2] Die CDU hatte seit den 1970er-Jahren eine ähnliche Transformation durchgemacht. Die Kohorten der 1950er- und 1960er-Jahrgänge verabschiedeten sich von den traditional-konservativen Werten, sie verfügten primär über rot-rot-grüne Basispräferenzen und waren keine treuen Kirchgänger, lebenslange Heimatverbundene oder dogmatische Nationalpatrioten mehr. Die traditionsverwurzelte Kernwählerschaft aus der Generation der 1930er und 1940er war nicht mehr ihr primärer Adressat. Zugleich hat die CDU die Anliegen der neuen urbanen Mittelschichten in ihre Agenda integriert. Viele ihrer einstigen Stammwähler beklagen, nicht ganz zu Unrecht, dass sich die CDU von den Grünen nur noch in Nuancen unterscheiden würde. Zulauf bekommen die populistischen Rechtsparteien auch deshalb und vor allem in solchen Ländern, in denen zwischen den traditionellen demokratischen Parteien keine deutlichen Unterschiede mehr erkennbar sind. In Österreich, Deutschland und Frankreich sind die großen Volksparteien in die Mitte gerückt und einander ähnlicher geworden, sie haben zudem lange Perioden der Koalitionsregierungen hinter sich (Mouffe 2007: 87f.). Diese verhindern jedoch die Austragung innergesellschaftlicher Kontroversen, von denen die Demokratie lebt und in denen sie sich immer wieder erneuert. Wachsende Teile der Wählerschaft werden der immer gleichen Parteienkoalition überdrüssig und reagieren darauf mit einer Hinwendung auch zu den Rändern, wodurch die Zustimmung zu einer ›Parteienkoalition der Mitte‹ immer brüchiger wird.

---

2 | Gewerkschaften und SPD vertreten eher die tariflich geschützten Facharbeiter, während den überwiegend atypisch Beschäftigten in unterbezahlten Dienstleistungsberufen und in der Leiharbeit daraus sogar noch Nachteile erwachsen: Nicht nur, weil sie gewerkschaftlich nicht vertreten werden – sie finden sich gegenüber den tariflich geschützten Festangestellten, die sich symbolisch und durch die Behauptung von Privilegien von den atypisch Beschäftigten, etwa von Leiharbeitern, abheben wollen, überdies in einer unterlegenen Position (vgl. Kapitel 7).

Die Bewegung des »Ausbruchs aus dem sozialmoralischen Korsett der Nachkriegsgesellschaft« (Bude/Staab 2017) war in den 1970er-Jahren beendet und wurde langsam durch das Projekt des Ausbaus der liberalen Zivilgesellschaft im Kielwasser der sozialen Bewegungen ersetzt. Die Neuen sozialen Bewegungen waren mehr als Protestbewegungen. Sie erwiesen sich als Motoren gesellschaftlicher Modernisierung und wurden in Gestalt der »Künstlerkritik« (Boltanski/Chiapello 2013), d.h. durch die Verbreitung der erstmals von Künstlern und Intellektuellen geäußerten Kritik an verkrusteten Strukturen, sogar zu Trägergruppen des neuen Geistes des Kapitalismus. Die durch sie artikulierten Werte, wie etwa Selbstverwirklichung, Kreativität, Begeisterungsfähigkeit und Authentizität, sind heute in die Strukturen von Unternehmen eingewandert. Und die oftmals länderüberschreitenden Netzwerke der Friedens-, Anti-Atom-, Umwelt- und Frauenbewegung entpuppten sich als Wegbereiter der neuen grenzüberschreitenden Wissens- und Kulturökonomien. Sie bereiteten über die Herausbildung eines globalen Bewusstseins für gesellschaftliche Bedrohungen jene »kosmopolitischen Grundeinstellungen« (Beck 1986, 2004) vor, die nun von den Rechten bekämpft und als Absage an die politische Souveränität des Nationalstaates empfunden werden.

Die neue Hegemonie des Liberalismus

In dem Maße, wie sich der neue kosmopolitische Geist in den gesellschaftlichen Strukturen durchsetzte, verlor er seine emanzipatorische Kraft. Er wurde zum Treiber kultur- und marktliberaler Globalisierungsprozesse, gegen die sich nun die politische Rechte formiert. Die Veränderungen schlagen sich auch in neuen gesellschaftlichen Bündnisstrukturen nieder. Anstelle der Koalition aus gewerkschaftlich organisierten Industriearbeitern, Linken, Migranten und städtischen Mittelschichten bildet sich seit den 1990er-Jahren ein neues, ›neoliberales‹ Bündnis zwischen dem modernen, wissensbasierten Unternehmertum, den aus 1968 hervorgehenden sozialen Bewegungen (zu den Themen Ökologie, Feminismus, Antirassismus, Multikulturalismus und LGBTQ-Rechte) und der akademischen kosmopolitischen Mittel- und Oberschicht. Dieses Bündnis ging nicht nur zu Lasten von Migranten und der Reallöhne der traditionellen Industriearbeiterschaft (Fraser 2017), vielmehr wird es auch von den traditionellen Milieus in der Mittel- und Oberschicht bekämpft.

Die neuen Spaltungslinien können beispielsweise sehr gut in der Metamorphose des modernen Feminismus beobachtet werden. Ursprünglich verband die in den 1970er-Jahren erstarkende Frauenbewegung Akademiker- und Arbeiterfrauen. Unter der Ägide poststrukturalistischer Gender Studies in Universitätsseminaren transformierte sich der Feminismus zunehmend in einen ›bürgerlichen‹ Postfeminismus, der von einer radikalen politischen Agenda abrückt und vor allem die Frauen der akademischen Mittelschicht anspricht (McRobbie 2010). So wird zum Beispiel der Doppelverdiener-Haushalt als feministischer Fortschritt präsentiert, doch bedeutet er für viele weniger privilegierte Frauen schwindende soziale und Arbeitsplatzsicherheiten. Denn eine wachsende Zahl ›emanzipierter‹ Frauen ist nun bemüht, Haus- und Sorgearbeit auf andere Frauen, vor allem auf unterbezahlte Migrantinnen, abzuwälzen. Dies vergrößert die soziale Kluft zwischen Frauen unterschiedlicher Klassen und ihre unterschiedlichen Lagen treten umso schärfer hervor. Es bildet sich ein neuer Geschlechtervertrag, der die Bereitschaft zur Teilnahme am neoliberalen Marktregime als eine Art Feminismus-Ersatz versteht, dabei allerdings ausschließlich den Frauen aus den privilegierten, gebildeten Schichten nützt. Die klassischen Themen der Frauenbewegung, wie etwa der Kampf gegen Unterbezahlung, doppelte Standards, die geschlechtliche Segregation des Berufslebens, die nahezu alleinige Zuständigkeit von Frauen für Haus- und Sorgearbeit und nicht zuletzt die sexuelle Ausbeutung, wird dabei kaum mehr aufgenommen. Zum alleinigen Maßstab der Emanzipation avanciert der Aufstieg von ›talentierten‹ Frauen, Minderheiten, Schwulen und Lesben in den Winner-take-all-Märkten – und nicht etwa deren Abschaffung (Fraser 2017).

Die neuen populistischen Rechtsparteien errichten gegen die liberale Front aus kosmopolitischen Mittel- und Oberschichten nun ein Bündnis zwischen der konservativen Oberschicht, traditionellen Milieus der unteren Mittelschicht, gesellschaftlichen Verlierern und unterschiedlichen prekarisierten Gruppen. Dieses Bündnis unterscheidet sich gravierend von dem früheren Bündnis zwischen Industriearbeitern, Migranten und städtischen Mittelschichten, beinhaltet es doch eine weitere Abkehr von politischen Themen wie sozialer Gerechtigkeit, Chancengleichheit oder Umverteilung zugunsten einer Stärkung vergangenheitsorientierter Perspektiven, antimoderner Mythologisierungen und partikularer Gemeinschaftsbildung.

URSACHEN DER REPRÄSENTATIONSLÜCKE

Es erscheint heute daher so, als ob der Ausbau der liberalen Zivilgesellschaft und die Kosmopolitisierung der etablierten Parteien selbst *neue Ausgeschlossene* produziert und damit eine Leerstelle in der Repräsentation jener Milieus geschaffen hat, die den Modernisierungsschub aus unterschiedlichen Gründen nicht mitvollzogen haben oder ihre Interessen im Lichte einer sozialstrukturell ebenfalls veränderten Gesellschaft nicht mehr repräsentiert sehen. Dafür gibt es vier Hauptgründe: die oben bereits beschriebene Entideologisierung und Angleichung der Volksparteien, die damit verknüpfte ostentative Unhinterfragbarkeit des (Neo-)Liberalismus, die technokratische politische Kultur und der Rückbau des Wohlfahrtsstaates.

Entgegen der auf der Linken gehegten Hoffnung gibt es bis heute keine im etablierten Spektrum angesiedelten Gruppen oder Parteien, die den Neoliberalismus bekämpfen oder ernsthaft in Frage stellen. Neoliberalismus ist tief in den kulturellen Grundlagen der neuen Mittelschichten verankert, denn er spricht bestimmte Ambitionen und Erwartungen an, die einerseits mit der Befreiung von staatlicher und betrieblicher Kontrolle (Tormey 2015: 103f.) und andererseits mit den oben skizzierten neuen Formen des persönlichen Lebens und des ›Individualismus des Singulären‹ verbunden sind. Die Hoffnung, in den Augen anderer etwas bedeuten zu können, und der Wunsch nach Einzigartigkeit sind offensichtlich größer als der Wunsch nach Kollektivismus und Solidarisierung.

Zur liberalen Hegemonie und den entideologisierten Volksparteien gesellen sich die oben bereits skizzierten immer technokratischeren allgemeinen Funktionsweisen der Politik. Bürger erleben einen wie unter einer Käseglocke verschanzten Staat. Statt an parlamentarischen Auseinandersetzungen orientieren sich Politiker und Parteien der sogenannten Volksparteien zunehmend an Expertenurteilen und stellen ihre Entscheidungen häufiger als ›alternativlos‹ dar. Scheinbar unausweichliche Notwendigkeiten – etwa die Imperative des globalisierten Wettbewerbs, die Staatsverschuldung oder der Klimawandel – lassen pragmatische und auf Wissenschaft gestützte Politikansätze dringlich erscheinen. Globalisierung und Ökonomisierung haben zum Rückbau demokratischer Partizipation zugunsten neoliberaler Politikmuster geführt. Die Parteienpolitik erodiert in den Augen vieler Bürger und verwandelt sich in einen Bereich, in dem Lobbyismus und wirtschaftliche Interessen dominieren. Auch die zunehmende Berufung von Parteien und Regierungen auf politikfernes Expertenwissen führt demnach zur Erosion politischer Prozesse der Willensbildung und zu einem Machtgewinn akademischer Schichten. Diese Erosionsprozesse forcieren Gefühle der Politikverdrossenheit und schaffen Distanz zum politischen System (Rippl et al. 2016).

Auch der Rückbau des Wohlfahrtsstaates trägt zur Entpolitisierung der Gesellschaft bei, weil sich der Staat aus der Fürsorge für die Existenz der normalen Bürger zurückzieht und damit immer stärker zum Spielball von Lobbyverbänden und Wirtschaftsinteressen wird (Crouch 2008: 30). Der Wohlfahrtsstaat war stets mehr als eine Institution der Umverteilung. Er bildet eine Sphäre der öffentlichen Auseinandersetzung für die Gestaltung des Gemeinwesens, weil eine Einigung über die Verteilung der Mittel über die Anspruchsberechtigten hergestellt werden musste. Er ist somit ein Beispiel für die Funktionsweise gesellschaftlicher Integration durch Konflikt. In dem Maße, wie die Leistungen des Wohlfahrtsstaates ausgedünnt sowie der Einzelne zur Eigenverantwortung aufgerufen wird und sich im Alter, im Krankheitsfall oder bei der Bildung seiner Kinder stärker auf sich allein gestellt sieht, wird auch die Bindung an das Allgemeine geschwächt.

Infolge dieser Entwicklungen ist das Vertrauen in die Bereitschaft des Staates gesunken, das Gemeinwohl oder das öffentliche Interesse zu fördern. In der Gegenwart ist es demnach vor allem die Vormachtstellung eines politisch nicht mehr umstrittenen Neoliberalismus, der die Prozesse demokratischer Willensbildung unterminiert und zum Verschwinden einer politischen Opposition beigetragen hat (Jörke/Selk 2015; Mouffe 2007). Die Kartellierungen zwischen Eliten in Kirche, Staat, Politik und Öffentlichkeit haben zu dem Empfinden größerer Bevölkerungskreise beigetragen, dass abweichende Perspektiven kaum mehr repräsentiert und gesellschaftliche Konflikte kaum noch im öffentlichen Leben ausgetragen werden. Während in den 1970er- und 1980er-Jahren das Spitzenpersonal in Parteien und Verbänden noch relativ heterogen war und sowohl Aufsteiger aus der Arbeiterklasse wie auch konservative Milieus umfasste, finden sich heute darin weitgehend geschlossene Milieus aus der akademischen Mittelschicht zusammen, die durch einen kosmopolitischen Habitus geprägt sind und durch ähnliche Interessen zusammengehalten werden. Dies zeigt sich selbst in den oberen Rängen der Sozialdemokratie und der Gewerkschaften. Traditionelle Milieus und volkstümliche Schichten sind darin kaum noch vertreten. In diese Repräsentationslücke können nun rechtspopulistische Parteien stoßen, die behaupten, eine ›Alternative‹ zum Establishment zu sein und sich um die ›kleinen Leute‹ zu kümmern. Indem sie eine massive Opposition zwischen ›dem Volk‹ und den ›Konsens-Eliten‹ betonen, schaffen sie einen mächtigen Pol kollektiver Identifikation.

Fazit: Rechtspopulismus als sinnstiftendes Narrativ

Mehrere Faktoren haben zum Aufstieg einer neuen Protestpartei geführt, wie es sie in Deutschland seit dem Streit über die Grünen nicht mehr gegeben hat. Dabei kamen äußere Herausforderungen und Krisen sowie innere gesellschaftliche Entwicklungen zusammen. Zu den äußeren Herausforderungen gehören die Eurokrise und die ›Flüchtlingskrise‹, die gleichermaßen als Souveränitätsverlust des Nationalstaates wahrgenommen werden, sowie der Umstand, dass die CDU immer weiter in die politische Mitte gerückt ist, dabei einige sozialdemokratische Themen übernommen und eine ganze Reihe von konservativen und nationalen Themen aufgegeben hat. Diese Lücke hat die politische Neugründung der AfD, deren Aufstieg mit der Eurokrise und den Verhandlungen über die Rettungspakete für Griechenland begann und die mit dem Zustrom der Flüchtlinge seit Sommer 2015 noch einmal deutlich an Tempo zulegte, genutzt. Ohne die in diesem Kapitel skizzierten kulturellen Veränderungen, zu denen die Hegemonie des (Neo-)Liberalismus genauso gehört wie die inneren Öffnungen gegenüber Frauen, Migranten und ethnischen Minderheiten, wäre der AfD allerdings wohl kaum ein so nachhaltiger Erfolg beschert worden. Die fortwährende Debatte um die Europäische Union sowie der anhaltende Druck der Migrantenströme nach Europa dürften dafür sorgen, dass die beiden Kernthemen der neuen Partei auf lange Sicht die Agenda bestimmen. Die ungebrochene Hegemonie des Kosmopolitismus sorgt dafür, dass das Bündnis zwischen konservativen Milieus aus Ober- und Mittelschicht und den durch die Globalisierung an den Rand gedrängten Gruppen auch in Zukunft Bestand hat. Es ist also damit zu rechnen, dass sich die AfD – ähnlich wie auch vergleichbare andere europäische Rechtsparteien – langfristig im Parteienspektrum halten wird.

Im Aufstieg der AfD verdichten sich somit ganz unterschiedliche Konfliktlinien: Die Ablehnung der gesellschaftlichen Dominanz und politischen Kartellierung der liberalen ›Gesinnungseliten‹, die Ablehnung von Einwanderern, die als ›Eindringlinge‹ wahrgenommen werden, und die Ablehnung des globalisierungsbedingten sozialen Wandels und der damit einhergehenden Entwertung mittelständisch-kleinbürgerlicher Sinnstiftungsinstanzen und Lebensführungsmuster. Der Rechtspopulismus bietet ein Gegennarrativ, das die Schwächung traditioneller Werte und Gemeinschaften und die Bedrohung der ›nationalen Stärken‹ auf globalisierungsbedingte Krisenerscheinungen zurückführt, die für eine große Bandbreite gesellschaftlicher Missstände verantwortlich gemacht werden. Die Lösung wird im gesellschaftlichen Rückzug aus der ›globalen Moderne‹, aus Transnationalismus, Migration, Feminismus und Postmoderne gesehen. Dieses Narrativ schafft ideologische Orientierungen, welche den Unterstützern die eigene Lage erklären und Handlungskorridore eröffnen. Und mit einem konservativ-paternalistischen oder auch autoritären Staat, der vor allem gegenüber den Ansprüchen Fremder schützt und auch im Inneren wieder für ›Struktur‹ sorgt, verspricht er, innere und äußere Verunsicherungen in einem starken Ordnungsmodell aufzuheben.

3. Die neuen Trennlinien.
Zur Transnationalisierung des Sozialraums

Wir haben gesehen, dass der Aufstieg der neuen Rechtsparteien eine politische Reaktion auf Globalisierungsprozesse darstellt, die zu einer Neuordnung politischer Räume geführt haben. Dieses Kapitel rekonstruiert, ausgehend von einer detaillierten Analyse der Wählerschaft, die veränderte Sozialstruktur transnationaler Gesellschaften. Während bisherige Ansätze den Aufstieg des Rechtspopulismus entweder primär auf ökonomische *oder* kulturelle Spaltungen zurückführen, deuten empirische Befunde auf eine größere Diversität von Wählergruppen und Motiven hin. Die Zusammensetzung der Wählerschaft soll im Folgenden auf der Basis von Pierre Bourdieus Modell des Sozialraums als Reaktion auf soziale Umwertungen infolge *globaler Öffnungen* in ganz unterschiedlichen gesellschaftlichen Teilsystemen gedeutet werden. Wo transnationale Qualifikationen, Kontakte oder Märkte an Bedeutung gewinnen, werden soziale Ränge in Wirtschaft, Politik, Kultur, Bildung und Wissenschaft neu verhandelt. Dadurch sind in allen Feldern neue Gewinner und neue Verlierer entstanden. Die Vielschichtigkeit dieses Wandels kann erklären, warum sich die Resonanz des Rechtspopulismus nicht nur in sozioökonomisch deprivierten Gruppen, sondern auch in privilegierten Milieus findet.

WER SIND DIE AFD-WÄHLER?

Wer wählt die AfD? Wo verlaufen die Spaltungen zwischen den politischen Lagern? Wie setzt sich die Wählerschaft sozialstrukturell zusammen und welche Hinweise erhalten wir daraus auf die tieferliegenden Ursachen des Aufstiegs rechtspopulistischer Parteien? Bereits ein flüchtiger Blick auf das Elektorat zeigt, dass monokausale Erklärungen als Antworten auf diese Fragen zu kurz greifen. Die AfD rekrutiert ihre Wähler in unterschiedlichen Milieus. In Ostdeutschland erreicht die AfD im Durchschnitt doppelt so hohe Stimmanteile wie im Westen, dennoch entfielen bei der Bundestagswahl 2017 fast zwei Drittel aller Stimmen auf die alten Bundesländer. Fast zwei Drittel der AfD-Wähler sind männlich. Erfolgreich ist die AfD in den mittleren Altersgruppen der 35- bis 59-Jährigen. Bei den Jüngeren (18–24 Jahre) und den Älteren (über 70 Jahre) ist die AfD im Vergleich dazu mit jeweils acht Prozent Stimmenanteil an der an der Gesamtwählerschaft deutlich schwächer. Diese Befunde zeigen, dass AfD-Anhänger sich schwerpunktmäßig im erwerbstätigen Alter finden. In sozialstruktureller Hinsicht sind die Befunde disparat. So führen weder eine hohe Arbeitslosenquote noch ein höherer Ausländeranteil in einem Wahlkreis per se zu einer größeren Bereitschaft, die AfD zu wählen. Im Westen punktet die AfD überproportional bei Wählern, die einer industriellen Tätigkeit nachgehen und/oder ein geringes Einkommen aufweisen. Im Osten ist sie in solchen ländlichen Regionen stark, die von Abwanderung besonders stark betroffen sind. Doch sollte dies nicht zu der Annahme verleiten, dass die AfD eine neue Arbeiterpartei sei. Arbeiter und Arbeitslose sind zwar überdurchschnittlich vertreten, machen allerdings zusammen nur ein Viertel der AfD-Gesamtwählerschaft aus, während die übrigen drei Viertel auf Angestellte, Beamte und Selbstständige entfallen (Decker 2018).

Die Schwierigkeit einer eindeutigen gesellschaftlichen Verortung hat zu kontroversen Debatten geführt. Wie bereits in Kapitel 1 erwähnt, betrachtet der aktuell einflussreichste Ansatz die wachsenden *ökonomischen Ungleichheiten* als Hauptursache rechtspopulistischer Mobilisierungserfolge. Demnach konzentrieren sich die Wähler rechtspopulistischer Parteien, die als ökonomische Globalisierungsverlierer vorgestellt werden, vor allem in den unteren Sozialklassen (Oesch 2008; Cuperus 2015; Jörke/Selk 2015; Jörke/Nachtwey 2017). Dagegen betrachten andere Autoren die Hauptursache in einer durch *Bildungsunterschiede* forcierten Klassenspaltung (Reckwitz 2017; Goodhart 2017; Merkel 2017). Sie sehen im Aufstieg der neuen Rechtsparteien eine *kulturelle Backlash-Bewegung* am Werk, welche sich gegen die seit den 1970er-Jahren voranschreitende Pluralisierung und Kosmopolitisierung westlicher Gesellschaften richte (Inglehart/Norris 2016; Priester 2012; Mudde 2007).

3. Die neuen Trennlinien 97

Schließlich sind noch die Leipziger Autoritarismus-Studien (vormals als »Mitte-Studien« bekannt) als eine weitere Forschungslinie zu nennen, welche die Ursache für den Aufstieg der neuen Rechtsparteien in der Verbreitung stabiler *autoritärer Persönlichkeitsstrukturen* suchen und dazu etwa an die »Studien zum autoritären Charakter« von Theodor Adorno (1950) anknüpfen (Heitmeyer 2010; Zick/Küpper 2015; Decker et al. 2016). Diese Studien haben in repräsentativen Erhebungen den Nachweis erbracht, dass das Syndrom »gruppenbezogene Menschenfeindlichkeit« – autoritäre, antimuslimische, sexistische, sozialdarwinistische oder ausländerfeindliche Haltungen – bis weit in die gesellschaftliche Mitte hinein vertreten ist, auch wenn diese Einstellungen nicht immer offen propagiert werden. Allerdings deuten die Ergebnisse der Mitte-Studien keineswegs auf einen rasanten Anstieg derartiger Haltungen hin. Sie können mithin die Ursache für den Aufstieg der Rechtsparteien nicht erklären, denn die Verteilung des Syndroms »gruppenbezogene Menschenfeindlichkeit« in der Bevölkerung erweist sich in den letzten beiden Jahrzehnten als relativ konstant – sie beläuft sich auf konstante ca. 20 Prozent.

DIE ÖKONOMISCHE GLOBALISIERUNGSVERLIERER-HYPOTHESE

Vor allem in populären Debatten wird zumeist die ökonomische Globalisierungsverlierer-These favorisiert, weil sie sich scheinbar so gut mit Befunden der Ungleichheitsforschung in Deckung bringen lässt. Diese These kombiniert sozialstrukturelle Verschiebungen mit Veränderungen des Parteiensystems zu neuen Spaltungen (engl. *cleavages*). Demnach verdankt sich der Aufstieg der populistischen Rechtsparteien den wachsenden sozioökonomischen Spaltungen zwischen Globalisierungsgewinnern und Befürwortern von gesellschaftlicher Öffnung auf der einen Seite und Globalisierungsverlierern und Befürwortern von Schließung auf der anderen Seite (Kitschelt 1994; Oesch 2008; Cuperus 2015; Jörke/Selk 2015; Wimbauer et al. 2015; Jörke/Nachtwey 2017; Fraser 2017). Sozialstrukturell befänden sich unter den Globalisierungsverlierern hauptsächlich Personen aus den unteren, traditionellen Mittelschichten, der Arbeiterschicht und den prekären Schichten.

Diese Spaltungen führten im Zuge einer Transformation der Sozialdemokratie, die aufgrund ihres neoliberalen Umbaus keine geeignete Adressatin für die Anliegen der benachteiligten Milieus mehr sei (Mouffe

2007; Kriesi et al. 2006; Eribon 2016; vgl. Kapitel 2), zu Mobilisierungserfolgen der Rechtsparteien. Die Sozialdemokratie hätte zum Rückbau des Wohlfahrtsstaates und zur Ausbreitung von Wettbewerbsprinzipien in der Gesamtgesellschaft beigetragen, wodurch traditionelle Wählermilieus aus der Arbeiterklasse abgeschreckt worden seien. In die so entstandene Repräsentationslücke träten nun die populistischen Rechtsparteien. Wachsende Ungleichheiten und verschärfte ökonomische Ausbeutungsverhältnisse, die im Zuge einer eher die gebildeten Schichten adressierenden Politik der Chancengleichheit von Frauen und Minderheiten vernachlässigt worden seien, würden sich mit der Wahl rechtspopulistischer Protestparteien wieder einen Weg ins gesellschaftliche Bewusstsein und in das Parteiensystem bahnen. Ergänzt findet sich diese Argumentation oftmals durch die Behauptung, die Unterstützung rechter Parteien erfolge nicht aus wirklicher Überzeugung, sondern mangels tragfähiger politischer Alternativen, womit die Hoffnung verbunden wird, die Wählerschaft könnte wieder in die politisch ›richtigen‹ Bahnen gelenkt werden. In der Tat scheint eine solche Lesart auf den ersten Blick sehr plausibel. Angesichts eskalierender Ungleichheiten wäre eine politische Rebellion der Unterprivilegierten gegen das System eine naheliegende und zu erwartende Reaktion.

Allerdings ist diese Deutung nicht mit den empirischen Befunden vereinbar. Ein Blick auf die sozialstrukturelle Zusammensetzung der Wählerschaft zeigt zunächst, dass es keineswegs ausschließlich, und in einigen Ländern nicht einmal primär, die ökonomisch Benachteiligten mit geringer Bildung sind, die rechtspopulistische Parteien wählen, sondern dass sich Wähler in *allen* sozioökonomischen Lagen finden. Ausgehend von der Annahme, dass vor allem eine gut integrierte, prosperierende Mittelschicht vor politischem Extremismus schützt, wäre zu vermuten gewesen, dass rechtspopulistische und -extreme Parteien vorzugsweise in solchen Ländern einen rasanten Auftrieb erfahren haben, die von der Finanz- und Eurokrise seit 2008 von Arbeitslosigkeit und Austerität besonders getroffen wurden. Doch bei den Wahlen zum Europäischen Parlament 2014 haben die Rechtsparteien gerade in solchen Ländern am besten abgeschnitten bzw. ihre stärksten Zugewinne erzielt, die von den unmittelbaren Folgen der Krise vergleichsweise wenig getroffen wurden: Österreich, Dänemark, Deutschland, Frankreich, die Niederlande und Schweden. Anders verhält es sich in den Visegrád-Staaten, von denen einige ökonomisch hart getroffen wurden. So hat in Ungarn die regierende

Fidesz-Partei von Viktor Orbán binnen weniger Jahre einen bemerkenswerten Rechtsschwenk durchlaufen, während die rechtsextreme Jobbik-Partei bei den Parlamentswahlen 2018 zweitstärkste Kraft geworden ist. Als völlig überraschend erweist sich vor diesem Hintergrund der Erfolg der Rechtsparteien in Schweden und Dänemark, die im europäischen Vergleich zu den egalitärsten Gesellschaften gehören, mit den weltweit sichersten Wohlfahrtssystemen und dem höchsten Bildungsniveau (Inglehart/Norris 2016: 12).

Aber auch *innerhalb* von Gesellschaften sind die Befunde vieldeutig und komplex. So findet sich Unterstützung für den Rechtspopulismus quer durch alle sozioökonomischen Lagen hindurch, darunter in einem nicht unerheblichen Ausmaß auch bei Akademikern und Hochqualifizierten – dies zeigt sich vor allem in Deutschland und in den USA.[1] Rund ein Drittel der AfD-Sympathisierenden gehört zum reichsten Fünftel der Bevölkerung und auch die Wähler von Donald Trump zeichnen sich eher durch ein überdurchschnittliches Einkommen und eine überdurchschnittliche Rate an College-Abschlüssen aus (Vorländer et al. 2017: 143). Für Deutschland zeigen Wahlanalysen der Bertelsmann-Stiftung, dass die AfD bei der Bundestagswahl im September 2017 in allen Lagen vertreten war (Vehrkamp/Wegschaider 2017).[2]

---

1 | Darüber hinaus finden sich die Anhänger rechtspopulistischer Parteien in West- und Nordeuropa nicht verstärkt im Prekariat, also bei Langzeitarbeitslosen, Sozialhilfeempfängern oder den working poor, sondern überproportional, wenn auch keineswegs ausschließlich, in der Arbeiterklasse, der unteren Mittelschicht und beim Kleinbürgertum (Oesch 2008; Inglehart/Norris 2016: 27). Für Deutschland betonen Lengfeld (2017) auf Basis von Individualdaten und Schwander/Manow (2017) auf Basis von Kreisdaten eine Entkopplung von rechtspopulistischer Unterstützung und Sozialstruktur.

2 | Zwar zeigt sich, dass der Anteil der AfD-Wähler im »Prekären Milieu« mit 28 Prozent am höchsten liegt, doch finden sich AfD-Wähler auch in den Milieus der Mitte (14 Prozent), vor allem im Milieu der »Bürgerlichen Mitte« (20 Prozent), und selbst auch bei den sozial gehobenen Milieus (Vehrkamp/Wegschaider 2017: 38). Die Bertelsmann-Studie orientiert ihre Wahlanalyse an den »Sinus-Milieus«. Die Milieu-Einteilung der Sinus-Studie gruppiert Menschen, die sich in ihrer Lebensauffassung und Lebensweise ähneln, entlang zweier Dimensionen: »Soziale Lage« (Unter-, Mittel- oder Oberschicht) und »Grundorientierung« (»Tradition«, »Modernisierung/Individualisierung« und »Neuorientierung«). Grundlegende Wert-

Aus ebendiesen Gründen erweist sich die ökonomische Globalisierungsverlierer-These als ein unscharfer Ansatz, der sowohl zu viel als auch zu wenig erklärt. Sie erklärt zu viel, weil es wesentlich mehr ökonomische Verlierer als Anhänger des Rechtspopulismus gibt. Es existiert somit eine beträchtliche Anzahl Benachteiligter, die sich eben *nicht* durch den Rechtspopulismus mobilisieren lassen. Sie erklärt zu wenig, weil nicht alle Wähler ökonomisch Benachteiligte oder Verlierer sind und die Trägergruppen des Rechtspopulismus Menschen mit einer großen Bandbreite an Bildungsgraden und Einkommenssituationen, d.h. auch privilegierte Bevölkerungsgruppen und Besserverdienende, umfassen.

Schließlich kann eine sozialpolitische Deutung das ideologische Prisma der Rechtsparteien nicht erklären, d.h. die Spezifik ihrer Weltanschauungen und Gesellschaftsbilder sowie die Herausbildung ›alternativer Wahrheiten‹, also Perspektiven, die sich den bislang verbindlichen, auf wissenschaftliche Wahrheiten gestützten Weltbildern nicht fügen. Woher stammt etwa nach langen Jahren »postnationaler Gründungserzählung« (Münkler 2010) in der Bundesrepublik der Rückfall in ein mythologisierendes Geschichtsverständnis und einen restaurativen Patriotismus? Warum stehen Identitätspolitik, Islam- und Migrationskritik und zahlreiche Variationen des ›Wir gegen sie‹ und nicht etwa Umverteilungspolitik im Fokus der Wähler, wenn es aus Sicht der ökonomischen Globalisierungsverlierer-These doch eigentlich um die Bekämpfung sozioökonomischer Ungleichheiten gehen müsste? Das Argument, die Rechtsparteien seien in Wahrheit gar nicht rechts, sondern erlägen der demagogischen Verführung rechtspopulistischer Agitatoren und würden in Wirklichkeit einer Agenda der sozialen Benachteiligung folgen, erscheint in diesem Zusammenhang apologetisch. Es spricht den Anhängern zudem politische Urteilsfähigkeit ab und neutralisiert ihre politischen und gesellschaftlichen Ansichten.

---

orientierungen werden dabei ebenso berücksichtigt wie Alltagseinstellungen (zu Arbeit, Familie, Freizeit, Konsum, Medien etc.). Sozialdemografische Variablen (Alter, Geschlecht, Bildung, Einkommen etc.) dienen der näheren Beschreibung der Milieus. Ordnet man die Milieus aus der Wahlanalyse der Bertelsmann-Studie sozialen Schichten zu, so liegt die Unterstützung für die AfD in der Unterschicht bei 16 Prozent, in der Mittelschicht bei 14 Prozent und in der Oberschicht bei 8 Prozent.

DIE KULTURELLE BACKLASH-THESE

Plausibler erscheinen vielen daher eher solche Ansätze, die rechtspopulistische Mobilisierungserfolge unter Rückgriff auf kulturelle Überzeugungen erklären. So etwa haben Schwarzbözl und Fatke (2016) eine hohe inhaltliche Kongruenz zwischen der Programmatik der AfD und den Einstellungen ihrer Unterstützer herausgearbeitet.[3] Demnach können populistische Rechtsparteien eher als *weltanschauliche* Parteien angesehen werden, deren wichtigste ideologische Pfeiler die rhetorische Polarisierung von ›Volk‹ und ›Eliten‹ sowie die Islam- und Migrationskritik darstellt. Das gemeinsame Merkmal rechtspopulistischer Wähler ist aus dieser Perspektive nicht die sozioökonomische Marginalisierung, sondern die Existenz ›geschlossener‹ Gesellschaftsbilder und traditioneller Wertvorstellungen, die konträr zum hegemonialen Narrativ der (links-)liberalen Gesellschaft und ihren Werten der Vielfalt, Autonomie und Gleichheit stehen.

Die Sozialforscher Ronald Inglehart und Pippa Norris (2016) konnten in einer groß angelegten repräsentativen Studie, gemittelt über alle europäischen Länder, die Bedeutung weltanschaulicher Faktoren bestätigen. Demnach unterscheiden sich Wähler rechtspopulistischer Parteien von den Wählern anderer Parteien nicht primär hinsichtlich ihres sozioökonomischen Status, sondern in der Ablehnung kosmopolitischer und postmaterialistischer Werte und in einer ablehnenden Haltung gegenüber Migranten.[4] Darin sehen die Autoren ein Indiz für eine allgemeine gesellschaftliche Backlash-Bewegung in Form einer Umkehrung des seit den

---

3 | Analysen der Wählerschaft Donald Trumps bei der US-Präsidentschaftswahl 2016 zeigen ebenfalls, dass dessen Unterstützung stärker von spezifischen Einstellungsdimensionen wie etwa der Befürwortung von Rassismus und Sexismus abhängt als von der konkreten ökonomischen Situation (Schaffner/MacWilliams/ Tatishe 2018).

4 | Für Deutschland bestätigen die Soziologen Susanne Rippl und Christian Seipel (2018) mittels eines hypothesentestenden Verfahrens auf der Basis der ALLBUS-Studien, dass die Backlash-These im Vergleich zur ökonomischen Globalisierungsverlierer-These für die Vorhersage der Wahlabsicht für die AfD als erklärungsstärkster Prädiktor zu werten ist. Der ALLBUS (Allgemeine Bevölkerungsumfrage der Sozialwissenschaften) erhebt seit 1980 alle zwei Jahre in einer repräsentativen Stichprobe (jeweils ca. 2.800 bis 3.500 Befragte) Daten über Einstellungen, Verhaltensweisen und Sozialstruktur der Bevölkerung in der Bundesrepublik Deutschland.

1970er-Jahren sich vollziehenden Wertewandels. Demnach sei in größeren Bevölkerungsgruppen gegenwärtig eine protestförmige Abkehr von liberalen Toleranz- und Selbstverwirklichungswerten zu beobachten. Insbesondere ältere und weniger gebildete Personen, die früher zur privilegierten Mitte der Gesellschaft gehörten, fühlten sich durch kosmopolitische und postmaterialistische Werte bedroht. Ihr traditionelles Wertesystem werde durch die Öffnung der Gesellschaft hin zu mehr Diversität und Toleranz und durch Forderungen nach Geschlechtergleichheit oder die ›Ehe für alle‹ in Frage gestellt (Inglehart/Norris 2016). Daraus resultierten nach Meinung der Autoren dann Präferenzen für eine exkludierende Kultur- und Identitätspolitik, die auf Nationalprotektionismus, soziale Abschließung und antiliberale Einstellungen setzt.

Ganz analog betrachten auch andere Autoren die zunehmende Spaltung der Gesellschaft in progressive und traditionalistisch-kommunitaristische Milieus als die zentrale Ursache für den Aufstieg der neuen Rechtsparteien. Der britische Journalist David Goodhart (2017) beschreibt in seinem Buch »The Road to Somewhere« den Auslöser für das Brexit-Referendum als Aufstand der lokal verwurzelten ›Somewheres‹ gegen die Herrschaft der ›Anywheres‹. Die ›Anywheres‹ sind zumeist akademisch gebildet, kosmopolitisch und mobil, sie arbeiten oftmals in den hochqualifizierten Berufen der klassischen Professionen, zu denen etwa Rechtsanwälte, Ärzte, Wissenschaftler und Ingenieure zu rechnen sind, oder als Führungskräfte in Verwaltungen und Unternehmen und sind zumeist im oberen Viertel des Einkommensspektrums angesiedelt. Sie leben zumeist in urbanen Zentren und wählen eher progressive oder linke Parteien. Demgegenüber befinden sich ›Somewheres‹ überproportional in den unteren beiden Dritteln des Klassenspektrums, verfügen über eine mittlere Bildung und leben eher in kleineren Städten und ländlichen Regionen. Sie sind konservativer, eher lokal und national verwurzelt, verfügen oftmals über religiöse Bindungen und legen einen höheren Wert auf Sicherheit und Familienbindung. Sie wählen eher konservative oder rechte Parteien.

Eine in Deutschland einflussreiche Version dieses Arguments stammt vom Politikwissenschaftler Wolfgang Merkel (2017). Ihm zufolge spaltet sich das politische Feld entlang der Konfliktlinie zwischen ›Kosmopoliten‹ und ›Kommunitaristen‹. Im Zentrum stehe die Frage, wie stark die Grenzen des Nationalstaates geöffnet oder geschlossen werden sollen. Auf der einen Seite sammelten sich die Kosmopoliten als Grenzöffner und Vertre-

ter der universellen Menschenrechte, auf der anderen Seite stünden die
›Kommunitaristen‹, die ein hohes Interesse an nationalstaatlichen Grenzen hätten, weil sie Globalisierungsverlierer mit vergleichsweise niedriger Bildung und lokalem Sozial- und Kulturkapital darstellten.

Doch was sind die Ursachen für die hier konstatierten kulturellen Spaltungen? Sind die Anhänger des Rechtspopulismus analog zur ökonomischen Globalisierungsverlierer-These vor allem als ›Kulturalisierungsverlierer‹ zu betrachten, die in die Defensive geraten sind, weil sie über keine kulturell hochgeschätzten Lebensstile verfügen und nun mit einem radikalen Gegenmodell antworten, das auf partikulare Gemeinschaften und unverbrüchliche kollektive Identitäten setzt? Nach Andreas Reckwitz (2017) ist diese Frage zu bejahen. Er sieht die Ursache für den Aufstieg der neuen Rechtsparteien in der wachsenden Polarisierung von Bildung und kulturellem Kapital, die aus seiner Sicht das zentrale Merkmal darstellt, welches die gegenwärtige Sozialstruktur prägt. Die Differenz zwischen Hochqualifizierten und Geringqualifizierten beeinflusse dabei nicht nur materielle Einkommens- und Lebenschancen, sondern begründe auch Unterschiede in Ethos und Lebensstilen. Die politische Spaltung verlaufe zwischen denen, die mobil sind und über das kulturelle Kapital verfügen, ihr Leben zu ›kuratieren‹ und sich aus dem globalen kulturellen Arsenal so zu bedienen, dass ein einzigartiger Lebensstil in Essen und Trinken, Wohnen und Kleiden, Bildung und Arbeiten behauptbar wird, und jenen anderen, die gar nicht erst diesen Anspruch erheben. Rechtspopulismus sei demnach als eine Reaktion auf die *Kultur* spätmoderner Ungleichheiten zu sehen, in der konträre Lebensstile und Wertepräferenzen stärker als materielle Unterschiede über Klassenpositionen entscheiden würden.

Allerdings ist damit noch nicht erklärt, warum kosmopolitischen Lebensstilen gesellschaftlich so eindeutig der Vorzug gegeben wird. Wie erklärt sich, dass Kosmopoliten hegemonial werden konnten, so dass sie sich nun als Träger einer zukunftsweisenden Lebensform begreifen können, die sie zum gesellschaftlichen Maßstab gelingenden und erfolgreichen Lebens insgesamt erheben wollen? Wäre in einer ausdifferenzierten und multikulturellen Gesellschaft nicht eine friedliche Koexistenz traditioneller und kosmopolitischer Lebensformen denkbar? Warum sollte unter dem Vorzeichen spätmoderner *diversity* nicht auch Platz für traditionsgeleitete oder kollektivistische Kulturideale und Lebensstile zu finden sein? Und wie konnten aus Kommunitaristen Verlierer werden? Schließlich sind auch empirische Zweifel an der Kulturalisierungsverlierer-These angebracht. Ähnlich wie bei der ökonomischen Globalisierungsverlierer-These ist eine eindeutige Spaltung entlang von Bildungsunterschieden in der Wählerschaft nicht nachweisbar. AfD-Anhänger befinden sich einerseits auch in den unteren Schichten, die sich keineswegs in Konkurrenz zur akademischen Mittelschicht sehen, andererseits auch bei den Bildungsgewinnern und Hochgebildeten, d. h. selbst innerhalb der akademischen Mittelschicht.

ÖKONOMISCHE UND KULTURELLE MOTIVE: EINE ZUSAMMENGESETZTE KONFLIKTLINIE

Um einiges plausibler ist demgegenüber die Vorstellung einer zusammengesetzten Konfliktlinie, die als Diagonale durch die Mitte der Gesellschaft verläuft: Dies hat eine zur Bundestagswahl in Deutschland im September 2017 von der Bertelsmann-Stiftung herausgegebene Analyse von Wählermilieus (Vehrkamp/Wegschaider 2017) herausgefunden. Die hier zusammengetragenen Befunde zeigen, dass eine klare Festlegung auf ökonomische *oder* kulturelle Ursachen nicht sinnvoll erscheint. Die AfD kombiniert materielle *und* kulturelle Motive. Auf Abbildung 1 wird dies ersichtlich. Auf der linken Seite der dargestellten Diagonale befinden sich die Milieus der Modernisierungsskeptiker, auf der rechten Seite die Milieus der Modernisierungsbefürworter. Die Diagonale verläuft nun *sowohl* entlang der sozioökonomischen Dimension der sozialen Lage *als auch* in der Wertedimension entlang der Grundorientierungen »Tradition«, »Modernisierung/Individualisierung« und »Neuorientierung«.

Während alle drei Parteien einer möglichen Jamaika-Koalition (CDU/CSU, FDP, Grüne) bei den sozial gehobenen Milieus klar überdurchschnittliche Ergebnisse erzielten, schneiden sie bei den Milieus der unteren Mittel- und Unterschicht unterdurchschnittlich ab. Spiegelbildlich dazu verhalten sich die Wahlergebnisse der Partei Die Linke und der AfD, die in der unteren Mittelschicht und Unterschicht überdurchschnittlich abschneiden. Durch Mobilisierungserfolge bei den Nichtwählern konnte die Wahlbeteiligung auch in den prekären Nichtwähler-Hochburgen spürbar angehoben werden. Die Wahlbeteiligung ist in den Stimmbezirken mit der bis dahin niedrigsten Wahlbeteiligung mehr als doppelt so stark angestiegen wie in den wirtschaftlich starken Stimmbezirken mit

3. Die neuen Trennlinien 105

Abb. 1: Sinus-Milieus© – Verteilung aller Wahlberechtigten

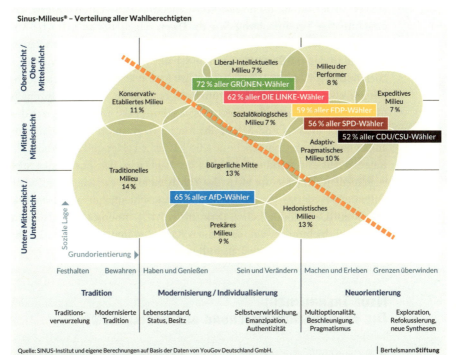

Quelle: Vehrkamp, Robert; Wegschaider, Klaudia (2017): Populäre Wahlen. Mobilisierung und Gegenmobilisierung der sozialen Milieus bei der Bundestagswahl 2017. Gütersloh: Bertelsmann Stiftung, S. 15.

der höchsten Wahlbeteiligung.[5] Allerdings kann nicht genug hervorgehoben werden, dass die AfD selbst in den sozial gehobenen Milieus mit höherer Bildung mit insgesamt acht Prozent nicht unbeträchtliche Stimmenanteile erzielt (Vehrkamp/Wegschaider 2017).

---

5 | Die gestiegene Wahlbeteiligung um insgesamt 12,4 Prozentpunkte geht mit deutlich überdurchschnittlichen Zuwächsen der AfD einher.

Somit erweist sich die Vorstellung, unter den Anhängern befänden sich entweder ökonomische *oder* kulturelle Modernisierungsverlierer, als eine unnötige Vereinfachung. Wie die Daten zeigen, finden sich AfD-Anhänger zwar verstärkt, aber keineswegs ausschließlich in ländlichen Regionen und in den mittleren bis unteren Schichten. Sie finden sich vielmehr auch in den gebildeten Milieus und selbst in den kosmopolitischen Hochburgen, etwa bei Gewerkschaftsfunktionären oder bei Lehrern, Dozenten und Wissenschaftlern (Sauer et al. 2018). Ein Erklärungsansatz, der der Varianz der Milieus und Motive Rechnung trägt, muss den Sozialraum aufschneiden, unterschiedliche gesellschaftliche Felder und ihre Konflikte untersuchen und darüber hinaus in der Lage sein, das Zusammenspiel verschiedener Ebenen, vor allem das Zusammenspiel zwischen politischer Öffentlichkeit (etwa der Adressierung unterschiedlicher gesellschaftlicher Konflikte im öffentlichen Diskurs der AfD), innergesellschaftlichen Machtverschiebungen (vgl. dazu auch Kapitel 4) und subjektiven Erfahrungen bzw. Emotionen (vgl. dazu Kapitel 5) zu ergründen.

NEUE TRENNLINIEN: DIE TRANSNATIONALISIERUNG DES SOZIALRAUMS

Auf Grundlage der vorgestellten Erkenntnisse und Befunde soll hier nun ein alternatives Modell vorgeschlagen werden, das den Aufstieg der Rechtsparteien auf transnationale Machtverschiebungen in unterschiedlichen gesellschaftlichen Teilbereichen zurückführt. Demnach gibt es nicht nur eine einzige Spaltung, vielmehr bringt jedes soziale Feld seine eigene Konfliktlinie hervor. Zur genaueren Beschreibung dieser Konstellationen wird dabei an das mehrdimensionale Modell des Sozialraums von Pierre Bourdieu aus »Die feinen Unterschiede« angeknüpft (Bourdieu 1982), welches hier kurz erklärt werden soll. Der Sozialraum beschreibt in der vertikalen Dimension das Gesamtvolumen ökonomischer, kultureller und sozialer Ressourcen, die Bourdieu »Kapitalarten« nennt, während die horizontale Achse die Struktur und Zusammensetzung dieser Ressourcen umfasst. Aus seiner Sicht müssen das ökonomische und das kulturelle Kapital gleichermaßen als ursächlich für soziale Ungleichheiten angesehen werden, wobei Kapitalstruktur so verteilt sei, dass entweder vorwiegend kulturelles Kapital *oder* hauptsächlich ökonomisches Kapital angesammelt wurde. Soziale Teilbereiche wie Kunst, Wissenschaft oder

Bildung rekurrieren demnach in erster Linie auf kulturelles Kapital, während im Feld der Wirtschaft, und bis zu einem gewissen Grad auch im Feld der Politik, ökonomisches Kapital notwendig ist, um auf die Gestaltung des Feldes einzuwirken und sich selbst in eine gute Stellung zu bringen. Es gilt also herauszufinden, welche Kapitalsorten jeweils Trumpf sind. Die dichotomische Aufteilung in ›Sozialstruktur‹ und ›Kultur‹, wie sie charakteristisch auch für die oben skizzierten Erklärungsmodelle ist, kann mit dem Sozialraummodell jedenfalls überwunden werden, da das Ökonomische und das Kulturelle gleichermaßen als konstitutive Bedingungen in die Klassenstruktur der Gesellschaft eingehen.

Pierre Bourdieu hatte seine Kapitaltheorie in einem sozialen Raum situiert, der durch den nationalen Container begrenzt wurde. Um jedoch Veränderungen der letzten drei Jahrzehnte in den Blick nehmen zu können, ist die Kapitaltheorie aus dem nationalen Container herauszulösen, da sich soziale Hierarchien aufgrund des Wandels der sozialen Felder und der darin geltenden Regeln und Positionskämpfe verändert haben. Seit den 1990er-Jahren sind Märkte sukzessive nationalstaatlich entbettet und Bildungssysteme internationalisiert worden, Unternehmen sind transnationaler und politische Institutionen europäischer geworden (Krämer 2018; Pries 2008; Vobruba 2012). Damit einhergehend haben die Frequenz und Reichweite beruflich oder privat bedingter Mobilität über Ländergrenzen und Lebenswelten hinweg deutlich zugenommen (Mau 2007). Hingegen ist die wohlfahrtsstaatliche Ordnung im nationalen Container zurückgeblieben.

Infolgedessen kam es zur Transnationalisierung auch der Ausstattung von Klassenpositionen und Ressourcen. Das ökonomische Kapital, das schon immer eine Schlüsselressource im Kampf um soziale Unterscheidungen gewesen ist, hat seit den 1990er-Jahren noch einmal eine spürbare Aufwertung erfahren (Krämer 2018). Neue Märkte für Unternehmensbeteiligungen und private Vermögenswerte haben erweiterte Reichtumschancen eröffnet. Die Transnationalisierung bedeutet zunächst nichts anderes, als dass Markt- und Anlagechancen sich mehr und mehr von nationalstaatlichen Räumen abkoppeln. Diese Mobilität ist durch politische Deregulierungen und die Etablierung von Freihandelszonen, wie etwa dem North America Free Trade Agreement (NAFTA, 1994) oder dem ASEAN-China Free Trade Agreement (ACFTA, 2010), stetig erweitert worden. Auch soziales Kapital ist transnationaler geworden. Transnationale Kommunikation bedeutet, dass sich neuartige »soziale Kreise« (Simmel

1992: 456) jenseits nationaler Container bilden und kreuzen. Die Herausbildung supranationaler Regierungs- und Nichtregierungsorganisationen sowie transnationaler Communities und Diasporagemeinschaften (vgl. Kapitel 5 und 6) sind Beispiele dafür. Schließlich unterliegt auch das kulturelle Kapital Transnationalisierungsprozessen, die dem Pfad der Globalisierung von Wissenschaft, Bildung und Kultur folgen und weiter unten noch genauer beschrieben werden sollen. Durch die Erweiterung sozialer Felder über die Grenzen des Nationalstaates hinaus hat sich der Raum der Positionen transnationalisiert. Dabei ist es zu einer Neubewertung der Kapitalausstattungen und Distinktionsordnungen gekommen. Daraus resultieren Verschiebungen des Sozialraums in vertikaler wie auch in horizontaler Dimension (Krämer 2018).

VERTIKALE TRENNLINIEN: DIE HERAUSBILDUNG GLOBALER MÄRKTE

Auf *vertikaler* Ebene ist eine Spreizung sozialer Positionen zu beobachten, wodurch die oberen, mittleren und unteren Schichten stärker auseinandertreten und die Spitzen (extremer Reichtum bzw. extreme Armut) weiter ausgefahren werden (vgl. Einleitung sowie Kapitel 7 und 8). Für eine kleine Elite hat die Globalisierung zu einer enormen Erweiterung von Lebenschancen und Gewinnmöglichkeiten geführt. Dies gilt in erster Linie für Unternehmer und transnationale Akteure im Feld der Wirtschaft, deren Renditepotenziale sich durch die Deregulierung der Finanzmärkte und den internationalen Wettbewerb um Investorengelder exorbitant erweitert haben. Aber auch die Eliten in Wissenschaft, Kunst, Literatur und Bildung profitieren von der transnationalen Ausweitung ihrer Felder, durch welche der Verkauf und die Rezeption ihrer Werke globalisiert wird. Hinzu kommt, dass die Beraterbranchen (interkulturelle Kommunikation, Standortverlagerung, Marketing, Vertrieb), die als professionelle Agenten der Globalisierung fungieren, enorme Zugewinne zu verzeichnen haben.

Dabei hat auch die gesteigerte Wissens- und Serviceintensität globaler Produktionsformen noch zusätzlich zur sozialen Spreizung beigetragen. Im globalen Wettbewerb entscheidet oftmals nur ein kleiner Vorsprung an Wissen und ›Intelligenz‹ über die Profite eines Unternehmens. Dadurch erweitern sich auch die Gewinnmöglichkeiten für kulturelles Kapital und deren akademisch gebildete Trägergruppen. Allerdings ist kulturelles Kapital weitaus mehr als nur eine individuelle Ressource, es wird zu einem hoch profitablen Firmenbesitz. Entsprechend heftig sind die Kämpfe um Urheberschaften, Patente, Industriespionage und Produktpiraterie. Hohe Gewinnspannen können auf dem Weltmarkt seit den 1990er-Jahren nur noch durch technologische, künstlerisch-designerische oder wissenschaftliche Innovationen erzielt werden. Die Ursache für diese Entwicklung ist die vergleichsweise hohe Profitabilität immaterieller Dienstleistungen am Beginn und Ende der globalen Produktionskette, während die materielle Fabrikation von Produkten einen vergleichsweise geringen Wertzuwachs im Kontext der gesamten Wertschöpfungskette impliziert.

Ein gutes Beispiel dafür stellen die Standortverlagerungen des US-Konzerns Apple dar, der seine berühmten PCs in den 1980er-Jahren entwickelte und zunächst in Irland und Texas produzieren ließ, seine Produktionsstandorte in den folgenden Jahrzehnten allerdings zunehmend in asiatische Länder auslagerte. Die letzte Apple-Manufaktur in den USA wurde 2004 geschlossen. Heute werden Apple-Produkte in Kalifornien entwickelt und designt. Darüber hinaus konzentrieren sich alle wissensintensiven Dienstleistungen der Prä- wie auch der Postproduktionsphase, wie etwa das Marketing, der Vertrieb sowie die Organisation der Kundenbetreuung, im Silicon Valley, während die eigentliche Fertigung der Produkte in China stattfindet und abgekoppelt vom Hauptfirmensitz durch Firmen wie Foxconn überwacht wird. Durch derartige Aufspaltungen, die sich auch in anderen High-Tech-Firmen zeigen, bleiben die ›guten‹, hoch profitablen Tätigkeiten in den Hochlohnländern, während die ›schlechten‹, weniger profitablen Tätigkeiten in Schwellenländern angesiedelt werden (Baldwin 2016: 156).

Gleichzeitig sind durch die globale Fragmentierung von Wertschöpfungsketten auch die weniger qualifizierten Stellen an den Produktionsstandorten der reichen Länder des globalen Nordens unter Druck geraten. Deren Unterschichten und untere Mittelschichten können als die eigentlichen Verlierer der damit herbeigeführten globalen Einkommensumverteilung angesehen werden (Milanović 2016). Denn Globalisierung hat sehr ungleiche Auswirkungen auf die unterschiedlichen Ränge der globalen Einkommensskala genommen: Während die Mittelschichten in den Schwellenländern, die ganz Armen (in den Entwicklungsländern) sowie die ganz Reichen (überwiegend im globalen Norden) profitieren und jeweils Einkommenszuwächse zu verzeichnen haben, sind es die bislang im globalen Maßstab privilegierten unteren Schichten in den reichen Industrieländern, welche nun die größten Einkommensverluste zu beklagen haben.

Die Herausbildung globaler Produktionsketten hat zudem eine Transnationalisierung der Wissensarbeit nach sich gezogen, da Standortverlagerungen komplexe Wissens- und Steuerungsstrukturen in unterschiedlichen Ländern erforderlich machen. Diese ist allerdings nicht immer an räumliche Mobilität oder Migration gebunden, im Gegenteil: Oftmals zeichnen sich mächtige transnationale Akteure gerade dadurch aus, dass sie die Knotenpunkte in internationalen Netzwerken besetzen oder über globale Infrastrukturen verfügen, welche ihnen Mobilität ersparen. Globalisierung ist also nicht notwendig ein gesellschaftlicher Prozess, der auf Migration beruht. Vor allem im Finanzwesen verbreiten sich globale Standards und Muster auch ohne Reiseerfahrungen durch die elektronische Vermittlung von Wissensbeständen (Neckel 2018: 228 ff.). Aber auch »sesshafte« Künstler, IT-Fachkräfte, Wissenschaftlerinnen, Architekten, Sportlerinnen oder politische Bewegungen und sind immer häufiger in multiple geografische und transnationale wirtschaftliche Kontexte eingebunden, ohne dass damit eine Migration verbunden wäre.

Während sich die Lebenschancen von Oberschichten und akademischen Mittel- und Oberschichten zunehmend über den Container hinaus erweitert haben, konzentrieren sich die Nachteile in den unteren Schichten, deren Lebensbedingungen und Lebenschancen sich durch die internationale Standort- und Lohnkonkurrenz gravierend verschlechtert haben (vgl. Einleitung). In der neuen transnationalen Unterschicht finden sich Zuwanderer, gering qualifizierte Arbeitnehmer und Serviceangestellte in einer gemeinsamen Klasse wieder, deren Verbindungen zum industriellen Facharbeitermilieu weitgehend gekappt worden sind (Groh-Samberg 2006). Aufstiegskanäle, Karrierechancen und intergenerationelle Mobilität wie auch soziale Berührungspunkte in Vereinen, Nachbarschaften und Betrieben existieren für sie nicht mehr. Die Herausbildung einer gemeinsamen, die traditionellen Facharbeiter und neue Unterschichten verbindenden politischen Kultur wird damit zunehmend unwahrscheinlich.

Transnationales kulturelles Kapital: Neue Distinktionsordnungen

Globalisierung polarisiert nicht nur vertikal zwischen oben und unten, sondern spaltet, wie gesagt, auch *horizontal* die einzelnen sozialen Felder und führt zu einem Wandel von Distinktionsordnungen in Wirtschaft, Wissenschaft, Bildung und Kultur. Dies soll hier am Beispiel des Feldes von Bildung und Wissenschaft ausgeführt werden. Die Transnationalisierung des kulturellen Kapitals hat nicht nur internationale Bildungsgüter aufgewertet, sondern auch zur Herausbildung eines neuen kulturkosmopolitischen Habitus geführt, der verglichen mit dem traditionellen Bildungshabitus stärker auf transdisziplinäre und transkulturelle Vernetzung hin angelegt ist.

Sicherlich wäre es übertrieben, von einer generellen Abwertung eines im nationalen Rahmen institutionalisierten und vermittelten Bildungskapitals zu sprechen. Doch in dem Maße, wie sich nationale Containergesellschaften nach außen öffnen, werden internationale Qualifikationen begehrter. So ist ein gehobener Bildungsabschluss nicht mehr an sich ein wertvolles Gut, sondern zunehmend nur in Kombination mit transnationalen Qualifikationen oder internationalen Verbindungen. Auslandsaufenthalte und ausländische Bildungsabschlüsse, insbesondere solche an ›exzellenten‹ ausländischen Universitäten, gewinnen an Bedeutung, während Bildungswege und Qualifikationen an Bedeutung verlieren, die allein im nationalen Gefüge erworben wurden oder sich allein auf national verwertbare Qualifikationen beziehen. Nationale Kultur- und Bildungsgüter wie das virtuose Kennertum nationaler Geschichte oder die virtuose Beherrschung des Kanons einer Disziplin sind für die soziale Positionierung unwichtiger geworden, während die Orientierung an internationalen und transdisziplinären Standards wichtiger wird. Gleichzeitig entstehen neue Möglichkeiten des Transfers: So zeigen die Befunde des Forscherteams um Jürgen Gerhards einen Bedeutungszuwachs des »transnationalen kulturellen Kapitals« (Gerhards 2010; Gerhards et al. 2017). Gerhards und Kollegen legen dar, welche neuen Möglichkeiten sich privilegierten Familien eröffnen, um Bildungstitel von Eltern an die Kindergeneration weiterzugeben, sollten die Schulnoten des Nachwuchses nicht ausreichen oder die Hürden der Aufnahmeprüfung zu hoch sein, um etwa ein Medizinstudium an einer deutschen Universität aufzunehmen. In diesen Fällen erkaufen sie ihren Kindern den Zugang zum Medizinstudium an ausländischen Universitäten, die niedrigere Zugangsvoraussetzungen haben. Diese Verschiebungen führen zu Verwerfungen, die nicht nur die obere von der unteren Mittelklasse trennen, sondern durch die akademische Mittelschicht hindurchgreifen.

Ähnliche Veränderungen sind auch im Feld der Wissenschaft zu beobachten. Das Leben an Universitäten und in Forschungseinrichtungen ist in wachsendem Maße durch internationale Standortkonkurrenzen um Forschungsgelder, Studierende, Wissenschaftlerstars, Rankings und Aufmerksamkeit gekennzeichnet. Die internationale Öffnung von Bildungswegen hat zu einem Bedeutungsgewinn internationaler Governance-Strukturen geführt. Dabei verlieren nationale Akteure bei der Allokation von Forschungsgeldern und der Positionierung von Forschenden, Lehrenden und Studierenden zugunsten transnationaler Akteure an Dispositions- und Entscheidungsmacht (Münch 2011). Verändert haben sich infolgedessen auch berufliche Karrieren innerhalb der Sphären von Wirtschaft und Verwaltung, da Auslandserfahrungen, interkulturelle Bildung und Sprachkenntnisse in den Leitungsfunktionen von Unternehmen sowie in öffentlichen Verwaltungen, Parteien und Verbänden zu zentralen Rekrutierungskriterien geworden sind.

Dass es dabei nicht immer um verwertbare Qualifikationen, sondern oftmals ›nur‹ um symbolische Grenzziehungen geht, dokumentiert sich etwa darin, dass die verlangten interkulturellen Befähigungen realiter oftmals gar nicht nachgefragt werden, etwa weil in der konkreten Berufspraxis Sprachkompetenzen oder Auslandsaufenthalte eine eher untergeordnete Rolle spielen. Auch geht die Zunahme ausländischer Bildungsabschlüsse nicht automatisch mit der Transnationalisierung von Karrieren einher. Wie auch Michael Hartmann (2009) und Markus Pohlmann (2009) am Beispiel der Karrierepfade von Wirtschaftseliten herausgearbeitet haben, können Auslandserfahrungen während des Studiums und im Berufsverlauf die nationalen Karrierechancen etwa in DAX-Unternehmen ganz erheblich verbessern. Damit ist für die Einzelnen aber noch längst keine internationale Ausrichtung von Karrieren verbunden, erweisen sich nationale Rekrutierungspfade beim Zugang zu Vorstands- und Managementpositionen doch als durchaus robust: Große Unternehmen in Frankreich, Deutschland und England rekrutieren in aller Regel einheimische und nicht ausländische Manager und Vorstände. Ähnliche Trends sind im Wissenschaftssystem zu beobachten. So zeigt die Studie von Angela Graf (2015), dass die jüngeren Kohorten der Wissenschaftselite der Nobel- oder Leibnizpreisträger sowie der Präsidenten großer Forschungsorganisationen in Deutschland schon während des Studiums signifikant häufiger im Ausland waren. Die Befunde erlauben den Schluss, dass transnationale Kapitalien hinsichtlich der Besetzung herausgehobener Positionen *innerhalb* des Herkunftscontainers als *transnationales symbolisches Kapital* fungieren (Krämer 2018: 294).

Was sich hier zeigt, ist ein symbolischer Kampf um gültige Einsätze, der unabhängig von funktionalen Erfordernissen stattfindet, dabei allerdings durchaus reale Auswirkungen auf die objektiven Kräfteverhältnisse haben kann. Dabei geht es oftmals weniger um tatsächliche Qualifikationen als um exklusive Praktiken und Titel, die symbolische Grenzen markieren und durch die soziale Schließungen vorangetrieben werden. Um sich von ›gewöhnlichen‹ Bewohnern des Containers zu unterscheiden, kommt es immer mehr darauf an, mindestens eine Fremdsprache zu sprechen, kulturelle Kommunikationsstile jenseits des Herkunftsmilieus zu beherrschen, eine weltoffene Haltung gegenüber der ›Andersartigkeit‹ von Menschen aus anderen Kulturen zu verinnerlichen und natürlich auch in Studium und Beruf über nationalstaatliche Grenzen hinaus mobil zu sein (Krämer 2018: 289). Als maßgeblich erscheint ein kosmopolitischer Lebens- und Kulturstil, der sich nicht mehr über einen hervorragenden Umgang mit nationalen Bildungsgütern definiert, sondern über die Fähigkeit zur Polyvalenz verfügt, um sich in einer sich globalisierenden Welt zurechtzufinden und Ländergrenzen nicht nur räumlich, sondern vor allem auch symbolisch zu überschreiten. Der kosmopolitische Lebensstil schöpft seine Überlegenheit daraus, Neugierde als Prinzip des Umgangs mit fremden Menschen oder Kulturen verinnerlicht zu haben. Dies impliziert einen grundsätzlich anderen Umgang auch mit Wissen und Bildung. Anstelle der Beherrschung kanonisierter Bildungsgüter tritt die Bereitschaft zur beständigen Horizonterweiterung durch lebenslanges Lernen. Darüber hinaus nähern sich kulturelle und ökonomische Felder einander an, weil einerseits Kultur und Wissen für ökonomische Akteure und andererseits unternehmerische Kompetenzen für Wissens- und Kulturberufe wichtiger werden.

KONSERVATIVE GEGEN KOSMOPOLITEN: EINE NEUE HORIZONTALE KONFLIKTLINIE

Während die im Sozialraummodell von Bourdieu noch zentrale Differenz zwischen ökonomischem und kulturellem Kapital tendenziell eingeebnet wird, bildet sich auf der anderen Seite eine neue basale Konfliktlinie zwischen unternehmerisch-kosmopolitischen und konservativen Kapitalausstattungen heraus. Im Modell Bourdieus waren ökonomische und kulturelle Reproduktionsformen noch strikt getrennt – hier ökonomischer Markterfolg, dort Wissenschaft, Kultur bzw. künstlerische Freiheit und Entfaltung. Wie schon erwähnt finden Bildung und Kultur mit dem Aufstieg der Wissensökonomien Anschluss an kapitalistische Verwertungslogiken, während gleichzeitig auch wirtschaftliche Handlungsfelder zunehmend mit Wissen und Kultur gesättigt werden. Unternehmer, Berater und Manager werden ›intellektueller‹, erwerben einen kulturellen Habitus. Infolgedessen verblasst die antagonistische Spannung zwischen ökonomischem und kulturellem Kapital – und gleichzeitig verlieren die kulturellen Sphären ihr widerständiges, herrschaftskritisches Potenzial. Die neue Konvergenz manifestiert sich auch darin, dass sich Habitus und Lebensstile von vormals strikt auf die kulturellen Felder begrenzten Berufsgruppen wie Professoren, Kreativen, Publizisten und Künstlern von denen der wirtschaftlichen Professionen wie Anwälten, Beratern oder Managern weniger stark unterscheiden – sie nähern sich einander an, wodurch die Gruppen tendenziell zu einer gemeinsamen sozialen Klasse verschmelzen (Groh-Samberg et al. 2018).

An die Stelle der für die Industriemoderne maßgeblichen Differenz zwischen ökonomischem und kulturellem Kapital tritt nun die Differenz zwischen kosmopolitischen und sozial verwurzelten Wissens- und Sinnorientierungen. Die Herausbildung eines kosmopolitischen Habitus impliziert dann nicht nur die Aneignung wettbewerbsorientierter Arbeits- und Lebensformen, sondern eine offene Haltung zu kulturellen Praktiken und Wissensgütern generell. Für diesen gibt es keinen Grund mehr, Objekte und Praktiken der eigenen Kultur gegenüber jenen, die aus anderen Kulturen stammen, vorzuziehen. Prinzipiell ist kein Gegenstand von der Wissensaneignung ausgeschlossen, im Gegenteil: Die Aneignung fremder Kulturen und kultureller Objekte aus entfernten Zeiten und Räumen gilt als besondere Form der Horizonterweiterung. Kosmopolitismus bezieht sich also nicht nur auf räumliche, sondern auch auf kulturelle Weltläufigkeit.

Der Raum der Lebensstile erhält damit eine völlig neue Kalibrierung: Der Graben sozialer Distinktion verläuft nun nicht mehr zwischen Hochkultur und Populärkultur oder zwischen legitimen und illegitimen Wissensbeständen, sondern zwischen *kulturkosmopolitischen* und *kulturkonformistischen* Wissens- und Aneignungsformen (Koppetsch 2017c), wobei dieser Graben nicht nur zwischen oben und unten, sondern auch innerhalb der Gruppe der Hochgebildeten verläuft. Während die traditionelle Hochkultur – die bildende Kunst, die klassische Musik, die traditionelle Gelehrsamkeit, die Literatur –, welche die bürgerliche Lebensführung im nationalen Kontext noch geprägt hat, für Kosmopoliten ihren privilegierten Ausdruck des legitimen Geschmacks verloren hat, ist sie für bildungskonservative Gruppen allerdings nach wie vor maßgeblich. Doch die Gruppe derjenigen, die sich überwiegend oder ausschließlich in *einer* Kultur, *einer* Disziplin oder *einer* Wahrheit verorten möchten, positioniert sich zunehmend gegen jene Gruppe, die bereit ist, ihre Glaubensvorstellungen zu relativieren und ihre Wissensbestände aus einem transkulturellen und -disziplinären Fundus zu schöpfen. Während die einen ein essenzialistisches Verhältnis zu Kultur, Wissen und Wahrheiten pflegen und diese als unverbrüchliche und unveräußerliche Grundlage fester Standpunkte begreifen, orientieren sich die anderen bei der Aneignung von Wissen, Wahrheiten und Kulturgütern an Kultur- und Aufmerksamkeitsmärkten. Nicht mehr der humanistische Gelehrte oder die streng am disziplinären Kanon orientierte Wissenschaftlerin, sondern der ›kulturelle Allesfresser‹ (Peterson/Kern 1996), der den virtuosen Umgang mit unterschiedlichen kulturellen Registern beherrscht und in der Lage ist, zwischen unterschiedlichen Sphären und kulturellen Idiomen zu übersetzen, formt aus Sicht der Kosmopoliten die Sozialfigur der Gegenwart.

Die Herausbildung dieser neuen horizontalen Differenzierung des Sozialraums folgt der Transnationalisierung sozialer Felder. Sie spaltet nicht nur kulturkosmopolitische von kulturkonservativen Lebensstilen, sondern ist ebenso Gegenstand politischer Auseinandersetzungen, an denen auch die AfD maßgeblich beteiligt ist und in denen sich konservative Fraktionen für die Wiedererlangung der früheren Strukturen und für die Rehabilitierung ihrer nun entwerteten Kapitalausstattungen einsetzen: Im Feld der Bildungspolitik etwa zeigt sich der Konflikt zwischen den Fraktionen, die eine kompetenzorientiert-wettbewerbsorientierte

Umgestaltung des Bildungssystems und die internationale Angleichung von Bildungssystemen begrüßen und einer bildungskonservativen Fraktion, die eine Rückbesinnung auf nationale Bildungstraditionen fordert und die Vorzüge des deutschen Bildungssystems im Kontext der Bewahrung der ›deutschen Kulturnation‹ betont. Auch wird die Abkehr von einem humanistischen Konzept der Bildung zugunsten eines marktorientierten Kompetenzideals moniert. Auch andere Themenfelder der AfD lassen sich als Reaktionen auf die neue horizontale Differenzierung des Sozialraums und mithin auf die Transnationalisierung sozialer Felder begreifen. In der Wirtschaftspolitik zeigt sich die Kluft im Streit um europäische und internationale Handelsabkommen und in der Außenpolitik geht es um die Verteidigung nationaler gegenüber europäischen Interessen (vgl. dazu auch Kapitel 4).

DER KOSMOPOLITISCHE HABITUS

Der kosmopolitische Habitus konnte auch deshalb eine so große Bedeutung gewinnen, weil er die *kulturelle Voraussetzung* einer weltweit vernetzten, wissens- und innovationsgetriebenen kapitalistischen Wertschöpfungsweise darstellt (Boltanski/Chiapello 2003). Dies lässt sich bereits an der im Jahr 2000 erschienen programmatischen Schrift »The Rise of the Creative Class« von Richard Florida ablesen. Florida zufolge ist die zentrale Transformation, die sich in den westlichen Gesellschaften zwischen der Nachkriegszeit und der Gegenwart ereignet hat, weniger eine technologische als eine kulturelle. Sie findet seit den 1970er-Jahren statt und betrifft den Aufstieg der sich rasch ausbreitenden und kulturell tonangebenden postindustriellen Berufsgruppen (die *creative class*) mit ihren charakteristischen Tätigkeiten der Ideen- und Symbolproduktion – von der Softwareentwicklung bis zum Design, von der Beratung bis zu Werbung und Tourismus. Kreativität und Kosmopolitismus beziehen sich in Floridas Darstellung nicht allein auf ein persönliches Modell der Selbstentfaltung. Kreativität ist vielmehr zu einer allgegenwärtigen ökonomischen Anforderung und zum primären Motor der Wertschöpfung in der modernen Arbeits- und Berufswelt geworden. Daher geht der Aufstieg kosmopolitischer Lebensformen in allen gesellschaftlichen Lebensbereichen mit dem Aufstieg globaler Dienstleistungsklassen im Kontext von transnationalen Finanz-, Wissens-, Kultur- und Aufmerksamkeitsökonomien einher, die ihren Sitz in den Großstädten, vor allem in den *global cities* (Sassen 2007) haben und welche die ökonomische und kulturelle Infrastruktur einer modernen Netzwerkgesellschaft bilden (Castells 2001). Dadurch kam es, schwerpunktmäßig innerhalb der urbanen Zentren, zu einer umfassenden Umgestaltung praktisch aller Aspekte des alltäglichen Lebens. So wurde etwa die strikte Trennung zwischen Arbeit, häuslichem Leben und Freizeit aufgehoben, neue Formen des Selbst-Managements, intrinsische Formen der Motivation und *soft control* haben traditionelle Hierarchien verdrängt. Damit einher gingen hyperkulturelle Formen des Konsums und der sozialräumlich entgrenzten Lebensweisen. Die postindustrielle *creative class* bevorzugt einen experimentellen Lebensstil in urbanen Zentren. Dieser sollte beständig neue Eindrücke und Inspirationen verschaffen, die den Einzelnen im Berufsleben weiterbringen. Die Begegnung mit Migranten und die Erfahrung des Fremden in modernen Städten gelten nicht als Bedrohung, sondern als Bereicherung und unverzichtbarer Teil eines inspirierten, kreativen Lifestyles. Der selbstverständliche Umgang mit Fremdheit und Grenzüberschreitung spiegelt sich auch in der Alltäglichkeit transnationaler, grenzüberschreitender Formen des Arbeitens und Lebens in internationalen Projekten, Expat-Communities oder transnationalen Unternehmen wider.

Die früheren, kollektiven Modelle des Arbeitens und Lebens in festen Organisationen und lokalen Gemeinschaften sind dabei zwar nicht vollständig aufgelöst, doch zunehmend an den Rand gedrängt und durch die neuen Strukturen überlagert worden. Dies zeigt sich etwa daran, dass auch in den klassischen Industrien an die Stelle traditioneller Beschäftigungsformen und Arbeitskraftschablonen zunehmend individualisierte, wissens- und designbasierte Formen von Arbeit treten, die für beide Geschlechter mit ›atypischen‹, zumeist projektförmigen Beschäftigungsverhältnissen verbunden sind (Manske 2015; Boltanski/Chiapello 2003), was allerdings nicht notwendig mit Prekarität gleichzusetzen ist. Arbeit ist subjektiviert, ist personenspezifischer geworden, und zwar aus zwei Gründen: Zunächst hat sich die Produktionsstruktur als solche stärker auf Güter verlagert, die unmittelbare Wissens- oder Designprodukte und somit im Wesentlichen Verkörperungen von wissenschaftlichem Knowhow darstellen. Kreativität ist also zum entscheidenden Produktionsfaktor geworden. Hinzu kommt, dass persönliche Beziehungen, Kommunikation und expressive Fähigkeiten durch den Ausbau einer kulturellen Dienstleistungsökonomie einen zunehmend höheren Stellenwert einnehmen. Kundenbeziehungen aller Art sind zu zentralen Aspekten des Wertschöpfungsprozesses geworden. All dies markiert einen Bruch mit dem vorherigen Paradigma der Arbeit in festgefügten Organisationen und nach Vorschrift. Projektförmige Arbeitsstrukturen und lose kommunikative Netzwerke sind an die Stelle der früheren Bindungen an die Fabrik, die Familie oder die Gemeinschaft getreten.

In den davon betroffenen Milieus kann der Lebenslauf zweier Personen, die demselben Milieu entstammen oder die gleiche Ausbildung genossen haben, ganz unterschiedlich ausfallen. Das impliziert eine dynamische Vorstellung auch von der eigenen Biografie und vom eigenen Selbst. Das lebensgeschichtlich geprägte, singuläre Individuum hat somit das sozial geprägte, mit einer Gruppe identifizierte Subjekt in den Hintergrund gedrängt. Dies begründet auch neue Ansprüche an das Gemeinwesen. Denn die neuen Arbeitsformen wecken den Ehrgeiz, in den Augen der anderen etwas zu bedeuten, ja als *einzigartig* wahrgenommen zu werden. Jeder ist nun dazu berechtigt, als Star, Künstler oder Experte angesehen zu werden. Die neuen Arbeits- und Lebensformen haben zur Verallgemeinerung eines »Individualismus des Singulären« (Rosanvallon 2013: 267) geführt und damit die alten Formen völlig umgekrempelt. Die Bezugseinheit des Sozialen ist nicht mehr das Kollektiv, die Gemeinschaft, die Familie oder die Nation, sondern das Individuum mit seinem Verlangen nach einer persönlichen Existenz.

Auch das Wesen sozialer Ungleichheiten hat sich grundlegend verändert. Sehr allgemein lässt sich dieser Wandel als *Individualisierung des Systems der Ungleichheiten* auffassen, wodurch gesellschaftlicher Status einerseits etwas sehr Persönliches ist, etwas, das die Identität sehr wesentlich bestimmt, und andererseits zu etwas geworden ist, das man allein und auf sich gestellt zu verantworten hat. Das Ergebnis ist, dass Status aus dem moralischen und sozialen Gewebe der Gruppe herausgelöst und durch individualisierte Konkurrenzbeziehungen und Wettbewerbe geprägt wird. Selbstverständlich bestehen auch weiterhin Ungleichheiten zwischen Gruppen (herrschende und beherrschte Klassenfraktionen, Männer und Frauen, Führungskräfte und Mitarbeiter, Reiche und Arme etc.), doch haben sich diese gewissermaßen hinter dem Schleier des Individualismus verborgen, wodurch sie nicht mehr von subjektiver Verantwortung freisprechen, sondern ebenso auch als Ausdruck des *persönlichen* Scheiterns und Unvermögens bewertet werden können. Zwar ist es immer möglich, geschlechts- oder herkunftsbedingte Ungleichheiten auf

Benachteiligungen zurückzuführen, doch sprechen diese den Einzelnen nicht mehr ganz von persönlicher Verantwortung frei. Sie haben nicht mehr den objektiven und folglich entlastenden Charakter kategorialer Ungleichheiten. Der Individualismus des Singulären hat also nicht nur Vorteile, sondern auch Nachteile – neue Formen der ökonomischen Ausbeutung auf der Basis subjektivierter Arbeitsfähigkeiten, erhöhten Stress und psychischen Druck – mit sich gebracht.

Zusammenfassend lässt sich konstatieren, dass die globale Entgrenzung von Ökonomie, Kultur und Lohnarbeit zur Entstandardisierung von Lebensläufen, zur Transnationalisierung von Wertschöpfungsketten und zum Schwinden nationalstaatlicher Souveränität in allen Funktionsbereichen geführt und kosmopolitischen Lebensstilen eine zentrale Bedeutung bei der Entfaltung und normativen Rechtfertigung des wissensbasierten Kapitalismus gegeben hat. Industriemoderne Lebensformen, die mit dem Leitbild des männlichen Normalarbeiters und Familienernährers und der sozialstaatlichen Absicherung der Lebensführung verbunden waren, haben dagegen an Einfluss verloren. Die über Generationen gewachsene alltagsweltliche Basis der Arbeitnehmergesellschaft mit ihren etablierten Werte- und Normalitätsstandards löst sich auf. Sichtbar wird daran, dass kosmopolitische Lebensstile gesellschaftlich hegemonial werden konnten, weil sie mit dem kapitalistischen Akkumulationsregime transnationalisierter Gesellschaften korrespondieren. Sie stellen keine der Produktionssphäre enthobenen Wert- und Habitusmuster dar, sondern bilden die *kulturelle Voraussetzung* einer weltweit vernetzten, wissens- und innovationsgetriebenen kapitalistischen Wertschöpfungsweise (Boltanski/Chiapello 2003).

GEGEN DEN KOSMOPOLITISCHEN GEIST

Es ist sicherlich keine Übertreibung, zu behaupten, dass kosmopolitische Lebensmodelle von den Unterstützern des Rechtspopulismus en gros abgelehnt werden. Allerdings kann man diese Ablehnung nur verstehen, wenn man sie vor dem Hintergrund der oben skizzierten Auswirkungen von Transnationalisierungsprozessen versteht. Kosmopolitische Milieus gewinnen an Hegemonie, wo sich kulturelle Grenzen öffnen. Ihre Lebensformen definieren, wie gesagt, heute den ›Geist‹ des Kapitalismus, während die Fraktionen des traditionellen Klein-, Bildungs- und Wirtschaftsbürgertums an Bedeutung verlieren. Die durch Globalisierungsprozesse angestoßenen, in allen sozialen Feldern zu beobachtenden Machtverlagerungen sind daher nicht nur der Ausgangspunkt sozialer Auseinandersetzungen um Lebensstile und Deutungshoheiten, sondern Ursache auch für den Aufstieg rechtspopulistischer Parteien. Ihre Anhänger lehnen nicht nur die Kosmopoliten, sondern auch den transnationalen Kapitalismus mit seinen multiplen Grenzaufweichungen ab. Demnach ist die Forderung nach einer flexiblen Lebensweise ebenso abzulehnen wie der durch Kulturmärkte forcierte Wahrheits- oder Werte-Pluralismus oder die Ansicht, dass Migranten aus dem globalen Süden im Allgemeinen und der Islam im Besonderen zu Deutschland gehören. Verteidigt wird der alte, der *fordistische* Geist des Kapitalismus, in dem das Leben normiert und selbstverständlich *innerhalb* nationaler Grenzen geführt wurde und Migranten noch ›Ausländer‹ waren, denen als ›Gastarbeitern‹ von vornherein ein untergeordneter Status zugesprochen wurde.

Die Ablehnung des neuen Geistes des Kapitalismus ist allerdings keineswegs auf die unteren Schichten beschränkt, sie zeigt sich etwa auch in den konservativen Fraktionen des Bildungsbürgertums, in denen man sich – wie oben bereits skizziert – nach wie vor über humanistische Wahrheitsansprüche und nationale Bildungsideale definiert. Im Kielwasser des Aufstiegs des *New Public Management* haben fast alle akademischen Professionen eine fundamentale Umstrukturierung erfahren. Ihre Arbeitsplätze wurden in Quasi-Märkte umgewandelt – aus Wissenschaftlern, Pädagogen oder Künstlern sollten *Unternehmer* werden. Ökonomische Imperative und Wettbewerbsvorteile treten so an die Stelle treuhänderischer Prinzipien und lassen das Festhalten an unanfechtbaren beruflichen Standards antiquiert erscheinen (Michéa 2014: 128). Dies wird von den Anhängern der AfD kritisiert. Kritiker des neuen Marktregimes finden sich allerdings nicht nur unter den Rechten, sondern auch unter den Linken. Verteidigt werden von linken wie von rechten Konservativen der klassische Humanismus und beispielsweise die nationalen Vorzüge der deutschen Bildungsinstitutionen und Bildungstraditionen, welche gleichermaßen gegen die ›Nivellierung‹ durch Bologna und PISA rehabilitiert werden sollen.

Bedroht fühlen sich auch die traditionellen Milieus aus der unteren Mittelschicht, deren ›kleinbürgerliche‹ Mentalitäten, im nationalen Rahmen der wohlfahrtsstaatlich abgesicherten Mittelstandsgesellschaft geprägt wurden (vgl. Kapitel 4). Vieles schien durch die Standardisierung von Arbeits- und Lebensmodellen in der organisierten Industriemoderne einfacher als heute – etwa die Partner- und Berufswahl oder auch die Abstimmung von Familie und Beruf, die durch die geschlechtsspezifische Arbeitsteilung gesichert wurde und nicht individuell ausgehandelt werden musste. Die Partnersuche war vor den Zeiten des Online-Datings noch kein virtueller Marktplatz, sondern ein durch lokales Wissen strukturiertes und in konkrete Orte eingebettetes Ritual. Auch die Berufswahl war weitgehend durch klassen- und milieuspezifische Erwartungshorizonte geprägt. Das Leben war in drei Phasen – Ausbildungsphase, Erwerbs- und Familienphase und Ruhestand – eingeteilt und verlief »normiert« (Kohli 1985), d.h. in institutionell vorgegebenen Bahnen standardisierter Bildungs- und Berufsbiografien.

Gemeinsam ist allen genannten Gruppen, dass sie zumeist *nicht* den prekären Unterschichten oder einer der Armut ins Auge schauenden Mitte angehören. Womit wir es zu tun haben, ist vielmehr ein »Aufstand der Etablierten« (Koppetsch 2017a), eine soziale Bewegung zur Verteidigung von als legitim erachteten und durch den Aufstieg von Außenseitern als gefährdet wahrgenommenen Vorrechten. Der Konflikt entspricht, so ließe sich das bisher Gezeigte pointiert zusammenfassen, eher einer *horizontalen Positionierungskonkurrenz* zwischen konservativen und kosmopolitischen, ethno-nationalen und transnationalen, wohlstandschauvinistischen und kosmopolitisch-neoliberalen Milieus als einem *vertikalen Klassenkampf*. Den Konservativen geht die Auflösung ständischer Ordnungen und fester Wahrheiten und Werte durch markt- und kulturliberale Prozesse zu weit. Auch empfinden sie die auf Selbstoptimierung und Selbstdisziplinierung gestützten Lebens- und Arbeitsformen als oberflächlich und entfremdend. Für sie behalten Tradition, Region oder Nation sowie ein solidarisches Gemeinwesen mit solidarischen Fürsorge- und Reziprozitätsverpflichtungen eine große Bedeutung. Dadurch entsteht nun eine Konstellation, in der ein neues politisches Bündnis zwischen den bürgerlichen Gegnern der Globalisierung, den zurückgefallenen Fraktionen aus der traditionellen Mittelschicht und den prekären ›Verlierern‹ möglich wird.

Diese neue, durch die Rechtsparteien angeführte Opposition richtet sich, anders als die Kritik von links, nicht gegen die kleine Elite der Superreichen, sondern gegen die kulturelle Vorherrschaft einer relativ breiten akademisch-kosmopolitischen Ober- und Mittelschicht. Sie artikuliert ihren Widerstand auch weniger in einer elaborierten ›Herrschaftskritik‹

als durch Herabwürdigung der Symbole kosmopolitischer Gesinnung, wie etwa in der Belustigung über ›Multi-Kulti‹, Transgender oder exzentrische Ernährungsgewohnheiten. Auch der Slogan ›Lügenpresse‹ kann als Baustein dieses politischen Klassenkampfes gegen die staatstragenden Fraktionen des postindustriellen Bürgertums in Parteien, Verbänden, Medien, Gewerkschaften und Bildungseinrichtungen verstanden werden. Aus Sicht der AfD-Wähler haben sich die kosmopolitischen Milieus allzu selbstgefällig in ihrer Hegemonie eingerichtet und könnten zukünftig eine böse Überraschung erleben.

Für die AfD-Anhänger steht deshalb fest: Die kosmopolitischen Milieus der Mittel- und Oberschicht sind nicht deshalb gesellschaftlich hegemonial, weil sie gebildeter, fortschrittlicher oder toleranter sind, sondern umgekehrt: Sie dominieren, weil sie über ein ›Meinungsmonopol‹ verfügen und keine Gelegenheit auslassen, ihren kulturellen Habitus, ihre Einstellungen und Sichtweisen für maßgeblich zu erklären. Den Kosmopoliten selbst erscheint dieser Vorwurf befremdlich, zumal sie sich selbst im Besitz der einzigen richtigen Wertmaßstäbe und Wahrheiten sehen und ihre eigene Vorherrschaft als völlig legitim und selbstverständlich begreifen. Auch die von ihnen vorgenommene Abwertung ›provinzieller‹, kulturkonformistischer Lebensstile folgt keiner bewussten Absicht, sondern ist Teil ihres verinnerlichten Habitus und ihrer kulturkosmopolitischen Einstellungen, die der Einzelnen so natürlich und selbstverständlich erscheinen, dass die Welt anders gar nicht denkbar ist.

4. Herrschaftskonflikte: Eine Koalition der Deklassierten

In den bisherigen Kapiteln ist die Spaltung unserer Gesellschaft in kosmopolitische und konservative Milieus gezeigt worden. Viele Menschen aus der akademisch-kosmopolitischen Mittelschicht glauben, dass eine liberale Gesellschaftsordnung die bestmögliche aller Welten darstellt, die nun durch die rechten Parteien mutwillig zerstört werden soll. Die Sachlage scheint kristallklar: Der Liberalismus ist rational und logisch; seine rechtspopulistischen Herausforderer sind irrational, wenn nicht gar verrückt; Liberale sagen die Wahrheit, Rechtspopulisten verbreiten Lügen; Liberale stehen für den Fortschritt, Rechtspopulisten möchten die Vergangenheit wiederherstellen; Liberale sind offen, freiheitsliebend und egalitär, während Rechtspopulisten intolerant, autoritär und repressiv erscheinen. Dieses simple Narrativ gibt Liberalen das beruhigende Gefühl, auf der richtigen Seite der Geschichte zu stehen. Doch wie bereits in Kapitel 1 und 2 angedeutet, ist die kulturell hegemoniale Gruppe der Kosmopoliten blind für die soziokulturelle Standortgebundenheit und die Machtdimension ihrer gefühlt selbstverständlichen Ansichten. In diesem Kapitel sollen nun die weltanschaulichen Auseinandersetzungen zwischen Kosmopoliten und Konservativen explizit als *Herrschaftskonflikte*, in denen es um Macht und Einfluss geht, dekonstruiert werden. Rechtspopulistische Kämpfe können vor diesem Hintergrund als symbolische Klassenkonflikte, d. h. als Konflikte um Deutungshoheiten und gesellschaftliche Gestaltungsspielräume gedeutet werden. Dabei wird sichtbar, dass Rechtspopulisten ein vertikales Bündnis zwischen den konservativen Fraktionen in Ober-, Mittel-, und Unterschicht gegen die Dominanz der kosmopolitischen Milieus stiften.

›Guter‹ Kulturliberalismus und ›böser‹ Neoliberalismus?

Es ist vielfach diskutiert worden, dass liberale Gesellschaften die individuelle Freiheit in den Mittelpunkt stellen, deren konsequente Ausübung allerdings oftmals zu Lasten von Idealen der Gleichheit und der sozialen Gerechtigkeit geht. Selbstverständlich sind auch den Mitgliedern der kosmopolitischen Mittelschicht die Schattenseiten liberaler Gesellschaftsordnungen im 21. Jahrhundert, deren Vorzüge mit einer Entfesselung von Marktkräften erkauft wurden, durchaus bewusst. Deshalb verteidigen sie ihre politische Identität, indem sie eine klare Abgrenzung zwischen dem ›guten‹ – d.h. dem kulturellen – Liberalismus, der eine offene, egalitäre und plurale Gesellschaft anstrebt, und dem ›schlechten‹ Liberalismus, der alle Bereiche der Gesellschaft ökonomischen Imperativen unterordnet und wachsende soziale Ungleichheiten verursacht hat, vornehmen. Von letzterem wird zumeist behauptet, dass er eine Bedrohung für den ›guten‹, von den Kosmopoliten vertretenen Liberalismus sei, weil die einseitige Verfolgung von Eigeninteressen und die Vorherrschaft eines ungezügelten Kapitalismus eine Bedrohung für Solidarität und Zusammenhalt, für die Stabilität und die Gerechtigkeit innerhalb der Gesellschaft darstelle. Die eigentlichen Ursachen für die Probleme der Gegenwartsgesellschaft bestünden nicht in elementaren Fehlstellungen der liberalistischen Gesellschaftsordnung, sondern darin, dass der ›gute‹ Kulturliberalismus durch den ›bösen‹ Neoliberalismus gekapert worden sei (Zielonka 2018). In diesen unter Linken und Kosmopoliten sehr weit verbreiteten Ansichten stecken jedoch drei schwerwiegende Denkfehler.

Erstens wird verkannt, dass auch der kulturelle Liberalismus längst keine Ideologie der Unterdrückten gegen eine illiberale Staatsdoktrin oder gegen ein repressives Bürgertum mehr darstellt, sondern in westlichen Gesellschaften zur *herrschenden Ideologie* geworden ist, die durch den Staat und die staatsnahen Eliten in Parteien, Verbänden und Bildungseinrichtungen mit oftmals illiberalen Mitteln vertreten und durchgesetzt wird. Der Liberalismus verteidigt somit nicht mehr Minderheiten gegen Mehrheiten. Vielmehr sind es Minderheiten – Politiker, Journalisten, Banker, Hochschullehrer, Gewerkschaftsführer –, die Mehrheiten erklären, was das Beste für sie sei. Durch die Verlagerung von immer mehr Entscheidungsgewalt auf nicht-politische Institutionen und Expertengremien haben liberale Parteien und ihre akademischen Trägergruppen die Wählerschaft der Möglichkeit zur Beteiligung beraubt. Und indem liberale Parteien den ökonomischen Sektor dereguliert und privatisiert haben, verhinderten sie demokratische Einflussnahme. Liberale haben ihr individualistisches Modell von Gesellschaft und ihre Sichtweise auf Geschichte, Kunst, Film und sogar ihre Vorstellungen von guter Ernährung und gesunder Lebensführung gesellschaftsweit durchgesetzt. Dies alles wäre vielleicht noch hinzunehmen, wenn nicht gleichzeitig sichtbar würde, dass dieselben Milieus, die für Offenheit und Toleranz eintreten, sich in exklusiven Enklaven hochpreisiger Stadtquartiere abschließen, ihre Kinder in exklusive Kindergärten und Schulen (mit einem geringen Migrantenanteil) schicken und sich durch kulturell avancierte Lebensstile nach unten abschließen. Damit praktizieren sie also das Gegenteil von Offenheit und nehmen den aufstrebenden Schichten obendrein die Möglichkeit der Teilhabe an den Segnungen der ›liberalen‹ Lebensformen.

Zweitens ist auch die *Fortschrittsidee* des Liberalismus aktuell rapiden Zerfallsprozessen ausgesetzt, da nur allzu sichtbar geworden ist, dass die imperiale Lebensweise, von der große Bevölkerungsmehrheiten der ehemaligen Kolonialmächte in der westlichen Welt jahrzehntelang profitiert haben, unter Bedingungen der Globalisierung an Grenzen stößt (vgl. Kapitel 6), da die in Drittweltländer externalisierten Risiken zunehmend in Form von Terror, Finanzkrisen und Flüchtlingsströmen auf ihre Erzeuger zurückschlagen. Darüber hinaus unterliegt die Fortschrittsidee auch im Inneren von Gesellschaften Erosionsprozessen: Konnte man den Horizont der Globalisierung bis in die Neunzigerjahre hinein noch mit den Vorstellungen von Fortschritt, Emanzipation und flächendeckendem Wohlstand verbinden, so hat die Explosion von Ungleichheiten diesen fortschreitend mit der Alternativlosigkeit des Profits für einige wenige verknüpft. Am Ende könnten sich allerdings auch die Bessergestellten als Zu-kurz-Gekommene der Globalisierung erweisen – einer Globalisierung, die mittlerweile, wie in Kapitel 1 und 2 gezeigt, für viele ihre Anziehungskraft verloren hat (Latour 2018).

Drittens erweist sich auch die Behauptung der Liberalen, das liberale Narrativ würde die Idee der Aufklärung und einen *unverstellten Zugang zur Wahrheit* verteidigen, während man den Populisten vorwirft, statistische Daten zu manipulieren und offensichtliche Wahrheiten zu ignorieren, angesichts der von ihnen selbst betriebenen Politik der Alternativlosigkeit als unglaubwürdig. Die liberalen Politiker der bürgerlichen

Parteien kultivieren ihre eigenen Formen der Postpolitik und des Postfaktischen, wenn sie die Sprache des *Marktes* zum einzigen Wahrheitsregime erheben. Und indem sie die Gefährdungen, die von den Folgen des Klimawandels, den Krisen- und Kriegsgebieten im Nahen Osten, dem demografischen Wandel und der Massenmigration sowie den eskalierenden Ungleichheiten ausgehen, weitgehend verleugnen, entziehen sie der politischen Gestaltung der Zukunft ihre Faktengrundlage. Während man weiterhin auf Sichtweite fährt, geraten die Folgen eines möglicherweise disruptiven Wandels immer weiter aus dem Blickfeld.

Entgegen dem liberalen Narrativ steht keine noch so gesicherte Erkenntnis für sich selbst. Ihre Ausdeutung ist stets standortgebunden und wird durch kulturelle Filter vermittelt. Vor diesem Hintergrund erscheint es sinnlos, sich über alternative Fakten zu mokieren, wenn deren Urheber faktisch in alternativen Welten leben. Für die Eliten westlicher Gesellschaften kam das Auftauchen ›postfaktischer Wahrheiten‹ und oppositioneller Sichtweisen überraschend. Aus Sicht der politischen Soziologie Pierre Bourdieus dagegen ist es nicht verwunderlich, denn Klassenkämpfe sind immer auch Kämpfe um ›Wahrheiten‹, d.h. um *Meinungsmonopole*. Oder, anders formuliert: Politische Oppositionen können nur dann wirksam werden, wenn sie nicht nur die herrschenden Mächte, sondern auch die herrschenden Weltsichten herausfordern.[1] Politische Subversion – das Wort ist hier sehr allgemein zu verstehen – setzt stets kognitive Subversion voraus.

IDEOLOGISCHE KÄMPFE SIND KLASSEN- UND MACHTKÄMPFE

Im Unterschied zum bloßen Konkurrenzkampf, der eine Übereinstimmung mit herrschenden Spielregeln und den durch sie etablierten kategorialen Bestimmungen der geltenden Sozialordnung voraussetzt, nimmt der *politische* – hier: der rechtspopulistische – Kampf durch den Bruch mit herrschenden Sichtweisen, d.h. durch eine »Konversion der Weltsicht« (Bourdieu 1990: 104), eine Abkehr von der hegemonialen Weltsicht

---

1 | Das Erklärungsmodell von Bourdieu verknüpft die Soziologie des politischen Feldes mit der Klassentheorie und soll im Folgenden auf die Frage nach der klassentheoretischen Fundierung der politischen Ideologie und der Wählerschaft des Rechtspopulismus angewendet werden (Bourdieu 1985, 1990).

vor. Diese richtet sich nicht nur gegen die etablierten Wahrheiten, sondern auch gegen die hegemonialen Positionen im Raum der Lebensstile. Die Vielfalt postmoderner Lebensformen soll durch bodenständige Bewertungsmaßstäbe, die sich am ›Normalen‹, dem ›gesunden Menschenverstand‹ und an Konventionen und Traditionen orientieren, außer Kraft gesetzt werden, um zur früheren Homogenität zurückzufinden. Gegen die Tendenz zur Aufweichung von Geschlechterdifferenzen beanspruchen sie, eine ›richtige Frau‹ oder ein ›ganzer Mann‹ zu sein, sie wollen ›gute Arbeit‹ leisten, ihre Kinder auf eine ›normale‹ Schule schicken und ›ganz normal‹ essen. Und sie behaupten, dass der ›Gendergaga‹, der ›Ernährungswahn‹ und die *political correctness* exzentrischer Unsinn seien (Hark/Villa 2015; Siri 2015).

Damit sind aber alle Voraussetzungen erfüllt, die nach dem Verständnis Bourdieus zu einem gesellschaftlichen Klassenkampf gehören. Bourdieus Klassenbegriff weist gegenüber der marxistischen Klassentheorie einige Besonderheiten auf. So reduziert Bourdieu Klassenkämpfe nicht auf ökonomische Verteilungskämpfe, sondern bezieht auch symbolische Konflikte um Anerkennung und soziale Abgrenzung mit ein. Ja, mehr noch: Der Verteilungskampf ist von einem symbolischen Kampf um die Ausdeutung und Gestaltung gesellschaftlicher Machtverhältnisse nach Bourdieu überhaupt nicht zu trennen, zumal soziale Klassen durch gemeinsame Lebensstile überhaupt nur in Erscheinung treten können. Deshalb ist die Auseinandersetzung um Geschmacks- und Lebensstilfragen stets auch eine politische Frage – auf dem Spiel steht die Durchsetzung der eigenen Lebensweise als die *eigentliche* Lebensweise, als die *legitime* Kultur (siehe dazu ausführlich auch den Konflikt um ›Heimat‹ in Kapitel 8).

Um einen symbolischen Machtkampf handelt es sich unzweifelhaft auch, wenn sich die Anhänger der AfD über exzentrische Lebensstile oder die ›Dekadenz der Eliten‹ mokieren. Damit arbeiten sie an der Delegitimierung kosmopolitischer Lebensstile und weisen den kulturellen Führungsanspruch der urban-akademischen Ober- und Mittelschicht zurück. Sollte es ihnen tatsächlich gelingen, *alternative* Lebensstile, Geschlechterbilder oder Bildungsvorstellungen gesamtgesellschaftlich durchzusetzen, würden damit automatisch auch ihre eigenen Interessen und Kompetenzen wieder besser zur Geltung kommen (Bourdieu 1990: 104). Bildlich gesprochen geht es den Oppositionellen darum, Bewertungsprinzipien durchzusetzen, die mit den eigenen Einsätzen und Trümpfen besser übereinstimmen.[2] Die Ablehnung von Kosmopolitismus, kultureller Vielfalt und ›Gender‹ stellen also nicht lediglich persönliche Lifestyle-Präferenzen, sondern *Einsätze im Klassenkampf* dar.

Die hier skizzierten Kulturkämpfe finden nicht nur im öffentlichen Raum als Kämpfe um die Legitimität von Lebensstilen und Weltanschauungen statt; vielmehr vollziehen sie sich, wie schon in Kapitel 3 gezeigt, in allen gesellschaftlichen Teilbereichen, etwa im Bildungs- und Erziehungssystem wie auch in Kunst, Wissenschaft und Wirtschaft, als Kämpfe um legitime Einsätze, d.h. um Trumpfkarten, durch die feldspezifische Rangordnungen festgelegt werden (Müller 2014: 144). Das politische Feld nimmt jedoch insofern eine Sonderstellung ein, als es den anderen Feldern übergeordnet ist, unterschiedliche Konfliktlinien bündelt und gleichsam einen gesamtgesellschaftlichen Wahrheitsraum konstituiert. Das hat mit dem Gegenstand, um den es geht, zu tun: der Politik. Diese ist »ein Kampf um die Durchsetzung eines legitimen Prinzips der Anschauung und Einteilung, das als vorherrschend und als verdientermaßen vorherrschend anerkannt wird, also ausgestattet mit symbolischer Macht« (Bourdieu 2010: 280). Prosaischer formuliert: Im politischen Feld geht es um die Durchsetzung öffentlicher Wahrheiten und allgemeingültiger Gesellschaftsbilder. Es geht also um nichts weniger als um die Frage, was in der Gesellschaft überhaupt als ›die objektive Realität‹ aufgefasst werden soll.

Das Postfaktische als subversive Häresie

Nur weil Wahrheiten stets umstritten und umkämpft sind, konnte der durch Donald Trump öffentlichkeitswirksam in Szene gesetzte Streit um das ›Postfaktische‹ eine frappierend große Wirkung entfalten. Oftmals wird behauptet, Trump sei es dabei um die Verbreitung von Unwahrhei-

---

2 | Dass es dabei um Deutungshoheiten und Spieleinsätze in *allen* gesellschaftlichen Bereichen geht, zeigt sich im gegenwärtigen Rechtspopulismus etwa daran, dass Rechtspopulisten häretische Sichtweisen nicht nur im Feld von Medien und Öffentlichkeit, sondern in unterschiedlichen Feldern, etwa im Feld der Wissenschaft (Anti-Genderismus), im Feld der Wirtschaftspolitik (Kritik an Globalisierung und Europapolitik) und schließlich auch im Bereich der Alltagskultur (Heimat, konservative Werte) geltend machen.

ten oder um bewusste Falschaussagen oder Täuschungen gegangen. Das ist allerdings kaum plausibel, da ja für alle nur zu offenkundig ist, dass es sich dabei um Falschaussagen handelt. Sehr viel überzeugender ist dagegen die Analyse, die Silke van Dyk (2017) vorgelegt hat. Demnach ist die durch den US-Präsidenten laufende Produktion von Falschaussagen weder Irrtum noch Täuschung oder Lüge, sondern dient dazu, die Spielregeln der öffentlichen Meinung neu zu bestimmen (Dyk 2017: 355). Es geht um die Etablierung eines neuen Wahrheitsspiels, das den Unterschied zwischen *Fakten* und *Meinungen* verwischt. Selbstverständlich ist das System Trump nicht in dem Sinne erfolgreich, dass das neue Wahrheitsspiel zu einer fraglosen Selbstverständlichkeit würde. Was sich aber darin widerspiegelt, ist die Fragilität der hegemonialen Wirklichkeitssicht, da sich eine große Zahl von Menschen offenkundig keineswegs davon abschrecken lässt, dass der von ihnen unterstützte Politiker – aus Sicht der tonangebenden Schichten – nachweislich Falsches behauptet. Es handelt sich vielmehr um einen Mechanismus der politischen Subversion, der unter Berufung auf das demokratische Prinzip der Meinungsfreiheit die bisherigen Wahrheitsprinzipien für ungültig erklärt, um eine primär auf Wissenschaft und Expertenwissen gestützte öffentliche Meinung zugunsten von ›gefühlten‹ oder ›gehörten‹ Wahrheiten zu untergraben.[3]

Im Wahrheitsspiel des Systems Trump zeigt sich somit das für politische Kämpfe charakteristische Prinzip der *subversiven Häresie*. Wer herrschende Sichtweisen und Spielregeln angreift, de-naturalisiert die soziale Ordnung und entzieht gesellschaftlichen Kräfte- und Herrschaftsverhältnissen ihre Selbstverständlichkeit. Implizit richtet sich das System Trump damit auch gegen die liberalen Spielarten der Postpolitik, die durch Berufung auf politikfernes Expertenwissen Entscheidungen demokratischen Prozessen entziehen und den kosmopolitisch-akademischen Mittelschichten überproportional viel Macht in die Hand geben, während sie anderen Milieus politische Macht und Urteilskraft entziehen (siehe Kapitel 2). Angegriffen wird somit nicht nur die herrschende Weltsicht,

---

3 | So konstatiert Silke van Dyk: »Wenn Trump spekuliert, dass die Arbeitslosigkeit in den USA bei 42 Prozent liegen könnte und dass er diese Meinung gehört habe, dann kritisiert er die offizielle Zahl von 5,3 Prozent nicht etwa mit Blick auf problematische Erhebungsmethoden, sondern er stellt der Zahl eine Meinung gegenüber. Diese Trennlinie zu verwischen, ist [...] die gegenwärtig vielleicht entscheidendste Form der Lüge.« (van Dyk 2017: 354)

sondern auch die Funktion von Wissenschaft als »regulatory science« (Gauchat 2012: 171), die an die Stelle demokratischer Aushandlungsprozesse und Kämpfe getreten ist.

DIE MOBILISIERUNG VON KOALITIONEN

Politische Kämpfe erschöpfen sich nach Bourdieu allerdings nicht in kognitiver und politischer Häresie. Sie sind nur dann wirksam, wenn sie Koalitionen zwischen unterschiedlichen Klassenfraktionen stiften, wenn sie also unterschiedlichen, aber strukturell verwandten Gruppen, die kein Wissen über ihre Gemeinsamkeiten haben, auch eine subjektive, für die beteiligten Akteure wahrnehmbare Realität geben und sie dadurch überhaupt erst als politisch handlungs- und konfliktfähige Aktionsgemeinschaft ins Leben rufen (Bourdieu 1985, 1990). Politische Kämpfe sind somit ein Mittel, aus einer ›Klasse-an-sich‹ eine ›Klasse-für-sich‹, d.h. eine mobilisierte Klasse, werden zu lassen (Bourdieu 1998: 25 f.). Diese mobilisierte Klasse ist das Ergebnis eines symbolischen Kampfes um die Durchsetzung einer Sichtweise der sozialen Welt, welche liberalistische Sichtweisen und folglich die Dominanz der kosmopolitischen Klassenfraktionen aus Mittel- und Oberschicht in Frage stellt.

Damit eine solche Mobilisierung aber überhaupt gelingen kann, müssen drei Voraussetzungen erfüllt sein: Erstens müssen im Feld der ideologischen bzw. kulturellen Produktion *Häresien*, also oppositionelle Ideologien und Weltsichten, etabliert werden, welche die herrschende Moral, die geltenden Spielregeln und Sichtweisen ihrer Selbstverständlichkeit entkleiden und öffentlich in Frage stellen. Zweitens müssen die jeweiligen oppositionellen Ideologien und Weltsichten eine *allgemeine symbolische Klammer* darstellen, die an die lebensweltlichen Sichtweisen und Alltagskulturen verschiedener Milieus anknüpfen können. Politische Gefolgschaft ist keine in vollem Umfang bewusste Entscheidung, sondern knüpft an vorpolitische Einstellungen und Weltbilder an, die durch den Habitus, der »strukturierten und selbst strukturierenden Struktur« (Bourdieu 1982: 277) sozial erworbener Wahrnehmungs-, Deutungs- und Handlungsregeln, im Subjekt befestigt werden. Ideologien müssen somit einen Widerhall im Habitus *unterschiedlicher* zu mobilisierender Gruppen aufweisen. Drittens müssen die unterschiedlichen beteiligten Gruppen durch ein Verhältnis der *strukturellen Homologie*, d.h. durch eine Vergleichbarkeit ihrer Situation, im Sozialraum aufeinander bezogen sein. Beispielsweise können die durch die Wende enttäuschten Bürger Dresdens mit den ›zurückgefallenen‹ Milieus in den deindustrialisierten Peripherien Ost- und Westdeutschlands und den ›Wutbürgern‹ aus der Stuttgarter Oberschicht gemeinsame Schicksale an sich entdecken, die durch öffentliche Demonstrationen wie die Montagsdemonstrationen von PEGIDA wahrnehmbar werden. Das bedeutet, dass politische Parteien in der Regel nicht eine einzige, sondern Fraktionen aus unterschiedlichen Klassen repräsentieren, die untereinander Ähnlichkeiten aufweisen, deren gemeinsames Bewusstsein allerdings erst durch eine politische Bewegung ins Leben gerufen werden kann (vgl. ebd.: 719).

DIE AfD ALS IDEOLOGISCHES SAMMELBECKEN FÜR HÄRESIEN

Daran anknüpfend stellen sich folgende Fragen: Welche Klassenfraktionen werden durch den Rechtspopulismus mobilisiert? In welchen ähnlichen Stellungen (zu den jeweils herrschenden Fraktionen) befinden sich diese? Und durch welche übergreifende diskursive Klammer gelingt es dem Rechtspopulismus, die unterschiedlichen Klassenfraktionen zu mobilisieren und an ihr gemeinsames Bewusstsein zu appellieren?

Wie in Kapitel 3 dargestellt, stellt die Anhängerschaft der AfD kein einheitliches Milieu dar, sondern umfasst Wählergruppen mit unterschiedlichen Einkommensniveaus und Bildungshintergründen sowie unterschiedlichen Beweggründen. In der AfD finden sich die Protestwähler, die ihrer Partei einen Denkzettel verpassen wollen. Dies sind wertkonservative, traditionalistische Wähler, denen die Unionsparteien nicht mehr konservativ genug sind und die in der liberalen, postindustriellen Gesellschaft keine politische Heimat mehr finden. Genauso gehören auch rechtsradikale Gruppen zur Wählerschaft. Auch hinsichtlich der Motive unterscheiden sich die Wählergruppen. Nationalkonservativ gesinnte Mittelschichtseliten und ›Wutbürger‹ gehen mit Globalisierungsverlierern und deklassierten Milieus, etwa den ›Zurückgebliebenen‹ in den deindustrialisierten Regionen Ostdeutschlands und Nordrhein-Westfalens, eine politische Koalition ein.

Auch die politische Programmatik der AfD und ihre diskursiven Resonanzräume sind breit gefächert. Die Dynamik lässt sich zunächst am programmatischen Wandel der AfD festmachen, die ursprünglich im Kontext der Eurokrise als wirtschaftsliberale Partei auftrat, sich inzwischen aber neben ihren globalisierungs- und identitätspolitischen Kernthemen auch sozialpolitischen Themen zugewendet hat und sogar die teilweise Rückabwicklung der Agenda-Reformen fordert (Manow 2018). Zudem weist die AfD sowohl radikale als auch gemäßigtere Flügel auf. Zwar dominiert in der Öffentlichkeit der Eindruck, die AfD hätte sich zunehmend in eine völkisch-radikale Richtung entwickelt, gleichzeitig haben in den Parteiämtern die Gemäßigten die Mehrheit. Dadurch gibt sich die AfD den Anschein einer breit aufgestellten Volkspartei (Koppetsch 2017a).[4]

Auffällig ist zudem die Herausbildung und wachsende Sichtbarkeit einer breiten zivilgesellschaftlichen rechtspopulistischen Bewegung, die personelle und thematische Verflechtungen bürgerlich-konservativer, rechtspopulistischer, nationalkonservativer und tendenziell rechtsradikaler Akteure und Gruppierungen aufweist. Zu einigen ihrer wichtigsten Überzeugungen bekennen sich neuerdings auch prominente Intellektuelle und Schriftsteller wie Uwe Tellkamp, Rüdiger Safranski, Norbert Bolz oder Martin Walser.

Zu den auffälligsten, allerdings keineswegs wichtigsten Stichwortgebern des Rechtspopulismus gehört schließlich die in Deutschland lange Zeit in Vergessenheit geratene rechtskonservative Bewegung der Neuen Rechten. Diese hat in Deutschland nach 1945 ein Nischendasein geführt und sieht sich seit PEGIDA und dem Aufstieg der AfD gerne in der Rolle der intellektuellen Wortführerin innerhalb des rechten Spektrums, wird von den offiziellen Vertretern der AfD aufgrund ihrer protofaschistischen Ausrichtung jedoch eher abgelehnt. Die Ursprünge der Neuen Rechten, deren Netzwerke, Institutionen und Aktivitäten der Publizist Volker Weiß (2017) in einer archäologischen Studie minutiös nachgezeichnet hat, reichen historisch bis auf die Zeit nach dem Zweiten Weltkrieg zurück und knüpfen an das protofaschistische Theorienkonglomerat der sogenannten *Konservativen Revolution* in der Weimarer Republik

---

4 | Die politische Bandbreite der AfD kommt auch in beträchtlichen Wählerwanderungen aus CDU/CSU, der SPD und der Linken in die AfD zum Ausdruck, die zeigen, dass die AfD neben konservativen Wählern aus CDU/CSU auch gewerkschaftsnahe Wählermilieus aus der SPD und vor allem auch ehemalige Linkswähler abgezogen hat (Vehrkamp/Wegschaider 2017).

an.⁵ In den 1970er- und 1980er-Jahren beschränkte sich die Neue Rechte zunächst auf ein ›metapolitisches‹ Konzept: Es ging ihr dabei nicht darum, rechtes Gedankengut direkt in den politischen Raum einzubringen oder sich parteipolitisch zu betätigen, sondern darum, politische Hegemonie durch Beeinflussung kultureller Eliten zu erreichen, zu denen sie sich selbst zählt. Das Ziel war, durch ›Herrschaft über die Köpfe‹ ›intellektuelle Macht‹ zu erlangen.

Ab den Neunzigerjahren verstärkten sich die Bemühungen durch die Gründung von Zeitschriften und Think Tanks. Die Redakteure Karlheinz Weißmann und Götz Kubitschek riefen im Jahr 2000 das neurechte *Institut für Staatspolitik* und die dazugehörige Monatszeitschrift *Sezession* ins Leben. Der Verlag *Antaios* wurde gegründet und im Jahr 2004 erschien die erste Ausgabe der von Felix Menzel gegründeten Zeitschrift *Blaue Narzisse*. Die Terroranschläge des 11. September 2001 stellten einen weiteren Wendepunkt in der Phase der politischen Neuorientierung dar, da sie Anlass boten, eine neue Diskursoffensive zu starten und völkisch-nationalistisches Denken gesamtgesellschaftlich relevant zu machen (Bruns et al. 2016: 32 ff.). Die wissenschaftliche Grundlage dieses Entwurfs bildete dabei zunächst ein rassistisch-biologisches Welt- und Menschenbild, das von der angeborenen und daher nicht aufhebbaren Ungleichheit bzw. von ›Intelligenzunterschieden‹ unterschiedlicher ›Rassen‹ und Völker ausgeht (Weber 1997: 26). Über eine Phase des wissenschaftlich begründeten Rassismus in den 60er- und 70er-Jahren, in der IQ-Forschung, Eugenik und Biopolitik einen wichtigen Stellenwert einnahmen, kam es in den Achtzigerjahren zur Entwicklung der Konzeption des *Ethnopluralis-*

---

5 | Nach 1945 war die »Konservative Revolution«, ein von Armin Mohler 1950 geprägter Sammelbegriff für alle Akteure, die antiegalitäre und antiliberale Weltanschauungen verkörperten und die Verfassung der Weimarer Republik ablehnten, weitgehend diskreditiert. Durch eine Auffrischung des Vokabulars schaffte es die Nouvelle Droite in Frankreich, diesen Begriff ab 1968 wieder salonfähig zu machen. Auf diese Weise gelangte sie als Re-Import an die Neue Rechte in Deutschland. Diese war in Deutschland bis in die Neunzigerjahre allerdings noch wesentlich enger mit der bürgerlichen Rechten verbandelt als heute, doch meldeten sich im Gravitationsfeld der im Verbindungsmilieu angesiedelten »Jungen Freiheit« schon damals radikalere Gruppierungen zu Wort, die sich vor allem gegen die »Neuen Linken«, d. h. die Ideen von 1968 und den wachsenden Einfluss der Grünen und der Kultur der Postmoderne richteten.

mus, mit dessen Hilfe der Rassismus ent-naturalisiert und die Bedeutung der Kulturen, bzw. deren Recht, ihre jeweilige Identität zu bewahren, hervorgehoben werden soll, wobei der Kulturbegriff selbst wieder naturalistisch gefasst wird (Weber 1997: 33).

Die Menschheit sei demnach die »Gesamtheit der Kulturen und Volksgemeinschaften«, die jeweils ein Recht darauf hätten, ihre ethnisch-kulturelle Eigenheit, ihre »Volksseele« zu bewahren und zu verteidigen (de Benoist 1985: 113). Demnach seien alle Volksgemeinschaften und Kulturen als gleichwertig zu verstehen, problematisch sei lediglich deren Vermischung, da die jeweiligen Vorzüge einer Volksgemeinschaft dadurch verloren gehen würden. Im Unterschied zur rassistischen Variante wird die ethnopluralistische Sichtweise von der Mehrheit der AfD-Wähler geteilt. Ebenso teilen die meisten Anhänger ein konservatives Menschenbild, das die Notwendigkeit der Einbindung des Einzelnen in starke Strukturen, Gemeinschaften und gesellschaftliche Hierarchie betont. Während liberale Gesellschaftsnarrative die Gesellschaftsordnung auf die Souveränität und Autonomie von Subjekten gründen wollen (Weber 1997: 38f.), teilt die Mehrheit der AfD-Wähler die »illusionslose Anthropologie« Arnold Gehlens, wonach der Mensch ein »seiner Natur nach riskiertes und unstabiles, affektüberlastetes Wesen sei« (Gehlen 1986: 71) und nur durch Einbindung in ein ›organisches‹ Ganzes Identität und Schutz erlangen könne. Dabei komme der Kultur als der eigentlichen, der ›zweiten Natur‹ des Menschen, von der sich der Einzelne nur schwer emanzipieren könne, die Funktion der Stabilisierung zu. Der Mensch wird daher auch nicht als autonom und frei handelndes und mit unveräußerlichen Rechten ausgestattetes Individuum, sondern letztlich nur als Teil der Gemeinschaft betrachtet.

Bislang verstreute Akteure und Bewegungsmilieus haben somit unter dem Dach des Rechtspopulismus zu einer politischen Kampf-Vergemeinschaftung zusammengefunden und decken dabei ein thematisch breit gefächertes Profil ab, angefangen vom Protest gegen ›den Islam‹ und ›die Flüchtlinge‹ über die Ablehnung einer liberalen Europapolitik bis hin zum Protest gegen liberale Aufklärungs- und Sexualpolitik. Dabei können auch politisch weniger eindeutig positionierte Gruppen, wie etwa Burschenschaften und evangelikale Gruppen, über Themen wie sexuelle Vielfalt, sexuelle Früherziehung, die Homo-Ehe, negative Migrationsfolgen und Islamkritik mobilisiert werden (Siri 2015). Die Akteure des publizistischen Arms der Neuen Rechten (wie etwa *Sezession* oder *Junge Frei-*

heit) fungieren dabei als intellektuelle Stichwortgeber (Kemper 2014: 18 f., 33 ff.). Die Bewegung der »Identitären« schließlich bedient sich moderner Kommunikationstechnologien und der ästhetischen Mittel der Popkultur zur Attraktion eines jüngeren Publikums durch das Internet, etwa über Twitter (Bruns et al. 2016: 11).

Allerdings stimmen nicht alle der hier skizzierten Milieus und Akteure in ihren Weltsichten und politischen Überzeugungen überein; zum Teil gibt es beträchtliche Unterschiede zwischen rechtsradikalen, rechtskonservativen, rechtsnationalen und eher populistischen Anhängern, wobei die als gemäßigt konservativ auftretenden Realos in Opposition zu den radikaleren, zumeist PEGIDA-nahen Fundamentalisten treten. Die meisten AfD-Anhänger distanzieren sich von dem in der Öffentlichkeit besonders sichtbaren rechtsextremen Rand, da sie nicht offen rassistisch oder antisemitisch auftreten wollen (Jörke/Selk 2017) und von sich angeben, der sozialstrukturellen und politischen Mitte anzugehören (Küpper et al. 2015).

ISLAM- UND MIGRATIONSTHEMA ALS ›ALLGEMEINE SYMBOLISCHE KLAMMER‹

Ungeachtet der enormen Vielfalt der Themen stellt die *Islam- und Migrationskritik* das wichtigste Mobilisierungsthema und die *übergreifende Klammer* in der politischen Ideologie des Rechtspopulismus dar. Die Relevanz dieses Themas als Schlüsselnarrativ zeigt sich zum Beispiel in der enormen Wirkung Thilo Sarrazins auf der Bühne gesellschaftlicher Selbstverständigung. Sarrazin hatte sich mit der 2010 erschienenen Schrift »Deutschland schafft sich ab« zum offensiven Sprachrohr einer bis dahin eher im Untergrund gärenden Ablehnung von Migration und Einwanderungspolitik gemacht (Weiß 2011), indem er ein auf völkischen Ideen basierendes Gesellschaftsbild der Bundesrepublik in Gestalt einer modernen Zeitdiagnose präsentierte. Darin ging es um die Folgen, die sich nach Ansicht Sarrazins für Deutschland aus dem Geburtenrückgang, einer wachsenden Unterschicht und der Zuwanderung aus überwiegend muslimischen Ländern ergeben würden. Damit wurde eine neue Ära rechten Denkens und rechtspopulistischer ›Tabubrüche‹ im öffentlichen Diskurs eingeleitet.

Die Debatte enthüllte, dass die Topoi, auf die sich auch der gegenwärtige Rechtspopulismus wesentlich stützt, auch in arrivierten Kreisen und bei Besserverdienenden und Höhergebildeten zu finden sind.[6] Durch seine zahllosen Auftritte und Publikationen der letzten Jahre ist Sarrazin organisatorisch mittlerweile fest in die Strukturen der Neuen Rechten eingebunden. In eine politische Protestbewegung mündeten diese Entwicklungen allerdings erst mit den »Montagsdemonstrationen« von PEGIDA im Dezember 2014. Der Aufhänger, gleichsam das populistische Moment, war die ›Flüchtlingskrise‹, die im Sommer 2015 ihren Anfang nahm und den Zorn größerer Teile der Bevölkerung entfachte. Es kam zu einer breitenwirksamen Verstärkung der Kritik an ›dem Islam‹ und an der Zuwanderung überhaupt, wodurch die verschiedenen, gleichsam in Wartestellung stehenden Akteure und Bewegungen des rechten Spektrums sich ineinander verzahnen und im politischen Raum wirksam werden konnten. Waren Migrations- und Islamkritik bis zu diesem Zeitpunkt lediglich Einzelansichten verstreuter Akteure und weltanschaulicher Gruppen gewesen, so hauchte PEGIDA diesen nun ein gemeinsames politisches Bewusstsein ein.

Die AfD will nun dem Konglomerat disparater Akteure eine demokratische Verankerung bieten. Dass sie von vielen Wählern tatsächlich als eine solche wahrgenommen wird, zeigt sich etwa daran, dass die Wähler der AfD sich selbst zumeist nicht als ›rechts‹ einstufen, sondern sich der sozialen und politischen Mitte zugehörig fühlen (Zick/Klein 2014). Am Ende hat sich eine funktionierende Arbeitsteilung etabliert: Die Parteiorganisation etabliert die unterschiedlichen Gruppen im rechten

---

6 | Eine von der *Gesellschaft für Konsumforschung* durchgeführte repräsentative Studie zur Käuferschaft der Schrift stellt fest, dass gerade nicht die Arbeiterschicht oder die Menschen in sogenannter ›einfacher Lage‹ das Buch gekauft haben, sondern in erster Linie die Besserverdienenden und Menschen mit überdurchschnittlicher Bildung (Kniebe 2011). Zu den Käufern gehören mehr Männer als Frauen, die über 60-Jährigen sind überproportional vertreten, ebenso die Altersgruppen der 20- bis 29-Jährigen, die sich am Berufsstart befinden. Vor allem Aufsteiger und Leistungsorientierte finden sich unter der Käuferschaft. Denn die Mehrheit (74 Prozent) gibt an, dass in ihrem Leben »beruflicher Erfolg an erster Stelle« stehe. Die Aussage »Ich gehe gerne Risiken ein« wird hingegen von 60 Prozent der Sarrazin-Leser verneint. Es handelt sich bei den Sarrazin-Lesern also um ein Publikum, das der gehobenen Mittelschicht angehört.

Spektrum im parlamentarischen System und versieht sie mit demokratischer Legitimität, während die zivilgesellschaftlichen Gruppierungen Rechtspopulismus auf der Straße, im Netz und in den diversen Vereinen verankern. Und populistische Medienakteure, wie Thilo Sarrazin, Akif Pirinçci, Eva Herrmann oder Andreas Gablier ziehen mit Rechtsintellektuellen um Kubitzek wie auch mit eher gemäßigten, wertkonservativen Gruppen, Institutionen und Verlagen, die keine Berührungsängste mit dem Rechten haben, an einem politischen Strang.

OBEN, MITTE, UNTEN: MILIEUS DER ANHÄNGERSCHAFT IM SPIEGEL DER ISLAM- UND MIGRATIONSKRITIK

Die Islam- und Migrationspolitik stellt ein Schlüsselthema im politischen Narrativ des Rechtspopulismus dar und wird von allen seinen politischen Lagern und Anhängern geteilt (Inglehart/Norris 2016; Schwarzbözel/Fatke 2016). Sie fungiert mithin als Integrationsideologie, durch die ganz unterschiedliche politische Interessen mobilisiert werden können. Das bedeutet allerdings nicht, dass sie in jeder Anhängergruppe dieselbe Funktion hat. Ihr Vorzug besteht vielmehr darin, auf hoch emotionale Weise diverse Topoi zu adressieren: die Verteidigung der ›eigenen Kultur‹ bzw. der westlichen Hegemonie, die Stärkung gesellschaftlicher Solidarität gegen die globale Marktkultur sowie Privilegien- und Machterhalt etablierter gegenüber zugewanderten Gruppen. Dadurch wird das Narrativ der Rechtspopulisten bei unterschiedlichen politischen Strömungen anschlussfähig.

Eine Bestandsaufnahme milieuspezifischer Narrative zeigt, dass die Islam- und Migrationskritik je nach mobilisierter Klassenfraktion in unterschiedliche politische Konfliktlinien eingebunden ist. Wenn man die Rolle des Migrationsthemas in den politischen Narrativen unterschiedlicher Milieus vergleicht (hier anhand dreier sozialstruktureller Gruppen, aus denen sich nach Michael Vester [2017] die Anhänger des Rechtspopulismus schwerpunktmäßig rekrutieren), zeigen sich systematische Unterschiede zwischen drei Milieus: der konservativen Oberschicht, dem strukturbenachteiligten Milieu der traditionellen Mittelschicht sowie dem autoritären Milieu der prekären Unterschicht. Selbstverständlich ist mit der folgenden Skizze kein Anspruch auf Vollständigkeit verbunden, vielmehr geht es um eine vorläufige Bestandsaufnahme klassenspezifischer Mobilisierungsgrundlagen.[7]

Die *konservative Oberschicht* verbindet mit der Ausgrenzung von muslimischen Migranten und Geflüchteten zumeist weniger rassistische als vielmehr wohlstandschauvinistische Positionen, denen eine spezifische Funktion im symbolischen Klassenkampf zukommt, der hier in Gestalt *naturalisierender Festschreibungen sozialer Hierarchien* geführt wird. So glaubt eine große Mehrheit dieses Milieus, dass Deutschland ein reiches Land sei, weil Deutsche gleichsam ›von Natur aus‹ fleißiger und tüchtiger als andere seien, weshalb Ausländer zwar nicht völlig ausgegrenzt, aber mit erheblich geringeren Rechten ausgestattet werden sollten (Vester 2017: 13). Die Funktion, die diese kategoriale Herabstufung für die gesellschaftliche Positionierung dieser Klassenfraktion hat, erschließt sich, wenn man das Gesellschaftsbild von Thilo Sarrazin, das ebenfalls der konservativen Oberschicht zugeordnet werden kann, genauer auf seine Funktionen im Kontext symbolischer Klassenkämpfe betrachtet.

Sarrazin kann als ein Diskursbeispiel für eine Politik der Naturalisierung von Klassenunterschieden gelesen werden. In »Deutschland schafft sich ab« prognostiziert er eine abnehmende Produktivität und Leistungsfähigkeit Deutschlands, da überdurchschnittlich viele Kinder in bildungsfernen Schichten mit vermeintlich unterdurchschnittlicher Intelligenz aufwüchsen. Sarrazin sieht in erster Linie Erbfaktoren, d. h. eine erblich verankerte unterdurchschnittliche Intelligenz, als Ursache für die Schwierigkeiten unterprivilegierter Kinder, insbesondere der Nachkommen türkischer Migranten, im Schulsystem. Er leugnet nicht die Möglichkeit sozialer Aufstiege von Muslimen, doch sieht er deren Wahrscheinlichkeit aufgrund ihres angeblich erblich bedingten Mangels an Begabungen als gering an. Sarrazin vertritt ein Gesellschaftsbild, in dem Klassenhierarchien genetisch festgeschrieben scheinen.

---

7 | Da bislang keine expliziten Milieustudien zu Lebensformen und Sichtweisen rechtspopulistischer Gruppierungen vorliegen, kann dieser Zusammenhang hier nur annäherungsweise rekonstruiert werden. Dazu greife ich auf unterschiedliche Materialien, wie etwa verschiedene Buchpublikationen aus rechten und rechtspopulistischen Verlagen (*Antaios, Manuskriptum*), Äußerungen in Öffentlichkeit und Medien, Aussagen von Politikern sowie auf eine eigene Rekonstruktion symbolischer Auseinandersetzungen am Beispiel klassenspezifischer Vorstellungen von ›Heimat‹ (Koppetsch 2017c; siehe auch Kapitel 8) zurück.

4. Herrschaftskonflikte 139

Eine ganz analoge Funktion erfüllt die rechtspopulistische Polemik gegen ›Gender‹ bei der Festschreibung von Hierarchien im Geschlechterverhältnis. Denn es ist sicherlich kein Zufall, dass sich die derzeitigen ideologischen Auseinandersetzungen im ›Raum der Wahrheiten‹ am Geschlechterverhältnis entzünden. In allen Gesellschaften stellt das Geschlechterverhältnis das Paradigma sozialer Klassifikation und mithin die Ur-Matrix sozialer Unterscheidungen und kategorialer Sinngebungsprinzipien dar. Während Kosmopoliten Grenzaufweichungen und Mobilitätsprozesse zwischen *allen* Identitäten ermutigen und die Erweiterung des Klassifikationsschemas auf mehr als zwei Geschlechter vor dem Hintergrund dieses Denkens nur konsequent erscheint, wird seitens der Anhänger des Rechtspopulismus die Anerkennung *eindeutiger*, biologisch fundierter binärer Geschlechterkategorien gefordert. Alles davon Abweichende wird in Frotzeleien über ›Gendertoiletten‹, ›Transgender‹ und ›Genderismus‹ lächerlich gemacht. Zwar wird der Grundsatz der Gleichberechtigung der Geschlechter in diesen Debatten nicht angetastet, doch wird die ›Natürlichkeit‹ von Geschlechterunterschieden gegen anderslautende sozialwissenschaftliche Sichtweisen hervorgehoben.

Beide Diskurse, die Behauptung naturgegebener Geschlechtsunterschiede und die Behauptung der Erblichkeit von Intelligenzunterschieden, zielen auf die Festschreibung sozialer Hierarchien. Die Diskurse können als Abwehrreaktion gegen Mobilitätsprozesse jeglicher Art – angefangen von Migration über soziale Mobilität bis hin zur Transgender-Mobilität zwischen ›biologischen‹ Geschlechtern – verstanden werden (von Braun 2017). Seitens der Protagonisten rechtskonservativer Gesellschaftsbilder wird behauptet, dass soziale Mobilität vergeblich sei, weil aufgrund kategorialer Unterschiede immer schon feststehe, welche soziale Position ein Individuum einnimmt. Die konservative Oberschicht forciert im Diskurs um Anti-Islam und Anti-Genderismus somit eine Form der symbolischen Selbstbehauptung, die in der radikalen Verteidigung sozialer Hierarchien und sozialer Privilegien besteht, die zum Schutze der nationalen Hegemonie verteidigt werden müssten. Privilegienerhalt etablierter, aber zunehmend bedrohter Gruppen und die Verteidigung nationaler Hegemonie werden im Diskurs der Oberschicht aneinander gekoppelt.

Eine ganz andere Bedeutung kommt dem Topos der Islam- und Migrationskritik bei den beiden strukturbenachteiligten Milieus, dem Milieu der *traditionellen Mittelschicht* und dem *prekären* Milieu, zu. In diesen

Milieus übernimmt die Islam- und Migrationskritik die Funktion, eine identitätsstiftende Gemeinschaft (›das Volk‹) gegenüber Außenseitern zu verteidigen. Diese Konstruktion stützt sich auf die Leitdifferenz zwischen einem ›authentischen‹, als homogen gedachten Volk und den Zugewanderten und folgt der kompensatorischen Logik der Wiederaufrichtung des Selbstbildes. Dies erfolgt im Stile einer Etablierten/Außenseiter-Polarisierung (Koppetsch 2017b), d.h. durch die Konstruktion von Außenseitergruppen, deren Machtunterlegenheit im Dienste des Gruppencharismas stabilisiert werden soll (Elias/Scotson 1990).

Die beiden Milieus unterscheiden sich jedoch hinsichtlich ihrer klassenpolitischen Strategien, innerhalb derer die Ab- und Ausgrenzungsthematik gegenüber Migranten und Geflüchteten jeweils relevant wird. Im Zentrum der Abgrenzungspolitik der traditionellen Mittelschicht steht die Wiederherstellung des *kulturellen Allgemeinvertretungsanspruchs*. Aus Sicht der Angehörigen dieser Schicht stehen die für sie charakteristische Moral der ›anständigen Leute‹ und ihre Lebensführung – orientiert an Konventionen und am imaginären ›nivellierten Mittelstand‹ – für die Werte und Interessen der Gesamtbevölkerung (›des Volkes‹). Sie gelte es gegenüber Außenseitern, aber auch gegenüber exzentrischen Vorstellungen des ›Establishments‹, das nicht mehr die gesellschaftliche Mehrheit vertrete, zu verteidigen. Durch die Suggestion einer kulturellen Einheitlichkeit nationaler Werte und Lebensformen wird eine Gleichsetzung der eigenen Klassenkultur mit der Nationalkultur vorgenommen; die eigenen Werte werden als allgemein anerkannte Moralvorstellungen (Anstand, Aufrichtigkeit, Bescheidenheit, ›gesunder Menschenverstand‹, Orientierung an Konventionen und ›Normalität‹) ausgegeben und gegen die hegemoniale Kultur der postindustriell-akademischen Mittelklasse und die Kultur des Fremden (also die Außenseiter) verteidigt.

Für die *prekären Milieus* stehen im Kontrast dazu nicht kulturelle Geltungsansprüche im Vordergrund, die es zu verteidigen gälte, sondern *Verteilungskonflikte zwischen den Alteingesessenen und den Zugewanderten*. Die Zugewanderten stellen innerhalb der Lebenswelten dieses Milieus interdependente Gruppen dar und werden als Konkurrenten um begehrte Güter, um gesellschaftliche Machtpositionen, Arbeitsplätze, Wohnraum, Sozialleistungen, staatliche Zuwendungen und nicht zuletzt um Heiratspartner wahrgenommen. Diese Konkurrenzsituation entspringt einer tatsächlichen gemeinsamen sozialen Lage. Die prekären Milieus bewohnen gemeinsam mit den Migranten aus den ärmeren Regionen der Schwellenländer oder des globalen Südens oftmals einen gemeinsamen Lebensraum, wie sich in multiethnischen Stadtquartieren, Belegschaften, Schulen und Freizeiteinrichtungen dokumentieren lässt (Sauer et al. 2018).

Die sozialräumliche Vermischung ist allerdings keine Bedingung für *soziale Interdependenzbeziehungen* zwischen autochthoner und migrantischer Bevölkerung. So wird der Zuzug von Geflüchteten selbst in Regionen mit geringem Anteil von Asylsuchenden, wie etwa in strukturbenachteiligten Regionen Deutschlands, oftmals als Bedrohung wahrgenommen, weil diese als Konkurrenten um knapp gehaltene staatliche Transferleistungen wahrgenommen werden. Hier gewinnt die Frage, wer überhaupt ›dazugehört‹, also wer zum Empfang staatlicher Unterstützung berechtigt ist, eine zentrale Bedeutung. Auch der Zugang zu günstigem Wohnraum und Arbeitsplätzen soll aus der Sicht der Eigengruppe primär den Alteingesessenen vorbehalten bleiben. Die bloße Möglichkeit, die Zugewanderten könnten als ›unberechtigte‹ Empfänger von öffentlichen Geldern profitieren oder auf dem Arbeitsmarkt bevorzugt werden, potenziert das Gefühl der Deklassierung und kulminiert in der Behauptung, ›die Flüchtlinge‹ würden von der Regierung gegenüber den Alteingesessenen bevorzugt. Die von Politikern und liberalen Milieus oftmals geforderte bessere Integration von Migranten stellt für das prekäre Milieu gerade keinen Trost, sondern eher noch eine zusätzliche Bedrohung dar (Treibel 2015), da die eigene Position durch die aufholende Integration der möglicherweise begabteren und weniger anspruchsvollen Zugewanderten (Sauer et al. 2018) noch zusätzlich geschwächt wird.

DEKLASSIERUNG: ABWÄRTSMOBILE FLUGBAHNEN

Durch welches gemeinsame Stellungsmerkmal sind nun die hier skizzierten Milieus miteinander verbunden? Wie bereits gesagt, müssen die unterschiedlichen durch eine Protestbewegung mobilisierten Klassenfraktionen durch ein Verhältnis der *strukturellen Homologie* im Sozialraum aufeinander bezogen sein. Bourdieu denkt den Sozialraum nicht als einen bereits vorhandenen ›Container‹, der mit Dingen, Substanzen oder Individuen angefüllt wird. Vielmehr baut sich der soziale Raum erst aus dem dynamischen Gefüge der unterschiedlichen sozialen Gruppen und ihrer Positionen auf (Barlösius 2006: 119). Dieses dynamische Gefüge ist in der Gegenwart nicht mehr durch den gesamtgesellschaftlichen

Aufstieg aller Sozialklassen bei gleichbleibenden Abständen, also den »Fahrstuhleffekt« (Beck 1986), sondern durch die polarisierende Gleichzeitigkeit von Auf- und Abstiegsdynamiken innerhalb eines transnationalen Sozialraums bestimmt (Koppetsch 2018; Piketty 2016; Milanović 2016; siehe Kapitel 3). Das gemeinsame Stellungsmerkmal der hier skizzierten Milieus besteht nicht in ihrer Prekarität oder in ihrem niedrigen Status, sondern in ihrer *abwärtsmobilen sozialen Flugbahn, durch welche die erreichten Privilegien als gefährdet wahrgenommen werden*. Diese Abwärtsmobilität findet ihren Ausgangspunkt in ganz unterschiedlichen Lagen und bezogen auf unterschiedliche transnationale Kontexte.

Abstiegsmobilität wird in Sozialstrukturanalysen primär als individuelle intra- oder intergenerationale Abstiegsmobilität und an Indikatoren wie Bildung, Beruf und Einkommen festgemacht.[8] Im Anschluss an das Sozialraummodell von Bourdieu wird hier nun ein erweitertes Konzept sozialer Abwärtsmobilität vorgeschlagen, das soziale Abstiege in drei Modalitäten betrachtet: erstens *relational*, d.h. als Positionsverschiebungen im Gesamtgefüge des transnationalen Sozialraums, die auch durch Aufwärtsbewegungen anderer Gruppen induziert worden sein können, zweitens *dynamisch*, d.h. als einen auf die Zukunft bezogenen Werdegang, und drittens *kollektiv*, d.h. als Schicksal nicht eines Einzelnen, sondern als soziales Schicksal einer Gruppe oder Klassenfraktion. Letzteres betrifft auch die Möglichkeit, den erreichten Status an die nächste Generation weiterzugeben.

Wenn man Abwärtsmobilität anhand dieser drei Modalitäten betrachtet, wird deutlich, dass diese nicht mit ökonomischen oder beruflichen Positionsverlusten gleichzusetzen ist. Sie kann etwa durch Aufholbewegungen anderer Gruppen oder durch symbolische Geltungs- oder Statusverluste herbeigeführt worden sein und ist zudem keineswegs auf prekäre Lagen beschränkt. Auch spezifische Gruppen aus der traditionellen

---

8 | Aktuelle Studien zur intragenerationellen Abstiegsmobilität kommen etwa zu dem Ergebnis, dass in den letzten Jahren kaum eine Zunahme sozialer Abstiege zu verzeichnen sei (Stawarz 2015; Drasch 2009). Angesichts der Ausweitung betriebsbedingter Entlassungen, Restrukturierungsmaßnahmen sowie unsicherer und atypischer Beschäftigungsverhältnisse seit den 2000er-Jahren ist allerdings sehr wohl davon auszugehen, dass berufliche Abwärtsmobilität häufiger geworden ist, allerdings anhand der verfügbaren Daten und mit den verwendeten Indikatoren vermutlich nicht hinreichend zu erfassen ist.

Oberschicht können absteigen und Einfluss- und Machtverluste erleiden. Soziale Abwärtsmobilität ist im Modell der ›Rolltreppe abwärts‹ daher deutlich zu eng gefasst. Plausibler erscheint ein erweitertes Konzept, das auch kulturelle Dimensionen miteinbezieht und mit dem Begriff der *Deklassierung* am besten umschrieben ist. Im Folgenden sollen solche Deklassierungen betrachtet werden, die aus dem *Zurückfallen innerhalb des Gesamtgefüges* resultieren.

Auf der Ebene der subjektiven Praxis und des Habitus ist hier der von Bourdieu (1982) in die Debatte eingebrachte »Hysteresis-Effekt« zentral. Soziale Abwärtsmobilität resultiert demnach aus Geltungsverlusten inkorporierter Einstellungen, Dispositionen und Haltungen.[9] Während sich die gesellschaftlichen Bedingungen geändert haben, bleibt der Habitus seinen Entstehungsbedingungen verhaftet und funktioniert unter den neuen Umständen nicht mehr. Subjektiv wird diese Spielart als Entfremdung, gewissermaßen als ›Kulturschock‹ erfahren. In Zeiten gesellschaftlicher Umbrüche häufen sich die Anlässe derartiger Kulturschockerfahrungen. Menschen müssen konsterniert zur Kenntnis nehmen, dass bisherige Tugenden, wie etwa Bescheidenheit, Geradlinigkeit, Aufrichtigkeit oder Durchhaltevermögen, nicht mehr zählen, sondern Selbstdarstellung, Kommunikationsbereitschaft und Anpassungsfähigkeit das

---

9 | Bourdieu verdeutlicht den Einfluss der Flugbahnen auf den Habitus am Beispiel des Psycho- und Soziogramms unterschiedlicher Fraktionen der unteren Mittelschicht, d.h. des Kleinbürgertums (Bourdieu 1982: 500 ff.). Während das aufstrebende, neue Kleinbürgertum, das in medizinisch-sozialen Pflegeberufen oder in einfachen Berufen der Kulturvermittlung, wie etwa Werbung, Modeberatung oder Verkauf, tätig ist, durchaus symbolische und materielle Gewinne aus kulturellen Modernisierungsprozessen ziehen kann, ist das absteigende Kleinbürgertum, als die älteste Fraktion der Mittelschicht, von der wirtschafts- und berufsstrukturellen Entwicklung jeweils besonders stark bedroht. Das neue Kleinbürgertum gehört nach Bourdieu daher zu den Trägergruppen progressiver Weltsichten und liberaler Lebensformen, während das traditionelle Kleinbürgertum zumeist an überkommenen Normvorstellungen und Wahrnehmungskategorien festhält, pessimistische Zukunftsvorstellungen hegt und den modernen Berufssparten als den Trägern der modernen Lebensführung mit Ressentiments begegnet. Die von Bourdieu gemachten Beobachtungen können auf die Gegenwart übertragen werden, da es damals wie heute die Berufsgruppen aus der traditionellen Mittelschicht sind, die am stärksten in die Defensive geraten sind.

oberste Gebot darstellen (Sennett 2000). Auch Akademiker, die sich nicht rechtzeitig auf neue Methoden des Wissens- und Wissenschaftsmanagements eingestellt haben, sondern am traditionellen Ethos ihrer Profession festgehalten haben, können mitunter böse Überraschungen erleben: Hochschullehrer, die den Anschluss sowohl an die Strukturen der Bologna-Universitäten wie auch an die Welt der medialen Aufmerksamkeitsökonomien verloren haben (Münch 2011), klassische Juristen, Mediziner oder Pädagogen, die sich nicht in die Strukturen des *New Public Management* einfügen konnten oder wollten, oder Unternehmer und Führungskräfte ›alter Schule‹, die nunmehr weder im Mittelstand noch in den großen Konzernen eine ökonomische Basis finden.

Deklassierungen durch Zurückfallen können auch als Hegemonieverluste erfahren werden, die durch den Aufstieg aufschließender, bislang unterlegener Gruppen induziert worden sind, während die betroffene Gruppe im engeren Sinne gar nicht abgestiegen ist. Derartige Verlagerungen des Positionsgefüges zeigen sich im nationalen wie auch im transnationalen Maßstab. Ein prominentes Beispiel dafür stellen die Erwerbsgruppen aus der Mittelschicht – Facharbeiter und Angestellte, Handwerker, Gewerbetreibende und Kleinunternehmer – dar. Ihre auf Disziplin, Leistungsbereitschaft und Anpassung gerichteten Lebensformen waren in der Epoche der Industriemoderne maßgeblich, sie verkörperten gewissermaßen den Geist des Fordismus. In dem Maße, wie diese Gruppen gegenüber der aufsteigenden postindustriell-akademischen Mittelklasse, aber auch im internationalen Vergleichsmaßstab, d.h. gegenüber den Mittelklassen der aufschließenden BRICS-Staaten (Brasilien, Russland, Indien, China und Südafrika) sozioökonomisch zurückfallen, verlieren sie ihre kulturelle Maßgeblichkeit, während die kosmopolitischen Lebensformen der akademischen Mittelklasse aus dem Westen wie auch aus den aufstrebenden asiatischen und südamerikanischen Staaten an Bedeutung gewinnen. Ihre Lebensstile und Lebensformen wurden gleichsam in die Kultur der globalen Mittelklasse eingeschmolzen. Der doppelte Statusverlust, d.h. die nationale und klassenspezifische Entwertung, bildet einen zentralen Pfeiler rechtspopulistischer Mobilisierung. Der patriotische Nationalismus verknüpft sich mit dem Kampf gegen die ›dekadenten Eliten‹ und die globale Öffnung, um diesen Statusverlust abzuwehren.

Deklassierungen durch Zurückfallen können schließlich, drittens, auch aus der Entwertung von bislang rentierlichen Anwartschaften aus Prädikaten, Titeln, Qualifikationen und Kompetenzen resultieren. So hat etwa die Herausbildung neuer Eliteprädikate, wie etwa das begabten jungen Führungskräften verliehene Prädikat ›high potential‹ sowie der in Deutschland meist von Eliteuniversitäten verliehene MBA *(Master of Business Administration)*, die herkömmlichen Diplome der betriebswirtschaftlichen Studiengänge an ›gewöhnlichen‹ Universitäten entwertet. Gemeinsam ist diesen drei Abstiegserfahrungen, dass sie nicht von den Betroffenen, die sich selbst zumeist gar nicht bewegt haben, zu verantworten sind, sondern vielmehr auf Verschiebungen im Bewertungs- bzw. Positionsgefüge des *Gesamtsystems* zurückgeführt werden müssen. Nicht das individuelle Scheitern, sondern die *Enteignung* steht im Zentrum dieser Spielart der Deklassierung: Die Spielregeln und Bewertungsmaßstäbe, gewissermaßen die ›Ratingagenturen‹, haben sich geändert, und die zu einem früheren Zeitpunkt erworbenen Lebensführungsmuster, Anwartschaften und Berechtigungen verlieren ihre Gültigkeit und geraten in Widerspruch zu den veränderten Ordnungen, wodurch die Betroffenen wesentliche Teile ihres (sozialen, kulturellen und auch finanziellen) Kapitals einbüßen (Hochschild 2017).

Rechtspopulismus als Therapie

Populistische Rechtsparteien bieten über die Einladung zum politischsozialen Kampf hinaus auch die Möglichkeit einer politischen ›Therapie‹ für die unterschiedlichen Notlagen und Demütigungen, die aus Deklassierungen folgen. Diese politische Therapie zielt nicht auf die gesellschaftliche Zurichtung des Subjekts, sie ist kein ›Coaching‹ und auch kein auf das Individuum gerichtetes ›Empowerment‹ (Bröckling 2007). Der Appell zur Verhaltensänderung richtet sich dabei nicht an das Individuum selbst, sondern vielmehr an die Gesellschaft. Die vorgeschlagene Therapie besteht im Wesentlichen in der symbolischen Rehabilitierung des Subjektes durch die Wiederaufrichtung der aus der Sicht des Subjekts gerechten vergangenen Gesellschaftsordnung. Das politische Angebot der Rechtsparteien besteht somit in *Re-Klassifizierungsangeboten,* die das Subjekt durch das Versprechen rehabilitieren wollen, die früheren Spielregeln und Institutionen wiederherzustellen und auf diese Weise auch die verlorenen Einsätze und Investitionen des Subjekts zurückzubringen. Hier lassen sich drei Spielarten identifizieren.

Diese Form der politischen Therapie findet, wie weiter oben schon dargestellt, in aller Regel als *politische Häresie* statt, d. h. als sozialer Paradigmenwechsel im Sinne der radikalen Abkehr von der herrschenden Sichtweise und den geltenden normativen Bewertungs- und Klassifizierungspraxen. Die Ablehnung der Orthodoxie und die Aufrichtung klarer Grenzen zwischen *uns* (›dem Volk‹) und *ihnen* (›den Eliten‹) weist die Behauptung der herrschenden Klassen zurück, der eigene Platz entspreche einer Platzierung in einem fairen Wettbewerb.

Die Therapie kann auch als Praxis symbolischer *Re-Souveränisierung* verabreicht werden und auf die Wiederherstellung klassischer Hegemonieverhältnisse, etwa zwischen den Geschlechtern, zwischen den Generationen oder zwischen gesellschaftlichen Mehrheiten und Minderheiten, abzielen. Diese Forderung findet sich zumeist eingebettet in umfassendere gesellschaftliche »Retrotopien« (Bauman 2017), deren Visionen sich, im Gegensatz zu Utopien, nicht mehr aus einer noch ausstehenden Zukunft, sondern aus der verloren geglaubten Vergangenheit speisen. Da man aufgrund einer ungewissen und offensichtlich nicht sehr rosigen Zukunft nicht mehr an den Fortschritt glaubt, investiert man alle Hoffnungen auf gesellschaftliche Verbesserungen in ein Gestern, an dem man – aus der Retrospektive heraus – dessen Stabilität und Vertrauenswürdigkeit schätzenswert fand (siehe Kapitel 1).

Und schließlich kann die symbolische Rehabilitierung durch die Abwehr aufholender Außenseiter-Gruppen wirksam werden. Arlie Hochschild hat diese Situation in ihrer ethnografischen Feldstudie »Fremd in ihrem Land« (2017) als enttäuschte Aufstiegserwartung der Menschen in den ländlichen Regionen im Süden der USA geschildert:

»Im amerikanischen Traum ging es um Fortschritt – um die Vorstellung, dass es dir besser geht als deinen Vorfahren, so wie es auch bei denen Eltern war – und um mehr als nur um Geld und Materielles. Du hast lange Arbeitszeiten, Entlassungen und Belastungen durch gefährliche Chemikalien ausgehalten und Rentenkürzungen erlebt. Du hast in der Feuerprobe Charakterstärke bewiesen; für das alles ist der amerikanische Traum der Lohn, der beweist, wer du warst und bist – eine Auszeichnung.« (Hochschild 2017: 188)

Damit verbinden sich zugleich Gefühlserwartungen. Man sollte hoffnungsfroh, energisch, fokussiert und mobilisiert sein. Die Unterstützung rechter Kräfte wie der Tea Party oder die Zustimmung zur Agenda Do-

4. Herrschaftskonflikte 147

nald Trumps lässt sich mit Arlie Hochschilds Untersuchung wesentlich als Kampf um oder Hoffnung auf Besitzstandswahrung gegen Abstiegserfahrungen dechiffrieren. Dazu gehört auch, dass diejenigen, die abgestiegen oder abstiegsbedroht sind und trotz zahlreicher Bemühungen keinen Anschluss mehr finden, Angehörige diskriminierter Gruppen (zum Beispiel Frauen, Homosexuelle, Migranten, ethnische Minderheiten), also Bevölkerungsteile, die zuvor nicht oder allenfalls nachrangig am amerikanischen Traum teilhatten, als illegitime Konkurrenz wahrnehmen. Statt diese als Nutznießer einer nachholenden Gleichstellung im Zusammenhang mit Antidiskriminierungspolitik zu akzeptieren, wird deren Aufstieg als ›Vordrängeln‹ (engl. *cutting the line*) gesehen. Ihr soziales Aufschließen in bessere Positionen kappt die Warteschlange ab, bevor diejenigen, die sich einer gefühlten Wahrheit (engl. *deep story*) nach als die eigentlichen Anwärter sehen, zum Zuge gekommen sind. Aus Sicht der einst Privilegierten handelt es sich dabei um einen unfairen Wettbewerb: Neu auf dem Arbeitsmarkt auftretende Gruppen wie Migranten oder Frauen bringen die ›eigentlich‹ Berechtigten um einen angemessen bezahlten Arbeitsplatz, weil sie zu schlechteren Konditionen als männliche einheimische Arbeiter verfügbar sind. Im Ergebnis scheinen solche Bevölkerungsgruppen ungerechtfertigt bevorzugt zu werden, die wenig oder gar nicht daran beteiligt waren, das Land im Sinne des amerikanischen Traums aufzubauen und groß zu machen, während diejenigen, die dies ihrem Gefühl nach geleistet haben, gleichsam in der Warteschlange stehen und nicht mehr drankommen.

Die von Hochschild geschilderte *deep story* ist nicht auf die Bewohner ländlicher Regionen beschränkt. Bezogen auf Deutschland zeigt sich eine größere Bandbreite an Gruppen, die sich als ungerechtfertigte Opfer aufholender Außenseiter sehen. Dazu gehören etwa auch manche Ostdeutsche, die sich in der DDR für einen Sozialismus mit ›menschlichem Antlitz‹ eingesetzt haben, deren Biografien und Erinnerungen in der Nachwendezeit entwertet wurden und die nun nicht einsehen, warum sie Platz für Migranten schaffen sollen; dazu gehören auch Männer, deren Partnerinnen sich von ihnen getrennt haben und die sich nun obendrein ›vom Amt‹ um das Sorge- oder Umgangsrecht für ihre Kinder betrogen sehen. Das gemeinsame Merkmal der unterschiedlichen aufholenden Außenseiter in der *deep story* ist, dass diese aus der Perspektive der Betroffenen jeweils illegitime oder – wie oftmals in den populistischen Anti-Genderismus-Kampagnen kolportiert – ›überzogene‹ Ansprüche auf

Gleichheit stellen. Die Abwehr und Ausgrenzung der Außenseiter ermöglicht dann die Kompensation individueller Statusverluste durch kategoriale Ausgrenzungen im Stile von Etablierten/Außenseiter-Figurationen (Elias/Scotson 1990).

5. Emotionen und Identitäten.
Der Aufstieg der (Neo-)Gemeinschaften

Protestparteien mobilisieren durch Emotionen. Ereignisse wie die Pariser Terroranschläge von 2015 oder die allgemeine Empörung über die sexuellen Übergriffe in der Silvesternacht desselben Jahres am Kölner Hauptbahnhof, die in den Medien immer wieder aufgegriffen und in ihren dramatischen Konsequenzen ausgemalt wurden, wirken als Katalysatoren rechtspolitischer Mobilisierung. Aber auch durch öffentliche Tabubrüche und Provokationen können Emotionen mobilisiert werden, da sie Unhinterfragtes in Frage stellen und gesellschaftlichen Strukturen und Hierarchien ihrer selbstverständlichen Grundlage berauben. Das mit einem Tabu Belegte ist nur so lange der Begründung und Kritik entzogen, wie darüber geschwiegen wird. Daraus beziehen Tabubrüche als Protestgeste ihre Wirkung. Eine Politik der Tabubrüche war schon für die Protestbewegung von 1968 identitätsstiftend; heute treten die Rechtsbewegungen als Tabubrecher auf. Der tiefere Sinn der Provokationen besteht darin, die Position der Herrschenden, d. h. ihre Macht, die Spielregeln festzulegen, herauszufordern und in Frage zu stellen.

Je mehr Tabus in einer Gesellschaft existierten, desto enger sei sie, klagte vor mehr als fünfzig Jahren kein Geringerer als der liberale Doyen der Soziologie Ralf Dahrendorf (1961). Dahrendorf spielte dabei auf die festgefahrenen Lebensformen der Nachkriegsepoche mit ihrer strikten Sexualmoral, ihren patriarchalen Familienstrukturen und ihren hierarchischen Umgangsformen an, die von den untergeordneten Gruppen als repressiv erfahren wurden. Was Dahrendorf vermutlich nicht ahnen konnte, ist, dass der Tabubruch als Protestgeste von links nach rechts wandern und die Rollen sich vertauschen sollten: Die Linke positioniert sich nicht mehr als gegenkulturelle Kraft, sondern scheint nach einem erfolgreichen ›Marsch durch die Institutionen‹ selbst konservativ geworden zu sein, während sich Protest nunmehr auf der Rechten formiert. So sehen es jedenfalls die Anhänger der populistischen Rechtsparteien, die sich als mutige Nonkonformisten betrachten, wenn sie öffentlich etwa gegen das ›System Merkel‹ protestieren, während sie die Linke als Teil des ›Establishments‹ denunzieren. Nicht ganz von der Hand zu weisen ist, dass ›linke Werte‹ kultureller Mainstream geworden sind, was erklärt, dass auf viele Menschen, die sich heute in ihren Teilhabechancen beschnitten und um ihre Aufstiegsmöglichkeiten betrogen sehen, gerade das Gebot der Toleranz seitens linker Kosmopoliten oftmals provozierend wirkt. Wenn das (linke) Establishment sich als Speerspitze des Fortschritts sieht und für Teilhabechancen, Integration und liberale Werte eintritt, die es aus Sicht der kulturellen Gegner selbst in Wahrheit wohl kaum realisiert, dann wohl auch deshalb, so die Meinung der Zukurzgekommenen, weil es die bestehende Ordnung und die darin verankerten Privilegien im wahrsten Sinne des Wortes *konservieren* will.

RESSENTIMENTS UND ÄNGSTE: ZUR POLITIK DER GEFÜHLE

Doch sind die emotionalen Hintergründe rechtspopulistischer Mobilisierung zumeist weitaus vielschichtiger und nicht auf Einzelemotionen zu reduzieren. Das politische Subjekt der neuen Rechten ist ein komplexes und grundlegend soziales Phänomen. Es wird durch eine längere Kette der Bildung und Umbildung von Emotionen hervorgebracht, an deren Ursprung zumeist die Erfahrung *sozialer Degradierung* steht, die sich in den Selbstbewertungen des Subjekts festsetzt. Während in Kapitel 3 und 4 die unterschiedlichen Ursachen und Flugbahnen der Abwärtsmobilität im transnationalen Sozialraum nachgezeichnet worden sind, geht es nun um die emotionalen Auswirkungen sozialer Deklassierungen. Es sind häufig Gefühle wie Scham oder Neid, die den Statusverlust in ein Gefühl persönlicher Unzulänglichkeit transformieren (vgl. Kapitel 3). Scham ist das Gefühl, in der erlebten Wirklichkeit seine Selbstachtung verloren zu haben (Neckel 1991). Neid befestigt im subjektiven Empfinden, zu kurz gekommen zu sein, die Höherstellung eines anderen, der das Subjekt an Schönheit, Intelligenz oder Besitztümern zu überragen scheint. Der Neid begründet ein existenzielles Gefühl eigener Minderwertigkeit (Paris 2010). Scham wie auch Neid beinhalten ein Eingeständnis defizitärer Subjektivität, die sich kaum mit der persönlichen Selbstachtung vereinbaren lässt. Dies gilt insbesondere in bürgerlichen Milieus, in denen die Norm der persönlichen Souveränität an der Spitze der Bewertungskriterien steht. Wo soziale Kränkungen Scham- oder Neidgefühle verursachen, drängen diese nicht an die Öffentlichkeit. Im Lichte dieser Emotionen erscheinen soziale Niederlagen als persönliches Schicksal, für das allein das Subjekt zuständig ist.

Unter spezifischen Bedingungen können die mit sozialen Deklassierungen verbundenen Kränkungen allerdings ein persönlichkeitsveränderndes Potenzial entfalten. Kränkungen verschwinden ja nicht einfach, wenn man nicht über sie spricht. Oftmals steckt das Subjekt in seinen negativen Emotionen gleichsam fest, weil es der Situation nicht entfliehen kann und sich dauerhaft mit Ohnmachts- oder Unterlegenheitsgefühlen konfrontiert sieht. Dann wird die Niederlage allmählich als Schicksal empfunden, dem man nicht mehr entrinnen kann. Die negativen Emotionen entfalten dann ein Eigenleben, sie löcken gegen den Stachel der Autoritäten oder nähren die Selbstvergiftung der gehemmten Rache. Das Subjekt entwickelt Abwehrmechanismen, die das Ich vor weiteren Kränkungen schützen oder vor der Erfahrung von Schmerz bewahren sollen. Im Extremfall schützen die Abwehrversuche schmerzhafter Emotionen es nicht mehr nur, sondern beginnen allmählich, das Subjekt zu *definieren*, weshalb es sich oftmals auch verbissen weigert, sie einer kritischen Revision zuzuführen. Auf dieser Basis entstehen nun relativ dauerhafte, sekundäre Emotionen wie etwa Ressentiments, Hass oder Zorn, die als ›nachtragende‹ Emotionen nicht nur weit über das Ursprungsereignis hinaus Einfluss auf die Persönlichkeitsbildung nehmen können, sondern zu politischen Gefühlen heranwachsen können. Damit derartige Abwehrmechanismen durch Protestbewegungen mobilisiert werden können, müssen sie allerdings, so soll in diesem Kapitel gezeigt werden, die strukturelle Isolation des individualisierten Leidens überwinden – sie müssen Gemeinschaften und kollektive Identitäten stiften.

Eine im Folgenden näher zu betrachtende Form der persönlichkeitsverändernden Verfestigung von Kränkungen wird in der Sozialphilosophie seit Friedrich Nietzsche und Max Scheler mit dem Begriff des *Ressentiments* belegt. Der Begriff bezeichnet einen heimlichen Groll, der entsteht, wenn mächtige Wünsche dauerhaft unerfüllt bleiben und ein ohnmächtiges Verlangen entsteht: So kann dem Subjekt etwa ein spezifischer gesellschaftlicher Erfolg, ein begehrter Partner oder auch ein bestimmter Gegenstand auf unbestimmte Zeit verwehrt bleiben, etwa weil der Konkurrenzkampf mit dem Rivalen aussichtslos, das begehrte Privileg unerreichbar, die Niederlage bodenlos ist oder weil Vorgesetzte, Kollegen, die Familienmitglieder dies verhindern. Dem Subjekt wird allerdings nicht nur das Verlangte verwehrt, es darf seinen Ärger darüber aufgrund der gegebenen Umstände auf keinen Fall zum Ausdruck bringen. In dieser Situation verlagert sich der Kampf nun auf eine symbolische Ebene, wo man sich eine eigene Welt an Bedeutungen, Freunden und Feinden, Herabwürdigungen und Negationen schafft und zu guter Letzt eine Umwertung seiner bisherigen Vorlieben vornimmt: Die am anderen beneideten Stärken werden zu Schwächen, die begehrten Vorzuge werden zu Nachteilen und das ursprüngliche Ziel wird schließlich als nicht mehr begehrenswert empfunden. Das Ressentiment *kritisiert* – und zwar die Welt in toto (Bolz 2004). Nietzsche beschreibt die Psychologie des Ressentiments folgerichtig als eine Art ›Selbstvergiftung‹. Ohnmächtig zur Rache am vermeintlichen Verursacher, rächt sich das ins Ressentiment verbissene Subjekt durch die Herabsetzung, Kritik und schließlich Entwertung auch all dessen, was es ursprünglich und eigentlich begehrt hat.[1] Hinsichtlich der Verarbeitung und psychologischen Bewältigung von Niederlagen erfüllen Ressentiments gleichwohl das Kriterium eines Abwehrmechanismus, weil sie das Subjekt in letzter Konsequenz dazu veranlassen, das unerreichbare Objekt und den Neid oder Hass auf andere aufzugeben und sich auf diese Weise von Ohnmacht oder Wut zu befreien. Durch die Entwertung der Vorzüge anderer samt der begehrten Eigenschaften kann das Subjekt das Eingeständnis einer Niederlage umgehen, Neid- und Hassgefühle ausschalten.

Allerdings lässt sich das Ressentiment zumeist nicht so leicht beschwichtigen, es ist ein *nachtragendes* Gefühl und hat die Tendenz zur Ansteckung auf immer weitere Gegenstandsbereiche. Scheler (1978 [1912]) sieht darin die Ursache für die grundlegende, alle Bereiche durchdringende Negativhaltung des von Ressentiments getriebenen Subjektes, was sich etwa in seiner unstillbaren Neigung manifestiert, weit über das entwertete Objekt hinaus ›Systemkritik‹ zu üben: Die wahrgenommene Trutschigkeit der erfolgreichen, aber verhassten und heimlich beneideten

---

1 | »Einen Rachegedanken haben und ausführen heisst einen heftigen Fieberanfall bekommen, der aber vorübergeht: einen Rachegedanken aber haben, ohne Kraft und Muth, ihn auszuführen, heisst ein chronisches Leiden, eine Vergiftung an Leib und Seele mit sich herumtragen.« (Nietzsche 1999 [1878]: 77).

Kollegin oder die vermeintliche Profilneurose des überheblichen Vorgesetzten erscheinen dem Subjekt als untrügliches Zeichen dafür, dass in seinem Umfeld etwas nicht mit rechten Dingen zugehen kann, die Dinge gleichsam auf den Kopf gestellt sind. Die eigene Schlechterstellung scheint kausal aus der ›ungerechtfertigten Bevorzugung‹ der charakterlich scheinbar höchst fragwürdigen Kollegen hervorzugehen. Aus Neid wird Verachtung, aus Verachtung kann Hass werden. Im Extremfall sind es nicht nur mächtige Einzelpersonen, die sich gegen einen verschworen haben, sondern gleich die ganze Gesellschaft, die ›solche Leute‹ in Führungspositionen gelangen lässt. Je stärker sich im wirklichen Leben Ohnmacht und Niederlage vermischen, desto ungezügelter wird sich das Subjekt in imaginären Racheakten und Erniedrigungen schadlos halten. Im Zentrum steht das Gefühl, benachteiligt und betrogen worden zu sein: Man bekommt nicht, was man aufgrund seiner Leistungen, Fähigkeiten oder Tugenden verdient hätte, wohingegen andere, die aus der Sicht des Subjekts weitaus weniger leistungsfähig, talentiert oder tugendhaft sind, Vorteile genießen oder gar triumphierend an einem vorbeiziehen.

RESSENTIMENTS UND KOLLEKTIVBEWUSSTSEIN

Ressentiments haben aber nicht nur psychologische Ventilfunktionen. Anders als Neid und Scham sind sie expressive und kollektivitätsstiftende Gefühle, welche die serielle Isolation zugunsten eines ›Wir‹ überwinden helfen, was eine Voraussetzung für eine politische Mobilisierung ist. Ressentiments umgehen die Handlungshemmung von Neid oder Scham, weil sie Verantwortlichkeit vom Subjekt abweisen. Das von Ressentiments erfüllte Subjekt blickt nicht länger auf sein defizitäres Selbst, sondern hält Ausschau nach Gegnern und feindlichen Mächten; das Leiden an der Niederlage erlangt sogar an Würde, da es nicht mehr als Folge unglücklicher Umstände oder gar als individuelles Versagen betrachtet, sondern ins Prinzipielle erhoben, als moralisches Unrecht gedeutet wird. Folgerichtig trifft das Leiden einen nicht mehr anonym oder zufällig, sondern erscheint als durch spezifische Urheber, etwa durch die vom Schicksal Bessergestellten, die Chefs, die ›Eliten‹ und schließlich das korrumpierte System als Ganzem zugefügt. Durch die moralische Aufladung, die Umdeutung der Niederlage in ein Unrecht, steht das Subjekt nun nicht mehr allein da, vielmehr scheinen auch andere betroffen. Ressentiments überführen ohnmächtigen Statusverlust in symbolische Opposition. Das Ressentiment will seine Widersacher nicht nur übertreffen, sondern auch erniedrigen, und kann von der Entlarvung der bestehenden Ordnung nicht genug bekommen – zumindest in der Phantasie. Es sieht in der Gesellschafts- und Moralkritik daher oftmals ein wirkungsvolles Kampfmittel. Das Ressentiment ist daher eine wesentliche emotionale Triebkraft hinter der Produktion jener häretischen Gesellschaftsbilder und oppositionellen Subjekte, die in Kapitel 4 als Voraussetzungen politischer Protestbewegungen beleuchtet wurden.

Zum *Zorn* und mithin zur politischen Aktivität führen Ressentiments allerdings erst, wenn das Unrechtsbewusstsein durch revolutionäre Narrative auf Dauer gestellt werden kann (siehe auch Kapitel 7). Im Unterschied zur Wut, die sich auch gegen das Subjekt selbst richten kann und von der oftmals behauptet wird, dass sie ›blind‹ agiert, ist Zorn ein zielgerichtetes Gefühl, das auf Wiedergutmachung, Genugtuung oder Rache aus ist und auch längere Zeithorizonte überbrücken kann. Schon Aristoteles, so hat Martha Nussbaum (2019: 96 ff.) herausgearbeitet, hat Zorn als Reaktion auf einen erheblichen persönlichen Schaden betrachtet, von dem die zornige Person glaubt, dass dieser ihr zu Unrecht zugefügt worden sei. Aristoteles sagt, dass Zorn zwar schmerzhaft ist, aber auch die angenehme Aussicht auf Heimzahlung oder Vergeltung enthält. Es liegen also ein erheblicher *Schaden*, der sich auf die eigenen Interessen oder die Dinge bezieht, die einem am Herzen liegen, und *Unrecht* vor. Diese beiden Elemente bilden den Kern des Zorngefühls. Da Gesellschaften im Interesse ihres eigenen Überlebens darauf angewiesen sind, den individuellen Zorn in Schach zu halten, etablieren sie moralische Ideale und soziale Ordnungen, unter deren Herrschaft selbst große Ungleichheiten und Hierarchien akzeptiert werden. In vormodernen Gesellschaften war dies die Aufgabe von Religionen. In modernen Gesellschaften treten gesellschaftliche Bewährungsproben und Gerechtigkeitsnormen an deren Stelle. Die Spätmoderne begründet soziale Ränge durch Leistungen sowie durch Gewinne, die in ›fairen‹ Wettbewerben erzielt werden sollen. Nicht alle Verlierer lassen sich allerdings damit abspeisen, sondern halten dem entgegen, sie hätten niemals eine Chance gehabt, mitzuspielen.

Konträr dazu versuchen politische »Zornunternehmer« (Sloterdijk 2008), die sich etwa in Gestalt von Anführern oder Revolutionären betätigen, die affektiven Bindungen, die den Einzelnen an die soziale Ordnung binden, zu zerschneiden und ›das Establishment‹ durch Unrechtsbewusstsein zu delegitimieren. Dazu ist eine *Gemeinschaft der Ressentimentträger*, ein ›Bündnis der Betrogenen‹ zu errichten. Die Verlierer sind mit Gleichgesinnten zu solidarisieren, die ein ähnliches Schicksal teilen und sich gegenseitig in ihrer Sicht auf gesellschaftliche Ungerechtigkeiten, die ihren Zorn entfachen, bestätigen. Nun verlässt die gekränkte Rache ihr imaginäres Gehäuse und ruft zum realen Widerstand gegen das System und die Eliten auf. Anstelle des Gefangenseins in der Selbstanklage der Depression ermöglicht das Ressentiment die Selbstbehauptung durch Negation – der herrschenden Ordnung und der herrschenden Klassen.

Katherine Cramer (2016) hat die spezifische Dynamik dieser Konstellation in ihrem Buch »The Politics of Resentment« aufgearbeitet. Auf der Suche nach Erklärungen für die Wut der amerikanischen Rechten hat sie sich auf eine längere Feldforschung im ländlichen Wisconsin begeben. Im Kollektivbewusstsein der Befragten keimte stets das Gefühl, den verdienten Anteil nicht zu erhalten und für die eigenen Leistungen und enormen Arbeitseinsätze von den Eliten nicht mehr gewürdigt zu werden. Sie beschreibt diese Haltung als *rural consciousness*, das aus zwei Elementen bestehe: der Annahme, dass ländliche Regionen durch die Politik und die Entscheider ignoriert und vernachlässigt würden und somit nicht ihren gerechten Anteil bekämen, sowie der Annahme, dass die Bewohner ländlicher Regionen grundsätzlich andere Wertehaltungen und Lebensstile verkörperten, die durch Stadtmenschen missverstanden und verachtet würden.

Zu ähnlichen Schlussfolgerungen kommt Arlie Hochschild in ihrer bereits in Kapitel 4 erwähnten Studie zum Aufstieg Donald Trumps in ländlichen Regionen der USA. Auch ihre Befragten äußern das Gefühl, betrogen worden zu sein. So beklagen sie, dass ihre harte Arbeit, Opferbereitschaft und Loyalität den Niedergang der eigenen Familie und der ganzen Region nicht hätten aufhalten können, wohingegen andere Gruppen, welche die Regeln nicht befolgten – Migranten, Schwarze, Homosexuelle, Städter, Frauen –, scheinbar mühelos an ihnen vorbeizögen. Doch damit nicht genug: Sie erhielten dabei auch noch die Unterstützung der offiziellen Politik, die ihnen einen privilegierten Zugang zu Hochschulen, Stellen sowie Transfer- und anderen finanziellen Unterstützungsleistungen verschaffe. Die Betroffenen sehen sich gleich in zweifacher Hinsicht getäuscht: zum einen, weil die städtischen Eliten einen größeren Teil des Kuchens für sich behielten und auf die ›einfachen Leute‹ herabblickten, und zum anderen, weil diese mit ›den Schwarzen‹, ›den Migranten‹ und

›den Homosexuellen‹ gemeinsame Sache machten, deren ›lockere Lebensweise‹ sie unterstützten, indem sie sie in urban-gemischten Wohngebieten akzeptierten und durch Wohlfahrtsprogramme alimentierten.

Eine ähnliche Form der doppelten Frontstellung gegenüber den herrschenden Klassen wie auch gegenüber den als Außenseiter wahrgenommenen migrantischen Kollegen haben Stéphane Beaud und Michel Pialoux (2004 [1989]) in einer ethnografischen Studie zur »verlorenen Zukunft der Arbeiter« in den 1980er-Jahren am Beispiel des sich vollziehenden Strukturwandels der französischen Autoindustrie herausgearbeitet. So wird den Führungskräften der Fabrik vorgeworfen, sich von ›den Arabern‹ täuschen zu lassen, während die Autochthonen, die ›echten Arbeiter‹, nicht die Behandlung bekämen, die sie verdienten: »Die Migranten: Alles dreht sich nur noch um sie! Von den anderen redet keiner mehr. Die sind als Hilfsarbeiter gekommen und sollen zufrieden sein, dass sie überhaupt bleiben dürfen.« (Ebd.: 295) Ähnlich wie die Landbevölkerung in Wisconsin sehen die französischen Arbeiter die Eliten als Verbündete der Außenseiter, die aus ihrer Sicht unter ihnen rangieren, nun aber Privilegien genössen.

Aus dem kollektiven Wissen, von den Privilegierten ausgetrickst, übergangen oder gar ausgenutzt worden zu sein, bezieht die Gruppe nun ihr Gefühl der moralischen Überlegenheit. Die mangelnde gesellschaftliche Anerkennung ist dann kein individuelles Stigma mehr, sondern Symptom eines allgemeinen Niedergangs, eines ›kaputten Systems‹, durch das gerade ›die Guten‹ unverschuldet geschädigt worden sind. Mittels einer ressentimentgestützten Elitenkritik appelliert die AfD gegenwärtig an ähnliche Sichtweisen. Fast alle AfD-Anhänger teilen die Einschätzung, mit dem Land als Ganzem gehe es bergab, die Zukunft der Kinder würde verspielt und die Eliten kümmerten sich nicht oder seien inkompetent, während Migranten derweil alle Privilegien genössen und ihnen zu viel Beachtung geschenkt würde. Hier wird nun also ein *Kollektivbewusstsein* (›das übergangene Volk‹) gegen die als dekadent empfundenen Entwicklungen und gegen die Außenseitergruppen errichtet. Die Verderbtheit der ›Sie-Gruppe‹ ist die Selbsterhöhung des ›Wir‹. Empörung begründet – flankiert von einem korrespondierenden Narrativ – ein hypermoralisches Selbstbild, das durch keinerlei Gegenerfahrung irritiert werden kann.

Die Überführung des Ressentiments in ein kollektives Bewusstsein der Benachteiligung ist schließlich der Ausgangspunkt auch für die Herausbildung häretischer Gesellschaftsbilder etwa im Sinne ›alternativer‹

Fakten. Die Abspaltung einer eigenen Wahrheit und eines eigenen Gesellschaftsbildes steht am Beginn einer neuen Kollektividentität, die sich über oppositionelle Weltsichten, Traditionen, Rituale und Werte konstituiert. Ähnlich wie im Arbeiterbewusstsein erlaubt diese Form des oppositionellen Bewusstseins eine Umkehrung des Stigmas in ein Selbstbild moralischer Überlegenheit.

RIGIDITÄT UND ABSCHOTTUNG: WENN ANGST STARR MACHT

Nicht nur Ressentiments, auch *Ängste* spielen bei der rechtspolitischen Mobilisierung eine zentrale Rolle. Neben den Ängsten vor weltweiten Bedrohungen, wie sie etwa von Terror, ökologischen Gefährdungen oder militärischen Krisen ausgehen, haben auch Ängste vor Wirtschaftskrisen, Kaufkraftverlust und dem sozialen Abstieg in den letzten Jahren zugenommen (Bude 2014; Lengfeld/Hirschle 2010). So ist etwa in Deutschland die Gruppe derjenigen, die sich arm fühlen oder Angst vor Armut haben, auf insgesamt 22 Prozent der Gesamtbevölkerung angewachsen. Die seit einigen Jahren nicht nur in Deutschland, sondern auch in anderen westlichen Gesellschaften, etwa den USA oder Frankreich, prominent geführten Debatten zur Gefährdung der Mittelschicht veranschaulichen einen grundsätzlichen Wandel des gesellschaftlichen Selbstverständnisses und des Lebensgefühls in westlichen Gesellschaften (Groh-Samberg et al. 2014; Herbert-Quandt-Stiftung 2007; Vogel 2009, 2011; Heinze 2011; Mau 2012; Burkhardt et al. 2012; Koppetsch 2013). Ängste sind nie irrational; sie entstehen überall dort, wo sich das Subjekt Bedrohungen gegenübersieht, die es aus eigener Kraft nicht überwinden kann: Wo immer das Subjekt sich einer Gefährdung ausgesetzt sieht, über die es keine Kontrolle verfügt, wird Angst aktiviert. Über die Frage, ob die Bedrohung tatsächlich auch ›real‹ ist, kann hingegen zumeist erst im Rückblick entschieden werden.

Irrational sind indessen oftmals die Bewältigungsversuche dieser Ängste. Wenn Ängste zu einem dauerhaften Lebensbegleiter werden, werden oftmals Abwehrreaktionen aktiviert, die empfänglich für politische Phantasien der Einhegung, Abschottung oder Ausmauerung sein können. Die Soziologin Jutta Allmendinger konnte in einer neueren Studie zu den Zukunftserwartungen der Deutschen zeigen, dass Personen mit Abstiegsängsten sich in ihren Verhaltensorientierungen als weitaus ›starrer‹ erweisen und an etablierten Verhaltensmustern und Orientierungen stärker festhalten als Personen, die optimistisch in die Zukunft sehen (Allmendinger 2017: 173, 177).

Folgen wir der Psychoanalytikerin Anna Freud (1936), dann ist *Rigidität* – ähnlich wie das Gefühl des Ressentiments im Falle sozialer Kränkungen – eine Folge von Abwehrprozessen, ein Schutzmechanismus. In dem Bemühen, möglichst alle Angst auslösenden Ereignisse fernzuhalten, werden auch solche Regungen blockiert, die aus dem Inneren stammen, wodurch das Subjekt seine Handlungs- und Erfahrungsmöglichkeiten einengt. Diese Form der Abwehr ist nicht nur kennzeichnend für die Individualneurose, sie kann sich auch, wie in Kapitel 1 gezeigt, in einen kollektiven Habitus der Rigidität einfügen. Auch der vorauseilende Gehorsam im Umgang mit den autoritativen Forderungen des *New Public Management* kann als Reaktion auf die Angst vor sozialer Degradierung oder gar sozialem Ausschluss erklärt werden. Eine starke Abwehr kann dazu führen, dass Wünsche oder auch innere Aggressionen und Feindseligkeiten dauerhaft vom Ich abgespalten werden. Im Ergebnis heißt das, dass die gesamte Persönlichkeit durch die Abwehr transformiert werden kann, und eben eine solche Transformation ist es, die Anna Freud von der »Charakterabwehr« einer Person sprechen lässt (ebd.).

Sobald derartige Abwehrprozesse auf soziale Instanzen, d. h. auf Kollektive oder Gruppen, delegiert werden, bilden sie einen idealen Anknüpfungspunkt für die politische Mobilisierung von Emotionen. Die Verschmelzung von psychischen und politischen Abwehrfunktionen hat Wendy Brown am Beispiel der symbolischen Funktionen von Mauern herausgearbeitet (vgl. Kapitel 2): Indem diese das Verlangen nach Abschottung erfüllen, werden Ängste und Gefahren, die aus dem Inneren des Subjekts stammen, in das gesellschaftliche Außen projiziert. Die gemauerten Grenzen, welche die Nation oder die Gemeinschaft nach außen beschützen und in ihrer Machtfülle wiederherstellen sollen (Brown 2017: 200), übernehmen stellvertretende Abwehrfunktionen für das Subjekt. Sie sind zudem darauf ausgerichtet, die Identität des Subjekts nicht nur als handlungswirksame, sondern auch als moralisch rechtschaffene wiederherzustellen, da sie ein gleichsam von allen feindlichen Regungen gesäubertes Gemeinwesen konstruieren. Das Ich, respektive die politische Gemeinschaft oder das Volk, wird von dem gereinigt, was draußen bleiben soll – seien es globale Ungleichheiten, die Nachfrage des Kapitals nach billiger Arbeitskraft, Migranten oder antikoloniale Wut. Die Betonung von

Grenzen und kultureller Eindeutigkeit bzw. Reinheit trägt somit zur Verteidigung der subjektiven Identität wie auch der Stärke ›des Volkes‹ gegen eine ganze Palette von Herausforderungen bei. Diese Abwehrmaßnahmen kristallisieren sich deshalb an Fremden und an Migranten, weil diese als vorgebliche ›Invasoren‹ die Bedrohungen versinnbildlichen. Mit der Mobilisierung jener Abwehrmechanismen, die Anna Freud »Verkehrung ins Gegenteil« und »Verschiebung« nennt (siehe Kapitel 1), konstruieren gegen Einwanderung gerichtete Invektiven Bedrohungen als *Invasion von außen* statt als globales Produkt gesellschaftlicher Veränderungen.

Das Zeitalter des Individualismus

Welche Bedingungen müssen nun aber vorliegen, damit Angst und Ressentiments zur Herausbildung rechter Protestbewegungen führen? In jeder politischen Bewegung, egal ob von rechts oder links, spielen Emotionen eine Schlüsselrolle, denn gesellschaftliche Missstände stiften nicht von sich aus zu politischem Handeln an. Keine Benachteiligung, und sei sie noch so gravierend, ruft automatisch Protest hervor – weshalb sich widerständiges Verhalten niemals allein aus einem Anstieg sozialer Probleme heraus erklären lässt. In Empörung und in politisches Handeln können Ressentiments und Angst allerdings nur unter der Voraussetzung transformiert werden, dass sie, wie bereits argumentiert, in ein *kollektives Bewusstsein der Benachteiligung* überführt werden. Die Entstehung von sozialem Protest ist also an die Herausbildung eines Gruppenbewusstseins, an *Identitätspolitik*, gebunden. Dies ist kein Spezifikum rechtspopulistischer, rechtsnationaler oder fundamentalistischer Bewegungen, sondern es begleitete auch den Prozess der Klassenbildung im 19. und 20. Jahrhundert.

So stellte im frühen 20. Jahrhundert die Entstehung eines proletarischen Lebens- und Erfahrungszusammenhangs, der sich schließlich auch politisch formierte, eine Gegenbewegung zur gesellschaftlichen Stigmatisierung der Arbeiter dar und wirkte als lebensweltlicher Damm gegen Verunsicherung und Vereinzelung. Den Ausgangspunkt für die Herausbildung eines Kollektivbewusstseins stellte somit die Verfestigung einer spezifischen Sozialstruktur dar. Wer unter fordistischen Bedingungen in einer Fabrik oder einem Bergwerk beschäftigt war, gehörte definitionsgemäß zur Arbeiterklasse. Es herrschte eine gewisse Klarheit, welche Stellung man innerhalb der sozialen Hierarchie innehatte, die noch dadurch verstärkt wurde, dass man meist unter ähnlichen Bedingungen im selben Stadtviertel lebte, sich ähnlich kleidete und einen ähnlichen Lebensstil pflegte. Der Begriff der *Arbeiterklasse* hatte eine lebensweltliche Grundlage und damit konnte auch der Kampf gegen soziale Ungleichheiten eine kollektive Angelegenheit sein. Arbeiterbewegung und Arbeiterkultur haben immer auch die Funktion gehabt, der eigenen Lebensform die Legitimität zu verschaffen, die ihr vonseiten der hegemonialen Klassen versagt blieb. Persönliche Niederlagen und Kränkungserfahrungen konnten in ein Gruppenschicksal verwandelt und durch gruppenspezifische Solidaritäten und Deutungsmuster abgefedert werden.

Mit der Auflösung traditioneller Klassenlagen setzt eine Erosion dieser Schutzwirkungen ein. Unter dem Einfluss des seit der zweiten Hälfte des 20. Jahrhunderts stattfindenden, alle Bevölkerungsschichten umfassenden Individualisierungsschubs verblasste die Bindungswirkung von Großmilieus (Beck 1986). Während sich der industriemoderne Mensch über seine regionale Herkunft, seine Klassenkultur oder seine milieuhaften Einbindungen definierte, legt das spätmoderne Subjekt diese Ligaturen ab, um sein Leben selbst zu gestalten und sich seine eigene Geschichte zu schaffen. Die Kehrseite dieser Entwicklung besteht in der radikalen Individualisierung und Privatisierung der Existenz. Nicht mehr für die anderen ist der Einzelne verantwortlich, sondern allein für sich selbst, sein Vermögen und seine Fähigkeit, sich selbst Belohnungen zu verschaffen. Damit wird auch der soziale Status aus dem sozialen Gewebe der Gruppe herausgelöst und zu etwas, das der Einzelne persönlicherseits zu verantworten hat. Wo sich Arbeits-, Wissens- und Berufsprofile aus standardisierten Arbeitsmarktschablonen herausgelöst haben (Rosanvallon 2013; Koppetsch 2006), unterliegen soziale Ungleichheiten einer marktförmig radikalisierten Selbstzurechnung, da ein schützendes Berufskollektiv oder eine solidarische Gewerkschaft nicht mehr zur Stelle sind. Aus Sicht einer Ich-AG oder eines Kulturschaffenden, dessen soziale Stellung durch seinen Kurswert an den Aufmerksamkeitsbörsen der Kulturindustrien festgelegt wird, sind kollektive Zugehörigkeit und Solidarität irrelevante Dinge, da das Ich der einzige mögliche Ort für Verbesserungen zu sein scheint.

Folgen wir dem Soziologen Alain Ehrenberg (2004), dann hat sich der Individualisierungsschub tief in die emotionale Verfasstheit des Subjekts eingegraben und bestimmt auch die Struktur seiner Leidenszustände und Pathologien. An die Stelle der klassischen Neurose, die bis in die erste

5. Emotionen und Identitäten

Hälfte des 20. Jahrhunderts die dominante psychische Störung darstellte und deren spezifische Symptome Ausdruck verdrängter Schuld- und Schamgefühle waren, sind ab der zweiten Hälfte des 20. Jahrhunderts, also in der Spätmoderne, zunehmend sogenannte *narzisstische Persönlichkeitsstörungen* getreten, die durch Selbstzweifel, Gefühle der Unzulänglichkeit sowie die Unmöglichkeit, den eigenen hochgesteckten Ambitionen und Idealen zu genügen, geprägt sind.

Die Neurose war eine ›Krankheit des Gesetzes‹, also eine pathologische Reaktion auf eine durch Regeln, Verbote und Autoritäten strukturierte Gesellschaft, wie sie typisch für die Industriemoderne war. In der Spätmoderne, die *individuelle* Handlungsfähigkeit und Initiative zum primären Kriterium sozialer Wertschätzung erklärt, manifestieren sich psychische Erkrankungen dagegen weniger in Form der neurotischen Verdrängung von Triebregungen, sondern eher in destruktiven Formen der Selbstbezüglichkeit, etwa in Suchtverhalten oder in Depressionen, die unmittelbar auf Potenzen und Selbstwahrnehmung des Subjekts einwirken. Alkoholsucht oder andere Abhängigkeiten stehen für ein Selbst, das durch die Einnahme einer Substanz seine Illusionen bewahren kann und den Weg der Selbstkonfrontation wie auch den sozialen Konflikt mit Autoritäten oder deren psychischen Stellvertretern vermeidet. Demgegenüber steht die Depression für das Gefangensein in einem idealisierten Bild des eigenen Selbst, das in Wahrheit die Grenzen seiner eigenen Macht nicht anerkennen kann und im Scheitern keine Neuorientierung vornimmt, sondern seine Handlungsfähigkeit einbüßt, gewissermaßen erstarrt. Das gemeinsame Merkmal beider Pathologien ist die Abwesenheit eines Konfliktes, wie er für die Neurose kennzeichnend ist. Das Subjekt wird im Augenblick des Scheiterns auf sich selbst zurückgeworfen, der gesellschaftliche Horizont des Leidens schrumpft auf das Ich zusammen und entzieht sich dem gesellschaftlichen Diskurs. Das Leiden wird verinnerlicht, erscheint nunmehr allein als Ausdruck *persönlicher* Unzulänglichkeiten, weshalb der Einzelne jetzt dazu tendiert, Entlastung in Psychotherapien oder selbstbezüglichen Praktiken wie etwa ›Selbstachtsamkeit‹ zu suchen. In die narzisstische Pathologie führt diese Form der Selbstbezüglichkeit allerdings erst dann, wenn das Subjekt im Scheitern eine Neuausrichtung verweigert und lieber ein illusionäres Selbstbild aufrechterhält. Die Zunahme von Pathologien, bei denen das Subjekt in dieser Form auf sich selbst zurückgeworfen wird, ist nach Ehrenberg (2004) der kollektiv zu entrichtende Preis für das gesellschaftliche Festhalten am Ich-Ideal persönlicher Freiheit.

Neogemeinschaften:
Eine Welle der Re-Kollektivierung

Allerdings sind die psychologische Selbstbefragung oder die Therapie nicht die einzigen Möglichkeiten der Bewältigung sozialer Niederlagen und emotionaler Spannungen. Der alternative Weg besteht im Durchbrechen destruktiver Selbstbezüglichkeiten durch die erneute Verortung sozialer Missstände in externen Strukturen oder im bedrohlichen Anderen. Möglicherweise stehen wir heute an einem solchen grundsätzlichen Richtungswechsel in der Lokalisierung gesellschaftlicher Leidenszustände: Unterschiedliche Bevölkerungsgruppen sind dazu übergegangen, soziale Probleme nicht mehr als persönliche Unzulänglichkeiten zu deuten und im Inneren zu bearbeiten, sondern erneut äußeren Strukturen und Gefahren zuzuschreiben. Eine solche Externalisierung gelingt am besten, wenn diese an ein Kollektiv delegiert wird, welches die Sichtweise auf soziale Missstände und deren Verursacher teilt und stellvertretend für das Subjekt Abwehr- und Schutzfunktionen übernimmt. Auch dafür ist ein Preis zu entrichten: Dieser besteht in der Einschränkung von Individualität durch Unterordnung unter Gruppennormen.

Vieles deutet darauf hin, dass der Wunsch nach solchen Schutz- und Abwehridentifikationen in der aktuellen Phase massiver Verunsicherungen wieder dringlicher geworden ist. Damit kehren – nach einer längeren Phase einer durch Individualisierungsprozesse flankierten Konsenskultur – auch kulturelle Konflikte und politische Auseinandersetzungen in die Gesellschaft (und mittels psychischer Stellvertreter auch in das Subjekt) zurück, was sich in jüngerer Zeit am Aufflackern ›identitärer‹ Kämpfe in öffentlichen Debatten beobachten lässt: Alteingesessene gegen Zugewanderte, Muslime gegen Juden, Christen gegen Muslime, Rechte gegen Linke, Liberale gegen Reaktionäre, Männer gegen Frauen – und umgekehrt. Gemeinsam ist diesen Auseinandersetzungen die Mobilisierung von Affekten der *Benachteiligung*. Die #MeToo-Kampagne, die Mobilisierung jüdischer Familien gegen Antisemitismus an Schulen, die Anrufung des Volkes gegen die Eliten und die Re-Ethnisierung von Muslimen, sie alle rekurrieren auf das Gefühl, als Mitglied eines benachteiligten Kollektivs diskriminiert oder herabgewürdigt worden zu sein.

Die Mobilisierung dieser Kollektive unterscheidet sich allerdings gravierend von der Klassenpolitik des frühen 20. Jahrhunderts. Im Unterschied zum System der Sozialklassen ist das System der neuen Kollektive zugleich archaischer, da es auf Zugehörigkeiten zurückgreift, die durch Geburt erworben werden, und andererseits moderner, da es sich auf moderne Kommunikationstechnologien stützt und eine Reaktion auf globale Verunsicherungen darstellt. Derartige Kollektive sollen hier als *Neogemeinschaften* bezeichnet werden. Zu diesen gehören etwa nationalistische Bewegungen von Separatisten in Russland, China oder Indien, religiös-fundamentalistische islamistische oder evangelikale Gemeinschaften (Riesebrodt 1990) und schließlich rechtspopulistische oder rechtsnationale Bewegungen, die sich auf die ethnonationale Identität eines Volkes berufen. In abgeschwächter Form zeigen sich Neogemeinschaften auch im Feld der Minderheitenbewegungen, der *identity politics* etwa in den USA, in denen sich beispielsweise Schwarze, Hispanics oder Italo-Amerikaner als Herkunftsgemeinschaften imaginieren (Fukuyama 2019), sowie in den Identitätspolitiken maskulinistischer Gruppen (Bruns et al. 2016). Oftmals wird davon ausgegangen, dass derartige Communities lediglich vormoderne Alltagskulturen aus traditionalen Gesellschaften reaktivierten. In Wirklichkeit handelt es sich jedoch um moderne politische Bewegungen, die in Reaktion auf liberale Gesellschaftsordnungen und den modernen Individualismus entstanden sind. Sie profilieren sich gegen einen erlebten Mangel an Ordnung und den Relativismus als fixe Größen, wobei sie selektiv auf Traditionsbestände zugreifen und diese zugleich neu erfinden (Smith 2007).

Für das Subjekt erfüllen Neogemeinschaften nicht nur Entlastungs-, sondern auch Solidaritäts- und Vergemeinschaftungsfunktionen. Insofern können diese als kommunitäre Gegenreaktionen zu den oben beschriebenen Individualisierungstendenzen der globalen Moderne betrachtet werden. Sie bringen Gemeinschaften hervor, die dem individualistischen Regime der transnationalen Markt- und Selbstverwirklichungskultur diametral entgegengesetzt sind. Subjektivität konstituiert sich dabei nicht als ein unendliches Spiel der Differenzen auf einem offenen Bewertungsmarkt, sondern wird durch die verbindende Klammer der Tradition begründet. Die Tradition erscheint als essenziell, sie stiftet eine Ordnungsstruktur und ein verbindliches Identifikationsangebot. Dadurch ist der Bezugspunkt der Anerkennung nicht mehr das sich selbst verwirklichende Subjekt, sondern das Kollektiv, das dem Individuum Privilegien auf der Basis von *Zugehörigkeiten* sichert.

Auch hinsichtlich des Umgangs mit Wahrheiten erweist sich das Regime der Neogemeinschaften als konträr zum modernen Individualismus: Spätmoderne Identitäten sind durch Leitbilder wie Kreativität und Selbstverwirklichung bestimmt, die Andersheit und Neuheit prämieren, was mit einer Relativierung fixer Identitäts- oder Wahrheitsansprüche einhergeht. Wissen und Moral bieten dabei keine feststehenden Haltepunkte mehr, sondern konkurrieren miteinander auf Märkten, sie werden Teil einer Hyperkultur, in der potenziell *alles* zum Gegenstand der kulturellen oder politischen Aneignung werden kann: »Ob Hoch- oder Populärkultur, ob Lokales oder Globales, Zeitgenössisches oder Historisches – alle potenziellen Elemente der Kultur bieten sich im Prinzip gleichberechtigt dar und werden zur potenziellen Quelle der Bereicherung des Lebensstils.« (Reckwitz 2017: 108) Über die Geltung kultureller Güter entscheidet mithin kein übergreifendes Wahrheits- oder Glaubenskriterium mehr, sondern *Märkte*, die sich in der wechselseitigen Konkurrenz zu behaupten haben. Aus der Sicht der Neogemeinschaften ist Kultur hingegen gleichsam ›heilig‹, sie wird zur unverbrüchlichen Grundlage und zum Garanten religiöser, nationaler oder ethnischer Identitäten, welche die Errungenschaften der jeweiligen Wir-Gruppe – der Nation, des Volkes, des Christentums etc. – gegenüber Außenseitern verteidigen sollen. Dieser Prozess der Zuweisung von fixen Werten ist darauf ausgerichtet, die Eindeutigkeit der identitätsstiftenden Symbole zu bewahren. Neogemeinschaften positionieren sich gegen die hybridisierende Wirkung der Globalisierung, welche die kulturelle Identität von Nationen und Völkern aufweicht.

Aus der Sicht der klassischen Modernisierungstheorie dürfte es diese Tendenzen gar nicht geben. Darin gelten kollektive Identitäten als Kennzeichen traditionaler Gesellschaften, die in der Moderne über kurz oder lang verschwinden würden. Für die Epoche der Industriemoderne war dieser Erwartungshorizont tatsächlich auch prägend gewesen, konnte allerdings nur so lange aufrechterhalten werden, wie sich die Gesellschaftsordnung noch selbstverständlich aus dem Reservoir traditioneller Bindungen und Ligaturen bediente. Bindungen an Region, Milieu und Geschlecht grundierten das Selbstgefühl bis in die zweite Hälfte des 20. Jahrhunderts. Die Industriemoderne war so gesehen nie ›modern‹ gewesen. Traditionelle Rollenvorgaben wurden, insbesondere im Geschlechterverhältnis, zwar oftmals als einengend wahrgenommen, konnten dem Einzelnen aber nichtsdestotrotz klare Haltepunkte und Erwartungssicherheiten vermitteltn. Auf vergleichbare Bindungen kann das spätmoderne Subjekt hingegen nicht mehr zurückgreifen, weshalb sich mit den Neogemeinschaften nun neue Formen kollektiver Vergewisserung herausbilden, die in die Lücken, die die Auflösung traditioneller Milieus hinterlassen hat, treten. Diese behaupten, dem sozial verwaisten Subjekt wieder einen moralischen Kompass, solidarische Bindungen und einen Gegenentwurf zur individualisierten Lebensführung mit ihren spezifischen Problemlagen bieten zu können (Smith 2007).

RECHTSPOPULISTISCHE NEOGEMEINSCHAFTEN

Auch die neuen Rechtsparteien stellen Neogemeinschaften dar, weil in ihnen das Volk als Kollektiv, als homogene Nationalgemeinschaft gedacht wird. Dabei wird zumeist auf zwei Vorstellungen von Homogenität rekurriert. Das Modell *kultureller* Homogenität suggeriert eine kulturelle Einheitlichkeit der Traditionen, Werte und Praktiken, die zusammen die Nationalkultur und die kollektive Identität eines ›Volkes‹ begründen sollen. Dies geschieht in dezidierter Frontstellung auch zu den hybriden Kulturen von Multikulturalismus und *diversity*. Neben der Vorstellung kultureller Homogenität existiert zudem ein Modell *sozialer* Homogenität, das eine soziale Einheitlichkeit der Lebensbedingungen der ›eigentlichen Bevölkerung‹ bzw. ›des Volkes‹ und damit deren politischer Interessen suggeriert. Mit diesen Schlagwörtern werden in der Regel die ›kleinen Leute‹ oder die ›normalen‹ Arbeitnehmer betrachtet, also jene, die wahlweise ›die harte Arbeit tun‹ oder ›wirkliche Leistungen‹ erbringen (Reckwitz 2017: 415).

Die rechtspopulistische Vorstellung des authentischen Volkes verbindet somit zwei Ideen: zum einen die Vorstellung eines auf der je besonderen Geschichte beruhenden Nationalcharakters und zum anderen die einer vorgeblich aus der schweigenden Mehrheit der ›kleinen Leute‹ oder der Gruppe der Arbeitnehmer bestehenden sozialen Einheit des Volkes. Es wird somit davon ausgegangen, dass es eine ›authentische Identität‹ der Deutschen, Franzosen, Engländer, Österreicher etc. gibt, welche die politische Identität des Volkes als soziale und kulturelle Gemeinschaft (als *demos*, *populus* und *ethnos* zugleich) begründet, deren gemeinsame politische Interessen zu vertreten sind. Diese soziokulturelle Gemeinschaft soll durch die populistische Politik bewahrt und gegenüber Außenseitern verteidigt werden (Reckwitz 2017: 416).

Dabei wird mit polarisierenden Zuschreibungen nach Art von klaren Freund-Feind-Unterscheidungen gearbeitet. Bevorzugte Zielscheibe der Abgrenzung sind einerseits Migranten – vor allem Flüchtlinge –, die nicht zum ›authentischen Volk‹ gerechnet werden (vgl. Kapitel 4), und andererseits ›das Establishment‹, dem abgesprochen wird, die wahren Interessen des Volkes zu repräsentieren. Es geht also um zwei Prinzipien der Grenzziehung: zum einen um die Grenze zwischen oben und unten, ›dem Establishment‹ und dem als homogen gedachten ›Volk‹, und zum anderen um die Grenze zwischen außen und innen, also den Besitzern der Nationalkultur und den Außenseitern, denen abgesprochen wird, die Nationalkultur zu teilen, da ihnen die ›richtige‹ Abstammung oder auch Religion fehlt. Und dem ›Establishment‹, d. h. den Kosmopoliten wie auch den sie vertretenen liberalen Parteien, wird abgesprochen, die Werte und Interessen der einheimischen Bevölkerung zu vertreten.

So führt etwa Donald Trump einen Aufstand weißer Nationalisten an, die das Gefühl haben, von globalisierten Liberalen betrogen zu werden. Ein ähnlicher Hass auf Londoner Technokraten und Kosmopoliten führte zum Brexit-Votum. Und Hindu-Nationalisten, die in der Mehrzahl zur unteren Mittelschicht gehören, machen den säkularen englischsprachigen Indern den Vorwurf, den Hinduismus und die einheimischen Traditionen zu verachten. Chinesische Nationalisten verachten die kleine Minderheit ihrer westlich orientierten, technokratischen Landsleute. Radikale Islamisten verwenden viel Zeit auf die Herausarbeitung von Differenzen zwischen jenen, die sie zu *echten* Muslimen erklären, und jenen, die sich in ihren Augen keine wirklichen Muslime sind, weil sie sich dem Hedonismus und der Entwurzelung der Konsumgesellschaft hingeben. Der Soziologe Martin Riesebrodt (1990) hat in seiner bereits in Kapitel 1 angesprochenen Studie herausgearbeitet, dass der religiöse Fundamentalismus eine *patriarchale* Protestbewegung darstellt, deren Anhänger durch Modernisierungsschübe im Geschlechterverhältnis sozial deklassiert worden sind.

Für alle diese Gemeinschaften nimmt die Welt die Form eines Gegensatzes zwischen Innen und Außen, *ingroup* und *outgroup* an, der zugleich auch ein Dualismus zwischen dem Wertvollen und dem Wertlosen ist (das Volk gegen die kosmopolitischen Eliten). Der konflikthafte Rekurs auf exklusive Glaubenssätze, Symbole und die Geschichte soll die Höherwertigkeit der jeweiligen Gemeinschaft begründen: die eigene, überlegene Nation gegen die anderen Fremden (Nationalismus), die emphatische Religion gegen die Ungläubigen (Fundamentalismus), das Volk gegen die Eliten (Rechtspopulismus), heroische Männlichkeit gegen die Tendenzen zur liberalen Verwischung von Geschlechtergrenzen (Chauvinismus) und die eigene Volksgemeinschaft gegen die anderer (Ethnorassismus). Die Bedeutung von Neogemeinschaften erschöpft sich allerdings nicht in kollektiven Identitäts- und Sinnstiftungsfunktionen. Ihre Konstruktion und Zuspitzung wird durch Konflikte befeuert (Eckert 2006) und durch symbolische Grenzziehungen bzw. durch die Konstruktion von *imagined communities* (Anderson 1988) im kollektiven Bewusstsein befestigt. Dies unterscheidet sie auch von den traditionellen Klassenkulturen der Industriemoderne, die weitaus stärker in der alltäglichen Lebensführung verankert und durch regionale und lebensweltliche Wurzeln geprägt waren: Die Zugehörigkeiten zu den ›neuen‹ Religionsgemeinschaften, Weltanschauungskollektiven oder Volksgemeinschaften kann auch virtuell und im transnationalen Rahmen gestiftet werden. Die neuen Gemeinschaften bilden oftmals keine lebensweltlichen, sondern nunmehr *politische* Gemeinschaften, deren Handeln und Erleben nicht notwendig auf physische Kopräsenz oder die Verschränkung sozialer Verkehrskreise angewiesen ist. Dabei spielt das Internet eine zentrale Rolle, da es konkrete Austauschmöglichkeiten über große räumliche Distanzen hinweg ermöglicht und unmittelbare Affekte mobilisieren kann.

Die Besonderheit von Neogemeinschaften sieht man auch daran, dass ihre Kultur nicht selbstverständlich tradiert, sondern zum Gegenstand expliziter Diskursivierung und Thematisierung gemacht werden muss. Angesichts des Umstandes, dass über den kulturellen Kern der neuen Gemeinschaften und ihrer Traditionen in der Regel kaum Einigkeit herrscht, ist diese Diskursivierung notwendig mit großen Unschärfen verbunden. Zudem ist das Leben in einer Neogemeinschaft, obzwar es das Individuum entsingularisiert, für gewöhnlich etwas, *für* oder *gegen* das man sich entscheiden kann. Schließlich ist die Kultur und die kollektive Identität der Neogemeinschaft stets eine *politische* Angelegenheit, bei der für die ›Rechte‹ bestimmter Kollektive gestritten wird. Dabei findet manchmal auch eine vollständige Usurpation kultureller Identitäten durch politische Ziele statt. Dies zeigt sich insbesondere dann, wenn Neogemeinschaften durch Protestbewegungen eine politische Radikalisierung erfahren: So wie politischer Islam und Fundamentalismus etwas wesenhaft anderes sind als gelebte Religiosität, so ist auch das im Rechtspopulismus verklärte ›Volk‹ nicht mit der gelebten Nationalität zu verwechseln. Nationalistische, regionale, religiöse oder ethnische Gemeinschaften sind also keineswegs Angelegenheit privater Sinnstiftung oder Wahrheitssuche;

vielmehr dienen sie als Plattform für die kollektive Verteidigung individueller Ansprüche (Castells 2003: 292) und folgen dem Drehbuch der *Wiederermächtigung*.

In Kapitel 1 wurde gezeigt, dass der Rechtspopulismus ein grundsätzlich anderes *Modell der Gesellschaft* will. Aus der Analyse der Neogemeinschaften wird nun das grundsätzlich andere *Modell des Politischen* deutlich, das die Rechtspopulisten vertreten. Dieses beansprucht für sich, ›den Volkswillen‹ unmittelbar in politische Praxis umzusetzen, und setzt die Wünschbarkeit einer Identität zwischen Regierenden und Regierten voraus. Darin ist ein Demokratiemodell unterstellt, das der Pluralität und Repräsentation den Rücken zukehrt. Unterstellt wird ein kollektives Interesse des Volkes, das unmittelbar in politisches Handeln umsetzbar ist. Dieser Antipluralismus formt auch das Verständnis der Aufgabe der Regierung. Die Anführer und Parteispitzen des Rechtspopulismus sehen sich in diesem Sinne nicht als Repräsentanten, sondern als Teil des Volkes, als Spitze einer Bewegung. Dahinter steht die Vorstellung einer vorgeblich ›wahrhaftigen‹ Demokratie, in der ›das Volk‹ als eine unhinterfragbare moralische Instanz mit natürlichen Interessen und Werten – die wirklichen Amerikaner, die *classes populaires* etc. – erscheint (Reckwitz 2017: 414 f.).

Ethnonationale Grenzziehungen: Das System des abgestuften Aussenseitertums

Nicht überall nimmt die soziale Ausgrenzung von Zugewanderten den Charakter von Neogemeinschaften an, doch fast immer erfüllt sie identitätsstabilisierende Funktionen. Das Prinzip der Solidarisierung durch Abgrenzung, durch welche unerwünschte Neuankömmlinge als Träger unberechtigter Ansprüche, als Außenseiter, abgestempelt werden, zeigt sich in abgeschwächter Form auch im Alltagsleben und wurde in einer von Elias und Scotson (1990) durchgeführten Gemeindestudie umfassend studiert und als ›Etablierten/Außenseiter-Figuration‹ bezeichnet. Die Zugewanderten selbst wiederum reproduzieren dieses Muster, indem sie versuchen, ihr Stigma auf noch machtlosere Gruppen abzuwälzen. Dies zeigt etwa das Beispiel jener zugewanderten Russlanddeutschen, die bei PEGIDA-Demonstrationen gegen den Zuzug von Flüchtlingen protestieren. In globalen Gesellschaften, die durch vielfältige Formen der Mobilität und Migration gekennzeichnet sind und in denen Einwanderung, Tourismus und grenzüberschreitende Gemeinschaften nicht mehr die Ausnahme, sondern die Regel sind, kann prinzipiell jede Gruppe in die Rolle des unerwünschten Zuwanderers geraten.

Ein vergleichbares Muster ist etwa auch im Verhältnis von Westdeutschen zu Ostdeutschen wirksam: In der Perspektive der Angehörigen des westdeutschen Establishments, die sich überdies davon freisprechen, für die Entstehung und den Erfolg des Populismus in signifikantem Maße mitverantwortlich zu sein, wird Rechtspopulismus gerne ›den anderen‹ zugeschrieben, indem man ihn gewissermaßen als Fremdkörper betrachtet, der auf autoritäre Einstellungen und Dispositionen vermeintlich unzureichend sozialisierter Gruppen – ›der Arbeiter‹ oder ›der Ostdeutschen‹ – zurückzuführen sei. So wird der Zulauf zum Rechtspopulismus und die rassistische Gewalt in Ostdeutschland oft durch Verweis auf die vermeintlichen Demokratiedefizite der Ostdeutschen erklärt, also durch die Annahme, dass diese noch ›aufholen‹ müssten, um westdeutsche Fähigkeiten des friedlichen, demokratischen Zusammenlebens zu erlernen.

Damit wird nicht nur ignoriert, dass sich die Westdeutschen, ebenso wie die von ihnen zurechtgewiesenen Ostdeutschen, ethnonationaler Kategorien bedienen, um ihre Höherwertigkeit zu behaupten. Verkannt wird darüber hinaus *die eigene Verstrickung* in spezifische Dynamiken von Ausgrenzung und Gegenausgrenzung im Sinne der Figuration von Etablierten und Außenseitern. Die Westdeutschen, die jenen Staat schon gebildet hatten, dem die Ostdeutschen ja erst später als Außenseiter beitraten, sehen sich darin als die führende Gruppe mit den ›älteren Rechten‹ und nehmen damit die Rolle der Etablierten, der überlegenen Gruppe ein, von der sie die Ostdeutschen als Außenseiter abgrenzen. Dabei spielt die Stigmatisierung der Ostdeutschen als ›autoritär‹, ›weniger leistungsstark‹ und ›wirtschaftlich rückständig‹ eine zentrale Rolle. Die Westdeutschen beanspruchen also gegenüber den Ostdeutschen, die ›besseren Deutschen‹ zu sein. Die Ostdeutschen sehen sich dadurch in ihren eigenen Machtansprüchen bedroht. Der Stachel peinigt vor allem in strukturschwachen Regionen, in denen das Gruppenstigma der Westdeutschen bestätigt zu werden scheint. Selbstbehauptung gelingt den solcherart Deklassierten nun durch die Markierung noch machtschwächerer Gruppen innerhalb der gesamtdeutschen Hierarchie als Außenseiter: der Flüchtlinge und Zugewanderten, an die der Vorwurf gerichtet wird, sie würden durch ihre angebliche Gewaltbereitschaft und sexuelle Aggression sowie insgesamt durch vorgeblich undiszipliniertes Verhalten die ansässige Bevölkerung bedrohen.[2] Damit wiederum bestätigen die Ostdeutschen – und hier schließt sich der Kreis – das ihnen seitens der Westdeutschen zugeschriebene Gruppenstigma, nämlich rassistisch und autoritär zu sein.

Selbstverständlich bilden auch diese Zugewanderten kein homogenes Kollektiv von Außenseitern, sondern unterteilen sich ihrerseits in Gruppen, die untereinander eine Rangordnung des »abgestuften Außenseitertums« aushandeln, indem sie das eigene Gruppenstigma auf eine noch machtlosere Gruppe abwälzen (Treibel 2015). Die Mechanismen sind bekannt: Die Konstitution von Machthierarchien entlang der Frage, *wer zuerst da war*, wer schon länger im Aufnahmeland dazugehört und wer erst später hinzugekommen ist, spielt auch innerhalb der Migrantenpopulation eine zentrale Rolle. Auf manchen Schulhöfen und in manchen Nachbarschaften wird etwa ausgehandelt, wer bereits über ›ältere Rechte‹ verfügt, also die Brückenköpfe in der Einwanderungsgesellschaft beherrscht, und wer sich in der zweiten Reihe anstellen muss. Der Ethnorassismus unter Einwanderungsgruppen hat hierin seinen Grund und kann sich in Gewalttätigkeiten zwischen den sich gegenseitig als ›Russen‹, ›Türken‹, ›Araber‹ oder ›Schwarze‹ stigmatisierenden Gruppen entladen. Ob autochthone Bevölkerungsgruppen oder Migranten – das Prinzip ist dasselbe: Die machtstärkere Gruppe bekräftigt ihre Überlegenheit durch die Stigmatisierung von Außenseitern. In unterschiedlichen sozialen Feldern können jeweils ganz unterschiedliche Kollektive in die Rolle von Außenseitern schlüpfen – Frauen, Homosexuelle, Gastarbeiter, ›Ausländer‹, Flüchtlinge, Juden und Muslime sind nur die bekanntesten historischen und aktuellen Beispiele.

Gemeinsamer Nenner dieser Etikettierungen ist die moralische Ausgrenzung entlang »kategorialer Unterscheidungen«, bei der »qualitative Urteile« der Andersheit wechselseitig sich ausschließende Kategorien

---

2 | Darin bestätigt sich die von Elias und Scotson herausgearbeitete Gleichförmigkeit der gegenüber Außenseitern vorgebrachten Einwände: Anomie, d. h. Regel- und Gesetzlosigkeit, ist der häufigste Vorwurf gegen sie. Wieder und wieder findet man, dass die Außenseitergruppen von der etablierten Gruppe als undiszipliniert und unzivilisiert, sexuell ausschweifend oder rückständig betrachtet werden (Elias/Scotson 1990: 20 f.).

bilden (Neckel 2008: 19).[3] Den kategorial als ungleichwertig beurteilten Gruppen wird nicht zugestanden, gleiche Rechte überhaupt nur für sich *beanspruchen* zu dürfen. Für sie gelten nicht die gleichen Maßstäbe. In der extremsten Form derartiger Exklusionsprozesse wird die Außenseitergruppe dem Geltungsbereich moderner Gleichheits- und Gerechtigkeitsideale vollständig entzogen – bestimmten Migranten (und bis ins frühe 20. Jahrhundert den Frauen) behält der Staat etwa das Wahlrecht oder das Recht auf soziale Unterstützung vor. Wo kategoriale Schließungen die Oberhand gewinnen, verändern sich Ungleichheitskonflikte. Diese werden weniger denn je als Auseinandersetzung zwischen Sozialklassen und auch nicht mehr als individualisierte Statuskonkurrenzen bzw. als graduelle Rangabstufungen im Sinne eines *höher* oder *tiefer* begriffen. Bestimmend für die daraus resultierende Erfahrung von Ungleichheitsrelationen ist die erlebte Zugehörigkeit oder Nichtzugehörigkeit. Diese Erfahrungen manifestieren sich einerseits im Bedeutungsgewinn eines neuen Essenzialismus der gruppenspezifischen Potenziale und Potenzialitäten (Hänzi 2015) und andererseits in einem in weiten Teilen der Bevölkerung vorherrschenden bipolaren Gesellschaftsbild. Demzufolge vollzieht sich im sozialen Alltag stets ein agonaler Kampf zwischen Gewinnern und Verlierern, bei dem einzelne Sozialgruppen in dem Maße gewinnen, wie anderen Gruppen Verluste zugefügt werden (Neugebauer 2007: 28).

Aus der Erfahrung der Nichtzugehörigkeit oder der sozialen Kränkung speist sich also bei vielen Betroffenen der Wunsch, die am eigenen Leib erfahrenen Ausgrenzungen wiederum an andere, machtunterlegene Außenseitergruppen weiterzureichen, wobei vermutet werden muss, dass kategoriale, insbesondere ethnorassistische Kategorien vor allem in solchen Milieus relevant werden, in denen milieuhafte Einbindungen oder Klassensolidaritäten an Bedeutung verlieren (Beaud/Pialoux 2004). Auch aus diesem Grund ist die Eigenschaft, ein ›richtiger‹ Deutscher zu sein, ein wichtigeres Instrument der Selbstbehauptung geworden, das in manchen Milieus das Arbeitersein oder das Linkssein abgelöst hat. Der allgemeine Rückzug aus der Verantwortung für das gesellschaftliche Ganze wird voraussichtlich noch weiter dazu beitragen, dass ethnische und oftmals biologisch getönte, rassistische Kategorien die sozialen Kate-

---

3 | Vor allem askriptive Merkmale wie Geschlecht, Ethnizität, Religion oder sexuelle Orientierung kandidieren hierfür, weil sie als unveränderlich gelten und zumeist – allerdings nicht ausschließlich – als Gegensatzpaare auftreten.

gorien ersetzen. Dazu muss man gar nicht erst in die Niederungen ethnorassistischer Milieus eintauchen: Die aktuelle Rede von der ›deutschen Leitkultur‹ setzt beispielsweise die Existenz homogener Nationalkulturen ganz selbstverständlich voraus und nimmt eine kategoriale Abgrenzung etwa von der ›islamischen Kultur‹ oder auch von den ›faulen Südeuropäern‹ vor. Mit dieser Zuschreibung wollte man im Kontext der Eurokrise die Verantwortung für die Staatsverschuldung Griechenlands an die Bevölkerung des Landes delegieren.

Sichtbar wird an der flächendeckenden Relevanz kategorialer Ausgrenzung, dass sich die *Kultur sozialer Ungleichheiten* grundlegend verändert hat. Der zentrale Unterschied zwischen der industriellen und der postindustriellen Gesellschaft besteht, anders als von den Theoretikern der Individualisierung zumeist behauptet, somit nicht in der Auflösung jeglicher Kollektivbindungen, sondern in deren *Tribalisierung*, ihrer Reduktion auf kleine und kleinste soziale Gemeinschaften – etwa die Familie, die Nachbarschaft, die eigene Ethnie, die Lebensstilenklave etc., welche diejenigen, die durch diese Sphäre geschützt sind, von denjenigen außerhalb trennt. Bildete die Industriegesellschaft noch einen durch homogene Klassenlagen geteilten Raum, in dem soziale Zugehörigkeiten durch übergreifende kollektive Identitäten im Kontext von Klasse, Region und Geschlecht verbürgt waren, so haben wir es in globalen Gesellschaften mit einer Vielzahl ›quasi-ethnischer‹ Enklaven zu tun.

Während man bislang davon auszugehen schien, dass sich zwar die gesellschaftlichen Institutionen unter Bedingungen des Neoliberalismus geändert, die Persönlichkeitsstrukturen aber gleich geblieben sind, muss man nun zur Kenntnis nehmen, dass die neuen Ungleichheitsordnungen eine grundsätzliche Veränderung auch in den Subjekten, in ihren Einstellungen und Denkformen, bewirkt haben. Während gesellschaftliche Eliten und staatliche Institutionen nach wie vor von der kontinuierlichen Ausweitung individueller Handlungsspielräume innerhalb der gegebenen Strukturen überzeugt sind, zeigen die hier skizzierten Entwicklungen einen umgekehrten Trend: Eine durch Ängste und Ohnmachtsgefühle ausgelöste Hinwendung zu archaischen Bewältigungsmustern und primordialen Wir-Identitäten.

Gemeinsam ist den hier skizzierten Formen identitätsstiftender Abgrenzung die politische Funktion der kollektiven *Re-Souveränisierung*. Ob in Form von ethnonationaler Grenzziehung oder in Form von Neogemeinschaften – kategoriale Aus- und Abgrenzungen projizieren Leidenszustände in die Außenwelt, konvertieren Unterlegenheitsgefühle in ein (kollektives) Bewusstsein der Überlegenheit und verwandeln das Stigma in eine Ressource. Die durch ethnonationale Prinzipien gewonnene Form der Identitätspolitik weist durchaus Parallelen zum industriemodernen Klassenbewusstsein auf. Doch im Unterschied zur modernen Klassen- oder Arbeiterkultur gründen Neogemeinschaften nicht in alltagsweltlich verankerten Traditionen und kollektiv geteilten Erfahrungen (sozialer Deklassierung), sondern in einem ›imaginären‹ Gruppenbewusstsein, das oftmals virtuell bleibt und dessen kommunikativer Nexus auf das Internet beschränkt bleibt. Dies gibt viel Raum für politische Phantasien und geht oftmals auch auf Kosten der politischen Handlungsfähigkeit. Nichtsdestotrotz: Durch imaginäre ethnische oder religiöse Communities oder Weltanschauungskollektive werden symbolische Grenzen stabilisiert, die um Fragen der ›wahren‹ Zugehörigkeit kreisen und nachdrücklich kulturelle Identitäten für sich beanspruchen.

6. Dialektik der Globalisierung: Ein neues Imaginarium sozialer Zugehörigkeit?

Rechtspopulismus ist eine politische Figuration in einer globalen Großwetterlage – er ist gewissermaßen die regressive Kehrseite des aktuellen epochalen Umbruchs: einer Globalisierung, deren Folgen und Effekte sich erst allmählich abzeichnen. So hat die globale Öffnung zwar einerseits zur Hypermodernisierung sozialer Institutionen geführt, andererseits allerdings auch die Rückkehr hin zu archaischen Formen der Vergemeinschaftung und der Schließung befördert. In diesem Kapitel sollen diese Prozesse als Teil dialektischer Bewegungen herausgearbeitet werden, wodurch die Kosten und Rückschläge der Globalisierung stärker in den Mittelpunkt rücken. Globalisierung bezeichnet demnach keinen Prozess der stetigen Erweiterung, Öffnung oder gar der Auflösung von traditionellen, nationalen oder existenziellen Bindungen in einen globalen ›Raum der Ströme‹ (Castells 1996), sondern soll im Folgenden als eine spezifische Form der *Re-Figuration von Räumen, Grenzen und Zugehörigkeiten* verstanden werden.

DER PREIS DER GLOBALISIERUNG

Globalisierung bedeutet, dass sich transnationale Verflechtungen zwischen Individuen, Institutionen, Staaten und Gesellschaften intensiviert haben. Damit besteht die Möglichkeit der Erweiterung von Gesellschaften und sozialen Institutionen hin auf eine letzte, eine globale Stufe der Integration. Allerdings hat sich die Hoffnung auf eine inkrementelle und friktionsfreie Entwicklung dahin bislang nicht erfüllt, vielmehr wird die Herausbildung transnationaler Verflechtungszusammenhänge von Rückschlägen und Forderungen nach Re-Nationalisierung flankiert (siehe Kapitel 3). Manche Kommentatoren sehen darin eine notwendige Begleiterscheinung des gegenwärtigen epochalen Umbruchs hin zu einem weltumspannenden Kapitalismus: Ähnlich wie der Aufstieg der industriekapitalistischen Wirtschaft im Europa des 19. Jahrhunderts und in der ersten Hälfte des 20. Jahrhunderts von politischen und sozialen Unordnungen geprägt gewesen wäre, so fänden wir heute unser eigenes »Zeitalter des Zorns« (Mishra 2017: 21). Von regressiven Entwicklungen, Ängsten und Kontrollverlusten sind jedenfalls nicht mehr nur entfernte Weltregionen betroffen, auch in westlichen Gesellschaften hat die Ungewissheit zugenommen.

Deutlich wird zum Beispiel, dass auch der privilegierte Westen einen Preis für die Globalisierung zu zahlen hat, dass sich etwa aufstrebende BRICS-Staaten dem westlichen politischen Einfluss entziehen, die Hegemoniekosten des Westens größer werden und die aufsteigenden Volkswirtschaften in Asien eine ernstzunehmende ökonomische Konkurrenz darstellen. Sichtbar wird auch, dass der ungleichgewichtige Austausch zwischen den Weltregionen zunehmend Friktionen unterliegt: Früher konnten Europäer und Nordamerikaner exportieren, was sie wollten – Waffen, Müll, Tourismus, Autos –, und sie konnten importieren, was sie wollten – Öl, Nahrungsmittel aller Art, Halbfertigprodukte –, weil sie die Märkte und Ströme durch ökonomische Monopole und politische Sanktionen, notfalls auch mit militärischer Unterstützung, beherrschen. Heute schlagen die Krisen- und Kriegsherde, die durch den Westen mitverursacht worden sind, häufiger auf ihre Erzeuger zurück. Sie dringen, etwa in Form von Umweltschäden und Fluchtmigration, auch in das Territorium Europas ein.

So war die sogenannte ›Flüchtlingswelle‹ nicht zuletzt eine Folge auch der militärischen Interventionen des Westens im Irak und in Afghanistan. Sie war somit keineswegs so überraschend, wie oft behauptet wird. Über Jahre hinweg wurden in wissenschaftlichen Untersuchungen Fluchtursachen – Bürgerkriege, Armut, Repressionen – in den armen Ländern und Krisenregionen des Nahen Ostens und in Afrika beschrieben; auch wurde bereits frühzeitig die These formuliert, dass es nur eine Frage der Zeit sei, bis diese Konflikte zu einer Massenemigration in Richtung Europa führen würden. Im Jahr 2015 war es dann so weit. Für kurze Zeit herrschte eine ›Willkommenskultur‹ vor, doch als kein Ende des Stroms von Asylsuchenden in Sicht war, wurde Europa allmählich zu einer Festung umgebaut. Durch Schließung der Reiserouten, den Aufbau

6. Dialektik der Globalisierung 177

von Auffanglagern an den Rändern Europas und in Afrika sowie durch Rücknahmeabkommen mit den Herkunftsländern sollte der Zustrom gestoppt werden.

Hinzu kommt, dass westliche Gesellschaften sich in einer Phase des nachlassenden demografischen und ökonomischen Wachstums befinden. Während der autokratische Kapitalismus in China den Menschen zunehmende Wachstumszahlen und Prosperität bis in die Mittelschichten hinein beschert, scheint die ökonomische Expansion des Westens an eine Grenze gekommen. Die sogenannten Schwellenländer finden ihre eigenen Wege in den globalen Kapitalismus. Das bisherige Versprechen der liberalen Demokratie, dass Freiheit automatisch auch zu Frieden und mehr Wohlstand führen werde, ist aufgrund wachsender Ungleichheiten und des Aufstiegs autoritärer Protestbewegungen auch im Inneren der westlichen Gesellschaften fraglich geworden. All diese Entwicklungen hätte es aus Sicht der Modernisierungstheorie nicht geben dürfen. Bis in die 1990er-Jahre hat man Globalisierungsprozesse unter ein lineares Fortschrittsmodell subsumiert und mit der Erwartung verknüpft, Frieden, Wohlstand und Zivilisation mögen sich in jedem Winkel der Erde ausbreiten. Diese Erwartung hat sich nicht erfüllt. Stattdessen brechen überall auf der Welt neue Konflikte auf und auch für die bisherigen Gewinner steigen die *Nebenkosten der Globalisierung*, welche im Folgenden mithilfe einer dialektischen Perspektive abgebildet werden sollen.

SOLIDARITÄT UND KOLLEKTIV

Die dialektische Dynamik soll hier vertiefend am Verhältnis von Individuum und Gemeinschaft untersucht werden. Grenzöffnungen gehen mit neuen Schließungen einher, Individualisierungsschübe führen zu Re-Kollektivierungen, Prozesse der Herauslösung ziehen Formen der Wiedereingliederung nach sich. Dies ist auch keineswegs verwunderlich: Wo sich gesamtgesellschaftliche Solidarbindungen lockern, wandern sie in andere Gemeinschaften ein; wo jederzeit mit der Aufkündigung von Bindungen, etwa aufgrund von Kündigungen, Scheidungen oder dem Auslaufen von Arbeitsverträgen, zu rechnen ist, werden ›unverbrüchliche‹ Bindungen, etwa zur Familie oder zur Heimat, aufgewertet.

Dialektisch ist das Verhältnis von Individuum und Gemeinschaft auch im Hinblick auf die Nation. Im Zuge von Globalisierungsprozessen hat diese aufgehört, der universelle solidaritätsgenerierende Sozialverband zu sein (Münkler 2004). Gleichzeitig, und im scheinbaren Widerspruch dazu, hat die Idee der Volksgemeinschaft mancherorts wieder an Attraktivität gewonnen.[1] Sie nimmt im politischen Narrativ des Rechtspopulismus einen überragenden Stellenwert ein.[2] Die Vermutung liegt nahe, dass die Idee der Volksgemeinschaft in eine Kollektivitäts- und Identitätslücke tritt. Hier versuchen spezifische Bevölkerungsgruppen ihre kollektive Seinsweise zu schützen. Die große Relevanz völkischer Ideen im rechtspopulistischen Denken, wonach die ›eigene Nation‹ bzw. die ›deutsche‹ oder ›christlich-abendländische Leitkultur‹ gegenüber fremden kulturellen Einflüssen und gegenüber Einwanderern verteidigt werden soll, ist nach den problematischen Erfahrungen mit zwei politisch forcierten Kollektivierungsschüben – im Dritten Reich mit ungeheuerlichen, in der DDR mit schlimmen Folgen – in progressiven Bevölkerungsschichten allerdings in hohem Maße suspekt und diskreditiert. Die Berufung auf eine Volksgemeinschaft gilt den Vertretern der offenen Gesellschaft als Angriff auf Demokratie und Pluralität und wird als Rückfall in Rassismus und archaische Ausgrenzungsmuster betrachtet.

Was bei einer solchen Betrachtung zumeist ausgeblendet wird, ist der Umstand, dass die affektive Bindung an ein ›Wir‹ zu den Voraussetzungen auch moderner demokratischer Gesellschaften gehört, weil sie die Bedingung für den sozialen Zusammenhalt und die Bereitschaft, füreinander einzustehen, ist. Sie ist Voraussetzung auch für alles andere – für die Verwirklichung von Freiheit, Gleichheit und Gerechtigkeit. Auf die Frage nach der Solidarität ist deshalb das Böckenförde-Theorem anzuwenden

---

1 | Der neue Nationalstolz zeigte sich etwa an der großen emotionalen Bedeutung der Deutschlandflaggen während der Fußball-WM 2006 oder auch in dem Slogan ›Wir sind Papst‹ anlässlich der Wahl Kardinal Ratzingers zum Papst im Jahr 2005. Die neuerliche Hinwendung zu einem nationalen Kollektivbewusstsein ist deshalb bemerkenswert, weil sie eine längere Phase ›postnationaler‹ Identitätssuche im Nachkriegsdeutschland ablöste.

2 | So zeigt eine Studie des Instituts für Protest- und Bewegungsforschung zu Einstellungen von PEGIDA-Aktivisten, dass das Bekenntnis zu einem starken Nationalgefühl von über 80 Prozent der Aktivisten geteilt wird (Kocyba 2016: 155). Auch die Ablehnung der Muslime und die Meinung, dass die Bundesrepublik »durch die vielen Ausländer in einem gefährlichen Maß überfremdet ist«, gehören zu den markanten Einstellungsmerkmalen der PEGIDA-Demonstranten (ebd.: 157).

(Böckenförde 1976: 60), wonach liberale Gesellschaften auf normativen Grundlagen basieren, die sie selbst nicht garantieren können. Demnach können Gesellschaften niemals allein auf den Wert der Freiheit gegründet werden, sie sind stets auf ein gemeinschaftliches Ethos angewiesen. Dieses wird in traditionellen Gesellschaften durch religiöse Bindungen begründet. In modernen westlichen Gesellschaften stellte die allgemeinste Form eines solchen ›Wir‹ bislang die Nation dar, die durch eine gemeinsame Sprache und Geschichte, Traditionen, Rituale, eine geteilte Öffentlichkeit und ein Zusammengehörigkeitsgefühl hervorgebracht und zusammengehalten wurde. Diese kulturellen Bindungen an die Gesellschaft sicherten die Sozialintegration und sollten Identität stiften.

Allerdings spiegelt sich die fundamentale Bedeutung von Solidarität und Gemeinschaft kaum in aktuellen Debatten wider. Zwar existieren zahlreiche Theorien, die sich mit Freiheit, Gleichheit und Gerechtigkeit befassen, aber es kann – mit Ausnahme der Soziologie Durkheims – kaum von einer *Theorie der Solidarität* gesprochen werden (Münkler 2004). Folgen wir Bernstein (1910: 134), dann ist Solidarität jedoch ein Lackmustest für die normative Integrationsfähigkeit demokratischer Gesellschaften. Nur wenn ein Minimum an Gemeinsinn vorliegt, kann eine Demokratie begründet werden, d. h. erwartet werden, dass in dieser Gesellschaft auch ein Interesse an der gemeinschaftlichen Verteidigung demokratischer Werte vorhanden ist. Die Bereitschaft zum Eintreten für das Gemeinsame lässt sich nicht ohne weiteres auf die ganze Welt übertragen. Alle Versuche, Solidarität zu einer Angelegenheit der Weltgesellschaft oder der Menschenrechte zu erklären, sind bisher daran gescheitert, dass die Welt auf kein gemeinschaftliches Identitätsgefühl zurückgreifen kann. Eine solidarische Weltgesellschaft existiert – bislang jedenfalls – noch nicht.

Diese theoretische Leerstelle korrespondiert mit einer generellen Blindheit für die fundierende Macht des Kollektivs. Das Auftauchen des Subjekts auf der Vorderbühne der Gesellschaft hat viele Denker dazu verleitet, Modernisierung in erster Linie als Prozess der *Herauslösung* des Einzelnen aus Kollektivbindungen und Traditionen zu denken. Das Subjekt wurde nicht nur als eigenverantwortlich handelnd, sondern auch als sich selbst gestaltend begriffen. Die Rede ist von der *reflexiven* Gestaltung von Biografie und Lebenslauf (Kohli 1985), von *Autonomisierung, Individualisierung* und *Singularisierung* (Rosanvallon 2013). Identitätsbildung werde zur Arbeit an der ›Besonderung‹ (Reckwitz 2017). In einer Gesellschaft, in der die *persönliche Initiative* an die Spitze der Bewertungskriterien, die den Wert des Individuums bemessen, steigt (Kaufmann 2005; Ehrenberg 2004), ist diese Fokussierung nicht verwunderlich. Sie entspricht einem gängigen Selbstmissverständnis, wonach die Gesellschaft von schicksalsbestimmten auf wählbare Bindungen, von Geburtsprivilegien auf Leistungen, von Herkunft auf Zukunft umgestellt habe. Sofern Kollektive und Gemeinschaften innerhalb dieses Selbstverständnisses überhaupt eine Rolle spielen, gelten sie als frei gewählt und scheinen jederzeit aufgekündigt werden zu können: ob Partnerschaften, Freundschaften oder Wohngemeinschaften, ob Nationalitäten, Arbeitsstellen, Ehrenämter oder Vereine. Diese Bindungen sollen nur so lange aufrechterhalten werden, wie es der Einzelnen gewinnbringend erscheint.

Doch finden sich moderne Lebensformen radikal – d.h. an der Wurzel – falsch verstanden, wenn man sie allein unter dem Gesichtspunkt der Individualität, der Wahlbindung und der Selbstgestaltung begreift. Die Idee der Individualität greift insofern zu kurz, als Subjektivität stets und in hohem Maße durch kollektive Identifikationen und Solidaritäten konstituiert wird. Auch der Wunsch nach Individualität, der mit der Hoffnung verbunden ist, jede kollektive Identität zerstreuen zu können, um die eigene Gesellschaft und Person vielfältig, multipel, hybrid und damit inklusiv zu gestalten, ist ein Begehren nach einem *bestimmten* Kollektiv, in dem diese Werte geteilt werden. Somit imaginieren auch alle *nicht* auf Homogenität zielenden sozialen Bewegungen eine Identität als ein *exklusives*, d.h. nach außen klar abgegrenztes Kollektiv, zu dem namentlich all jene als nicht als zugehörig betrachtet werden, die rassistisch, xenophob, ethnizistisch oder nationalistisch argumentieren.

Aber auch die Idee, dass moderne Lebensformen von Herkunftsbindungen auf Wahlbindungen umgestellt hätten, erweist sich bei genauerem Hinsehen als Irrtum. So erhöhen Vergesellschaftungsformen mit einem hohen Maß an Wählbarkeiten auch die Trennungsrisiken und können nur unter der Voraussetzung gelingen, dass das Subjekt im Notfall wiederum auf ›unverbrüchliche‹ Gemeinschaften – und das sind zumeist die qua Geburt zugewiesenen Bindungen – zurückgreifen kann. Im Notfall, also wenn alle Wahlbindungen versagt haben, wird die Solidarität von Herkunftsgemeinschaften wie die der Familie[3] oder des (Wohl-

---

3 | So beinhaltet individuelle Autonomie und Flexibilität für junge Erwachsene heute eine Ausdehnung der Adoleszenz bis ins mittlere Erwachsenenalter. Junge Erwachsene verbleiben länger im Ausbildungssystem und können sehr viel später

fahrts-)Staates in Anspruch genommen. Nicht obwohl, sondern *weil* diese nicht wählbar und mithin unverfügbar sind, können sie in die Lücken der aufgekündigten Wahlbindungen treten. Individualisierungsschübe erzeugen somit spiegelbildlich Kollektivierungsschübe. Sie ziehen Wahlbindungen aus dem Verkehr und ersetzen sie durch Herkunftsbindungen (Hondrich 1997).

Aus diesem Grund kann es nicht überraschen, wenn in der globalen Moderne, in der Flexibilität, also die generelle Bereitschaft zur Trennung, propagiert wird, Bindungen ganz allgemein, und auch die Bindung an ›das Volk‹, an die Ethnie, an die Familie, eine Aufwertung erfahren. Diese vermitteln nicht nur Zugehörigkeiten, sie vererben auch Privilegien. Die Familie etwa reicht nicht nur – etwa in Form von Vermögenstransfers – ökonomisches Kapital, sondern auch kulturelle Privilegien an die nächste Generation weiter (Bourdieu 1982).[4]

Auch die Staatsangehörigkeit vermittelt Ungleichheiten *qua Geburt*. Die Zugehörigkeit zu einem reichen nationalen Wohlfahrtsstaat ist mit einem hohen Niveau an Sicherheit, medizinischer Versorgung und Bildungsprivilegien verbunden. Eine deutsche Krankenschwester kann trotz im nationalen Vergleich geringen Einkommens und mittlerer Bildung ihre Kinder auf sehr gute Schulen schicken und medizinische Versorgung auf höchstem Niveau erhalten. Bei derartigen Leistungen handelt es sich um das Kollektiveigentum ›des deutschen Volkes‹, denn keine dieser Leistungen könnte sie von ihrem Einkommen allein bestreiten (Weiß 2017: 235 ff.). Umgekehrt gilt für die Bewohner des globalen Südens, dass über ihre Lebenschancen nicht so sehr das im Land erworbene Einkommen, die Bildung oder der Beruf, sondern primär das politische System entscheidet, in das sie hineingeboren werden (Korzeniewicz et al. 2009). Einwohner armer Länder können ihr Realeinkommen verdoppeln, verdreifachen oder verzehnfachen, nicht, indem sie einen Hochschulabschluss erwerben oder sich weiterqualifizieren, sondern indem sie in

---

in den Beruf einsteigen sowie auch später aus dem Elternhaus ausziehen (Bertram/Deuflhard 2015: 162).

4 | Aufgrund sozialer Schließungsprozesse und des Rückbaus wohlfahrtsstaatlicher Leistungen hat seit den 1990er-Jahren das Prinzip familialer Statusvererbung sogar noch an Bedeutung gewonnen, was in den privilegierten Schichten zu einer Kumulation von Herkunftsvorteilen führte. Vor allem die Bedeutung von Erbschaften ist enorm gewachsen (Mau 2015: 40 f.).

ein reiches Land auswandern (Milanović 2016: 143). Der Umstand, dass Staatsangehörigkeiten nicht durch Leistungen, sondern qua Geburt vergeben werden, stellt indes das Hauptversprechen liberaler Politik in Frage und erklärt auch die zentrale Rolle der Migration in der Weltpolitik. In einer global vernetzten Welt ist nach Meinung des bulgarischen Philosophen Ivan Krastev (2017: 38) der Weg in die Europäische Union für viele Menschen attraktiver als ein möglicher politischer Fortschritt im eigenen Lande.

Nation, Staat und Solidarität

Die Staatsbürgerschaft in westlichen Gesellschaften rekurriert auf eine Synthese von Staat und Nation, die nur in Europa selbstverständlich zusammenfallen; in außereuropäischen Staatengebilden hat sie lediglich wenig erfolgreiche Nachahmungen gefunden (Münkler 1996). Staat und Nation sind nicht dasselbe: Preußen war ein Staat ohne Nation, Russland war eine Nation innerhalb eines größeren Reichs. Für die Generierung von Solidarität und Zugehörigkeit, also für die kulturelle Dimension des Wir-Gefühls, ist eher die Nation als der Staat zuständig; dass diese politisch wirkmächtig wird, hängt wesentlich an der Organisationsform des Staates. Der Staat ist die institutionelle Gestalt, welche die Systemintegration sichert, die Nation hingegen die ›imaginierte Gemeinschaft‹, die den Zusammenhalt sichert. Was den Nationalstaat auszeichnet, ist somit die Zusammenführung von hoher Steuerungsfähigkeit mit Mobilisierungs- und Solidaritätsbereitschaft. Keine andere Ordnung ist je in der Lage gewesen, eine derart hohe Opfer- und Identifikationsbereitschaft von ihren Angehörigen zu verlangen und zu erlangen. Und keine ist je in der Lage gewesen, ein solches Maß an solidaritätsgestützter Wohlfahrtssicherung und ein derartiges Niveau an öffentlichen Dienstleistungen herzustellen, wie der Nationalstaat (Münkler 2004).

Was aber, wenn wir zu dem Ergebnis kommen, dass die Nation diesen Zusammenhalt nicht länger gewährleisten kann? Was wäre, wenn die solidarischen Grundlagen der Nation in der Gegenwart abschmelzen wie Gletscher in Zeiten globaler Erwärmung? Genau dies scheint, wie zahlreiche sozialwissenschaftliche Studien, insbesondere die Robert Putnams (2001), nahelegen, zunehmend der Fall zu sein. Der Wohlfahrtstaat erodiert, Gewerkschaften, Verbände und Parteien verzeichnen Mitgliederrückgänge, Klassen- und Berufssolidaritäten lösen sich auf. Zudem zeigt sich eine abnehmende Bereitschaft, in das Kollektiveigentum einzuzahlen und seinen nationalgesellschaftlichen Solidaritätsverpflichtungen nachzukommen. Aber auch die Bereitschaft der Privilegierten, sich am Ausbau öffentlicher Infrastrukturen zu beteiligen, sinkt, wo diese ihre Lebensräume abschotten. Dieser Trend wird durch Globalisierung und Zuwanderung noch verstärkt.

Insbesondere für Reiche sind neue Möglichkeiten der Beitragsflucht entstanden. Dank der globalen Mobilität von Kapital und Unternehmen und der Entnationalisierung von wirtschaftlichen Beziehungen können reiche Bürger sich ihren Solidaritätspflichten leichter entziehen, indem sie etwa Steueroasen aufsuchen oder sich anderweitig den solidarischen Verpflichtungen ausweichen. Ähnliche Exitoptionen und Vorteilsnahmen werden von Unternehmern realisiert, die Standorte verlagern, um Lohnkosten und Steueraufkommen zu senken und kostspielige Auflagen zum Schutze der Beschäftigten zu vermeiden, während sie selbst alle Vorteile der (steuerfinanzierten) Infrastrukturen sowie des Gesundheits- und Bildungssystems in ihren Heimatstaaten genießen. Dies erschüttert die legitimatorische Basis bestehender Solidarsysteme, weil die Kosten der Sozialsysteme innerhalb der jeweiligen Nationalstaaten auf weniger Schultern verteilt werden und die Anforderungen an die verbleibenden Akteure in unzumutbarer Weise wachsen. In Gesellschaften mit offenen Grenzen multiplizieren sich die Möglichkeiten des Trittbrettfahrens sowohl auf der Seite der Einzahler (etwa durch Steuerflüchtlinge) wie auch auf Seiten potenzieller Nutznießer (vorgeblich durch Einwanderer, die noch nicht in das Kollektiveigentum eingezahlt haben). Je weniger eng die Grenzen des Bürgerstatus gezogen und je niedriger die Ein- und Austrittsbarrieren gehalten werden, desto weniger lassen sich größere Steuerlasten und Solidaritätszumutungen für die ›gewöhnlichen‹ Beitragszahler rechtfertigen, weshalb offene Staaten dazu neigen, ihr Wohlfahrtsniveau abzusenken. Die USA sind als traditionelles Einwanderungsland mit ihren niedrigen Sozialstandards ein Beispiel hierfür.

Wenn Solidarität tatsächlich, wie angenommen, die Voraussetzung für das Funktionieren von Gesellschaften ist, welche Möglichkeiten bestehen dann in postnationalen Gesellschaften, um äquivalente sozialmoralische Grundlagen zu schaffen? Zunächst einmal ist, wie bereits gesagt, die Idee einer solidarischen Weltgemeinschaft nicht haltbar. Untersuchungen zeigen, dass solidaritätsgenerierende Inklusionen umso besser funktionieren, je schärfer und stärker auch ihre Exklusionsmechanismen ausgeprägt sind. Je exklusiver die Gemeinschaft, desto größer die Selbstbindung sowie die Bereitschaft, sich den normativen Zwängen und Anforderungen der Gemeinschaft freiwillig zu unterwerfen. All dies deutet darauf hin, dass der Zenit dieses Sonderfalls der Synthese von Nation und Staat überschritten ist und dass das hohe Ausmaß an Solidarleistungen von zukünftigen politischen Einheiten voraussichtlich nicht mehr erreicht werden wird. Religiöse, weltanschauliche und auch ethnische Gemeinschaften werden in postnationalen Gesellschaften aller Voraussicht nach noch an Bedeutung gewinnen. Was in Gesellschaften mit schwachen Staaten immer schon selbstverständlich war, trifft nun in zunehmender Weise auch auf westliche Gesellschaften zu: Die Solidarität wird partikularisiert und an politische, religiöse oder ethnische Identitäten gebunden – neue und alte.

Neue solidaritätsstiftende Gemeinschaften sind derzeit in zwei unterschiedlichen Varianten zu beobachten. Sie können sich einerseits im Modus *sozialräumlicher Enklavenbildung* artikulieren und Schließungen vorwiegend nach unten, gegenüber weniger privilegierten oder ärmeren Bevölkerungsgruppen, vornehmen. Sie können aber auch im Modus *politischer Schließungen*, wie im vorigen Kapitel am Beispiel von Neogemeinschaften dargelegt, operieren. Beiden Formen der Gemeinschaftsbildung ist gemeinsam, dass sie sich nicht mehr an eine die Gesellschaft übergreifende Form der Solidarität oder der sozialen Gerechtigkeit gebunden fühlen, sondern partikularistisch operieren. Aufgrund des Fehlens einer übergreifenden Schlichtungsinstanz erhöht sich damit auch das Risiko des Aufbrechens von *unbounded cleavages*, d.h. von ›ungebändigten‹ ethnischen, religiösen oder regionalen Konflikten, im Inneren von Nationalstaaten. Prozesse der Internalisierung und sozialpolitischen Zähmung von Ungleichheitskonflikten und Spaltungslinien, die den Prozess der Nationenbildung im 19. Jahrhundert begleitet haben, würden dadurch partiell rückgängig gemacht.

Wie eng politische Identitäten und Gemeinschaften in der Moderne an die Strukturen des Nationalstaates gekoppelt waren, hat Stein Rokkan (2000) paradigmatisch an der europäischen Geschichte der Nationenbildung gezeigt. Die Herausbildung des Nationalstaates und der Klassengesellschaft als primärer Form der Gruppenbildung gingen Hand in Hand. Die seit dem 18. Jahrhundert in Europa stattfindende Nationenbildung erfolgte auf unterschiedlichen Ebenen und war nach Rokkan eine zentrale

Voraussetzung für Demokratisierungsprozesse. Neben der Staatsbildung im engeren Sinne, die mit dem Aufbau und der Verteidigung äußerer Grenzen sowie der Herausbildung eines Gewaltmonopols und eines zentralistischen Herrschaftsapparats verbunden war, hat die kulturelle Standardisierung mittels Durchsetzung einer einheitlichen Volkssprache (Vernakularisierung), der Verbreitung von Massenmedien, Massenkultur und Schulpflicht zur inneren Nationenwerdung, d.h. zur Herausbildung eines gesellschaftlichen ›Wir‹ beigetragen, der ›imaginären‹, weil immer nur vorgestellten, Gemeinschaft der Nation. Durch öffentliche Bildungs-, Medien- und Kulturbetriebe konnte eine gemeinsame Hochsprache und eine gemeinsame Kultur geschaffen werden. Die Egalisierung der Partizipationsrechte und die Ausweitung des Wahlrechtes auf alle Bevölkerungsgruppen schuf eine politische Staatsbürgerschaft. Die Herausbildung eines Wohlfahrtsstaates kulminierte schließlich in einer sozialen Staatsbürgerschaft, die Benachteiligungen in soziale Anrechte übersetzte.

Der Übergang von den Feudalstrukturen in die Moderne wurde somit durch die Herausbildung nationaler Identitäten ermöglicht. Die Loyalität gegenüber dem Monarchen, dem Adel, den Freiherrn und den Fürsten wich der Bindung an den Nationalstaat. Erst die Ablösung der Träger der Feudalordnung und ihrer Ständestruktur durch Menschen, die den Nationalstaat stützten, ermöglichte den Weg in die Moderne. Moderne Staatsbildung lief darauf hinaus, den unbestrittenen Vorrang der politischen und militärischen Einheit des Staates gegenüber allen anderen gesellschaftlichen und kulturellen Räumen durchzusetzen. Der Territorialstaat wurde zum geografischen Container der modernen Gesellschaft.

Unter diesem Blickwinkel lässt sich die Geschichte der Staatswerdung und Nationenbildung in Europa als ein Prozess der Internalisierung von Spaltungslinien und der Zähmung ethnischer, religiöser und sozialer Konfliktlinien verstehen. Diese historische Konstellation wird treffend als *bounded cleavages*, als gleichsam ›eingehegte‹ Spaltungslinie, bezeichnet (Bach 2008). Die im vorstaatlichen europäischen Raum existierenden ethnischen und religiösen Gemeinschaften, Sprachgruppen, Konfessionen und Gruppen mit ihren je eigenen Grenzziehungen und territorialen Identitäten wurden im Zuge der Formierung von Flächenstaaten in die staatlich organisierten geschlossenen Nationalgesellschaften hineingenommen und fanden im System sozialer Ungleichheiten einen festen Platz (Flora 2000). Dieser Prozess lässt sich etwa auch an der deutschen Wiedervereinigung veranschaulichen. Durch die Wiederherstellung eines gesamtdeutschen Sozialraums nach dem Fall der Mauer wurden die kulturellen und sozialen Disparitäten, die sich in der Zeit der Doppelstaatlichkeit zwischen den alten und den neuen Bundesländern entwickelt hatten, in das vorherrschende Deutungsmuster der sozialen Ungleichheit überführt – mit den bekannten Folgekosten, die mit den Transferzahlungen an die neuen Bundesländer im Zeichen nationaler Solidarität verbunden sind.

Der Weg in die Moderne wurde somit von einem systematischen Prozess der Nationenbildung begleitet; die Identifikation mit der Nation war eine progressive, keine regressive Kraft. Die Ausdehnung von Staatsbürgerrechten wirkte sich als integrativer Mechanismus auf ethnische, religiöse und regionale Spaltungen aus, die im Laufe des 20. Jahrhunderts durch deren sozialpolitische Umdeutung gleichsam eingehegt werden konnten. Infolgedessen definieren sich Staatsbürger nicht mehr primär als Katholiken oder Protestanten, sondern vielmehr über ihren Berufsstand, etwa als Handwerker, Bürger, Bauern oder Arbeiter. Politische Parteien, welche die Interessen jeweils einer dieser Gruppen vertreten, übernahmen eine Schlüsselrolle bei der Stabilisierung des Gesamtsystems (Mouffe 1993).

Die Fragmentierung der Mittelschicht

Vieles deutet nun darauf hin, dass unter den Bedingungen der Globalisierung unterschiedliche Aspekte der Staatsbürgerschaft abgetragen werden und innergesellschaftliche Klassenkonflikte infolgedessen in den Hintergrund treten, während sich die alten *unbounded cleavages* erneut einen Weg in die Gesellschaft bahnen. In einem offenen Gemeinwesen mit unklaren Grenzen wird zunächst die soziale Staatsbürgerschaft problematisch: Strittig wird etwa, wer in einem transnationalisierten Gemeinwesen zu den Einzahlern und wer zu den Nutznießern des Kollektiveigentums gehören soll. Aber auch die Idee der politischen Staatsbürgerschaft erodiert: Was bedeutet Demokratie in einer Welt, in der relevante politische Entscheidungen nicht mehr durch die Volksparteien, sondern im Rahmen supranationaler Regierungen, Organisationen (zum Beispiel NGOs) und Kommissionen gefällt werden, also durch Entscheidungsinstanzen, die nicht durch das Volk gewählt wurden und außerhalb dessen Verfügungsmacht stehen (vgl. Kapitel 2)? Schließlich verändern sich auch die kulturellen Grenzen der Nation. Die Internationalisierung des Bildungssystems, die Ausdehnung des Privatschulwesens, die Fragmentierung von Öffentlichkeiten durch die Sozialen Medien und die Herausbildung eines globalen Kulturkapitalismus lockern den kulturellen Zusammenhalt der ›Nation‹ und eröffnen den Raum für transnationale Hybridisierungs- wie auch für subnationale Spaltungs- und Fragmentierungstendenzen.

In der Phase des Frühkapitalismus stand der Konflikt zwischen Kapital und Arbeit im Vordergrund. Die Gesellschaft spaltete sich in zwei antagonistische Klassen: die Bourgeoisie, d. h. die soziale Klasse der Eigentümer des Kapitals, auf der einen Seite und das Proletariat, also die durch das Kapital ausgebeutete Klasse der Anbieter von Arbeitskraft, auf der anderen. Kommunistische und sozialdemokratische Parteien repräsentierten das Proletariat. Das politische Subjekt der Arbeiterklasse stand daher lange Zeit im Zentrum politischer Konflikte und politischer Repräsentationen.

In der Mitte des 20. Jahrhunderts trat die Arbeiterklasse als politisches Subjekt in den Hintergrund und ein neues Kollektivsubjekt betrat die gesellschaftliche Bühne: die *Mittelschicht*. Ihr Erscheinen verdankt sich der »Erfindung des Sozialen« (Castel 2000) und dem Versprechen auf ›Wohlstand für alle‹. Der Ausbau des Sozialstaates mit seinen sozialen Sicherungsgarantien, insbesondere seinen Versicherungen für Arbeitslosigkeit, Krankheit, den Scheidungsfall und die Zeit nach dem Ausscheiden aus dem aktiven Berufsleben, sorgte für die Integration aller Gruppen in ein sozial durchlässiges Tableau der Erwerbsklassen. Die Mittelschicht wurde gesellschaftliche Integrationsinstanz, ein sozialer Ort mit weichen Rändern und fließenden Übergängen, und entwickelte sich buchstäblich zum sozialen Zentrum, um das sich alles dreht und auf das hin alle politischen Aktionen gedacht wurden. Die Ausdehnung der Mitte hatte zur Folge, dass mittelständische Lebensweisen und Werte wie Leistungsorientierung, Disziplin und Strebsamkeit für die Gesellschaft im Ganzen verbindlich und zum Normgeber wurden (Koppetsch 2013). Die Mittelschicht wurde zum ›stilgebenden Großmilieu‹ westlicher Gesellschaften im 20. Jahrhundert (Lessenich 2009: 4). Alle, die über entsprechende Fähigkeiten und Wertorientierungen verfügten, sollten uneingeschränkten Zugang zur Mitte haben (Münkler 2010). Sozialstaat, Volksparteien, Gewerkschaften: Die gesellschaftliche Mitte wurde zu einem Übersubjekt, sie repräsentierte das gesellschaftliche Ganze und konnte durch die

Inklusion immer weiterer Teile der Bevölkerung unantastbare Legitimität gewinnen.

Heute ist die Stellung der Mittelschicht als Schlüsselkollektiv und integratives Großmilieu innerhalb westlicher Nationalstaaten aufgrund von Schrumpfungs- und Fragmentierungsprozessen fraglich geworden. Wie Milanović (2016) und Piketty (2014) gezeigt haben, sind die Mittelschichten in den westlichen Demokratien in den letzten drei Jahrzehnten nicht nur geschrumpft, auch ihr Anteil am Gesamteinkommen ist gesunken, wohingegen die Reichen an ökonomischer Stärke gewinnen konnten. Es kam durch Einkommenszuwächse und Vermögenskonzentration in den oberen Einkommenssegmenten zu einer Verschiebung der wirtschaftlichen Stärke von der Mitte hin zur Spitze.[5] Dieser Wandel ist in den USA besonders ausgeprägt. Das Einkommen der reichsten fünf Prozent der US-Amerikaner ist fast so hoch wie das der gesamten Mittelschicht des Landes (Milanović 2016: 207). Auch in anderen Ländern steigt der Einkommensanteil der Reichen, während der Bevölkerungsanteil und das Realeinkommen der Mittelschicht sinken.[6] Da ökonomische Vor- und Nachteile immer weiter kumulieren und sich zunehmend selbst verstärken, wurde eine soziale Polarisierung in Gang gesetzt.

Zugleich ist die Hauptfunktion der Mittelschicht, nämlich die, Trägerin des demokratischen Kapitalismus zu sein, gefährdet. Durch polarisierende Ungleichheiten und Schrumpfungsprozesse hat die Mittelschicht an wirtschaftlicher wie auch an politischer Macht eingebüßt, womit auch die gesellschaftliche Funktion der Mittelschicht, zwischen oben und unten zu vermitteln, bedroht ist. Kürzungen im öffentlichen Gesundheits- und Bildungswesen, steigende Gebühren für öffentliche Dienste wie Freibäder, Museen, Verkehrsbetriebe, Ärzte und Ausbildungskosten, die

---

5 | Neuere Auswertungen der Langzeitstudie des Sozio-oekonomischen Panels (SOEP) belegen, dass in den Jahren 2000-2013 die Einkommen der obersten zehn Prozent aller Haushalte um 13 Prozent gewachsen sind, wohingegen die der Mittelschicht faktisch stagnierten und die untersten 40 Prozent Einkommensrückgänge hinnehmen mussten (Grabka/Goebel 2013: 15).

6 | In Deutschland ist die Mittelschicht geschrumpft (Grabka/Frick 2008) und zudem sind zwischen 1992 und 2005 reale Einkommenszuwächse nur bei den reichsten zehn Prozent der Bevölkerung angefallen (Bach 2013: 15). Dies bedeutet, dass das gesamte Wirtschaftswachstum innerhalb dieses Zeitraums allein den ökonomisch Stärksten zugute kam.

Anhebung des Rentenalters oder die Flexibilisierung des Arbeitsmarktes, welche die Marktrisiken auf Arbeitnehmer abwälzt, sind immer auch Angriffe auf die Mittelschicht, die entgegen der Propaganda, dass der Wohlfahrtsstaat primär den Armen helfe, in Wahrheit selbst immer die größte Nutznießerin des Wohlfahrtsstaates war und ihn am entschlossensten verteidigt. Heute ist ein umfassender sozialstaatlicher Flankenschutz weder im Alter noch im Erwerbsleben vorgesehen. Selbstoptimierung und Weiterqualifizierung, eigenfinanzierte Altersvorsorge und private Zusatzversicherung, teure Ausbildungen der Nachkommen und deren Unterstützung in der langgezogenen, unsicheren Phase des Berufseinstiegs (Marg 2014: 168f.) stellen die Reproduktion der eigenen Lebensführung in die *private* Verantwortung.

Die Folge ist, dass die Lebensbedingungen und Lebensräume im Inneren von Nationalstaaten zunehmend ungleicher geworden sind und sich durch Prozesse sozialer Schließung sowie durch die Aufnahme unterschiedlicher Gruppen von Einwanderern auch kulturell diversifiziert haben, ohne dass damit das Wiederaufleben der traditionellen Klassenkonflikte verbunden wäre. Von Bedeutung ist dabei auch, dass Migrationsbewegungen aus Regionen des globalen Südens in die westlichen Gesellschaften Europas und Nordamerikas deutlich zugenommen haben. So gibt es heute in allen westeuropäischen Ländern größere muslimische Bevölkerungsgruppen, die sich oft über nationalstaatliche Grenzen hinweg vernetzen. Daher stellt sich die Frage, ob im Zuge von Transnationalisierung und Globalisierung traditionelle Formen sozialer Zugehörigkeiten entlang von Erwerbs- und Sozialklassen gegenüber ethnischen und religiösen Formen der Gruppenbildung an Bedeutung verlieren.

GRENZBEFESTIGUNGEN UND DIASPORAS

Ein solches Szenario wird etwa von Maurizio Bach (2008) in Bezug auf den europaweiten Sozialraum prognostiziert. Demnach ist die Domestikation von Konfliktlinien durch das Deutungssystem der Klassengesellschaft in neuerer Zeit durch die EU-Erweiterungen in Frage gestellt worden. Bereits vor der Osterweiterung im Jahre 2004 lebten insgesamt mehr als 50 Millionen (von insgesamt 344 Millionen) Menschen in der EU, deren Muttersprache nicht Amtssprache ihres Aufenthaltslandes war. Nationale Identitätsfragen gewinnen unter diesen Voraussetzungen an Brisanz, auch hat die Bedeutung der religiösen Dimension trotz fortschreitender Säkularisierung in Europa deutlich zugenommen. Als Folge der Grenzabbaus und der neuen Durchlässigkeit der Staatsgrenzen im Binnenraum der EU wird eine Entkoppelung der Grenzen von ihren Bezugsgesellschaften vorgenommen. Bach sieht die Herausbildung eines neuen europäischen Musters sozialer Ungleichheit, das durch die territoriale Grenzexpansion ausgelöst worden ist und durch *unbounded cleavages* geprägt sein wird.

Verallgemeinernd kann man sagen: Die Vorgänge der Externalisierung und Internalisierung von *cleavages* sind komplementäre soziale Prozesse. Grenzbefestigungen nach außen ermöglichen die Externalisierung sozialer Kosten und Folgeprobleme in Räume jenseits der jeweiligen Grenzziehungen. Umgekehrt gehen Grenzexpansionen oftmals mit der Internalisierung von Konfliktpotenzialen einher. Dies zeigt sich auch in Deutschland, wo durch die Masseneinwanderung politische Konflikte anderer Gesellschaften internalisiert worden sind: Die Konflikte zwischen Türken und Kurden spielen längst nicht mehr nur auf dem Boden der Türkei eine Rolle, sondern werden auch in Deutschland ausgetragen. Massenhafte Einwanderung kann also unter bestimmten Bedingungen dazu führen, dass sich der Zugriff des Staates auf seine Einwohner lockert und globale politische Spaltungen entstehen, die sich über unterschiedliche Territorien erstrecken.

Im Zuge der Migrationsbewegungen sind zudem, wie bereits gesagt, transnationale Gemeinschaften entstanden, die man als Diasporas im weitesten Sinne verstehen kann: Gruppen, die eine Herkunft, häufig auch eine Sprache und eine Religion teilen, bilden lokale Gemeinschaften, die zugleich überregional untereinander sowie mit dem Herkunftsland vernetzt sind und oftmals eine deutliche kulturelle Orientierung am Herkunftsland bewahren. Auch diese Diasporas unterlaufen die Grenzen des Nationalstaates. Sie sind zudem von wachsender ökonomischer Bedeutung, da die Migranten beträchtliche Summen an die Familien in den Herkunftsländern, zu denen sie nach wie vor eine enge Beziehung unterhalten, überweisen. So können etwa Migrationsnetzwerke zwischen Mexiko und den USA oder zwischen der Türkei und Deutschland beobachtet werden, die so dauerhaft sind, dass sich in ihnen transnationale Familien und Solidaritätsnetzwerke entwickeln (Pries 1997; Faist 2000; Levitt et al. 2004; Weiß 2017). Etwa zehn Prozent der Migranten entwickeln selbst eine transnationale Lebensführung, indem sie zwischen zwei oder mehr Ländern pendeln. Andere bleiben über Familienbeziehungen mit der Herkunftsregion verbunden. Dritte wandern zurück oder ihre Kinder bauen eine neue Beziehung zum Herkunftsland der Großeltern auf. Transnationale Communities entstehen außerdem durch die Globalisierung professioneller Handlungsfelder (Djelic/Quack 2010). Hier müssen die Beschäftigten nicht wandern, um über ihr Qualifikationsprofil in ein transnationales Segment des Arbeitsmarktes eingebunden zu werden. Beschäftigte in global agierenden Unternehmensberatungsfirmen verkaufen transnational nachgefragte Fachkompetenzen. Sie arbeiten auf Englisch und zeigen entweder virtuell oder durch Kurzreisen Präsenz an zahlreichen Standorten Europas. Damit sind sie in transnationale epistemische Gemeinschaften und grenzüberschreitende Arbeitsmärkte eingebunden (Pries 2008). Sie leben in einer »globalen Stadt« (Sassen 1991), in der sich Lebenswelten unterschiedlicher geografischer Standorte und Länder *überschneiden*, ohne sich im sozialen Sinne zu *berühren* (Albrow 1997). Auch hier entkoppeln sich Sozial- und Flächenräume: Es entstehen plurilokale Verflechtungen, die Ländergrenzen überschreiten und auch nicht mehr im herkömmlichen System nationaler Klassenstrukturen abgebildet werden können.

POSTNATIONALE KLASSEN: EINE NEUE GEOGRAFIE SOZIALER GRENZEN UND ZUGEHÖRIGKEITEN

Wie bereits in Kapitel 1 angeschnitten, sehen wir möglicherweise einer Zukunft entgegen, die ein vollständig neues Imaginarium sozialer Ordnung und sozialer Zugehörigkeit beinhaltet: Das Bild der Klassengesellschaft im nationalen Container könnte der Vorstellung eines transnationalen Flickenteppichs verschiedenster Zugehörigkeiten und Gemeinschaften weichen. Allerdings verschwinden Klassenstrukturen deshalb nicht einfach. Vielmehr verlagern sich diese ebenfalls zunehmend auf neue Sozialräume jenseits des Nationalstaates und verschmelzen auf spezifische Weise mit immer stärker international vernetzten Diasporas. Derartige Neuverknüpfungen prägen Klassenschicksale vor allem am oberen und am unteren Ende der Sozialstruktur. Hier kommt es zur Herausbildung *postnationaler Klassen*.

In seinem Buch »Im Weltinnenraum des Kapitals« erklärt Peter Sloterdijk (2006), wie das Weltsystem im Zuge der heutigen Globalisierung seine Entwicklung abgeschlossen und sich als ein kapitalistisches System, das sämtliche Lebensbedingungen bestimmt, etabliert hat. Als erste Metapher dieses System beschreibt Sloterdijk den Kristallpalast in London, den Ort der ersten Weltausstellung 1851. Dieser symbolisiert die unvermeidliche Exklusivität der Globalisierung als Erbauung und Ausdehnung eines Weltinnenraums, dessen Grenzen unsichtbar, aber von außen unüberwindlich sind und der von eineinhalb Milliarden Globalisierungsgewinnern bewohnt wird. Dreimal so viele stehen draußen vor der Tür. Die Paradoxie besteht nun darin, dass die Globalisierung, die für Offenheit und Eroberung steht und in den ›offenen‹ Gesellschaften die größten Erfolge zeitigt, einen in sich geschlossenen Globus erzeugt, der das Innere vom Äußeren trennt, indem er eine radikale Klassentrennung über den gesamten Globus einführt und damit diejenigen, die durch diese Sphäre geschützt sind, von denjenigen außerhalb ihres Schutzes trennt. Öffnung und Schließung sind somit unauflösbar aufeinander verwiesen. Nur bestimmte Ereignisse, wie die Pariser Terroranschläge von 2015 und die Fluchtmigration nach Europa von 2015 und 2016, erinnern für einen Augenblick an die gewalttätige Welt außerhalb der Kuppel, doch die zugrundeliegenden Realitäten, die sich den ›Insidern‹ oft nur in Form von Fernsehnachrichten über ferne Länder darstellen, werden (noch) nicht als Teil der ›eigentlichen Realität‹ innerhalb der Enklaven angesehen.

Was Sloterdijk hier für das gesamte Weltsystem der Globalisierung beschreibt, lässt sich auch auf andere Prinzipien der Enklavenbildung übertragen. Auch Nationalstaaten verhalten sich wie Kuppeln, die ein geschütztes Innen von einem unwirtlichen Außen trennen. Deren Schutzfunktion erodiert jedoch in dem Maße, wie diese an wirtschaftlicher und politischer Souveränität einbüßen. Freihandel, Finanzmärkte, Migrationsströme und multikulturelle Offenheit haben einen globalen Fluss von Kapital, Menschen, Finanzen, Ideen, Kulturen, Religionen, Bräuchen und Terrorismus erzeugt, der nationale Grenzen erodieren lässt (Brown 2017: 10). Doch auch hier führt Grenzöffnung nicht einfach zur Offenheit, vielmehr verlagern sich Grenzfunktionen auf neue politische, gesellschaftliche und räumliche Strukturen oberhalb und unterhalb der Ebene des Nationalstaates. Auf der einen Seite kommt es zum Aufschwung supranationaler Steuerungsinstanzen (wie der Europäischen Union), gleichzeitig ist der Bedeutungsverlust nationaler Regulierung mit einem Bedeutungsgewinn politischer Instanzen auch unterhalb der nationalen Ebene verbunden, etwa der Städte und Regionen.

Dabei spielen die großen Städte, vor allem die *global cities*, eine Schlüsselrolle, weil sie das Prinzip der Glokalität, also das Wechselspiel zwischen globalen Strukturen und deren lokaler Reproduktion, verkörpern und die *neue Topografie einer postnationalen Klassengesellschaft*, die sich weitgehend aus dem Container des Nationalstaates herausgelöst hat, prägen (Sassen 2007). Die Herausbildung globaler Finanz-, Handels- und Produktionssysteme benötigt eine große Zahl hochqualifizierter Manager, Juristen, Berater, Designer, Ingenieure, Forscher und Wissenschaftler, die eine neue transnationale professionelle Klasse bilden und die sich im Unterschied zur traditionellen Führungsschicht nicht durch ihre Position innerhalb einer hierarchischen Struktur, sondern über Mobilität und Netzwerke, d. h. ihr Volumen an *Sozialkapital*, definieren. Diese neue Klasse genießt weitgehende Freizügigkeit. Sie verfügt über spezifische Visa und rechtliche Privilegien hinsichtlich grenzüberschreitender Mobilität. Am unteren Ende der Sozialstruktur befindet sich ebenfalls eine globale Klasse, die Klasse der Niedriglohnarbeiter, die sich in hohem Maße aus Migranten ärmerer Länder rekrutiert (vgl. Einleitung und Kapitel 3). Auch diese Klasse ist ein Produkt der Globalisierung und in den letzten Jahren, aufgrund des Wachstums im Baugewerbe sowie dem wachsenden Bedarf im Niedriglohnbereich und bei einfachen Dienstleistungen, ebenfalls angewachsen. Die großen Städte spielen auch deshalb eine wichtige Rolle in der Formierung neuer postnationaler Klassenstrukturen, weil sie globale Eliten und die neue migrantische *service class* durch private Haushalte miteinander verknüpfen. Denn letztere tritt in wachsendem Umfang in die Dienste der transnationalen professionellen Klasse.

SOZIALRÄUMLICHE TRENNUNG UND ABSPALTUNG DER PRIVILEGIERTEN

Zur Topografie der postnationalen Klassengesellschaft gehört darüber hinaus auch die Errichtung von prosperierenden Zonen und *gated cities*, in denen die Erfolgreichen eine vollständige sozialräumliche Abspaltung ihrer gemeinschaftlichen Ressourcen von den Infrastrukturen des Landes vollziehen können, indem sie exklusive soziale Räume und Infrastrukturen herausbilden und nicht mehr in die öffentlichen Systeme investieren (Bauman 2009: 63). Dieses Muster hat sich vor allem in den USA und in den Megacities Asiens und Lateinamerikas etabliert (Brenner 2006), in denen eingefriedete, umzäunte Stadtteile mit entsprechendem Sicherheitspersonal errichtet werden (Wehrheim 2012) – und gleich daneben Slums, in denen die Armen leben, die kaum für das Überlebensnotwendige aufkommen können. Die Bewohner dieser Stadtteile verfügen über ihre eigenen Kindergärten, Schulen, Freizeitanlagen, Sicherheitsdienste, Krankenhäuser und Betreuungseinrichtungen.

Sollten sozioökonomische Polarisierungstendenzen weiterhin anhalten, wird dieser Trend auch in Europa verstärkt zu beobachten sein. Schon jetzt treten auch in den traditionellen Großstädten Westeuropas private Versorgungsleistungen oft an die Stelle der traditionellen öffentlichen Infrastrukturen. Es sind vor allem urbane Kosmopoliten, die inzwischen höhere Ansprüche an öffentliche Einrichtungen, Bildung und Existenzfürsorge stellen. So verfügen die reichsten unter ihnen (in Deutschland immerhin zehn Prozent der Gesamtbevölkerung) über genügend Mittel, eigene Versicherungen abzuschließen, nach Belieben exklusive Bildungstitel auch im Ausland zu erwerben, die Kinder auf Privatschulen zu schicken und im Krankheits- und Notfall für sich selbst einzustehen. Insbesondere in gemischten Stadtteilen steigen die Privilegierten aus den öffentlichen Infrastrukturen und den staatlichen Systemen der Daseinsvorsorge aus, um Dienstleistungen besserer Qualität, vor allem im Bildungs- und Gesundheitswesen und im Sicherheitsbereich, privat zu finanzieren. Unterdessen versuchen die weniger Begüterten, die Lücken zu schließen, die der Rückzug des Wohlfahrtsstaates in den weniger privilegierten Regionen und Stadtterritorien hinterlassen hat. Hinzu kommt, dass Mobilitätsprozesse eine Kommodifizierung nahelegen: In einer nomadischen Welt, in der das Kollektiveigentum zunehmend durch private Daseinsfürsorge ersetzt wird, treten Versicherungspolicen an die Stelle von Gemeinschaften.

Ergänzt finden sich Schließungstendenzen der Gutsituierten durch die Gentrifizierung attraktiver innerstädtischer Lagen in postindustriellen Städten. Vordergründig wird hier multikulturelle Vielfalt und bunte Urbanität nach dem Vorbild der traditionellen Stadt kultiviert. Doch unter der Hand hat sich ›Urbanität‹ längst zu einem Ausstattungsmerkmal für gehobene Schichten transformiert. Man kauft sich in teure städtische Lebensweisen ein: als Tourist, als Eigentümer oder Mieter überteuerter Immobilien oder auch schlicht als Konsument urbaner Freizeitsettings (Prigge 1998: 6). Die ehemals bestehenden politischen und solidarischen Bindungen spezifischer Gruppen an städtische Territorien sind längst

6. Dialektik der Globalisierung 195

aufgehoben. Die Stadt wird zu einem Wohn- und Konsumraum für die Besserverdienenden. Diese Tendenz wird durch einen Funktionswandel städtischer Wohngebiete, einem neoliberalen Wandel der Wohnbaupolitik vom sozialen Wohnbau hin zum Investoren-Städtebau (Dlabaja 2017) und einer Tendenz zur Suburbanisierung begleitet, deren sichtbarstes Zeichen die Herausbildung von städtischen Agglomerationen, den sogenannten »Zwischenstädten« (Sieverts 1997), darstellt. Die traditionelle europäische Stadt mit ihrer klassischen Zentralität, Dichte und Urbanität (Sieverts 1997: 32 ff.) bleibt allerdings als Wunschbild erhalten (Prigge 1998: 6 f.). Stadt-Architekturen werden restauriert, innerstädtische Fragmente zu Erlebniskulissen für Konsum, Freizeit und Tourismus formiert – hier steht das Bild der europäischen Stadt in historischer Kulisse wieder auf. Damit verbunden ist das käufliche Privileg, sich in solchen Räumen aufzuhalten.

Ein weiterer Aspekt der Schließung ist der Mitte der 1990er-Jahre einsetzende und bis heute anhaltende Trend der sozialräumlichen Segregation innerhalb von Städten.[7] Die soziale Entmischung ist trotz des Wirtschaftsaufschwungs im letzten Jahrzehnt und vor allem in solchen Städten stärker angestiegen, in denen mehr Familien mit kleinen Kindern leben. Interessanterweise forcieren Privatschulen Prozesse der Desegregierung, weil sie Ausweichmöglichkeiten für Privilegierte darstellen, die ihre Kinder nicht auf die behördlich zugewiesene Schule schicken wollen (Helbig/Jähnen 2018). Privatschulen können also den Fortzug privilegierter Familien aus gemischten Stadtteilen verhindern und stellen unter klassenpolitischen Gesichtspunkten eine Alternative zur räumlichen Entmischung von Nachbarschaften dar. Im Jahre 2007 besuchten 7,8 Prozent der Schüler eine Privatschule, im Jahr 2009 waren es bereits 8,8 Prozent.[8] Privatschulen bieten nicht unbedingt eine bessere Ausbildung als

---

7 | In mittlerweile 36 der 74 durch ein neueres Forschungsprojekt des WZB untersuchten deutschen Städte konzentrieren sich Hartz-IV-Empfänger in unterprivilegierten Stadtteilen (Helbig/Jähnen 2018).

8 | Dabei sind Kinder aus gebildeten Elternhäusern deutlich überrepräsentiert, da Schüler besser gestellter Eltern eher Privatschulen als ihre Peers aus schlechter gestellten Familien besuchen (Knötig 2010). Mit 59 Prozent hat die große Mehrheit mindestens einen Elternteil mit Abitur, obwohl diese Gruppe insgesamt nur 43 Prozent der Schülerbevölkerung darstellt (Statistisches Bundesamt 2018c: 93). In vielen Städten gibt es Elternstammtische, in denen man sich gegenseitig

staatliche Einrichtungen, doch sie stiften exklusive Kontakte und Netzwerke, denn die Privilegierten bleiben hier gleichsam unter sich. Hinzu kommt die wachsende Bedeutung kostspieliger Bildungsbiografien mit teuren Auslandsaufenthalten und internationalen Hochschulabschlüssen (Gerhards et al. 2016).

Ein dazu komplementärer Aspekt sozialräumlicher Polarisierung ist die räumliche Konzentration der Ausgeschlossenen in extraterritorialen Räumen (Bude 2006: 306f.). Da die Ausgeschlossenen weder als Produzenten noch als Konsumenten gebraucht werden und sie ihren Zorn nicht gegen Politiker, Chefs oder Arbeitgeber richten können, bleibt ihnen oftmals nur die blinde Zerstörungswut, die sie aus reiner Verzweiflung häufig gegen ihre eigene Umgebung richten. Denn oft sind es die Schuleinrichtungen und städtischen Infrastrukturen, die verwüstet werden. Im Teufelskreis von Armut, Gewalt und Ausgrenzung gebannt, sehen sie für sich keine Möglichkeiten mehr, in die integrierten gesellschaftlichen Zonen zurückzukehren. So sammeln sich die ›Überflüssigen‹ in den Vororten großer Städte (etwa den Banlieues in Frankreich) oder in durch Migranten geprägten Armenvierteln (wie in den USA).[9] Aus diesen Armenvierteln haben sich nahezu alle gesellschaftlichen Strukturen und Institutionen der Industriegesellschaft – Parteien, Gewerkschaften, öffentliche Verkehrsmittel, Ämter – zurückgezogen.

GLOBALE VERTEILUNGS- UND DEUTUNGSKÄMPFE – ETHNISCHE UND SOZIALE UNGLEICHHEITEN

Schicht- und Klassendifferenzen, welche die sozialwissenschaftlichen Debatten zu Sozialstruktur und Ungleichheiten in den westlichen Ländern bis heute beherrschen, waren im Weltmaßstab betrachtet niemals die primären Formen sozialer Ungleichheiten. Vielmehr lassen sich, wenn man

---

berät, welche Schule für die Kinder die beste wäre. Allein in Berlin sind inzwischen 80 freie Schulen auszumachen (Lohmann et al. 2009).

9 | Es kann kein Zufall sein, dass die Konzentration in Armenvierteln besonders in solchen Ländern verbreitet ist, die über einen starken kolonialen Hintergrund verfügen, etwa Frankreich, Großbritannien, den Niederlanden oder den USA mit ihrer Geschichte der Sklaverei. In diesen Ländern führen Konflikte mit ethnischen Minderheiten immer wieder zu Ausschreitungen (Schultheis/Herold 2010: 248).

den nationalen Container einmal hinter sich lässt, *zwei basale Ungleichheitsprinzipien* identifizieren, die in globaler Perspektive relevant sind (Weiß 2017). An erster Stelle ist der Nationalstaat selbst, d. h. die Institution der *Staatsbürgerschaft*, zu nennen, welche als ein machtvolles Instrument sozialer Schließung gegenüber ärmeren Ländern verstanden werden kann, das privilegierte Menschen von unterprivilegierten Migranten abschirmt (Brubaker 1992; Shachar 2009; Boatcă 2017). Ayelet Shachars These lautet, dass die Mitgliedschaft in der politischen Gemeinschaft eines Staates analog zum mittelalterlichen Lehnswesen funktioniert: Sie wird bei Geburt zugewiesen und von einer Generation zur nächsten automatisch weitergegeben. Dies gilt sowohl für das Abstammungsprinzip (Blutsverwandtschaft) wie auch für das jus soli (Geburtsort) der Staatsbürgerschaft. Untersuchungen zu weltweiten Einkommensungleichheiten belegen, dass Staatsangehörigkeit der wichtigste Indikator für die Stellung eines Individuums in der globalen Ungleichheitsstruktur ist und dass diese Struktur seit etwa 200 Jahren relativ konstant geblieben ist (Korzeniewicz/Moran 2009). Die langfristige Stabilität und die niedrigen Einkommensungleichheiten in westlichen Ländern werden bis in die Gegenwart wesentlich durch die Kontrolle von Migrationsströmen gewährleistet. Was aus der Perspektive des Westens als ein Muster starker Inklusivität durch staatliche Umverteilungspolitik, Bildungsexpansion und demokratische Teilhabe erscheint, entpuppt sich in globaler Perspektive als Muster selektiver Exklusion großer Teile der Weltbevölkerung.

Eine weitere zumeist vernachlässigte Dimension stellt die *ethnische* Dimension sozialer Ungleichheiten dar, die Machtverhältnisse zwischen Menschen und Ländern unterschiedlicher Regionen der Welt konstituiert und die im sozialwissenschaftlichen Diskurs zumeist in separaten Disziplinen behandelt wird. Modernisierungstheorien betrachten etwa die Angleichungen der Lebensbedingungen in den reichen Ländern primär als Resultat eines eigenständigen Aufbaus von Wohlstand und Wohlfahrtsstaatlichkeit, während die massive Gewalt der Kolonisierung und die anhaltende ökonomische Ausbeutung des globalen Südens, die zur westlichen Prosperität beigetragen haben, zumeist aus dem Blick geraten. Bis heute werden die fortbestehenden Abhängigkeitsverhältnisse in den *postkolonialen Beziehungen* mit Verweis auf die vorgebliche Rückständigkeit bestimmter ›Ethnien‹ legitimiert. Folgen wir Boatcă (2017), dann ist die Ausblendung des Machtgefälles zwischen den Weltregionen ein Resultat der verdrängten Kolonialgeschichte. Diese Sichtweise begründet nach Boatcă auch die getrennte Behandlung sozialer und ethnischer bzw. rassistisch begründeter Ungleichheiten im Kontext sozialwissenschaftlicher Disziplinen. Während Klassenidentitäten als ein modernes Prinzip sozialer Strukturierung in den Zuständigkeitsbereich der *Soziologie* fallen, bleiben ethnische und rassistische Hierarchien als vorgeblich archaische, weitgehend den Ländern des globalen Südens vorbehaltene Problembereiche den Disziplinen *Ethnologie* und *Anthropologie* vorbehalten. Ethnische und rassistische Hierarchien gelten in der Regel nicht als Strukturierungsprinzip moderner, westlicher Gesellschaften. Dass die Vormachtstellung des Westens von Anbeginn auf ›ethnisierten‹ Herrschaftsstrukturen beruht hat und ethnische Ungleichheiten aufgrund der fortbestehenden Ausbeutung sowie aufgrund der Migrationsflüsse aus den ehemaligen Kolonien in Nordafrika, Indien und Ostasien in die früheren Kolonialmächte alle gesellschaftlichen Bereiche westlicher Länder durchdringen, wird durch diese Form der disziplinären Arbeitsteilung ausgeblendet.

In Vergessenheit geraten ist ebenfalls, dass die bis in die 1970er-Jahre weitgehend ethnisch homogene Bevölkerung Westeuropas kein ›natürliches‹ Fundament moderner Nationalstaatlichkeit darstellte, sondern wesentlich ein Produkt von Krieg, Vertreibung und ›ethnischen Säuberungen‹ nach dem Zweiten Weltkrieg war. Wenn man soziale Ungleichheiten in dieser Weise aus globaler und nicht nur aus nationaler Perspektive betrachtet, erweist sich bereits das Konzept von Modernität und Modernisierung, das sich primär am westlichen Entwicklungsmaßstab ausrichtet, als verzerrend, da es den eigenen Anteil am ›Entwicklungsrückstand‹ des globalen Südens verkennt.

In den letzten beiden Jahrzehnten zeichnet sich allerdings ein grundsätzliches Umdenken in der Ungleichheitsforschung ab, welches eine künftige Verschränkung von bislang getrennten Perspektiven wahrscheinlicher werden lässt. Transnationale Wertschöpfungsketten und anhaltende Migrationsströme führen die Wechselwirkungen zwischen ethnischen, klassen- und milieuspezifischen sowie regionalen Disparitäten deutlich vor Augen: Die Klassengesellschaften des globalen Nordens werden zugleich ethnisch heterogener *und* transnationaler, während sie sozialräumlich weiter auseinanderdriften. Damit relativieren sich die Abstände zwischen den Weltregionen: Während Migranten aus dem globalen Süden in die Klassenstrukturen der westlichen Nationen einwandern und dort mitunter sozial aufsteigen, unterliegen weniger privilegierte Gruppen in den reicheren Ländern Peripherisierungsprozessen. Sie wandern ein in ein globales Unten (siehe Kapitel 3). Damit relativiert sich für einen Teil der Bevölkerung des globalen Nordens das Privileg der Staatsbürgerschaft. Diese haben also gute Gründe, ›ihren Staat‹ gegenüber Zuwanderern und Außenstehenden zu schützen (Weiß 2017: 12).

Die Monopolstellung des Zentrums und der soziale Frieden

Durch eine solche Abschirmung soll ein Zustand wiederhergestellt werden, in dem der eigene Staat erneut eine dominante Stellung im Zentrum der Weltökonomie einnimmt. Wallerstein (1983) unterscheidet zwischen starken Staaten im Zentrum der Weltgesellschaft, semiperipheren und peripheren Regionen des globalen Südens. Diese Regionen bilden das System der weltweiten Arbeitsteilung und sind durch typische Ungleichgewichte zwischen zentrumstypischer und peripherietypischer Produktion charakterisiert. Unterschieden werden die drei Zonen durch den Monopolisierungsgrad von Produktionsprozessen. Zentrumstypische Produktion wird durch (Quasi-)Monopole gestützt, während die Produktion in Peripherien in einem freien Markt mit zahlreichen Anbietern und einer entsprechend niedrigen Profitrate stattfindet. Das Ungleichgewicht mündet in einen ungleichen Tausch: Aufgrund der Verfügung über Monopole können die Zentren die Bedingungen diktieren und große Mehrwerte im Handel mit Produkten aus der Peripherie erzielen.

Die Bildung von Monopolen in den Staaten des Zentrums wird dadurch erleichtert, dass dort Innovationen stattfinden, deren Monopolstellung allerdings immer nur für einen gewissen Zeitraum aufrechterhalten werden kann. So war maschinell gewobenes Tuch um 1800 ein solches Produkt, das in Großbritannien monopolisiert wurde. Die Textilproduktion ist mittlerweile über die Semiperipherie in die Peripherie gewandert, was anhaltende, bis heute fortdauernde Preissenkungen in der Bekleidungsindustrie zufolge hatte. Heute werden große Gewinnspannen mit intellektuellen Ideen erzielt, die wiederum in den hoch industrialisierten Ländern des Zentrums monopolisiert werden, weshalb Kämpfe um Patente und Produktpiraterie dort einen zentralen Stellenwert einnehmen (Weiß 2017: 246).

Die niedrige Marktstellung der Peripherien in der Weltökonomie ist für die Befriedung von Ungleichheitskonflikten im Inneren der Nationalstaaten des Zentrums von eminenter Bedeutung. Aufgrund der mit den Peripherien erzielten großen Gewinnspannen konnte der Konflikt zwischen Bürgertum und Proletariat innerhalb der Grenzen des Nationalstaates lange Zeit befriedet werden (Weiß 2017: 246f.). Kapitalisten und einfache Lohnarbeiter hatte ein gemeinsames Interesse verbunden, nämlich die großen Gewinnmargen aus den ›Billiglohnländern‹ der Peripherien abzuschöpfen. Dadurch konnten Einkommen und Bürgerrechte auch der Lohnarbeiter ein hohes Niveau erreichen; der ›Proletarier‹ wurde in Wirklichkeit zu einem ›Bourgeois‹, der von dem durch Billiglöhne erzielten Überschuss lebt (Wallerstein 1983: 318). Dies erklärt, warum man in reichen Ländern trotz des Fortbestehens objektiver Ungleichheiten nur sehr abgeschwächte Klassenkonflikte erkennen konnte. Wenn ein gemeinsames Interesse an einer erfolgreichen Ausbeutung anderer umgesetzt werden kann, gibt es keinen Grund, interne Konflikte auf die Spitze zu treiben.

GLOBALE VERTEILUNGSKONFLIKTE IM GEWAND ETHNONATIONALER KÄMPFE

Heute steht nun genau dieser Pakt zur Disposition, weil auch innerhalb der reichen Länder des Zentrums intranationale Peripherien entstehen (Bach 2008). Dazu gehören etwa die deindustrialisierten Regionen und Industrien, deren Marktmacht schwindet, weil sie auf dem Weltmarkt nicht mehr konkurrenzfähig sind. Deren Beschäftigte geraten zunehmend in indirekte oder direkte Konkurrenz zu Lohnarbeitern aus dem globalen Süden. So sind im Zuge der Verlagerung von Produktionsstätten in den globalen Süden heimische Lohnarbeiter in strukturelle Lohnkonkurrenz zu den Lohnarbeitern aus den Peripherien getreten. Die Gehälter von de-qualifizierten Arbeitnehmern des globalen Nordens nähern sich denen der Lohnarbeiter in den Niedriglohnländern an, weil Unternehmen damit drohen können, Produktionsstandorte in letztere zu verlagern. Darüber hinaus treten Migranten aus dem globalen Süden zunehmend auch in direkte Konkurrenz zu den Arbeitnehmern der reichen Länder, weil sie ihre Arbeit zu für Arbeitgeber günstigeren Konditionen und niedrigeren Löhnen anbieten. Die Einebnung des Gefälles ist also nur zum Teil durch Einwanderung bewirkt, sie wird ebenso durch internationale Lohnkonkurrenzen und transnationale Verschiebungen in der Weltökonomie erzeugt. Wahrgenommen werden diese Veränderungen jedoch zumeist als ethnische Konflikte. Dieser verkürzte Deutungsrahmen stellt eine wichtige Ursache für den wachsenden Hass auf Einwanderer dar, der aktuell durch populistische Rechtsparteien mobilisiert wird.

Die Verwerfungen werden zumeist so verstanden, als würden diese von außen in die Europäische Union oder in die westlichen Nationen hineingetragen, als existierten sie nur innerhalb der jeweiligen Nationalstaaten statt innerhalb der Weltökonomie im Ganzen (Boatcă 2015: 214). Die Weltökonomie ist jedoch seit der Kolonisierung durch ethnonationale und rassistische ökonomische Ausbeutungsstrukturen und Hierarchien geprägt, was sich bis heute in anhaltenden ungleichen Tauschverhältnissen zwischen Ländern aus Zentrum und Peripherie wie auch in der ökonomischen Ausbeutung ›ethnischer‹ Migranten innerhalb der Länder des Zentrums dokumentiert. Neu ist lediglich, dass die darin enthaltenen Verteilungskonflikte nicht nur, wie gewohnt, im globalen Süden, sondern auch im globalen Norden aufbrechen und hier wie dort im Gewand ethnonationaler Kämpfe ausgefochten werden. Die ökonomische Dimension dahinter bleibt in dieser Konfliktwahrnehmung allerdings ausgeblendet.

Im globalen Süden sind ethnonationale Konflikte zumeist ein Ausdruck der Schwäche ihrer Staaten, in denen das auf dem Weltmarkt erzielte Kapital für die Ausbildung eines starken Staates mit nationalen Wohlfahrtsinstitutionen und staatlichem Gewaltmonopol nicht ausreicht. Aufgrund der niedrigen Profitrate bleiben Steuereinnahmen so gering, dass sie die Herausbildung staatlicher Institutionen nicht erlauben. Daher ist es für Bewegungen, die sich gegen die Ausbeutung durch das Zentrum, zu dem auch die Länder der ehemaligen Kolonialmächte gehören, richten, nur folgerichtig, sich als nationale oder antikoloniale Bewegung zu formieren. So stärken sie ›ihren‹ Staat ideologisch und geben sich eine kollektive nationale Identität, obwohl ihnen eigentlich die ökonomischen Spielräume dafür fehlen (Weiß 2017: 249; Wallerstein 1983: 311).

Im globalen Norden hingegen resultiert die Verschärfung ethnischer Konflikte aus einem Aufschaukeln wechselseitiger Fremd- und Selbstethnisierung. Die Wut unterprivilegierter autochthoner Bevölkerungsgruppen über die schwindende postkoloniale Dividende trifft auf Tendenzen ›trotziger‹ Re-Ethnisierung in der dritten Generation von Einwanderern, die plötzlich eine muslimische Identität betonen, die für viele vorher eher eine Nebensache war. Die Verteidigung der Religion stellt gerade auch bei aufsteigenden Bürgern mit Migrationshintergrund oftmals eine Empörungsreaktion auf die als vergeblich wahrgenommenen Integrations- und Anpassungsbemühungen der Eltern dar (Foroutan 2019). Diese treffen nun wiederum auf wachsende Ressentiments autochthoner Bevölkerungsgruppen, die sich gerade auch durch die gut integrierten Migranten(-kinder und -kindeskinder) bedroht sehen.

Fazit: Gegen den Verlust der Ausbeutungsprämie

All dies dokumentiert, dass die für das 21. Jahrhundert charakteristischen Ungleichheits- und Verteilungskonflikte sowohl grenzüberschreitend geworden sind als auch eine inhärente Tendenz zum Tribalismus aufweisen. Der zentrale Unterschied zwischen der nationalstaatlich verfassten Industriemoderne und der global vernetzten Spätmoderne besteht deshalb nicht etwa in der Aufhebung lokaler Bindungen, sondern in der Tribalisierung von Gemeinschaften innerhalb transnationaler Räume und ihrer Reduktion auf kleine und kleinste soziale Einheiten – die Region, die urban-kosmopolitische Enklave, die Ethnie, die Diasporagemeinde, die Region. Bildeten die Industriegesellschaften von innen betrachtet einen nationalstaatlich umgrenzten und regional wie ethnisch homogenen Sozialraum, so haben wir es in globalen Gesellschaften in zunehmender Weise mit einem Flickenteppich von konkurrierenden Partikulargemeinschaften zu tun, die Rechte einfordern.

Möglicherweise ist es das liberale Gesellschaftsbild, das von einer offenen Gesellschaft sowie vom Erwerb von Lebenschancen in erster Linie durch Leistungen und Talente ausgeht, welches Irrtümern unterliegt. Solange Lebenschancen nach wie vor durch Staatsbürgerschaften, d.h. über eine Art »Lotterie der Geburt« (Shachar 2009), vergeben werden, ist es nur rational, wenn Menschen glauben, dass ›ihr‹ Staat überlegen ist und gegenüber Zuwanderern und Außenstehenden geschützt werden sollte (Weiß 2017: 12). Es kann somit nicht verwundern, dass populistische Rechtsparteien, welche die Etabliertenvorrechte der durch Migration und Transnationalisierung in ihrem Status bedrohten Gruppen verteidigen, zunehmend erfolgreich sind (Koppetsch 2017a).

Die Ideen von Egalitarismus, Meritokratie und Öffnung stehen in Widerspruch zur Persistenz einer auf ethnischen und rassistischen Ausbeutungsprinzipien basierenden Weltökonomie, die sich bislang auch in den reichen Ländern reproduziert hat, durch die wachsende transnationale

Einebnung des Lohngefälles jedoch zunehmend fraglich wird. Solange die Aneignung der postkolonialen Dividende *allen* Bürgern im globalen Norden zugutekam, blieb die ökonomische Ausbeutung der Länder des globalen Südens weitgehend im Verborgenen. Die Transnationalisierung von Wertschöpfungsketten lässt hingegen neue Verteilungskämpfe zwischen alten und neuen Peripherien entstehen, welche das Einstreichen der postkolonialen Dividende für ›peripherisierte‹ Bevölkerungsgruppen und Regionen im globalen Norden erschweren und den Ausbeutungsmechanismus aufdecken. Folgerichtig zielt rechtspopulistischer Protest in den europäischen Ländern und den USA nun auf die Wiedererlangung der ›Ausbeutungsprämie‹, d.h. die Wiederaufrichtung von Grenzen und auf die Wiederherstellung ethnonationaler Privilegien.

7. Neue Bürgerlichkeit und die illiberale Gesellschaft: Eine historische Perspektive auf (De-)Zivilisierungsprozesse

In den letzten beiden Kapiteln wurde dargestellt, dass Zweifel an der Angemessenheit liberaler Gesellschaftsnarrative angebracht ist, wo diese einseitig die Segnungen von Öffnungen propagieren und mögliche Gefährdungen ausblenden. Als Reaktion auf globale Verunsicherungen und den erlebten Mangel an Ordnung entstehen neue, identitäre Gemeinschaften (vgl. Kapitel 5), die durch das Aufbrechen ethnischer und religiöser Konflikte im Inneren von Gesellschaften zusätzliche Nahrung erhalten. Das Risiko der gesellschaftlichen Fragmentierung und Tribalisierung steigt (vgl. Kapitel 6). Politische Konflikte sind vor allem dann zu erwarten, wenn sich die entsprechenden Gruppen darüber hinaus auch in ihrer Machtfülle und ihrem gesellschaftlichen Status bedroht sehen (vgl. Kapitel 4). In diesem Kapitel soll im Anschluss an die Zivilisationstheorie von Norbert Elias gezeigt werden, dass Machtverluste de-zivilisierende Effekte auf Persönlichkeits- und Affektstrukturen der Betroffenen haben können. Dieser Prozess liegt darin begründet, dass sich infolge polarisierender Ungleichheiten die Kluft zwischen denen, die Resonanz und Anerkennung erfahren und Selbstgewissheit ausstrahlen, weil sie über ihre sozialen Existenzbedingungen verfügen können, und denjenigen, deren Selbstgewissheiten bedroht sind, mehr und mehr öffnet. Sollten sich die neuen Gemeinschaften unter dem Einfluss von politischen Unternehmern in Zornkollektive verwandeln, könnten Kränkung, Wut und Hass eine Gefährdung für das Zivilisationsniveau von Gesellschaften im Ganzen darstellen.

Distinktive Lebensführung im Prozess der Zivilisation

Norbert Elias untersucht Modernisierungsprozesse im Kontext eines seit dem Mittelalter andauernden Zivilisationsprozesses (1992 [1976] I und II). Unter dem ›Prozess der Zivilisation‹ versteht Elias einen ungeplanten und gleichwohl gerichteten Prozess der Verhaltensmodellierung, in dessen Verlauf die Affekte und Handlungsweisen einer festeren Kontrolle in Richtung einer gleichmäßigen, allseitigen und stabilen Regelung des gesamten Trieb- und Affektlebens unterworfen werden. Dies geschieht nicht etwa aufgrund einer rationalen Einsicht in die Notwendigkeit von Verhaltensregulierungen, sondern durch Prägungen in ›Figurationen‹, in Geflechten aufeinander ausgerichteter, voneinander abhängiger Menschen. Elias konnte den Nachweis führen, dass die größer werdende Komplexität der Verflechtungszusammenhänge und die Zwänge, die Menschen in dichten und gleichzeitig weit ausgreifenden Figurationen wechselseitig aufeinander ausüben, ein immer höher werdendes Niveau an Affektkontrolle und Selbstzwängen, eine Art Dressur, bewirkt haben. Dadurch sind Zivilisationsstandards insgesamt angehoben worden. Dies ist kein schmerzfreier Prozess gewesen, sondern wurde begleitet von einer Verinnerlichung sozialer Strafinstanzen, d.h. von einer Ausbreitung von Scham- und Schuldgefühlen, welche das psychologische Korrelat zunehmender gesellschaftlicher Interdependenz, zunehmender gegenseitiger Abhängigkeiten, darstellen (Elias 1992 [1976] I und II).[1]

Der Prozess der Zivilisation hat sich nach Elias nicht gleichmäßig vollzogen, sondern jeweils ausgehend von den Oberschichten, d.h. zunächst von der höfischen Aristokratie, dann von den bürgerlichen Eliten, die zu ihrer Zeit jeweils dichte Formationen gegenseitiger Abhängigkeiten bildeten. Zu einem gesamtgesellschaftlichen Prozess konnte die Zivilisation erst dadurch werden, dass in »langen Reihe[n] von Aufstiegsbewegungen« (Elias 1992 [1976] II: 342) untere Schichten nach oben drängten und dabei Verhaltenskodes der jeweiligen Oberschicht übernahmen. Dies führte im

---

1 | Denn inmitten sozialer Verhältnisse, die durch einen hohen Grad wechselseitiger Interdependenz geprägt sind, ist es für den Einzelnen existenziell bedrohlich geworden, den Impulsen zu folgen, die der Augenblick ihm eingibt, während diejenige im Vorteil sein wird, die sich zwingt oder es schon erlernt hat, sich durch Selbstdisziplin und »Langsicht« (Elias 1992 [1976] I und II) auf die größer werdende Komplexität ihrer Umwelt einzustellen.

19. und 20. Jahrhundert zu einer zunehmenden Verbreitung der früher zu den Distinktionsmerkmalen von Oberschichten gehörenden Verhaltensweisen und Triebregulierungen und mithin zur Zivilisierung der gesamten abendländischen Gesellschaft (Elias 1992 [1976] II: 348). Dies geschah allerdings nicht geradlinig, sondern in Spiralbewegungen von Aufholbewegungen und Abstoßungseffekten, bei denen Eliten an Macht gewinnen und ihre »Fähigkeit, die Beherrschten auf subtile Weise spüren zu lassen, dass sie überlegen sind« (ebd.), wächst. Dieser Zyklus wird von Elias folgendermaßen beschrieben:

»Eine Kolonisations- oder Assimilationsphase, in der die jeweils untere und breitere Schicht zwar im Aufsteigen, aber doch noch der oberen deutlich unterlegen, in der sie spürbar am Vorbild der oberen orientiert ist und in der diese obere Gruppe sie, gewollt oder ungewollt, mit ihren Verhaltensweisen durchsetzt. Und eine zweite Phase der Abstoßung, der Differenzierung oder Emanzipation, in der die aufsteigende Gruppe spürbar an gesellschaftlicher Stärke und an Selbstbewusstsein gewinnt, in der dementsprechend die obere Gruppe zu einem stärkeren Ansichhalten, einer betonteren Abschließung gedrängt wird und in der sich die Kontraste, die Spannungen in der Gesellschaft verstärken.« (Elias 1992 [1976] II: 424)

Eine starke Bindung an zivilisierte Verhaltensstandards und deren Verfeinerung ist nach Elias charakteristisch für die jeweils herrschenden Klassen einer Epoche. Sobald untere Schichten aufholen, kommt es zunächst zur Verschärfung der Distinktionsdynamik, zu Abstoßungseffekten. Erweiterte Zivilisationsstandards entstehen aufgrund des dichten Interdependenzgeflechtes, zugleich stellen sie Barrieren gegenüber den unteren Schichten dar. Wie im Laufe des 18. Jahrhunderts am Hofe die Umgangsweisen unter dem Druck der zunehmenden Macht bürgerlicher Gruppierungen immer weiter verfeinert worden sind, so wurden auch im Laufe des 19. Jahrhunderts die bürgerlichen Umgangsformen als Instrument der Distanzierung von den sozial aufsteigenden ›kleinen Leuten‹ und Arbeitern immer wichtiger. In dem Maße, wie sich jene ›kleinen Leute‹ (Handwerker und Kleinbürger) organisierten und dadurch an Macht hinzugewannen, begannen die etablierten Bürger, sich selbst und einander zur Weiterentwicklung ihres besonderen Lebensstils und zur strikteren Sanktionierung von Abweichungen zu zwingen. Es handelte sich dabei also um einen Versuch, den Unterschied zwischen ihnen als den Etablierten und den aufsteigenden Außenseitern zu erhalten. Diese Entwicklung kulminierte in dem, was als ›viktorianischer Lebensstil‹ in die Geschichte eingegangen ist (Wouters 1999: 121).

In der Dynamik dieser Entwicklung steckt Elias zufolge allerdings nicht nur ein Druck zur Erhaltung und Steigerung von distinktiven Umgangsformen. Vielmehr kommt es unter Voraussetzungen gesellschaftlicher Aufwärtsmobilität auch zur Abschwächung sozialer Differenzen, also zu Aufholbewegungen. Dies ist immer in solchen Phasen dynamischer Gesellschaftsentwicklung gegeben, in denen das Schichtsystem durchlässiger wird und Aufstiege in die herrschenden Gruppen ermöglicht: In dem Maße, wie die aufstrebenden Schichten an tatsächlicher gesellschaftlicher Macht gewinnen können, kommt es zu einer Verflechtung der beiden Gruppen. So verlor in der Aufstiegsbewegung des Bürgertums im Zuge des sich entfaltenden Kapitalismus der höfisch-aristokratische Verhaltenskode im 19. Jahrhundert manches von seiner bindenden Kraft. Die Geselligkeitsformen wurden lockerer und vergröberten sich zum Teil, während sich in anderen Bereichen, etwa in Familie und Beruf, strengere Verhaltensformen durchsetzten. Charakteristisch für den bürgerlichen Verhaltenskodex waren etwa die starke Orientierung am Leistungs- und Berufsethos sowie eine striktere Sexualmoral.

Solche Vermischungen finden nach Elias immer dann statt, wenn es den Außenseitern gelingt, in die gesellschaftlichen Zentren vorzudringen, und die Machtdifferenzen zwischen Etablierten und Außenseitern, zwischen ›oben‹ und ›unten‹, schwinden (Elias 1992 [1976] II: 442). In dem Maße, wie das Bürgertum in die gesellschaftlichen Spitzen vorrückte, griff die Distinktionslogik des Adels nicht mehr, der Adel verbürgerlichte sich sukzessive, während das Bürgertum umgekehrt adelige Umgangsformen assimilierte. Das verschmolzene Bürgertum wurde nun zur herrschenden Sozialformation, die sich zunächst sehr deutlich vom Proletariat abgrenzte. Als in der zweiten Hälfte des 20. Jahrhunderts die Arbeiterklasse durch wachsende Wohlstandsentwicklungen, den Einfluss der Gewerkschaften und den Anstieg der Reallöhne an Macht gewinnen konnte, kam es abermals zu einer Annäherung der Verhaltenskodes der beiden Klassen und mithin zur »Verbürgerlichung der Arbeiter« (Vester et al. 2001; Siegrist 2004; Goldthorpe/Lockwood 1970). Die Wohnungseinrichtungen und Lebensstile der Arbeiter wurden ›kleinbürgerlich‹, sie glichen sich denen des Bürgertums an, während andererseits Elemente aus der als ungebunden, widerständig und ›frech‹ geltenden Arbeiterkultur in die Pop- und Konsumkultur der Mittelschichten integriert wurden (Illouz 2003).

7. Neue Bürgerlichkeit und die illiberale Gesellschaft

Eine Begleiterscheinung derartiger Aufstiegsbewegungen ist nach Elias stets die »Verringerung der Kontraste« des Verhaltens zwischen den oberen und unteren Gruppen und die »Vergrößerung der Spielarten« des zivilisierten Verhaltens und der zivilisierten Umgangs- und Lebensformen (Elias 1992 [1976] II: 409 ff.), weshalb in gesellschaftlichen Phasen, die durch das Aufholen ehemaliger Außenseiter gekennzeichnet sind, das gesellschaftliche Spektrum akzeptablen Verhaltens steigt. In solchen Phasen werden Gesellschaften toleranter, der Zeitgeist, also die dominanten Auffassungen von Vergangenheit, Gegenwart und Zukunft, einschließlich der sozialen Definition der wichtigsten sozialen Gefahren und Ängste sowie der kollektiven Ideale, wird liberaler, progressiver und stärker in die Zukunft gerichtet. Aufholbewegungen und Pluralisierungsprozesse hängen also zusammen. Dieser Zusammenhang wiederholt sich in historisch späteren Phasen. Ab den 1970er-Jahren des 20. Jahrhunderts ist es etwa zur Ausdifferenzierung und Pluralisierung von privaten Lebensformen gekommen (Peuckert 2008; Burkart 1992). Neben Ehe und Familie sind weitere akzeptierte Formen der privaten Lebensführung, wie etwa das Alleinleben, das partnerschaftliche Zusammenleben ohne Trauschein oder auch homosexuelle Lebensformen entstanden. Die strukturelle Ähnlichkeit mit historisch früheren Phasen der ›Vergrößerung von Spielarten‹ lässt die Frage aufkommen, ob die ab den 1970er- und 1980er-Jahren vollzogenen Liberalisierungsprozesse weniger einem allgemeinen linearen Fortschrittstrend folgen, sondern vielmehr kulturelle Reaktionen auf spezifische Inklusionsschübe und Aufstiegsdynamiken darstellen, die es ähnlich auch in früheren Jahrhunderten gab.

Das Zivilisationsmodell von Norbert Elias wurde von seinem Schüler Cas Wouters (1999) weiterentwickelt und auf Entwicklungstrends im 20. Jahrhundert übertragen. Wouters identifiziert die gegenkulturellen Bewegungen in den 1970er- und 1980er-Jahren als die zentralen Trägergruppen zivilisatorischen Wandels. In Deutschland kam es ab Ende der 1970er-Jahre zu einem Popularitätsgewinn der linksalternativen Kultur, zu der sich um das Jahr 1980 etwa die Hälfte aller jungen Erwachsenen hingezogen fühlte (Reichardt 2014: 44). Dabei waren die Alternativkulturen mit ihren Bohème-Stadtvierteln und Buchläden mehr als nur Orte des kulturellen Widerstandes und der Erprobung neuer Lebensformen. Sie bildeten gemeinsam mit den Universitäten einen Schmelztiegel für die Vermischung sozialer Milieus und dienten den bis dato im höheren Bildungswesen kaum repräsentierten jungen Arbeitern und Frauen als Drehscheibe zum Milieuwechsel (Reichardt 2014). Sie fungierten mithin als Aufstiegsschneisen. Der Bildungsaufstieg von Frauen aus der Mittelschicht ermöglichte die »nachholende Individualisierung« (Beck/Beck-Gernsheim 1992) der weiblichen Biografie und beschleunigte ihre Herauslösung aus quasi-ständischen Geschlechterschicksalen. Dadurch veränderten sich Mentalitäten auch im gesamtgesellschaftlichen Maßstab. Charakteristisch für die damalige Zeit war etwa das gesteigerte Interesse an Außenseitern und gesellschaftlich marginalisierten Gruppen: Psychiatriepatienten, Gefangene, Arbeitslose und Homosexuelle rückten in den Fokus des medialen und wissenschaftlichen Interesses der damaligen Zeit (Wouters 1999: 97).

Die von den Gegenbewegungen eingebrachten ›Lockerungen‹ und ›Vergröberungen‹ sozialer Umgangsformen hat Cas Wouters unter den Begriff der »Informalisierung der Sitten« (Wouters 1999) gefasst. Nach Wouters ist damit kein zivilisatorischer Rückschritt, sondern ein Formwandel in Richtung flexibler, improvisierter und kontextgebundener Verhaltensformen impliziert. Verankert sind die neuen Muster in einer expressiven Emotionskultur, die den alternativen Lebensformen zunächst eine antiinstitutionelle Stoßrichtung gaben. Authentizität, Expressivität und Kreativität sollten im Dienste der individuellen Selbstverwirklichung gegen soziale Zwänge, gegen die starren Strukturen und Konventionen, entfaltet werden.

POSTINDUSTRIELLE BÜRGERLICHKEIT: AFFEKTMODELLIERUNG UND ABGRENZUNG NACH UNTEN

Aufschlussreich für die Gegenwartsanalyse ist nun, dass wir uns heute, zu Beginn des 21. Jahrhunderts, in jener zweiten Phase – der Phase der *Abstoßung* – und damit am Anfang einer neuen Klassengesellschaft befinden, die nicht mehr durch das Aufholen der unteren Schichten, sondern durch das Auseinanderstreben unterer und oberer Schichten geprägt ist. Heute bildet das postindustrielle Bürgertum, das aus einer Verschmelzung der akademisch-kosmopolitischen Mittelschicht mit dem traditionellen Bürgertum hervorgegangen ist, eine solche ›zivilisierte‹ Oberschicht, deren Aufstieg als *Geschichte der Affektmodellierung* erzählt werden kann.

Wie in den bisherigen Kapiteln deutlich geworden ist, war die Gesellschaft der Industriemoderne bis in die 1980er-Jahre durch einen gesamtgesellschaftlichen Aufwärtstrend geprägt und wurde durch eine breite, kulturell homogene Mittelschicht zusammengehalten, deren an gemeinschaftliche Konventionen und Normalitäten orientierte Lebensformen den Geist der Industriegesellschaft prägten. Im Zuge von Globalisierungsprozessen ab den 1990er-Jahren kam es hingegen zu Polarisierungstendenzen, wodurch Einkommen und Vermögen, aber auch Lebensstile und Habitus immer ungleicher wurden. Bis dahin folgten die Einkommen der Arbeitnehmer derselben aufsteigenden Linie wie die Renditen der Unternehmen. Im Verlauf der vergangen drei Jahrzehnte trennten sich diese Linien voneinander. Die Lohnkurve zweigte von der Produktivitätsentwicklung nach unten ab, die Unternehmergewinne eilten der Produktivität voraus. Besonders markant ist der Wohlstandsverlust der neuen Unterklasse, die als neue migrantisch-deutsche Unterschicht die traditionelle Arbeiterklasse abgelöst hat und sich nun außerhalb des Mittelstandslebensstandards positioniert. Die Entwicklung der Einkommens- und Vermögensverhältnisse in der Akademikerklasse ist weniger eindeutig: In ihrer oberen Fraktion befinden sich vor allem solche Gruppen, die Anschluss an die globalen Wissens- und Kulturindustrien gefunden haben, während in den unteren Teilen Beschäftigungs- und Zukunftsunsicherheiten zu verzeichnen sind. Im Grundsatz hat sich die Einkommensschere zwischen Akademikern und Nichtakademikern seit den 1970er-Jahren jedoch deutlich geöffnet (Allmendinger/Schreyer 2005).

Auch Bildungsunterschiede haben zur Polarisierung beigetragen. Während in der Industriegesellschaft ein Mittelklassestandard noch mit einem Hauptschulabschluss möglich war, ist in der Gegenwart der Gegensatz zwischen Hochqualifizierten und Geringqualifizierten sozial strukturbildend geworden. Die Klassenpolarisierung betrifft auch die Wohnverhältnisse, die Partnermärkte und die sozialräumliche Struktur von Vergesellschaftung. In den Städten werden die gemischten Viertel der Mittelstandsgesellschaft von der räumlichen Segregation zwischen den ›attraktiven Vierteln‹ der Akademiker und den Quartieren in den sogenannten ›sozialen Brennpunkten‹ abgelöst (vgl. Kapitel 6). Analoges gilt auch für die räumliche Polarisierung von Boomregionen und abgehängten Regionen. Darüber hinaus segregieren sich auch die ›Verkehrskreise‹: Klassenübergreifende Freundschaften und Partnerschaften sind seit den 1990er-Jahren deutlich zurückgegangen (Putnam 2008). Schließlich kommt es zu Polarisierungen auch in der Habitusentwicklung bei auf- und absteigenden Gruppen. Während in den aufsteigenden Gruppen der akademischen Mittelklasse gesteigerte Formen der Selbstkontrolle und verfeinerte Verhaltenskodes machtvolle Lebensstile auch nach außen symbolisieren, steigt in den deklassierten Gruppen die Gefahr regressiver Persönlichkeitsentwicklungen. Blockierte Aufstiege und Geltungsverluste können Erfahrungen des Kontrollverlustes und der Ohnmacht nach sich ziehen, die zur *De-Zivilisierung des Verhaltens* bei den Enttäuschten und in den ›Verlierergruppen‹ beitragen. Dies ist aber gerade im Hinblick auf die zukünftige Entwicklung liberaler Demokratien problematisch und soll nun ausführlicher behandelt werden – zunächst anhand einer Analyse des postindustriellen Bürgertums.

Das *postindustrielle Bürgertum* rekrutiert sich vor allem aus den akademischen Berufsgruppen der Wissens-, Informations-, Technologie- und Kulturökonomien. Seine sozialstrukturelle Zusammensetzung und Lebensweisen wurden von Autoren wie Richard Florida (2002, vgl. Kapitel 3), Daniel Bell (1973) und David Brooks (2000) am Beispiel der USA ausführlich untersucht und jüngst auch von Andreas Reckwitz (2017) für Deutschland beschrieben.[2] Die Formierung und Expansion dieser etwa ein Drittel der Bevölkerung umfassenden postindustriellen Klasse verdankt sich insgesamt drei Transformationsbewegungen: zum einen dem in Deutschland, verglichen mit anderen westlichen Ländern, relativ spät vollzogenen *Übergang in die Dienstleistungsgesellschaft*, durch den die Wissens- und Dienstleistungsökonomien eine enorme Expansion erfahren haben; zum zweiten der *Bildungsexpansion*, die den Anteil von hochqualifizierten Personen zu einem beträchtlichen Segment der Bevölkerung hat anwachsen lassen; und zum dritten der Verschmelzung kultureller und ökonomischer Sphären zu *neuen, zunehmend transnational ausgerichteten Wissensökonomien*, deren Beispiel bald auch die öffentlichen Be-

---

2 | Darüber hinaus ist zu berücksichtigen, dass das postindustrielle Bürgertum zahlenmäßig sehr viel größer und in Lebensformen und Mustern der Lebensführung heterogener ist als das klassische Bürgertum (Koppetsch 2013: 31 ff.). Auch steht die prinzipielle Gleichrangigkeit der im traditionellen Bürgertum noch ausgeschlossenen bzw. untergeordneten Gruppen, wie etwa Frauen oder Migranten, nicht in Frage. Gleichwohl ist auch der scheinbar offene, kulturkosmopolitische Lebensstil sozial exklusiv. Die soziale Abgrenzung erfolgt, wie weiter unten und auch in Kapitel 6 dargestellt, nach unten und durch die Herausbildung kulturell und ökonomisch avancierter Lebensstile und durch sozialräumliche Abschließung in exklusiven Stadtvierteln.

schäftigungsfelder in Universitäten, Schulen, Kultur- und Forschungsbetrieben folgten (Münch 2007). ›Mehr Markt und weniger Staat‹ hieß die Devise. Damit hat die kulturelle Prägekraft des Staatsdienstes auch für Habitus und Lebensstile in der akademischen Mittelschicht deutlich nachgelassen (Nolte/Hilpert 2007: 46 f.). Infolgedessen wurden urbane, kulturkosmopolitische Lebensstile hegemonial, während humanistische und hochkulturelle Ideale an Bedeutung verloren haben. Gleichwohl sind auch die innerhalb ihrer eigenen Klasse nun zunehmend in die Defensive gedrängten bildungs- und kulturkonservativen Gruppen nach wie vor Teil des postindustriellen Bürgertums, wodurch eine neue kulturelle Spaltungslinie entstanden ist (vgl. Kapitel 3).

Ähnlich wie im 18. Jahrhundert bei der Verschmelzung von adeligen und bürgerlichen Umgangsformen, so sind auch die Verhaltenskodes des postindustriellen Bürgertums der Gegenwart dadurch entstanden, dass »Elemente des Verhaltensschemas beider Schichten von neuem zu einem festeren Verhaltenskode zusammen[ge]schmolzen« sind (Elias 1992 [1976] II: 442). Die Gegenkultur ist dem Mainstream einverleibt worden – das neue Bürgertum ist nicht mehr konservativ und konventionell, sondern flexibel, kosmopolitisch und progressiv, es orientiert sich an Werten wie Kreativität, Selbstverwirklichung und Authentizität. Aus der Fusion der Lebensstile der beiden Gruppen ist eine neue, hybride Kultur entstanden.[3] Damals hatten die Protestkulturen nach 1968 einen auf Arbeit, Disziplin und konventionellen Umgangsformen gegründeten bürgerlichen Habitus als Heuchelei gebrandmarkt. Dieselben Milieus haben allerdings mittlerweile ihrerseits bürgerliche Lebensformen adaptiert, in die sich nun Elemente der einstigen Gegenkulturen integriert finden: Disziplin *und* Kreativität, Leistung *und* Lässigkeit, Arbeit *und* Konsum, ›Haltung‹ *und* Authentizität sind zu einem neuen Ideal der postmodern-bürgerlichen Lebensführung verschmolzen (Brooks 2000; Illouz 2003).

Der Publizist David Brooks (2000) hat die hybride Kultur des neuen Bürgertums in einem Essay mit dem treffenden Titel »Bobos in Paradi-

---

3 | Dabei wurden die einst gegenkulturellen Subjektideale, Verhaltenskodes und Lebensformen in die Lebensführungsmuster der herrschenden Gruppen übernommen, während andererseits die Trägergruppen der Protestkultur sich im Zuge ihres Aufstiegs in die Machtzentren bürgerlichen Lebensstilen angenähert haben, wie sich dies in Deutschland beispielhaft an der Transformation der Partei der Grünen zur bürgerlichen Partei beobachten ließ (Koppetsch 2013).

se« erstmals für die USA beschrieben. Demnach ist der Lebensstil der herrschenden Klasse der Gegenwart gleichermaßen von der bourgeoisen Welt des Kapitalismus und der Gegenkultur der Bohème geprägt. Die immaterielle Welt der Information verschmilzt mit der materiellen Welt des Geldes und es entstehen neue Begriffe, in denen beide miteinander verbunden sind: intellektuelles oder soziales Kapital, Wissens- und Aufmerksamkeitsökonomien und Kulturindustrien, Investitionen in Beziehungen und Sozialkapital.[4] Die Angehörigen des postindustriellen Bürgertums sehen sich und ihre Umgebung als Verkörperung ausbalancierter Widersprüche (Brooks 2000: 48 ff.). Sie möchten einerseits erfolgreich und wohlhabend sein, andererseits als rebellisch und unorthodox oder wenigstens als romantisch und friedliebend gelten. Sie möchten sich gegen andere durchsetzen und Höchstleistungen erbringen und zugleich so tun, als ob sie ihre beruflichen Verdienste einzig und allein einem glücklichen Zufall verdanken. Selbstverständlich schließt dies aus, Hierarchien zu betonen oder Statusunterschiede in direkter Form zum Ausdruck zu bringen. Zudem halten sich die progressiven Eliten für unkonventionell (Illouz 2009).[5]

Woraus speist sich nun die Behauptung, dass sich das neue Bürgertum durch die Anhebung von Verhaltensstandards nach unten abgrenzt? Verglichen mit den herrschenden Klassen vorangehender Epochen erscheinen die Verhaltenskodes des kosmopolitischen Bürgertums ja sehr viel ›lockerer‹, expressiver und in gewisser Weise sogar ›unorthodox‹. Auch hat Toleranz gegenüber andersartigen Lebensformen und Verhaltenskodes wie auch gegenüber Fremden und Außenseitern sichtbar zuge-

---

4 | Die Durchmischung der Stile verdankt sich nach Brooks der besonderen Situation des Informationskapitalismus, in dem der ökonomische Erfolg auf Ideen und Wissen ebenso angewiesen ist wie auf richtige Investitionen und Markterfolg.
5 | Dieser Glaube wird im öffentlichen Diskurs zumeist durch historische Vergleiche abgestützt. Ein männlicher Angestellter eines großen Unternehmens darf heute eine Haarmähne und Ohrringe tragen. Auch das Sexualleben hat sich in bestimmten Hinsichten liberalisiert. Eltern unterstützten die sexuelle Autonomie ihrer jugendlichen Kinder. Erste sexuelle Erfahrungen werden oftmals nicht mehr hinter dem Rücken der Eltern im Auto, sondern im Jugendzimmer gesammelt. Schließlich haben sich auch die Spielräume des erlaubten Sexualverhaltens vergrößert. Frühere ›Perversionen‹ werden heute als »Neosexualitäten« (Sigusch 2005) kultiviert. Sie werden in Events oder sexuellen Szenen regelrecht salonfähig gemacht.

nommen: Homosexualität wird akzeptiert, Frauen haben in Bildung und Beruf aufgeholt und Migranten sollen ausdrücklich als gleichberechtigte Bürger integriert werden. Darüber hinaus haben sich private Lebensformen pluralisiert: Anders noch als in den 1960er-Jahren will niemand mehr vorschreiben, wie wir in unseren eigenen vier Wänden zu leben haben, ob wir nun Single, unverheiratete Mutter, alleinerziehender Vater, gleichgeschlechtlich Liebende oder berufstätige Ehefrauen sind (Beck/Beck-Gernsheim 1992; Burkart 1997).

Gleichwohl sind die selbstverständlichen Erwartungen, die seitens der Träger einstiger Alternativkulturen auf die eigene *Selbstkontrolle* und die der anderen hegen, heute wieder umfangreicher, variantenreicher und detaillierter geworden. Dies zeigt sich etwa daran, dass Selbstzwänge bis in emotionale und physiologische Tiefenschichten vordringen. Anstelle einer simplen Anwendung von Regeln tritt die ästhetisierende und optimierende *Modellierung des Selbst* (Bröckling 2007; Illouz 2009), die sich auf unterschiedliche Lebensbereiche erstreckt: Vegane Ernährung, Körpermodellierung, Self- und Neuro-Enhancement sind nur einige aktuelle Beispiele für hochvoraussetzungsvolle Formen der Selbstprogrammierung (Villa 2013; King/Gerisch 2015; Wagner 2017).[6] Die Anhebung von Standards der Zivilisierung zeigt sich nicht zuletzt auch daran, dass die Körperbehaarung, ein Symbol menschlicher Animalität, beinahe vollständig aus dem öffentlichen Erscheinungsbild eliminiert worden ist. Während Körperbehaarung in den 1970er-Jahren als ›natürlicher‹ Teil von Nacktheit galt, ist diese in Gegenwartsgesellschaften weitgehend aus der öffentlichen Präsentation getilgt. Dies allerdings stellt, ebenso wie die inquisitorische Verleugnung kindlicher Sexualität im Kampf gegen die Pädophilie, einen Widerspruch zum gesellschaftlichen Narrativ sexueller Liberalisierung dar.

---

6 | Die herausragende Bedeutung des Körpers als Gegenstand sozialer Modellierung zeigt sich auch an den sich seit den 90er-Jahren durchsetzenden Schlankheitsnormen (Koppetsch 2000). Während in der Nachkriegszeit Leibesfülle als Symbol des Wohlstands und der Bodenständigkeit auch bei den Eliten häufiger anzutreffen war, gilt Dicksein heute als Zeichen für Undiszipliniertheit und mangelndes Gesundheitsbewusstsein. In unterprivilegierten Schichten wird Dicksein als Stigma und als Ursache für zahlreiche soziale Benachteiligungen angesehen und bildet den Ausgangspunkt einer an hegemonialen Schlankheitsnormen orientierten Selbstentwertung (Barlösius 2014).

Der spätmoderne Zivilisierungsschub beinhaltet allerdings keine simple Rückkehr zu bürgerlichen Lebensweisen der Industriemoderne, geschweige denn zu den förmlichen Umgangsformen des traditionellen Bürgertums. Soziale Exzellenz dokumentiert sich nicht mehr allein in bloßer Selbst*beherrschung*. Vielmehr geht es darum, Selbst*vertrauen* und Enthusiasmus auszustrahlen. Die ›guten‹ Gefühle sollen evoziert werden. Scheinbar folgen die Subjekte in ihrem Rollenspiel allein ihrem inneren Antrieb, einer inneren Leidenschaft. Das höchste Sozialprestige kommt mithin solchen Akteuren zu, die eine ihnen zugewiesene Rolle nicht einfach ›spielen‹, sondern sie subjektiv verkörpern, denen es also gelingt, Rollenkompetenz als persönliche Exzellenz, als Teil eines charismatischen Selbst zu präsentieren. Damit sind neue Abgrenzungsmuster verbunden. Authentizität, Charme und Begeisterungsfähigkeit werden als Zeichen eines gehobenen Status gewertet, weil sie dokumentieren, dass das Subjekt seine Rolle nicht nur sachlich beherrscht, sondern emotional ausfüllt und ein hohes Maß an Autonomie für sich geltend macht (Koppetsch 2000). Durch die Verankerung in den Tiefenschichten der Persönlichkeit wird der Eindruck der Mühe- und Absichtslosigkeit erzeugt, was die Rolle des untergeordneten Befehlsempfängers prinzipiell ausschließt. Derartige Verhaltensstile sind das Ergebnis eines durchaus aufwändigen Verinnerlichungs- und Selbststilisierungsprozesses (Neckel 2005). Der expressive Umgangsstil erfüllt zwei Funktionen zugleich. Zum einen indiziert er einen gehobenen sozialen Status, zum anderen entspricht er einer spezifischen Form der team- und projektorientierten Führung im neuen Kapitalismus (Boltanski/Chiapello 2003), die darauf ausgerichtet ist, hierarchische Strukturen in Arbeitsorganisationen sozial abzufedern und mit der angestrebten Demokratisierung der gesellschaftlichen Verhältnisse in Einklang zu bringen (Illouz 2009: 166).

Zwar spielt Authentizität, ähnlich wie in der *counterculture* der 1970er-Jahre, auch in der neuen Gefühlskultur eine Schlüsselrolle, allerdings nicht mehr im Modus der psychologischen Selbstfindung. Gefühle werden nicht mehr im *Inneren* des Selbst gesucht, sind nicht mehr anti-institutionell *gegen* Normen und Institutionen gerichtet, sondern werden gleichsam in den Dienst gesellschaftlicher Institutionen gestellt. Sie haben die Funktion, gesellschaftliche Institutionen zu *tragen*, sie mit Wahrhaftigkeit (Authentizität) und Leben zu füllen. Die verlangte ›positive Ausstrahlung‹ oder die in einem gleichnamigen Bestseller gepriesene »emotionale Intelligenz« (Goleman 1997) fordern keine emotionale Befreiung mehr, vielmehr mahnen sie zur Modellierung von Emotionen im Dienste sozialer Institutionen.

Unter der Oberfläche unorthodoxer Verhaltenskodes zeigt sich somit, dass die *neue* Bürgerlichkeit gegenüber ihren traditionellen Vorformen mitnichten eine ›Lockerung der Sitten‹ impliziert, sondern vielmehr auf einen *neuen Stil* der zivilisatorischen Verhaltensregulierung hinausläuft. Verändert haben sich darüber hinaus auch die primären ›Angriffsflächen‹ der gesellschaftlichen Zwänge. Laut Norbert Elias (1992 [1976] II: 417) wird in einer gesellschaftlichen Epoche stets der Verhaltensbereich einer verstärkten Kontrolle unterzogen, der im Zentrum sozialer Platzierungskämpfe steht. In der Aristokratie waren es gesellschaftliche Manieren, die ›Etikette‹, die über die Nähe zum König und den Rang bei Hofe entschieden, innerhalb des klassischen Bürgertums werden Arbeit, Disziplin und Mäßigung prämiert, während sich das postindustrielle Bürgertum in der Kommunikation sowie in den Talentbörsen der Aufmerksamkeits-, Wissens- und Kreativökonomien zu bewähren hat (Franck 1998; vgl. Kapitel 3). Hier hat man sich nach den Kurswerten der kulturellen Märkte zu richten, klug mit Risiken und Chancen umzugehen und an der richtigen Stelle zu investieren. Auch die Kulturproduktion hat sich gewandelt: Anders als im 20. Jahrhundert geht es nicht mehr in erster Linie darum, in den Augen eines elitären Fachpublikums zu bestehen, vielmehr entscheidet die Akkumulation von Aufmerksamkeit eines größeren Publikums über den sozialen Status. Dies impliziert, dass strategische Interessen nicht mehr verschleiert werden müssen. Vielmehr sind die modernen Aufmerksamkeitsökonomien in Wissenschaft, Kunst und Kultur dadurch gekennzeichnet, dass unternehmerische Fähigkeiten zunehmend Eingang in sie finden, weshalb sich die vormals distinkten Strategien der Reproduktion von ökonomischem und kulturellem Kapital einander angleichen, dass kultureller und ökonomischer Erfolg konvergieren (siehe Kapitel 3).

Das neubürgerliche Subjekt möchte ein »unternehmerisches Selbst« (Bröckling 2007) sein, ungeachtet der Tatsache, dass es dem neoliberalen Wettbewerbsgeist des kulturellen Unternehmertums in der Theorie sehr kritisch gegenüberstehen mag. Dabei wird Selbstverwirklichung in den Dienst ökonomischen Handelns und umgekehrt ökonomisches Handeln in den Dienst der subjektiven Kultur gestellt (Koppetsch 2006). Markt und Kultur sind nun keine Gegensätze mehr, sondern die zwei Prinzipien kulturunternehmerischer Investitionsstrategien. Ähnlich wie der Adel des 17. und 18. Jahrhunderts und ähnlich wie das viktorianische Bürgertum, so erzeugt, wie weiter unten noch im Detail dargestellt, auch das postindustrielle Bürgertum durch die Herausbildung eines marktkulturaffinen Habitus sowie die Aneignung kulturell wie ökonomisch avancierter Konsumpraktiken seine eigenen Formen der Aus- und Abgrenzung.

POLARISIERENDE SPALTUNGEN UND MÄRKTE

Was bedeutet die Herausbildung des postindustriellen Bürgertums nun für die Lebenschancen und Lebensführungsmuster anderer Klassen innerhalb des Gesamttableaus? Werden sich die übrigen Gruppen an ihm als Vorbild orientieren, in der Hoffnung, zu ihm aufzuschließen? Tatsächlich scheint zunächst einiges dafür zu sprechen, denn im gleichen Umfang, wie sich eine neue herrschende Gruppe profiliert und nach unten abgrenzt, hat auch ihr Gruppencharisma und ihre Vorbildfunktionen insgesamt zugenommen. Von den Eliten möchten sich viele Bevölkerungsgruppen heute nicht mehr abgrenzen, sondern am liebsten selbst dazugehören, wie die Eröffnung zahlreicher Elitekindergärten und der Zulauf zu Eliteschulen zeigen (Bude 2013). Diese Gruppen blicken kulturell nach oben, sind am Vorbild des Lebensstils des postindustriellen Bürgertums orientiert, streben eine akademische Qualifizierung an[7] und investieren, etwa in Form gezielter Bildungsinvestitionen oder ausgefeilter Portfolios der Daseins- und Finanzvorsorge, ganz gezielt in ihren Status (Groh/Samberg et al. 2014).

Allerdings sind die heutigen Etablierten aus dem neuen Bürgertum entgegen ihrem eigenen Selbstbild, ›offen‹ und ›inklusiv‹ zu sein, weniger denn je bereit, ihre gesellschaftliche Macht mit den aufstrebenden Schichten zu teilen. So sind in den letzten beiden Jahrzehnten verstärkt Abstoßungs- und Schließungseffekte zu beobachten. Der Prozess des kol-

---

7 | Zwar ist die sozialstrukturelle Zusammensetzung der Akademiker keineswegs homogen. Neben den Angehörigen aus dem Management und den Professionen enthält sie auch zahlreiche Mitglieder in ungesicherten Beschäftigungsverhältnissen mit unklaren Perspektiven (Manske 2007; Manske/Pühl 2005). Dennoch teilen letztere in der Regel die Orientierung an einem kultur- und wissensintensiven Lebensstil und zählen sich als Hochqualifizierte zu den ›Aufsteigern‹ (Reckwitz 2017: 283).

lektiven Aufstiegs, der die zweite Hälfte des 20. Jahrhunderts begleitete, ist an ein Ende gekommen, es geht nicht mehr für alle nach oben, sondern für einige wieder nach unten. Dies betrifft vor allem solche Gruppen, die sich vormals zum erweiterten Kreis der Etablierten zählen konnten, also die Angehörigen der Mittelschicht. Zwar gibt es nach wie vor eine Fraktion innerhalb der Mittelschicht in Deutschland, die sich nicht zuletzt dank des dualen Berufsbildungssystems verhältnismäßig stabil in der Mitte reproduziert. Doch nimmt sich ein größerer Teil der Mittelschicht heute in einer ›Sandwich-Position‹ zwischen der neuen Unterschicht und der Mittelschicht im eigentlichen Sinne wahr, mit Abstiegsängsten nach unten sowie Ressentiments nach unten und nach oben (vgl. Reckwitz 2017: 368). Zu dieser defensiven Fraktion der Mittelklasse, die von der Unterschicht vorgeführt bekommt, was es heißt abzusteigen, können vor allem traditionelle Arbeitnehmer aus den Milieus der Facharbeiter und Fachangestellten gerechnet werden. Die berufliche Basis der Facharbeit ist in den letzten Jahrzehnten deutlich, d. h. von 45 Prozent (1991) auf nur 28 Prozent (2013) aller sozialversicherungspflichtig ausgeübten Berufe geschrumpft (Kahrs 2016: 7). Diese Gruppe spürt, dass sie gegenüber den avancierten Gruppen der postindustriellen Mittelklasse mit ihrer akademischen Bildung, ihrem wissensorientierten Lebensstil und ihren selbstverwirklichungsorientierten Berufen der Kultur- und Informationsökonomien historisch ins Hintertreffen geraten ist. Aber auch die semiprofessionellen Berufe etwa im Erziehungsbereich, in den Pflegeberufen und in der Sozialarbeit, die in den letzten Jahren expandiert sind und ihre Bildungs- und Professionalisierungsbemühungen verstärkt haben (Kahrs 2016: 6), haben trotz höherer Bildungsinvestitionen an Einkommen und Prestige verloren.

Die gesellschaftlichen Ursachen für die geschilderten Abstiegsprozesse der traditionellen Mittelschicht sind spiegelbildlich zu denen, welche die Ausbildung und den Aufstieg des postindustriellen Bürgertums befördert haben (Reckwitz 2017: 280). Die Herausbildung transnationaler Informations- und Kulturökonomien hat eine rapide Erosion der klassischen Industriearbeiterberufe und Gewerbeberufe nach sich gezogen. Dies ging mit einem Bedeutungszuwachs des Sektors der einfachen Dienstleistungen einher, welche die wachsenden Bedürfnisse des postindustriellen Bürgertums nach haushaltsbezogenen und haushaltsnahen Diensten (wie etwa Zustellung, Wachdiensten, Reinigung, Kinderbetreuung oder Altenpflege) erfüllen. Die Tätigkeiten in diesem Arbeitsmarktsegment, für das niedrige Qualifikationsstandards und geringe Gewerkschaftsbindung prägend sind, werden im Schnitt deutlich niedriger entlohnt als die traditionelle Industriearbeit. Diese neue Unterklasse hat den Anschluss an gesellschaftliche Entwicklungen weitgehend verloren, da ihre Verbindung zum industriellen Facharbeitermilieu abgebrochen ist. Soziale Austauschprozesse wurden unterbunden, da auch Aufstiegskanäle und soziale Berührungspunkte in Vereinen, Nachbarschaften und Betrieben nicht mehr existieren. Dies macht politische Bündnisse oder gar die Herausbildung einer gemeinsamen politischen Kultur unwahrscheinlicher (Groh-Samberg 2006).

Paradoxerweise tragen die Bildungsexpansion und die hohe wirtschaftliche Nachfrage nach wissensintensiven Dienstleistungen (wie Beratung, Werbung oder Management) und Forschungs- und Entwicklungstätigkeiten (wie Informatik, Elektrotechnik, Maschinenbau, Fahrzeugbau und Chemie) nun noch zusätzlich zur Verfestigung der neuen Unterschicht als einer *service class* bei (Staab 2014). Die Tertiarisierung des Arbeitsmarktes, also der Wandel von der Industrie- zur Dienstleistungsgesellschaft, führt somit zur deutlichen Polarisierung von Sozialklassen. Daraus resultiert eine den Verhältnissen des 19. Jahrhunderts nicht unähnliche Klassenstruktur mit einem wohlhabenden Bürgertum auf der einen Seite und einer ›Dienstbotenklasse‹ auf der anderen Seite.

Darüber hinaus ist von Belang, dass die wachsende soziale Segregation von Bildungswegen zu einer verminderten sozialen Durchlässigkeit und mithin zur ständischen Verfestigung von Klassenstrukturen noch zusätzlich beigetragen hat. Mobilitätsfenster, die sich in den 1970er- und 1980er-Jahren öffneten, haben sich gegenwärtig wieder geschlossen (Münkler 2010). Bildungschancen und kulturelles Kapital werden in hohem Umfang sozial vererbt (Mau 2012) – die Abhängigkeit des Bildungserfolgs von sozialer Herkunft ist in Deutschland besonders groß.[8] Zwar

---

8 | Im internationalen Vergleich ist die soziale Durchlässigkeit der bundesdeutschen Gesellschaft konstant relativ gering. Sie hat sich in den letzten Jahren jedoch noch einmal verringert. Denn mit Ausnahme der westdeutschen Frauen hat die Wahrscheinlichkeit sozialer Aufstiege gemessen am Status des Vaters abgenommen. Schon beim Studium sind Kinder aus unteren Schichten benachteiligt. Fast 70 Prozent der Studierenden in Deutschland kommen aus einem Akademikerhaushalt und weniger als ein Prozent der Kinder aus ungelernten Arbeiterhaushalten schaffen es, in leitende Angestelltenpositionen aufzusteigen (Pollak 2010: 20).

ist das Bildungssystem breiter und offener geworden, gleichzeitig hat sich jedoch die soziale Selektivität erhöht. Die Frequentierung von Elitekindergärten, Früherziehung und Privatschulen sowie Rücklagen für Auslandsaufenthalte der studierenden Kinder (Gerhards et al. 2016) zeugen von verstärkten Bildungsanstrengungen seitens akademischer Eltern, die wie Schranken gegenüber weniger ambitionierten Familien wirken (Nolte/ Hilpert 2007: 54 ff.).

Hinzu kommen Polarisierungen auch innerhalb der akademischen Mittelschicht. Nicht alle akademischen Berufsgruppen profitieren von der Herausbildung kulturkapitalistischer und wissensökonomischer Strukturen. Die Umstellung öffentlicher Dienste auf Märkte und Quasi-Märkte hat viele humanistische und pädagogische Berufe, die in der Industriemoderne noch ein großes Ansehen genossen haben, in die Defensive gedrängt. Aber auch Leitungsfunktionen haben sich gewandelt. Krankenhäuser, Wasser- und Strombetriebe, Straßenbau und Verkehrsbetriebe sind unter der Leitung von Beratungsfirmen teilweise oder gänzlich privatisiert worden und haben das traditionelle Management durch neue Berufsgruppen ersetzt. Verwerfungen gehen somit auch durch akademische Berufsfelder hindurch. Andersherum zählen nicht alle Vertreter der traditionellen Mittelklasse zu gesellschaftlichen Verlierern, denn auch hier verlaufen die Spaltungen oft innerhalb der einzelnen Felder. So ist das Rückgrat der deutschen Wirtschaft die exportorientierte Industrie – darunter befinden sich zahlreiche kleinere Familienunternehmen, die *global players* geworden sind. Ihre Eigentümer und Angestellten mögen teils einen völlig provinziellen Habitus pflegen, die traditionelle Familie verteidigen oder sogar etwas gegen ›Ausländer‹ haben – dennoch zählen sie zu den Gewinnern der Globalisierung.

In öffentlichen Großbetrieben wie auch in Universitäten und wissenschaftlichen Forschungseinrichtungen haben marktliberale Governance-Strukturen zu Verwerfungen innerhalb des Führungspersonals geführt (Münch 2011: 14 f.). Klassische Akteure der Parteien, Universitäten und Wissenschaftsorganisationen verlieren an materieller und symbolischer Macht. Dagegen gewinnen transnationale Akteure wie die Europäische Kommission, die Akteure des Bologna-Prozesses und die OECD an Bedeutung bei der Bestimmung der Spielregeln und bei der Vergabe von Forschungsgeldern. Ein wichtiges Prinzip des Wandels von Governance-Strukturen stellt die Berufung auf Märkte und internationale Wettbewerbsfähigkeit dar. Auch das Personal in Verbänden, Parteien, Universitäten und Forschungseinrichtungen hat sich auf ›mehr Markt und weniger Staat‹ sowie auf neue transnationale Akteure einzustellen.

Der Markt wird dabei zu einer neuartigen Begründungsfigur sozialer Schließung. Durch die Abwälzung betrieblicher Marktrisiken auf Arbeitnehmergruppen geraten festangestellte Arbeitnehmer zunehmend in die Position von Privilegierten, während ein wachsendes Segment von ›atypisch‹ Beschäftigten in eine machtunterlegene Außenseiterposition gedrängt worden ist. Deren minderer Status gegenüber den Festangestellten wird durch spezifische Kleidung, Gebaren und durch die Benachteiligungen bei der Zuweisung von Arbeitsaufgaben und Schichten symbolisch zementiert (Dörre et al. 2011). Derartige Muster zeigen sich allerdings nicht nur bei einfachen Angestellten in großen Firmen, sondern auch im wachsenden Segment befristet beschäftigter wissenschaftlicher, publizistischer, künstlerischer (zum Beispiel Architekten, Bildhauer, Museumskuratoren) oder kreativer (zum Beispiel in Werbung, Design oder Gaming) Mitarbeiter, die um ein knappes Stellenkontingent konkurrieren. Dies hat die Position der Arbeitgeber in den Kultur- und Wissensberufen gestärkt, die mit Blick auf mögliche Anschlussbeschäftigungen erhöhte Arbeitsleistungen verlangen können. Klassische Hierarchien sind somit durch die disziplinierenden Effekte verknappter Stellenmärkte substituiert worden. Um nicht in noch ungünstigere Arbeitsbedingungen abzurutschen oder um eine Anschlussbeschäftigung zu erlangen, akzeptieren Mitarbeiter gestiegene Anforderungen und signalisieren Anpassungsbereitschaft.

Die Vergabe von Lebenschancen durch Märkte nimmt in den bereits erwähnten ›Winner-take-all‹-Prozessen (Frank/Cook 1996) eine prototypische Form an. Hier teilen die Top-Performer den Kuchen unter sich auf, während für die anderen häufig nur ein kleiner Rest bleibt. Diese Ungleichheitsmuster zeigen sich nicht nur im Profi-Sport und bei den Kreativen in den Unterhaltungsindustrien, sondern auch in den Berufsfeldern von Architekten, Wissenschaftlern, Anwälten und Betriebswirten, deren Beschäftigungsstrukturen seit den 1990er-Jahren durch das Wachstum prekärer Beschäftigungsverhältnisse im Bereich der Teilzeitarbeit und der Solo-Selbstständigkeit ›unterschichtet‹ worden sind. Die Konsequenz ist eine stärkere Stratifizierung vieler akademischer Professionen. Verändert hat sich dadurch das System der Sozialklassen, da die größten Einkommens- und Statusunterschiede heute nicht mehr primär *zwischen* den verschiedenen sozioprofessionellen Kategorien, sondern innerhalb derselben verlaufen (Rosanvallon 2013) und Machtdifferenziale zwischen Kollegen mit vergleichbaren Bildungs- und Qualifikationsgruppen erzeugen.

Auf diese Weise haben unternehmerische und marktförmige Bewährungsstrukturen zu einer Polarisierung innerhalb von Beschäftigungsverhältnissen beigetragen. Dass dies zumeist widerspruchslos hingenommen wird, ist vielfach dem Umstand geschuldet, dass sich viele Angestellte heute nicht mehr als Arbeitnehmer, etwa als Teil einer ›arbeitenden Klasse‹ oder einer Organisation sehen, die sie auf den Status einer Arbeitskraft, einer standardisierten Rollenschablone, reduziert. Vielfach ist die Subjektivität selbst zum Produktionsfaktor geworden und an die Fähigkeit des Individuums gekoppelt, eigene Ressourcen zu mobilisieren und in seinem Aufgabenbereich selbständig zu agieren. In akademischen Berufsfeldern, aber auch in vielen Verkaufs- und Dienstleistungsberufen werden Arbeitnehmer zu einzigartigen Subjekten stilisiert, die besondere Leistungen erbringen sollen (Illouz 2009). Damit ist aber die Abkehr von den Kollektivprägungen sozialer Klassen oder sozioprofessioneller Kategorien verbunden. Der Kapitalismus der Arbeitnehmer ist zum »Kapitalismus der Singularitäten«, zu einer Versammlung einzigartiger Subjekte geworden (Rosanvallon 2013; vgl. Kapitel 3).

Marktbegründete Schließungsprozesse finden sich schließlich auch in großen Wirtschaftsunternehmen, in denen Aufstiegschancen im Zuge der Ausrichtung von Organisationen auf technische Infrastrukturen und ›flache Hierarchien‹ verknappt worden sind (Boltanski/Chiapello 2003). Nach Jahren des Umstrukturierens und des *delayering*, also der Verflachung von Hierarchien, der Verdichtung von Arbeitsaufgaben und des Entfernens ganzer Hierarchiestufen, sind leitende Angestellte oder qualifizierte Fach- und Führungskräfte oftmals in untergeordnete Positionen oder in den vorzeitigen Ruhestand versetzt worden (Grimshaw et al. 2002: 91; Littler et al. 2003; Kattenbach et al. 2014).[9] Wer von einer leitenden Position in eine Mitarbeiterposition gewechselt ist, hat zwar keine

---

9 | So ist der für viele männliche Arbeitnehmer gegenwärtig notwendige Wechsel von der Facharbeit hin zu kaufmännischen Berufen oder Berufen in der EDV, d. h. im White-Collar-Segment, zumeist keineswegs mit einem Aufstieg, sondern oftmals mit erheblichen Einbußen in Einkommen und Status verbunden. In fast allen Branchen und Berufsgruppen, mit Ausnahme der gesellschaftlichen Toppositionen, findet sich eine erhebliche Einbuße an Realeinkommen und eine gravierende

Erwerbslosigkeit zu beklagen und wurde finanziell oftmals entschädigt, hat aber gleichwohl einen Positionsverlust erlitten. Mit Ausdünnung von Hierarchien ist allerdings kein Verzicht auf zentralisierte Kontrollstrukturen verbunden, vielmehr werden klassische Hierarchien durch ein System der zentralisierten Zielvereinbarungen und des Benchmarkings ersetzt, das sich überwiegend auch auf elektronisch generierte Daten stützt (vgl. Kapitel 1).

Blockierte Aufstiegswege sind somit Querschnittsphänomene, von denen auch Subjekte aus der akademischen Mittelschicht negativ betroffen sein können. Die im kulturkosmopolitischen Habitus verankerten Ausschlussprinzipien können deshalb zu Prekarisierungen auch innerhalb der eigenen Reihen führen. Damit wird allerdings eine klassenpolitische Deutung marktinduzierter Schließungen verhindert. Denn der Markt entscheidet nicht blind oder zufällig. Privilegiert werden zumeist solche Gruppen, welche die hegemonialen Kodes, d.h. die kulturkosmopolitischen und unternehmerischen Tugenden, internalisiert haben. Markterfolge sind von ›extrafunktionalen Qualifikationen‹, d.h. von der Verinnerlichung mittelklassenspezifischer Lebensstile, abhängig. Gleichwohl werden marktförmige Selektionsprozesse nicht als Form sozialer Schließung, sondern als *individuelles Schicksal* erfahren. Wettbewerbe forcieren die Selbstzurechnung von Scheitern und Erfolg und eine charismatischen Aufwertung der Gewinner, was eine Solidarisierung beherrschter Gruppen unwahrscheinlich werden lässt.

DEKLASSIERUNG UND ENT-ZIVILISIERUNGSPROZESSE

Bislang ist in diesem Kapitel vor allem das postindustrielle Bürgertum beleuchtet worden. Welche Auswirkungen haben die skizzierten polarisierenden Ungleichheitsdynamiken nun für die sozial absteigenden Milieus, für die Deklassierten? Zur Erinnerung: Laut Norbert Elias ist Zivilisierung eine Folge der Verlängerung und Verdichtung von Vergesellschaftungszusammenhängen, wodurch die gesellschaftlichen Zwänge, die Menschen aufeinander ausüben, ein immer höher werdendes Niveau an *Selbstzwängen* und *Affektkontrollen* nach sich ziehen. Dieses dokumentiert

---

Reduktion der Berufseinstiegsgehälter, ohne dass die Betroffenen dadurch automatisch als ›prekär‹ beschäftigt zu bezeichnen wären (Koppetsch/Speck 2015).

sich nach außen in der Herausbildung eines hochdisziplinierten und kulturell gesättigten Lebensstils, der über eine große Ausstrahlungskraft verfügt. Das postindustrielle Bürgertum kultiviert, wie oben gezeigt, entgegen seiner vor sich hergetragenen Nonchalance ein Maximum an zivilisatorischer Selbstbindung. Dabei hat es entgegen dem von ihm selbst gepflegten Selbstbild, sozial inklusiv zu sein, ein *historisch nahezu unübertroffenes Niveau an Exklusivität* erlangt. Lebenslanges Lernen, der Konsum schier unerschöpflicher Mengen von Wissens- und Kulturgütern, Kodeverfeinerungen[10] und die permanente Optimierung aller Lebensvollzüge ist der Preis, den die Privilegierten für ihre Zugehörigkeit zu entrichten haben. Weniger begünstigte Milieus, die vor dem Hintergrund dieser avancierten Standards als weniger kultiviert, weniger gesundheitsbewusst und weniger selbstdiszipliniert erscheinen, werden von den Mitgliedern des postindustriellen Bürgertums intuitiv aussortiert und wirkungsvoll daran gehindert, in die Machtzentren aufzuschließen.

Spiegelbildlich dazu lassen sich soziale Abstiege als Prozesse der *Entbindung von zivilisierten Verhaltenskodes*, der sozialen Entkopplung[11] und

---

10 | Derartige Kodeverfeinerungen zeigen sich in allen Bereichen des Kulturkonsums, der zunehmend durch kosmopolitische Muster geprägt wird, aber auch in ganz alltäglichen Konsummustern: Galt es in den 1970er-Jahren zwischen »Eduscho«- und »Albrecht«-Kaffee zu wählen, so präsentieren heutige Supermärkte und Cafés bis zu 20 verschiedene Kaffeespezialitäten, deren Lifestyle-Annotationen heute zum selbstverständlichen Etikette-Wissen eines gehobenen Großstädters gehören. In fast allen Bereichen des Lifestyle-Konsums kam es zu einer wahren Explosion von Texturen, Stilen und Moden (Brooks 2000). Das postindustrielle Bürgertum kultiviert einen ökologisch korrekten, nachhaltigen und tugendhaften Konsumstil, der neue Regeln dafür definiert, was es heißt, up-to-date zu sein.

11 | Zur sozialen Entkopplung hat auch der fortgesetzte Rückgang großorganisationeller Bindungen, die die deutsche Gesellschaft in der Nachkriegsepoche entscheidend prägten, beigetragen. So ging beispielsweise die Zahl der Kirchenmitglieder zwischen 2006 und 2016 um rund fünf Millionen zurück, und auch die Mitgliederzahl der Volksparteien (CDU/CSU und SPD) sank im Vergleichszeitraum. Ebenso ging die Mitgliederzahl der Gewerkschaften zurück (Müller-Hilmer/Gagné 2018: 7). Besonders stark fällt die soziale Entkopplung in den entleerten Regionen der neuen Peripherien und in solchen Stadtvierteln aus (Gornig/Goebel 2013: 57), in denen soziale, kulturelle, ökonomische und politische Ausgrenzungsprozesse konvergieren.

der De-Sozialisierung begreifen. Wo sich soziale Kreise ausdünnen, lockert sich infolgedessen auch die Apparatur der Selbstzwänge: die Selbstwirksamkeit und das Kohärenzempfinden lassen nach. Jenseits und unabhängig von der Bindung an eine statushohe Gruppe und ohne das daraus resultierende Überlegenheitsgefühl bzw. den »Stolz über die Verkörperung des Gruppencharismas« (Elias/Scotson 1990) ist ein hohes Niveau an Affekt- und Selbstkontrolle wenig lohnend. Soziale Abstiege gehen darüber hinaus zumeist mit einer *Entwertung von Kompetenzen* oder bislang gültiger *Wert- und Verhaltensmaßstäbe* einher (vgl. Kapitel 4), wodurch die affektiven Bindungen an die soziale Ordnung noch zusätzlich bedroht sind oder gar gekappt werden. Betroffen sind von solchen Entwertungen nicht nur die ökonomisch deprivierten Bevölkerungsgruppen, sondern auch Gruppen innerhalb des Bürgertums (vgl. Kapitel 3): Qualifizierte Angestellte, die sich nicht rechtzeitig auf die Wissensökonomien eingestellt haben; Gelehrte, die den Anschluss an die Strukturen der Bologna-Universitäten wie auch an die medialen Aufmerksamkeitsökonomien verloren haben;[12] klassische Juristen, Mediziner oder Pädagogen, die sich nicht in die Strukturen des *New Public Management* einfügen konnten oder wollten; Unternehmer und Führungskräfte ›alter Schule‹, die nunmehr weder im Mittelstand noch in den großen Konzernen eine ökonomische Basis finden. Begleitet werden diese schleichenden Formen der Entwertung oftmals durch das Gefühl der *Entfremdung* (Jäggi 2005): Der entfremdete Mensch erfährt sich nicht mehr als aktiv wirksames Subjekt, sondern als passives Objekt, das Mächten ausgeliefert ist, die er nicht kennt. Er verliert dadurch an Selbstwirksamkeit und zugleich ist die Welt um ihn herum für ihn bedeutungslos und indifferent geworden.

Wie Elias herausgearbeitet hat, verbindet sich mit einem Machtverlust »für die Angehörigen herrschender Formationen durchweg eine ernste Störung ihres Selbstbildes und oft genug eine völlige Zerstörung dessen, was ihrem Leben in den eigenen Augen Sinn und Wert verleiht; es droht ihnen damit zugleich ein Verlust der Identität – Selbstverlust« (Elias 1992 [1989]: 462). Wird dem Subjekt die Zugehörigkeit oder Erlangung des begehrten Status langfristig oder endgültig verwehrt, gibt es für dieses oftmals keinen Grund mehr, sein Selbstbild und seine Selbstachtung an der Befolgung der entsprechenden Gruppennormen auszurichten, folg-

---

12 | Vgl. Münch (2011).

lich sinkt das Niveau der Affektkontrolle und Disziplinierung. In seinem Werk »Studien über die Deutschen. Machtkämpfe und Habitusentwicklung im 19. und 20. Jahrhundert« argumentiert Elias, Machtverluste im Verhältnis zu aufsteigenden Außenseitergruppen lösten »nicht nur aus wirtschaftlichen Gründen einen erbitterten Widerstand, ein oft kaum mehr realitätsgerechtes Verlangen nach Restauration der alten Ordnung aus«. Die betroffenen Gruppen fühlten sich vielmehr auch »in ihrem Selbstwert erniedrigt« (Elias 1992 [1989]: 243).

›Phantasiepanzer‹ gegen die Deklassierung

Derartige Machtverluste führten nach Elias oftmals dazu, dass der Glaube an den Vorzug, an die einzigartige Begnadung und Mission der eigenen Gruppe beibehalten wird, um den schmerzhaften Verlust nicht zu spüren. Dies kann das Kollektiv vor der »vollen emotionalen Erkenntnis schützen, dass sich die eigene Position gewandelt hat«, dass die Gruppe ihr Ideal nicht mehr erreicht, und ermöglicht es, den Glauben an das eigene Gruppencharisma mit den es begleitenden Einstellungen und Verhaltensstrategien als einen »Phantasiepanzer« beizubehalten (Elias/Scotson 1990: 47). Unter diesen Voraussetzungen beginnen *die entsprechenden Selbstzwangmuster brüchig zu werden oder zusammenzubrechen*, weil zivilisierte Verhaltensstandards für herrschende Gruppen oftmals nur so lange sinnvoll seien, »wie sie, neben allen sonstigen Funktionen, Symbole und Werkzeuge ihrer Macht bleiben« (Elias 1992 [1989]: 463).

Es fällt nicht schwer, hier eine Verbindung zu Mobilisierungsstrategien rechtspopulistischer Parteien zu ziehen (Geiselberger 2017; Fraser 2017). Der Erfolg des von Trump ausgegebenen Slogans »Make America great again« deutet auf die Aktivierung eines solchen ›Phantasiepanzers‹ als Bewältigungsstrategie für Erfahrungen sozialer Deklassierungen hin. Dies bringt zum Ausdruck, dass die angesprochenen Bevölkerungsgruppen offensichtlich nicht zu einer realistischen Anpassung an eine veränderte Machtrate bereit sind, sondern sich lieber unrealistischen Vorstellungen über die wiederzuerlangende Größe der Nation (die stellvertretend für das Selbst steht) hingeben – um ›den schmerzhaften Verlust nicht zu spüren‹, wie es bei Elias heißt. Auch in anderen Hinsichten scheint der amerikanische Präsident das Gegenteil dessen zu verkörpern, was sich die westliche Welt selbst als Zivilisationsfortschritt zugutehält. So ist etwa die durch Trump angedrohte Aufkündigung internationaler Sicherheits- oder Klimaabkommen, die Amerikas Rolle in der Welt aller Voraussicht eher *nicht* stärken, sondern noch weiter schwächen wird, als Ausbruch aus den bislang erreichten Standards globaler Integration zu werten: Die Geste des Auftrumpfens geht mit einem Verzicht auf kooperative und mithin realistische Formen der Bewältigung amerikanischer Verunsicherungen und Krisen einher.

De-Zivilisierungen sind nicht nur bei politischen, sondern auch bei zivilen Akteuren verstärkt zu beobachten. Sie zeigen sich etwa in der nachlassenden Affektkontrolle infolge populistischer Kampagnen und ausufernder Hetze gegen ›den Islam‹ und die vorgeblichen Privilegien der Flüchtlinge in der Öffentlichkeit und im Netz. Verleumdungen, Beschimpfungen und Hetzkampagnen richten sich allerdings oftmals auch gegen beliebige Personen, deren politische Ansichten man nicht teilt oder die zu einer verhassten Minderheitengruppe gehören. Die Attraktivität digitaler Diffamierungen verdankt sich ihrer Anonymität und der Tatsache, dass man für sie in aller Regel nicht juristisch belangt werden und sie somit ungestraft begehen kann. Im Netz sind die Möglichkeiten der Begründung und Auflösung von Bindung, die Inklusion und Exklusion anderer in die bzw. aus der eigenen Lebenswelt und das Ziehen einer Grenze zwischen ›ihnen‹ und ›uns‹ sofort und mit einer kleinen Fingerbewegung realisierbar. Dies verschafft ein sofortiges Macht- und Überlegenheitsgefühl. Psychologisch besonders verheerend für die Opfer wirken sich die organisierten und systematisch betriebenen Formen des Cyber-Mobbings aus, durch die spezifische Personen in den sozialen Netzen gezielt verfolgt werden. Interessanterweise entfachen diese Mobbingstrukturen durch Echokammern oftmals Dynamiken, welche die Täter (und nicht etwa die Opfer) bestätigen und bestärken. Ein prominentes aktuelles Beispiel aus dem französischsprachigen Internet stellt die Gruppe männlicher Journalisten um die »Ligue du LOL« dar, die in den letzten Jahren Frauen, die sich links oder feministisch positionierten, systematisch und konzertiert mit Hassbotschaften traktiert und in der Cyber-Öffentlichkeit etwa durch pornografisches Material bloßgestellt hat. Die Täter konnten in ihrer Rolle als einflussreiche Journalisten Tausende von Followern mobilisieren.

DE-ZIVILISIERUNG UND ZORNBEWIRTSCHAFTUNG

Elias betrachtet den Prozess der Zivilisation nicht als ungebrochen oder unidirektional. Zivilisierung ist für ihn niemals beendet und immer gefährdet, weil stets durch ihr Gegenteil bedroht. Sie beruht auf zwei Voraussetzungen: erstens auf der *Freisetzung aus tradierten und eingrenzenden Sozialformen* zugunsten der Einbindung in immer größere und differenziertere soziale Einheiten und zweitens auf der *Umwandlung von Fremdzwängen in Selbstzwänge*, wodurch gesellschaftliche Normen verinnerlicht und soziale Sanktionen, vermittelt über Emotionen, in das Innere der Person hinein verlagert werden und das Selbstbild regulieren (vgl. Kapitel 5). Damit erhöhte sich das Ichgefühl und zugleich ist das Individuum, indem es die traditionalen Sozialbindungen abgestreift hat, gesellschaftsabhängiger geworden, weil sich in modernen Gesellschaften Interdependenzgeflechte verdichten und Handlungsketten verlängern. Beide Prozesse, der Freisetzungs- wie auch der Verinnerlichungsprozess, sind an Voraussetzungen gebunden, die in Gegenwartsgesellschaften nicht mehr für alle sozialen Milieus in gleicher Weise gegeben sind. Vielmehr breiten sich De-Zivilisierungsprozesse in dem Maße aus, wie Gesellschaften Subjekte sozial entbinden und/oder hinsichtlich der ihnen versprochenen Einfluss- und Machtmöglichkeiten enttäuschen. Die Folge ist, dass auch die Entladung von Wut, Hass und Gewalt zunehmen.

Allerdings wäre es voreilig, daraus den Schluss zu ziehen, dass uns in Bälde ein gesellschaftlicher *Zivilisationsbruch* etwa in Gestalt einer autoritären Wende des Weltkapitalismus oder die Wiederkehr einer politischen Gewaltherrschaft, vergleichbar etwa mit der Naziherrschaft in den 20er- und 30er-Jahren des 20. Jahrhunderts, bevorstünde. Dazu erweisen sich die Ausdrucksformen angesammelter Frustrationen gegenwärtig als zu verstreut und episodisch. Dies zeigt sich gerade in ihren aktuellen Extremformen, etwa im Amoklauf oder im terroristischen Anschlag, die ja gerade kein langfristiges Ziel verfolgen, sondern sich in episodischen Gewaltdemonstrationen erschöpfen. Der Gewaltakt ist hier ein reiner Selbstzweck, nicht Mittel zum Zweck. Solange der Zorn auf dieser Explosionsstufe bleibt, entlädt er sich im Modus des Aufflammens und investiert sich nicht in zukünftige, längerfristige Optionen. Davon abgesehen kommt es in den meisten Fällen erst gar nicht zur Entladung von Wut, Hass und Gewalt. Denn De-Zivilisierung vollzieht sich oftmals eher alltäglich und unspektakulär und bedroht stärker die subjektiven als die gesellschaftlichen Potenziale. Um das gesellschaftliche Bedrohungspotenzial auszuloten, lohnt hier ein Blick auf unterschiedliche Formen und Folgen der De-Zivilisierung.

Prinzipiell lassen sich offensive und defensive Formen der De-Zivilisierung unterscheiden. De-Zivilisierung existiert nicht nur als aggressive Entladung von Frustrationen, sondern auch in alltäglicher und defensiver Form, etwa als unauffällige Regression oder Verwahrlosung. Zu den auffälligsten Begleiterscheinungen sozialer Verwahrlosung gehörte immer schon die epidemische Ausbreitung des Drogenkonsums in spezifischen Bevölkerungsschichten, die eine nachhaltige Form der persönlichen Regression in Gang setzt. Eine solche Entwicklung kann gegenwärtig etwa bei der weißen Arbeiterschaft in den de-industrialisierten Regionen der USA beobachtet werden. In weiten Teilen der Vereinigten Staaten, besonders auf dem Land, greift eine Opioid-Epidemie um sich, im Zuge deren sich Menschen mit schweren Schmerzmitteln betäuben. Im Jahr 2016 gab es mehr als 60.000 Todesfälle nach einer Überdosis. Die Lebenserwartung weißer Männer ist zwischen 2013 und 2014 gesunken – ein äußerst ungewöhnlicher Vorgang in einem Industriestaat (Fukuyama 2018).

Eine andere Form defensiver De-Zivilisierung stellt die Preisgabe von Autonomie und die ›freiwillige‹ Unterordnung unter starke Strukturen oder charismatische Persönlichkeiten dar. Die Verschmelzung mit einem bewunderten Anderen oder mit einem starken Kollektiv lässt die Konturen des Selbst verwischen, ermöglicht aber die Wiederaufrichtung des Selbstwertgefühls. Die durch die Rechtspopulisten angerufene emotionale Gemeinschaft des Volkes etwa kompensiert das individuelle Scheitern durch das Bewusstsein, Teil eines höherwertigen Kollektivs zu sein. Paradoxerweise ist die autoritative Unterordnung gerade in Gegenwartsgesellschaften, die durch immer höher gesteckte Autonomie-Ideale geprägt sind, wieder attraktiver geworden. Unter bestimmten Bedingungen nämlich stellen gesteigerte Erwartungen an Eigenverantwortlichkeit und individuelle Autonomie eine zusätzliche Belastung für den Einzelnen dar, insbesondere dann, wenn sie de facto nicht mit einem Zugewinn an tatsächlichen Handlungsspielräumen korrespondieren. Uneinlösbare Autonomieforderungen erzeugen unauflösbare Widersprüche: Wo prekäre Beschäftigungen als Möglichkeit zur flexiblen Selbstentfaltung, die Vorenthaltung einer allgemeinen Krankenversicherung als neue Wahlfreiheit oder der Entzug sozialer Sicherungen als gesteigerte Selbstverantwortung belobigt werden, dort werden Appelle an Eigenverantwortlichkeit und Selbstdisziplinierung selbstzerstörerisch. Die Anpassung an derartige Imperative der Selbstermächtigung und Autonomisierung kommt in Wirklichkeit einer *Einwilligung in repressive Herrschaftsverhältnisse* gleich und geht mit der Unmöglichkeit der Erfüllung ebendieser Normen einher. In einer solchen Situation sucht das Subjekt oftmals Entlastung in Gestalt externer Verbote oder autoritärer Instanzen. Elias schrieb mit Blick auf den Nationalsozialismus, dass sich in Situationen der Unsicherheit ein »Verlangen nach der Fremdkontrolle eines starken Herrschers« (Elias 1992 [1989]: 414) einstellt. Der Wunsch nach *Wiederaufrichtung von Fremdzwängen* äußert sich im Regime neoliberaler Selbstverantwortlichkeit weniger im Verlangen nach einem starken Herrscher als vielmehr dadurch, dass das Subjekt Zuflucht in den neuen identitären Gemeinschaften und Kollektiven sucht. Diese Kollektive können unter bestimmten Bedingungen als Zornunternehmer auftreten, welche die Frustrationen der Subjekte dem gemeinsamen Widerstand, der Rache oder gar einem gemeinsamen ›Umsturzplan‹ zuführt.

Während die defensiven Formen der De-Zivilisierung eher zur Implosion von Affekten führen, zeigen sich offensive Formen eher durch den explosiven Ausdruck von Wut, Hass und Gewalt an. Diese verbrauchen sich allerdings oftmals in ihrem eigenen Ausdruck und stellen mithin blinde Verausgabungen ohne nachhaltige Effekte dar. Damit aus diesen Explosionen zerstörerische Potenziale für die Gesellschaft im Ganzen erwachsen, bedarf es einer übergreifenden Instanz, die ›lokale Wutvermögen‹ und ›zerstreute Hassprojekte‹ sammelt und einem gemeinschaftlichem Vorhaben, etwa einem Racheplan, zuführt. Der Philosoph Peter Sloterdijk (2008: 99 f.) spricht in seinem Essay »Zorn und Zeit« von der Notwendigkeit der Bewirtschaftung des Zorns. Die verstreuten Rachephantasien müssten im wahrsten Sinne des Wortes zu einer gemeinsamen *Geschichte* zusammengeführt werden. Dazu bedarf es eines Kollektivs, das seine Zornpotenziale – wie seine Hoffnungen und Ideale – in gemeinsame langfristige Operationen, in eine noch herzustellende Zukunft investiert: Es nützt nichts, Autos in Brand zu setzen, Straßenkreuzungen lahmzulegen oder gegen Präsidenten und Politiker zu hetzen, wenn damit nicht ein Ziel verfolgt wird, das den vandalischen oder hetzerischen Akt in eine *historische* Perspektive integriert. Die Wut der Zerstörer verbraucht sich im Auflodern des Hasses und in den anarchischen Unternehmen. Die erzählte Historie übernimmt dann nicht mehr nur die Aufgabe, das Kollektiv durch spezifische Traditionen zu begründen (vgl. Kapitel 5), sondern auch die, eine Rationalisierung der rächerischen Energien der individuellen Zornbesitzer vorzunehmen: von der puren Impulsivität über den punktuellen Widerstand bis zur Konzeption von Angriffen gegen die Gesellschaft im Ganzen. Dazu gilt es, die Taten und Leiden des Zornkollektivs in eine übergreifende Erzählung einzubinden.

Es ist eine offene Frage, ob die Politisierung rechtspopulistischer Neogemeinschaften in eine solche zornökonomische Großinvestition münden kann. Nach Sloterdijk wäre dazu eine Transformation des Zorns von seiner lokalen Anhäufung und punktuellen Veraugabung hin zur systematischen Investition und der zyklischen Vermehrung zu vollziehen. Ähnlich wie die Geldwirtschaft von der Schatzform zur Kapitalform übergegangen ist, bedürfte es hinsichtlich des Zorns einer entsprechenden Wandlung von der ›Racheform‹ zur ›Revolutionsform‹ (Sloterdijk 2008: 102). *Revolution* in Sloterdijks Verständnis kann keine Sache des Ressentiments isolierter Subjekte sein, sondern impliziert die Gründung einer ›Zornbank‹, deren Investitionen gründlich überlegt sein müssen, wenn das Reservoir explosiver Unzufriedenheiten zum gesellschaftlichen Umsturz genutzt werden soll. Nach dem bisherigen Kenntnisstand sind wir gegenwärtig noch weit von einer solchen Revolution entfernt. Nicht von der Hand zu weisen ist allerdings, dass die ersten beiden Jahrzehnte des 21. Jahrhunderts von immensen Konflikten in unterschiedlichen Weltregionen geprägt sind, die von Zornkollektiven und gekränkten ›Zivilisationen‹ angezettelt worden sind.

8. In Deutschland daheim – in der Welt zu Hause. Alte Privilegien und neue Spaltungen

Die Bedeutung rechtspopulistischer Mobilisierungsarbeit im Kontext neuer Klassengegensätze soll in diesem finalen Kapitel anhand eines konkreten Beispiels, des symbolisch hoch aufgeladenen Konflikts um *Heimat*, genauer untersucht werde. Dieser steht nicht zufällig im Zentrum aktueller gesellschaftlicher Auseinandersetzungen, da in den unterschiedlichen Auffassungen von Heimat existenzielle Auswirkungen von Globalisierungsprozessen auf eindrucksvolle und höchst konkrete Weise zum Ausdruck kommen.[1] In den Auseinandersetzungen wird um symbolische Macht, d.h. um die Frage gerungen, welche Gruppen die Sichtweisen und Interpretationen der Gesellschaft im Ganzen bestimmen dürfen.

Was ist Heimat? Und warum reden plötzlich alle über sie? Spätestens seit der Rede des Bundespräsidenten zum Tag der Deutschen Einheit 2017 als auch in den Verhandlungen zur Jamaika-Koalition im Nachgang zur Bundestagswahl desselben Jahres, wo erstmals über die Einführung des »Heimatministeriums« debattiert wurde, ist das Thema gegenwärtig: Der populäre Diskurs über die Heimat boomt (Schüle 2017), sichtbar nicht nur an der gesteigerten Produktion von literarischen (Zeh 2016) oder soziologischen Heimaterzählungen (Eribon 2016), sondern auch am Aufschwung des Handels mit regionalen Produkten und Trachten, der zu einer wahren ›Selbstvergewisserungsindustrie‹ geworden ist.[2] Aus soziologischer Sicht ist die für viele unheimliche Konjunktur des Heimatbe-

---

1 | Siehe zur Transnationalisierung von Ungleichheitsordnungen auch Einleitung und Kapitel 3.
2 | Siehe dazu etwa das Sonderheft aus der Reihe *Spiegel Wissen* zum Thema »Heimat« (6/2016).

griffs allerdings nicht so verwunderlich, wie es zunächst scheint. Die Idee der Heimat befindet sich gewissermaßen am mentalen Verkehrsknotenpunkt von Globalisierung, romantischem Neo-Konservatismus und den neuen politischen und gesellschaftlichen Konfliktlinien, die in den bisherigen Kapiteln dieses Buches beschrieben wurden. Im Wort ›Heimat‹ schwingen zarte Erinnerungen an Kirchturmglocken und gemähtes Gras aus Kindheitstagen mit, zugleich sind darin die drängendsten Probleme der Gegenwart kurzgeschlossen: Herkunft, Bleiberecht, Wanderung und vor allem das Streben nach Zugehörigkeit, Stabilität und Vertrautheit.

Versuchen wir die gesellschaftlichen Hintergründe des aktuellen Heimatdiskurses systematisch zu erfassen, so lassen sich zunächst zwei unterschiedliche Aspekte identifizieren: Zum einen stellt die wachsende Relevanz von Heimat schlichtweg eine Konsequenz gesteigerter Mobilitäts- und Migrationserfahrungen dar; zum anderen, und das ist der interessantere Aspekt, ist die diskursive Konjunktur von Heimat Ausdruck einer wachsenden Territorialisierung sozialer Lagen und neuartiger, transnationaler Ungleichheitskonflikte, die um Fragen der sozialräumlichen Zugehörigkeit kreisen. Im Heimatbegriff werden territoriale Ansprüche spezifischer Gruppen geltend gemacht – oder eben auch zurückgewiesen.

Betrachten wir zunächst den ersten Aspekt, der sich phänomenologisch unmittelbar aufdrängt: Heimat erscheint vielen heute als die Grundlage für das, was der Soziologe Anthony Giddens einmal als »Seinsgewissheit« beschrieben hat (Giddens 1988) – das Vertrauen in die Kontinuität der eigenen Identität, das eine stabile und als sinnhaft empfundene affektive Bindung an die Gesellschaft ermöglicht. Diese Seinsgewissheit entsteht immer dann, wenn das Subjekt in Übereinstimmung mit sich und seinen Erwartungen leben kann. Aus dieser Perspektive kann der neuere Diskurs über Heimat als ein thematisches Zentrum der gesellschaftlichen Selbstverständigung über Mobilitäts- und Fremdheitserfahrungen identifiziert werden. Mobilität und Migration beinhalten ja nicht nur Freiheitsgewinne, sondern auch Verlusterfahrungen, die dem Heimatbegriff von jeher eingeschrieben sind. Anders als in progressiven Kreisen kolportiert, sind die jüngeren Debatten um Heimat somit keineswegs absurd. Schon die Vorstellung, an einem spezifischen Ort – also in Abgrenzung von anderen Orten – verwurzelt zu sein, ist ja, so überraschend das zunächst klingen mag, eine genuin *moderne* Erfahrung. Derartige Heimatbindungen konnten sich nämlich erst entwickeln, als die Einzelne nicht mehr selbstverständlich mit ihrem Herkunftsort verwachsen war. Im Zuge globalisierungsbedingter Erfahrungen von Grenzverschiebung, Grenzerweiterung und Entgrenzung erfährt die Heimaterfahrung noch eine zusätzliche Intensivierung: Je mehr Orte potenziell erreichbar sind oder tatsächlich auch durchwandert werden und je größer der Umfang zurückgelegter Distanzen, desto salienter die Differenz zwischen dem Herkunftsort und allen anderen, beliebigen Orten. Heimat tritt im Rück- und im Fernblick besonders prägnant in Erscheinung – manchmal auch als *Phantomschmerz*, weil es die Sehnsucht nach einem Ort umfasst, den es so, wie wir ihn in Erinnerung haben, vielleicht gar nicht mehr gibt oder nie gab.

DIE HEIMAT DER EINGEBORENEN UND DIE HEIMAT DER ZUGEWANDERTEN

Doch wäre ›Heimat‹ im neueren Diskurs kein umstrittener Begriff, wenn sich sein Bedeutungsgehalt darin erschöpfen würde. Seine gesellschaftliche Brisanz erschließt sich erst dann vollständig, wenn man die gegenwärtig aufbrechenden Konfliktfelder um die Frage, was Heimat überhaupt bedeuten soll, genauer auf ihre gesellschaftlichen Hintergründe untersucht. Hier zeigt sich, dass der Heimatbegriff sich im Zentrum ebenjener neuen politischen Konflikte um Transnationalisierung, Migration und territorialer Autonomie befindet, die bislang in diesem Buch besprochen worden sind.

Die Rollen in diesen Konflikten sind wie folgt verteilt: Auf der einen Seite stehen die grenzüberschreitend Mobilen, jene also, die unermüdlich behaupten, dass Heimat auch Zuwanderern offenstehe und niemals etwas sei, was man für immer haben oder besitzen könne, sondern stets nur das Ergebnis der gelungenen Anverwandlung eines konkreten Ortes darstelle (Retzlaff/Weidenhaus 2015; Gensing 2015); auf der anderen Seite stehen jene, die zumeist weniger mobil sind, deutlich weniger Wahlmöglichkeiten hinsichtlich ihres Wohn-, Arbeits- oder Urlaubsortes haben und deren Identität zumeist national oder regional verwurzelt ist. Hier existiert häufig die Vorstellung einer schicksalhaften Verbindung mit dem eigenen Ursprung, der zufolge der Mensch seine primäre Heimat nicht wählen kann, weil sie ihm *zugefallen* ist und er sie folglich immer schon besitzt. Heimat in diesem Sinne verbürgt unhintergehbare Zugehörigkeit und Identität, und die kann es aus Sicht der Anhänger und Fürsprecher dieses Konzepts nur im Singular geben. In dieser Perspektive muss die ›unbegrenzte Flexibilität‹ einer offenen Selbstverortung dazu führen, dass am Ende *niemand mehr* eine Heimat hat.

Der erstgenannten Heimatvorstellung liegt demgegenüber ein kosmopolitisches Selbstverständnis zugrunde, dem zufolge fremde Orte und Menschen stets auch *neue Möglichkeiten kultureller Aneignung und Identitätsbildung* eröffnen. Heimat dürfe demnach nicht exklusiv verstanden werden und zum Ausschluss anderer, zu Differenz und Abgrenzung führen, da das Aufnehmen des anderen, des Neuen, Chancen für ›mehr Kompetenz‹ berge. In exemplarischer Weise wird diese Auffassung etwa von dem Kulturtheoretiker und Schriftsteller Klaus Theweleit artikuliert: »Ich bin ein Flüchtlingskind aus Ostpreußen und hatte dann meine neue, meine zweite schleswig-holsteinische Heimat. Als Jugendlicher wurde dann englische Beat-Musik meine kulturelle Heimat. Ich kenne also mindestens drei verschiedene Heimaten.« (Zitiert nach Gensing 2015: 39) Die Identität, welche die Heimat stiftet, wird in dieser Vorstellung als *Patchwork-Zugehörigkeit* entworfen, die ihre Wurzeln in unterschiedlichen Gemeinschaften findet und in der die Grenzen zwischen dem Eigenen und dem Fremden, zwischen Orten und Zeiten, zwischen Vergangenheit und Zukunft durchlässig sind. Die verschiedenen Herkünfte werden als Ressourcen für die biografische Arbeit an der eigenen Identität behandelt. Kosmopolitisch mutet diese Vorstellung deshalb an, weil das Prinzip der unverbrüchlichen Verwurzelung von Mensch und Herkunft aufgehoben scheint.

Demgegenüber liegt dem *Heimat-als-Schicksal-Modell* die Überzeugung zugrunde, Heimat sei in erster Linie etwas für Eingeborene und nicht für Zuwanderer. Nach dieser Logik gilt: Es gibt nur eine einzige Heimat, die man sich nicht aussuchen kann, weshalb Migration und Flexibilität auf beiden Seiten unweigerlich zum Heimatverlust führen müssen. In neueren politischen Diskursen wird dieses Verständnis von Heimat häufig dann artikuliert, wenn Autonomieverluste abgewendet werden sollen. Dabei geht es zumeist um zwei Formen der Angst vor Entfremdung: einerseits um die Befürchtung der Fremdbestimmung der eigenen kleinen ›heilen Welt‹ durch Einmischung von als mächtig bzw. bedrohlich empfundenen anderen, andererseits um die Angst vor kultureller ›Überfremdung‹ durch (massenhafte) Zuwanderung. Die *Abwehr von Fremdbestimmung durch Einmischung anderer* zeigt sich etwa im neu erwachten Heimatbewusstsein peripherer, oftmals auch ländlicher Regionen, die um ihren Status kämpfen und sich durch die Mehrheitsgesellschaft in eine marginale Position gebracht sehen (Cramer 2016; vgl. Kapitel 5). Sie ist aber kein exklusives Konstrukt wirtschaftlich schwacher oder abgehängter Regionen; auch ökonomisch starke Regionen können unter bestimmten Bedingungen dazu tendieren, drohende Autonomieverluste durch Abschottung zu kompensieren. Das zeigt sich nicht zuletzt auch an separatistischen Bewegungen, wie sie etwa in Norditalien, im Baskenland, in (Nord-)Irland oder aktuell in Katalonien zu beobachten sind. Der Traum vom eigenen Staat, von der autarken, autonomen Heimat bringt den Wunsch der regionalen Bürger nach Selbstbestimmung in Stellung gegen die vermeintliche Fremdbestimmung durch die eigene Nation oder etwa den »Suprastaat« Europa (Schüle 2017: 111).

Als zweite Form des durch Schicksalsgemeinschaften abzuwehrenden Autonomieverlustes wird die vermeintlich drohende *Gefahr einer ›Überfremdung‹* durch Zuwanderer ausgegeben. Seitens der Kosmopoliten wird dieser Aspekt zumeist als Fremdenfeindlichkeit gedeutet. Doch geht es dabei gar nicht primär um die Frage, wo fremde Menschen leben dürfen, sondern vor allem um die Befürchtung einer kulturellen Enteignung, einer gesellschaftlichen Usurpation des eigenen Lebensraums und der eigenen Lebensweise durch die Kultur der Zugewanderten. So glauben etwa viele ›heimatverbundene‹ Deutsche, dass Einwanderung und die im Vergleich zum bundesdeutschen Durchschnitt höhere Geburtenrate von Muslimen mittelfristig dazu führten, dass Deutschland seine kulturelle Identität verliere und ein durch Muslime beherrschtes Land werde. Der Schriftsteller Michel Houellebecq hat ein solches Szenario in seinem dystopischen Roman »Unterwerfung« am fiktiven Beispiel eines durch die Partei der Muslim-Bruderschaft beherrschten Frankreichs entfaltet (Houellebecq 2015).

Am aktuellen öffentlichen Diskurs über ›Heimat‹ wird offenbar, das jedes der beiden Modelle für sich moralische Überlegenheit reklamiert. Äußerungen eines nationalen, regionalen oder separatistischen Heimatbewusstseins ziehen stets eine wahre Bekenntnisflut zur Weltoffenheit seitens der Kosmopoliten nach sich. Hinter dem Kampf um die Deutungshoheit im Heimatdiskurs verbergen sich daher nicht nur unterschiedliche Begriffe, sondern *konkurrierende Gesellschafts- und Lebensauffassungen.* Die Protagonisten des Heimat-als-Schicksal-Modells, wie sie etwa prominent durch separatistische oder populistische Bewegungen vertreten werden, sehen sich dabei häufig in moralischer und politischer Opposition zur urbanen akademischen Mittelklasse, der primären Trägergruppe des Heimat-Kosmopolitismus.

Die Kosmopoliten weisen die Vorstellung von Heimat als Schicksalsgemeinschaft scharf zurück. Kritisiert wird, dass unter dem Vorwand des ›Heimatschutzes‹ die Ausgrenzung zahlreicher Menschengruppen betrieben oder zumindest begünstigt werde. Dagegen werden die Ideale der Freizügigkeit und der Weltbürgerschaft gehalten, die es jedem Menschen ermöglichen sollen, dort zu wohnen, wo er oder sie es möchte. Dem liegt die Auffassung zugrunde, dass Migration die Heimat für beide Seiten bereichere: für die Einheimischen, weil der ›bunte Mix‹ der Kulturen und die Erfahrung des Fremden zu einer Horizonterweiterung führten, welche die Rückbesinnung auf eigene lokale oder nationale Traditionen umso attraktiver werden lasse; und für die Zugewanderten, weil der Schritt in die Fremde »die Chance verheißt, sich neu zu erfinden« (Retzlaff/Weidenhaus 2015: 33). In diesem Zusammenhang wird von den Kosmopoliten auch gerne darauf verwiesen, dass es sich bei der Heimat, ähnlich wie bei der Nation, um ein soziales Konstrukt handele und sie daher keine natürliche Grundlage besitze.[3]

Zwar sind die beiden Heimatvorstellungen konträr, doch erfüllen sie durchaus vergleichbare Funktionen im Lebenszusammenhang ihrer Trägermilieus. In beiden Modellen geht es um kulturelle Selbstvergewisserung, soziale Exklusivität und Zugehörigkeit. Heimat, auch die kosmopolitisch verstandene, wird niemals nur von einem Einzelnen besessen, sondern ist Ausdruck eines in spezifischen Räumen beheimateten ›Wir‹, das durch Grenzen aufrechterhalten wird. Die Gegensätzlichkeit der beiden Lebensauffassungen sollte daher nicht den Blick dafür verstellen,

---

3 | Auch Familie, Geschlecht, Aktienmärkte und Berufe sind bekanntlich soziale Konstruktionen. Abschaffen kann man sie deshalb noch lange nicht, denn sie stehen als »gesellschaftliche Tatsachen« (Durkheim) außerhalb der individuellen Verfügbarkeit. Kosmopoliten unterschätzen die Mächtigkeit des Sozialen. Tatsächlich verliert man wesentliche Teile von sich, wenn man in ein anderes Land auswandert. Zunächst verliert man die eigene Sprache, dann die Identität: als Bürgerin oder als Tochter oder Sohn, als Angehörige einer ethnischen Gruppierung, als Eingeborene. Nach und nach jedoch kann dann der Verlust zur Bereicherung führen: Man lernt eine neue Sprache, nimmt eine neue Identität an und gewinnt eine neue Heimat – im Idealfall.

dass auch Kosmopoliten keineswegs uneingeschränkt ›offen‹ sind, sondern exklusive oder sozial segregierte Räume bewohnen, die sie gegenüber anderen Gruppen abschließen (vgl. Kapitel 6).[4]

Zwar zeichnet die urbane akademische Mittelklasse sich durch einen hohen Grad an räumlicher – teilweise auch transnationaler – Mobilität aus. Dass man den räumlichen Lebensmittelpunkt gezielt auswählt, etwa indem man den Ort, an dem man geboren wurde und aufgewachsen ist, mit Beginn des Studiums oder aber spätestens mit dem Eintritt ins Berufsleben verlässt, erscheint für die Subjekte der akademischen Klasse eine Selbstverständlichkeit (Koppetsch/Burkart 1999). Die Gründe dafür liegen auf der Hand: Das urbane Umfeld bietet Ausbildungsorte, vor allem Universitäten, und hochqualifizierte Arbeitsplätze. Zugleich hält es zahlreiche Angebote für einen kosmopolitischen Lebensstil bereit: Kinos, Museen, Galerien, Restaurants und exklusive Lifestyle-Geschäfte bieten nicht nur zahllose Möglichkeiten für anspruchsvolle Formen der Unterhaltung und des Konsums, sondern auch soziale Netzwerke und ›Inspirationen‹. Wie sozialgeografische Studien zeigen (etwa Florida 2002), ballen sich die entsprechenden Milieus vor allem in den Großstädten und Metropolregionen und in deren jeweiligem Umland (Reichhardt 2014; Löw/Berking 2008). Der Regisseur Edgar Reitz hat das mit dieser Form der Wanderung verbundene Lebensgefühl in lokalkolorierter Feinarbeit bereits in den 1990er-Jahren in seiner epochalen Film-Trilogie »Die zweite Heimat – Chronik einer Jugend« eingefangen. Das Epos schildert die Geschichte der Wanderung einer Gruppe junger Erwachsener, die aus der im Hunsrück gelegenen provinziellen ersten Heimat zum Studium in die urban-alternative Wahlheimat München-Schwabing aufbrechen. Die meisterhaft dargestellte Essenz des kosmopolitischen Heimatgefühls besteht in einem biografischen Spannungsverhältnis: Man kehrt der ersten Heimat den Rücken und kommt doch nicht ganz von ihr los. Heute hin-

---

4 | Bei der Unterscheidung zwischen den beiden Heimatmodellen handelt es sich um eine idealtypische Zuspitzung. Wie weiter unten noch näher ausgeführt wird, sind die realen Lebenswirklichkeiten der jeweiligen Trägergruppen keineswegs so eindeutig voneinander geschieden wie bisweilen propagiert. Regional-heimatliche Bindungen oder ethno-nationale Zugehörigkeiten sind auch für Angehörige der urbanen kosmopolitischen Mittelschichten relevant; umgekehrt nehmen auch die Befürworter des Heimat-als-Schicksal-Modells ihre jeweiligen Milieus mitunter als ambivalent wahr und betrachten sie keineswegs als ›heile Welten‹.

gegen werden größere Teile der jüngeren Generationen bereits in urban-kosmopolitische Milieus hineingeboren, während sie die ›erste‹ Heimat ihrer Eltern oder Großeltern oft nur noch aus dem Urlaub oder dem Fernsehen kennen.

Die massenhafte Aneignung ›zweiter Heimaten‹ ab den 1970er-Jahren resultierte in der Herausbildung der Urbanität, wie wir sie heute kennen. Die landflüchtige Mittelschichtsjugend verschmolz mit den Alternativbewegungen zur städtischen Bohème, die sich in bestimmten Altbau-Quartieren in den Großstädten ansiedelte. Davon ausgehend hat in Deutschland eine Re-Urbanisierung der Innenstädte eingesetzt.[5] Die in den Alternativszenen kultivierten Werte wie Autonomie, Selbstverwirklichung, Authentizität und Kreativität entstanden auch in Reaktion auf die wachsende Unzufriedenheit mit der »Unwirtlichkeit unserer Städte« (Mitscherlich 1965), d.h. mit der Monotonie der Vorstadtsiedlungen und dem Verfall des urbanen Lebens in der als provinziell und erstarrt empfundenen Nachkriegsära. Der neue Urbanismus ist später, ab den 1990er-Jahren, durch die postindustriellen Lifestyles und die urbanen Kultur- und Wissensökonomien aufgesogen worden und seit der Jahrtausendwende schließlich zunehmend ins Visier neoliberaler Investoren und ambitionierter Städteplaner geraten. Letztere wollten Metropolen schaffen, die sich mittels ihrer architektonischen und städtebaulichen Besonderheiten, ihrer besonderen Geschichtsbilder und Mythologien und ihrer spezifischen Alltagspraktiken, d.h. in ihrer ›Eigenlogik‹, vermarkten sollen (Löw/Berking 2008). Seine soziale Exklusivität gewinnt dieser Lebensstil jedoch erst durch die wachsende sozialräumliche Polarisierung zwischen den von der urbanen akademischen Mittelschicht bewohnten postindustriellen Großstädten als Zentren und den übrigen Siedlungsgebieten (alte Industriestädte, Kleinstädte, Dörfer) als Peripherien. Von dort wandern die Hochqualifizierten in die Großstädte.

Folgt aus dieser Fähigkeit zur Anverwandlung einer zweiten oder mitunter sogar dritten Heimat nun allerdings tatsächlich mehr Offenheit, in dem Sinne, dass man an beliebigen Orten heimisch werden kann, Fremde nicht ausgrenzt und kulturelle Vielfalt erlebt und praktiziert? Wohl kaum. Wenn es eine Kultur gibt, die sich nicht durchmischt, sondern inzwischen nahezu vollständig homogen ist, dann ist es die kosmopolitische Kultur der urbanen akademischen Mittelklasse mit ihrem kör-

---

5 | Siehe dazu die Ausführungen bei Reichhardt (2014).

per- und gesundheitsbewussten, auf Selbstverwirklichung und Wissensaneignung hin orientierten Lebensstil. Diese Homogenität erweist sich überraschenderweise gerade im *Gebot der Vielfalt* (vgl. Kapitel 2): Die spätmoderne Kultur der Selbstverwirklichung ist Teil eines Klassenethos geworden, zu dem auch eine spezifische Weise des Umgangs mit kulturellen Gütern gehört. Kultur umreißt im kosmopolitischen Bewusstsein und im Gegensatz zum Heimat-als-Schicksal-Modell nicht mehr den Bereich einer normativ verbindlichen Ordnung, sie wird vielmehr als eine Ressource verstanden, als vielgestaltiges Material, das in unterschiedlichster Weise geformt und zur Bereicherung des eigenen Selbst beitragen soll (Gergen 1996: 21ff.). Und weil prinzipiell kein Objekt von dieser Form der Aneignung ausgeschlossen ist, da von jedem Kulturgut eine Erweiterung der individuellen Kompetenzen oder eine Steigerung des Genusses ausgehen kann, ist der akademische Kulturkonsument ein *Allesfresser* (Peterson/Kern 1996), der die Grenzen zwischen Hoch- und Populärkultur, zwischen dem Historischen und dem Gegenwärtigen, dem Eigenen und dem Fremden, zwischen Kulturkreisen, Nationen oder Regionen im Dienste der Erweiterung seines Wissens und seines Horizontes aufhebt. Jeder Ort, einschließlich der Heimat, kann als Ort der Aneignung von Kultur betrachtet werden. Mit anderen Worten: Kosmopolitismus ist Teil einer umfassenden De-Kontextualisierung kultureller Bedeutungen.

Kulturkosmopolitismus ist allerdings mehr als ein konsumorientierter Lifestyle, er ist darüber hinaus auch die zum klassenspezifischen Habitus geronnene Haltung der *investiven Statusarbeit* (Groh-Samberg/Mau/Schimank 2014). Bildung oder der Erwerb von Kompetenzen erscheinen hier gleichsam als Nebenprodukte der Selbstverwirklichung, sie werden intrinsisch angestrebt und sollen affektive Befriedigung verschaffen sowie mit Erlebnissen und Erfahrungen angereichert sein. »Berufe mit dem größten Prestige sind solche, in denen künstlerischer Ausdruck und dicke Knete miteinander verbunden sind«, so David Brooks in seiner Ethnografie des hybriden Lebensstils der ›Bobos‹, der bourgeoisen Bohemiens (Brooks 2001: 57). Deshalb muss die Aneignung von Kultur stets einer doppelten Anforderung genügen: Kulturelle Güter sollen zwar primär dem selbstzweckhaften Genuss dienen, aber eben *auch* dem individuellen Fortkommen, d.h. der Akkumulation von kulturellem Kapital. Konsum ist in der urbanen akademischen Mittelklasse im Wesentlichen Kulturkonsum, dient der Horizonterweiterung und der persönlichen Selbstverwirklichung (vgl. Kapitel 7).

Die Subjekte der urbanen kosmopolitischen Mittelklasse sehen sich als Träger einer zukunftsweisenden Lebensform, die sie zum gesellschaftlichen Maßstab gelingenden und erfolgreichen Lebens insgesamt erheben (Florida 2002: 8 ff.). Die eigenen Privilegien scheinen kulturellen Ursprungs zu sein. Soziale Ungleichheiten werden dann nicht auf kapitalistische Ausbeutungsverhältnisse, sondern auf ›die Persönlichkeit‹, d. h. auf Unterschiede in Geschmack, Wissen und Differenzen in der Lebensführung insgesamt zurückgeführt. Persönlichkeit und Lebensformen anderer Milieus erscheinen vor diesem Hintergrund als weniger differenziert und damit auch weniger wertvoll: Aus kosmopolitischer Sicht offenbart sich in der Vorstellung von Heimat als Schicksal eine ›enge‹, begrenzte Haltung. Denn nicht nur die Heimat, auch das betreffende Wissen oder die zugehörige Kultur werden von den Trägern des Schicksalsmodells zumeist als *gegeben*, d. h. als ein durch Sitten, Traditionen oder Autoritäten verbürgter Bezugsrahmen begriffen, in den man sich einzufügen hat. Dies erscheint aus kosmopolitischer Perspektive unvereinbar mit einer in erster Linie kulturunternehmerisch verstandenen Intelligenz, zumal eine ›ehrfürchtige‹ Sichtweise auf Wissens- und Kulturbestände als Kreativitätshindernis wahrgenommen wird.

Schließlich ist der kosmopolitische Lebensstil der urbanen akademischen Mitte weit über die Gestaltung des privaten Lebens hinaus für die Entfaltung des wissensbasierten, globalen Kapitalismus relevant geworden.[6] Dieser basiert darauf, dass die strikte Trennung zwischen Arbeit und Freizeit aufgehoben und neue Formen des Selbst-Managements, der Projektarbeit und der *soft control* traditionelle Aufteilungen verdrängt haben, wodurch es zu einer strukturellen Angleichung von Arbeit und Leben kommt (Hochschild 2002). Denn in den hochqualifizierten Arbeitsformen sind vor allem kommunikative, interpretative und auch kreative Kompetenzen und Praktiken gefragt, wie sie ähnlich auch im Freizeitbereich und im Kulturkonsum zum Tragen kommen. Andererseits ist auch das Privatleben durch kulturunternehmerische Praktiken geprägt und von dem Wunsch der Einzelnen durchdrungen, die persönliche Kreativität zu steigern und Horizonte zu erweitern. Die prämierte Fähigkeit besteht darin, die Selbstzweckhaftigkeit der Kulturaneignung mit ihrer ökonomischen Ausbeute zu verbinden (vgl. Kapitel 3).

---

6 | Siehe dazu die einschlägige Studie von Luc Boltanski und Eve Chiapello (2003) sowie auch Florida (2002: 44 f.).

Ähnlich wie die Vertreter des Heimat-als-Schicksal-Modells verteidigen schließlich auch die Kulturkosmopoliten einen exklusiven Lebensraum. Es sind die urbanen Zentren, die mit der Reproduktion historischer Stadtarchitekturen zu privilegierten Erlebnisräumen für Kultur- und Lifestyle-Konsum, Freizeit und Tourismus geworden sind. Die Möglichkeit, sich wiederholt in diesen Räumen aufzuhalten oder gar dauerhaft in ihnen zu leben, bildet vielerorts mittlerweile ein Privileg. Mit zunehmender Privatisierung und Touristisierung zentraler öffentlicher Räume werden Straßen und Plätze auf neue Weise kontrolliert (Prigge 1998: 79), wodurch räumliche Zugangsrechte neu verhandelt werden. Generell gilt: Wer sich die teuren Mieten der attraktiven Stadtquartiere nicht leisten kann und in den Restaurants auf den öffentlichen Plätzen nicht konsumiert, findet in den historischen Kulissen der europäischen Großstädte keine akzeptierten Verweilmöglichkeiten mehr.

Was ist Heimat?

Versucht man vor dem Hintergrund der bisherigen Ausführungen dieses Buches nun eine allgemeine, beide Lebensformen umfassende Bestimmung des Begriffes ›Heimat‹, so stößt man auf insgesamt drei essenzielle Bestandteile: *Singularität, Vertrautheit* und *sozialräumliche Exklusivität*. Im Unterschied zum Nicht-Ort (Augé 2010) oder auch zum beliebigen Ort, zum *space*, ist Heimat ein *place*, d. h. ein einmaliger, herausgehobener Ort, der in seiner Eigensinnigkeit angeeignet wird (Löw 2001). Die *Singularität* oder Eigensinnigkeit zeigt sich sowohl im regional geprägten Heimatgefühl der Schicksalsfraktion wie auch in der Anverwandlung der zweiten Heimat im urbanen Raum. Auch diese ist nicht auf eine kulturindustrielle Schablone reduzierbar, sondern unterliegt idiosynkratischen Aneignungsprozessen. Die zweite Heimat wird durch das Leben in Kiezen und Szenequartieren zu einem einzigartigen, mit der individuellen Biografie verwobenen Ort (Koppetsch 2013: 93 ff.). Auch wenn Konsum eine zentrale Dimension des kulturkosmopolitischen Urbanismus darstellt, wird eine von oben aufoktroyierte Kommerzialisierung als Entfremdung erlebt. Vor diesem Hintergrund wird auch die exzessive Zunahme des Städtetourismus als Verfälschung und Bedrohung des authentischen Lebensraums wahrgenommen, da sie die Authentizität der heimatlichen Anverwandlung insbesondere der ihrerseits Zugezogenen in Frage stellt.

Auch das zweite Merkmal, die *Vertrautheit*, ist in beiden Heimatvorstellungen anzutreffen. Heimaten bilden ›Wohlfühl-Zonen‹, sie sind Orte, die ›Seinsgewissheit‹ dadurch vermitteln, dass sie eine habituelle, präreflexive Verwurzelung in Alltagsroutinen und im sozialen Leben ermöglichen. Diese Vertrautheit ist das subjektive Korrelat einer Passung zwischen dem sozialen Ort und den persönlichen Dispositionen. Das Gegenteil ist das Gefühl der Entfremdung, das sich einstellt, wenn Seinsgewissheiten – etwa durch den Zuzug Fremder oder auch durch veränderte Machtverhältnisse oder gesellschaftliche Spielregeln – erschüttert werden. In der Heimat-als-Schicksal-Fraktion wird Vertrautheit durch Identifikation mit den Eigenheiten der Herkunftsgemeinschaft, etwa durch die Beherrschung des heimatlichen Dialektes, hergestellt. In der kosmopolitischen Heimat hingegen wird Vertrautheit nicht zuletzt durch die urbanen Kieze und durch ›die Kultur‹, d.h. durch das Ensemble der gemeinsam geteilten Praktiken des wissens- und selbstverwirklichungsorientierten Lebensstils gestiftet.

Schließlich ist das dritte gemeinsame Merkmal beider Heimatvorstellungen die *sozialräumliche Exklusivität*, also die Schließung des Lebensraums gegenüber unerwünschten Zuwanderern. Unterschiedlich sind lediglich die Formen der Grenzziehung wie auch die Gruppen, die jeweils als unerwünscht betrachtet werden – ›Zugezogene‹, Asylbewerber, sozial Schwache oder Städter. Die Verfechter des Heimat-als-Schicksal-Modells verteidigen Heimat im Modus politischer Grenzen. Begründet wird die soziale Exklusivität mit der Notwendigkeit, Zusammenhalt und Identität der Gemeinschaft gegenüber Zuwanderern aus fremden Kulturen zu schützen. Die Beziehung zwischen Gemeinschaft und Territorium wird dabei gleichsam naturalisiert. Nur die eingeborene Gemeinschaft, nicht die Zugewanderten haben in diesem Modell Anspruch auf die gemeinschaftlichen Ressourcen.

Nichts liegt den Kosmopoliten ferner. Weltoffenheit und die Ausgestaltung einer historisch und kulturell gleichermaßen gesättigten wie vielfältigen Urbanität stehen ja im Zentrum des Heimatgefühls der akademischen Mittelklasse. Allerdings verfügen auch die vermeintlich offenen Kulturkosmopoliten über ihre ganz spezifischen Grenzanlagen. Die Raumaneignung der urbanen akademischen Mittelklasse beinhaltet zwar transnationale Bewegungen und öffnet die angestammten Territorien auch für die (kosmopolitischen) Bewohner anderer Länder, doch spielen sich diese Öffnungen stets innerhalb desselben soziokulturellen und geografischen Rahmens urbaner Lebensräume ab. Zu den wirkungsvollsten Grenzanlagen gehört die kapitalistische Ausrichtung des Lebensstils, denn das eigene Territorium wird primär im Modus ökonomischer Grenzen verteidigt. Kulturelle Offenheit wird somit kompensiert durch ein hochgradig effektives Grenzregime, das über Immobilienpreise und Mieten, über ein sozial und ethnisch hoch selektives Bildungswesen sowie über den Zugang zu exklusiven Freizeiteinrichtungen und Clubs gesteuert wird. Die Abgrenzung erfolgt nicht nach außen, sondern nach unten. Es sind vor allem die ökonomischen Privilegien, die wirkungsvolle Schutzzäune gegenüber unteren Schichten und Migranten darstellen. Gut situierte und gebildete Migranten werden von den einheimischen Kosmopoliten als unproblematisch empfunden, sozial schwache und gering qualifizierte Migranten hingegen kommen in den privilegierten Quartieren gar nicht erst vor. Deshalb werden sie von den Bewohnern der kulturell homogenen Milieus auch nicht als *Konkurrenten* um begehrte Güter wie gesellschaftliche Machtpositionen, Arbeitsplätze, günstigen Wohnraum, Sexualpartner, Sozialleistungen oder staatliche Zuwendungen wahrgenommen.

Das erklärt auch, warum sich Kosmopoliten für gewöhnlich nicht von Migranten irritieren lassen. Für Kosmopoliten in Berliner Bezirken wie Kreuzberg oder Prenzlauer Berg oder im Hamburger Schanzenviertel, die zumeist über exklusive Lebensräume und höhere Gehälter verfügen, besitzen fremdenfeindliche Anwandlungen schlicht keine lebensweltliche Grundlage. Migranten kommen in dieser Welt in zwei Gruppen vor: als hochqualifizierte, urbane ›Expats‹, die mit den Kosmopoliten der akademischen Mittel- und Oberschicht problemlos verschmelzen und einen Teil des transnationalen Oben bilden, oder aber als Vertreter des transnationalen Unten, d.h. als einfache Dienstleister – buchstäblich als »Diener« (Bartmann 2016) –, etwa als Wachschützer, Verkäuferin, Paketfahrerin, Kellner oder Hilfsarbeiterin, oder alternativ in der Rolle hilfsbedürftiger ›Flüchtlinge‹. Als Angehörige eines neuen Dienstleistungsproletariats (Staab 2014) haben gering qualifizierte Migranten zwar ihren Arbeits-, aber eben nicht ihren Lebensmittelpunkt in den Vierteln der kosmopolitischen Mittelschicht. Sollten Zuwanderer dennoch einmal Anlass zu Irritationen geben, etwa weil Migrantenkinder mit Sprachschwierigkeiten aus dem globalen Süden oder aus ›Gastarbeiterfamilien‹ in dieselbe Schule gehen wie der hoffnungsvolle Nachwuchs der gebildeten Besserverdiener, reagieren die betroffenen Eltern nicht selten mit der stillschweigenden Wiederherstellung der räumlichen Trennung, indem sie ihre Kinder von den betreffenden Einrichtungen abmelden und sie in exklusive oder gleich in private Schulen schicken (Bude 2013). Für zukünftige Familien wird das vermutlich gar nicht mehr nötig sein, da die polarisierende sozialräumliche Segregation in attraktive Wohngegenden und soziale Brennnpunkte mit hohen Migrantenanteilen mittel- bis langfristig ohnehin für weitgehend homogene Schülerschaften sorgen wird. Schulen in unterprivilegierten Quartieren der Großstädte und Metropolregionen besitzen schon heute Migrantenanteile von bis zu 80 Prozent, während die Schulen in den Quartieren der akademischen Mittelschicht nahezu frei von Migranten aus benachteiligten Milieus sind.

Fazit: Heimat – ein Machtkonflikt

In diesem Kapitel wurde gezeigt, dass der Streit um die Heimat keine Marginalie darstellt, sondern im Zentrum sozialer Positionierungskämpfe innerhalb einer durch Transnationalisierungsprozesse veränderten Gesellschaftsordnung steht. Diese finden schwerpunktmäßig in der Mittelschicht statt und berühren die soziale Geltung von Lebensformen. Die Heimatverbundenen behaupten den Vorrang national oder lokal verwurzelter Lebensformen *gegen* die Vorherrschaft kosmopolitischer Seinsweisen. Die sozialstrukturelle Trennlinie verläuft dabei zwischen solchen Menschen, die alle Vorteile der Freizügigkeit genießen, ihrerseits problemlos überall hin *migrieren* können, die Nachteile der Zuwanderung in die eigene Region bzw. Nation jedoch für gewöhnlich nicht zu spüren bekommen, und solchen Menschen, deren Existenz auf der Zugehörigkeit zu einer bestimmten Region, einer nationalen Tradition oder einer lokal verwurzelten Kultur basiert, die über geringe oder keine Ausweichmöglichkeiten verfügen und die sich oftmals überdies den negativen Folgen von Zuwanderung, wie etwa Lohnkonkurrenz, Integrationsproblemen oder nachlassender kultureller Homogenität und Vertrautheit ausgesetzt sehen.

Dass es sich bei dem Streit um Heimat um einen grundsätzlichen Machtkonflikt und nicht etwa allein um die Bereitschaft zur geografischen Mobilität geht, zeigt sich auch daran, dass nur eine Minderheit der Kosmopoliten tatsächlich transnational lebt, in dem Sinne, dass sie sich geografisch flexibel über Grenzen hinwegbewegt und sowohl ihre Karrieren als auch ihre Beziehungen langfristig plurilokal gestaltet. Für viele Angehörige der urbanen Mittelschicht stellt eine internationale Berufstätigkeit allerdings zumindest eine *Option* dar. Weltläufigkeit, so haben die vorangehenden Ausführungen gezeigt, ist nicht nur ein Aspekt sozialräumlicher Lagen und Freiheitsspielräume, sondern darüber hinaus auch ein *mindset*, also ein kultureller Habitus, der subjektive Einstellungen, Sichtweisen und Geschmacksmuster prägt, und ein urbaner Lebensstil, der die Bindung an *global cities* stärkt und die Identifikation mit dem Nationalstaat schwächt. Das zeigt sich nicht zuletzt an dem enormen Stellenwert, den die gehobene Mittelschicht internationalen Bildungsangeboten zuschreibt (ebd.: 95.; vgl. Kapitel 7).

Der hier skizzierte Konflikt zwischen Heimatverbundenen und Kosmopoliten existiert nicht nur in den reichen Ländern der Nordhalbkugel, er spaltet auch die Ober- und Mittelschichten ärmerer Länder, weshalb sich dort auch ganz ähnliche gesellschaftliche Konflikte finden lassen (Weiß 2017: 95ff.). In gewisser Weise stellen die hochqualifizierten Migranten aus ärmeren Ländern das Pendant der Kosmopoliten in den reichen Ländern und ihre ›natürlichen‹ Verbündeten dar. Kosmopolitische Mobilität hat in ärmeren Ländern oftmals schon eine längere Tradition: So etwa orientieren sich die Bildungssysteme in vielen Ländern des globalen Südens an den Strukturen des kolonialen Mutterlandes und bieten von vornherein eine mehrsprachige und international ausgerichtete Bildung, die eine zentrale Voraussetzung für die Migration in den globalen Norden darstellt. Vor allem unter den Eliten bildet die transnationale Ausrichtung eine bewährte Aufstiegsschneise.

Insgesamt bleibt festzuhalten, dass Transnationalisierungsprozesse die sozialräumliche Autonomie privilegierter, gebildeter Schichten in unterschiedlichen Weltregionen erhöhen und die Bindungen an den Nationalstaat lockern, während sie die Lebenschancen lokal verwurzelter Milieus eher beeinträchtigen. Kosmopoliten lassen sich vorzugsweise dort nieder, wo sie die besten Arbeits- und Lebensbedingungen vorfinden. Gleiches gilt für Migranten. Ob ein Subjekt eher als Migrantin oder eher als Kosmopolitin bezeichnet wird, ist deshalb auch weniger eine inhaltliche Frage als eine Frage des Standpunktes: Aus der Perspektive des Herkunftslandes erscheinen die Mobilen als Kosmopoliten, während sie im Ankunftsland als Migranten (oder eben, und das ist oft ein himmelweiter Unterschied, als Expats) betrachtet werden. Zudem begegnen sich Kosmopoliten und Migranten in den gemischten Quartieren der *global cities*, die an sich schon transnationale Räume darstellen. Folglich sind ihre Bewohner schwerer dazu zu motivieren, sich an der Produktion von Kollektivgütern innerhalb ihrer Nation zu beteiligen, etwa das politische und soziale Leben insgesamt zu verbessern und nationale Wohlfahrtsinstitutionen herauszubilden (Dahrendorf 2000; Münch 2009). Diese strukturelle soziale Entbindung vom *Ort* samt seiner Institutionen kann erklären, warum der durch die Rechtspopulisten angeführte politische Konflikt für eine Re-Souveränisierung der Nation und gegen Grenzöffnung sich gleichermaßen gegen Kosmopoliten wie Migranten richtet. Die beiden Sozialfiguren repräsentieren wie keine anderen die kulturellen Lebensformen der globalen Moderne.

Schluss – Von der Therapiekultur zur Demokratieangst: Neue deutsche Ängste

In diesem Buch wurde der Versuch unternommen, den Aufstieg populistischer und neonationalistischer Rechtsparteien unter Zuhilfenahme sozialwissenschaftlicher Ansätze zu erklären. Sichtbar wurde, dass unterschiedliche Dinge zusammenkommen mussten, um das populistische Moment herbeizuführen, das wesentlich darin besteht, dass den affektiven Bindungen an die soziale Ordnung bei den Betroffenen der Boden entzogen wird. Dabei spielen Ressentiments und Ängste, die Reflexe auf längerfristige Veränderungen darstellen, gleichermaßen eine zentrale Rolle. Bisher ist allerdings noch nicht darauf eingegangen worden, dass der Aufstieg des Rechtspopulismus nicht nur durch Gefühle der Ohnmacht und Entfremdung *hervorgerufen* worden ist, sondern solche Gefühle selbst auch *auslöst*. Der Aufstieg des Rechtspopulismus hat in unterschiedlichen Bevölkerungsgruppen Demokratieängste und Angst vor einer autoritären Wende evoziert, die oftmals allerdings ihrerseits von irrationalen Reaktionen innerhalb des liberalen Lagers beantwortet werden. Für die Frage, wie ein ›liberaler‹ Umgang mit dem Rechtspopulismus gelingen könnte, ist die Bearbeitung dieser Ängste nicht unwesentlich.

Neue deutsche Ängste

Der Aufstieg des Rechtspopulismus kann in zweifacher Hinsicht als Ausdruck einer veränderten emotionalen Grundstimmung in der Bundesrepublik, deren Geschichte eng mit der Geschichte ihrer Ängste verbunden ist, angesehen werden. Der Historiker Frank Biess hat in seiner detaillierten ›Angstgeschichte der Bundesrepublik‹ deren innere gesellschaftliche Entwicklung als Verschiebung von *äußeren* zu *inneren* Ängsten nachgezeichnet (Biess 2019). Im Nachkriegsdeutschland war Angst zunächst eng mit der Erinnerung an eine katastrophale Vergangenheit verbunden und manifestierte sich in der Angst vor Vergeltung und vor einem neuerlichen Kriegsausbruch. So wurde etwa die amerikanische Besatzung, anders als in der rückwirkenden heutigen Betrachtung, nicht als Befreiung, sondern als Bestrafung empfunden. Die Angst vor Vergeltung überdeckte oftmals auch das Gefühl der Schuld. Den grassierenden Ängsten versuchte man in der Adenauer-Zeit durch eine »Ethik der Nüchternheit« (ebd.: 35) zu begegnen. Emotionen und insbesondere Angst wurden mit großer Skepsis betrachtet und weitgehend aus der öffentlichen Sphäre verbannt. Dies hatte vor allem damit zu tun, dass man die NS-Zeit rückblickend als Epoche des Irrationalismus betrachten wollte, von der man sich so weit wie möglich zu entfernen versuchte. Der Nationalsozialismus erschien als eine Art kollektive affektive Entgleisung.

Die 1970er-Jahre erlebten dagegen eine Verschiebung von äußeren zu inneren Ängsten, welche die Angstgeschichte in der Bundesrepublik in den folgenden Jahrzehnten prägte (ebd.: 153). Die Neuen sozialen Bewegungen verbreiteten ein neues, expressives Gefühlsregime, das sich von der Nüchternheit der alten Bundesrepublik abwandte und eine riesige Alternativ- und Therapiekultur hervorbrachte. Ein zentrales Merkmal der neuen Expressivität war die Vorstellung, über sexuelle Befreiung zur politischen Befreiung zu kommen – die Unterdrückung von Gefühlen etwa wurde als ›faschistisch‹ betrachtet (ebd.: 445). Im Gegensatz zur früheren Angst vor einem schwachen Staat, der nicht in der Lage sein würde, Sicherheit vor äußeren Gefahren zu bieten, rückte zunehmend die Angst vor einem ausfernden, übermächtigen, repressiven Staat in den Mittelpunkt.

Heute beobachten wir, wie gesagt, erneut einen Wendepunkt in der Angstgeschichte der Bundesrepublik, der sich an zwei grundsätzlichen Entwicklungen festmachen lässt. Einerseits kann die AfD, ähnlich wie Trump und der Brexit, durchaus als Angstbewegung verstanden werden, die sich auf der Basis eines katastrophischen Erwartungshorizontes in der globalen Moderne formiert und Angst etwa vor dem Verfall der Währung, vor Terrorismus und vor einem schwachen Staat, der vor Fremden nicht mehr schützen kann, artikuliert. Andererseits provoziert ihr Aufstieg bei ihren politischen Gegnern aus dem liberalen Lager ebenfalls Ängste, nämlich Ängste vor Demokratieverlust, die Erinnerungen an eine katastrophale Vergangenheit in Nazideutschland und den Verlust der demokratischen Kultur. Beide Angstbewegungen markieren gleichermaßen eine Umkehr in der bisherigen Gefühlskultur, denn sie setzen einen Schlusspunkt hinter die expressive Gefühlskultur und zeigen eine erneute Hinwendung zu äußeren Angstobjekten und katastrophischen Ängsten an. Die Ängste vor dem Wiederaufleben autoritärer Bewusstseinsformen und Demokratieverlust sollen im Folgenden genauer betrachtet werden. Sie sind keineswegs unberechtigt: So fördert der Rechtspopulismus den Niedergang des antifaschistischen Konsenses der Nachkriegszeit. Ohnehin verliert mit der zunehmenden zeitlichen Distanz die Erinnerung an Faschismus und Zweiten Weltkrieg seine Prägekraft. Und der gezielte Angriff führender AfD-Politiker auf die etablierte Nie-wieder-Auschwitz-Erinnerungskultur ist klarerweise darauf gerichtet, diesen Konsens noch weiter auszuhöhlen (Biess 2019: 439).

REAKTIONEN AUF DEN RECHTSPOPULISMUS

Indessen gleichen sich die Angstreaktionen, die der Aufstieg der AfD in den liberalen Milieus hervorruft, denen ihrer politischen Gegner oftmals bis aufs Haar. Sie sind durch ein ähnliches Freund/Feind-Denken sowie durch die angsttypischen Abwehrmechanismen von Abspaltung und Verschiebung geprägt. Die Ablehnung von Migranten und Islamophobie zeigt sich keineswegs nur bei AfD-Anhängern. Dies allerdings wird durch die öffentliche Berichterstattung in den Leitmedien oftmals nahegelegt. So werden AfD-Anhänger in Presse und Fernsehen wahlweise als schäumender Mob oder als gewaltbereite Schurken präsentiert und Skandalfiguren wie Björn Höcke, Lutz Bachmann oder Alexander Gauland wird überproportional viel Beachtung geschenkt. Dadurch findet eine Fixierung auf die gewaltbereiten, rechtsextremen Anhängergruppen statt, während die unauffälligen Anhänger der AfD und ihre Motive, die denen der ›normalen‹ Bürger oftmals verblüffend ähnlich sind, selten befragt werden. Auf diese Weise werden Hassfiguren aufgebaut, durch die sich die Wohlmeinenden in ihrer eigenen guten Gesinnung bestätigen und die stellvertretend für die ausgrenzende Gesellschaft im Ganzen als Bösewichte herhalten. Dagegen ist die Bereitschaft, den ›ganz normalen‹ Rassismus und die alltägliche Ausgrenzung von Muslimen aufzudecken, die keineswegs alle auf das Konto der AfD gehen, eher gering ausgeprägt. Als wenig hilfreich erweist sich auch eine Holocaust-Erinnerung, die sich in leeren Ritualen und monumentalen Denkmälern manifestiert und auf das *Singuläre* der Gräueltaten von Auschwitz und Treblinka gerichtet ist, während dem bis heute wirksamen kolonialen Rassismus sowie tief verwurzelten islamophoben Einstellungen weitaus weniger Beachtung geschenkt wird. Die Auseinandersetzung mit alltäglichen Formen der Diskriminierung und des autoritären Denkens, die, wie das Buch gezeigt hat, auch im Mainstream vorliegen, soll durch eine rein symbolische Erinnerungspolitik offenbar umgangen werden.

In den Anfangsphasen des Protestes im ›Flüchtlingssommer‹ des Jahres 2015 reagierten die liberalen Milieus auf das Erstarken rechter Wortmeldungen spontan mit moralischen Säuberungsversuchen und öffentlicher Verächtlichmachung. Eine Spirale der Provokation eskalierte: »Wir sind das Volk«, behaupteten die Demonstranten bei PEGIDA – »Ihr seid das Pack«, antwortete ein prominenter Politiker. »Lügenpresse«, skandierte das selbsternannte Volk – als »postfaktisch« bezeichneten Liberale die Meinungsbildung der populistischen Rechten. Indem das liberale Bürgertum eine Grenze zwischen den ›guten Demokraten‹ und den ›bösen Rechtsextremisten‹ zog, griff es auf charakteristische Weise in den politischen Prozess ein: Es schützte seine Deutungshoheiten durch die Diffamierung seines Gegners, wodurch die Verfemten sich in ihrer märtyrerhaften Rolle der Häretiker allerdings öffentlich bestätigt sahen.

Inzwischen sind die Töne gemäßigter geworden. Gleichwohl weigert sich ein Großteil der liberalen Milieus nach wie vor, in der AfD mehr als eine undemokratische Partei zu sehen, die mit allen Mitteln bekämpft werden muss. Die obsessive Beschäftigung mit ›dem Islam‹, die kategorische Ablehnung der Muslime, die Verharmlosung der Nazi-Vergangenheit und der Umstand, dass die sogenannte ›Flüchtlingskrise‹ in Deutschland das größte Mobilisierungspotenzial der AfD darstellte (Schwarzbözl/Fatke 2016), werden oftmals zum Anlass genommen, den Sichtweisen der AfD samt und sonders und der Partei im Ganzen die politische Satisfaktionsfähigkeit abzusprechen. Mit dem in diesem Buch entwickelten distanzierten Blick konnte jedoch festgestellt werden, dass das Verhältnis von politischem Protest und kulturellen Bewusstseinsformen komplexer ist. So ist in der politischen Kultur der BRD das Motiv gekränkter nationaler Identität auf unabsehbare Zeit affiziert von seiner nationalsozialistischen Vereinnahmung. Doch ist nationale Identität deshalb nicht aus sich selbst heraus ein faschistisches Motiv, auch sozialistische Befreiungsbewegungen – etwa in postkolonialen Gesellschaften – bedienen sich eines Narrativs nationalistischer Kollektivität. Auch das Bedürfnis nach Subsidiarität und überschaubaren Lebensräumen in der Nahwelt, wie es derzeit etwa im Begriff der Heimat aufscheint, ist in der deutschen politischen Kultur durchaus schon länger verankert und wurde zuletzt an prominenter Stelle auch von den Grünen aufgegriffen. Schließlich ist die Pauschalverurteilung der politischen Agenda der AfD auch deshalb problematisch, weil damit nicht nur die Partei, sondern auch die von ihr angesprochenen gesellschaftlichen Problemzusammenhänge, also Themen wie Migrationspolitik, demografische Entwicklung oder Solidarität und Zusammenhalt, mit Tabus belegt und gleichsam ›ausgebürgert‹ werden.

Irrtümer im Umgang mit dem Rechtspopulismus

Der Umgang mit dem Aufstieg der AfD offenbart darüber hinaus Selbsttäuschungen in liberalen Milieus, die eine postpolitische Haltung dokumentieren: Aus der Sicht der rechtspopulistischen Herausforderer verengen die institutionellen Stützen der gegenwärtigen Gesellschaftsordnung, wie etwa die Berufung auf Expertenwissen und Expertise, die unbestrittene Herrschaft des progressiven Neoliberalismus und die Stillstellung von Politikfragen zugunsten humanistischer oder moralischer Erwägungen, den politischen und den demokratischen Raum – wie etwa jüngst bei Fragen der Grenzöffnung und der Frage nach der quantitativen Begrenzung der Zuwanderung (Möllers 2017). Vieles spricht gegen die grundsätzliche Begrenzung der Zuwanderung und gegen nationalen Protektionismus, aber dieses sollten Positionen sein, die innerhalb des etablierten politischen Rahmens diskutiert werden können. Wer sie für irrational oder moralisch unzulässig hält, entzieht sie dem politischen Diskurs. Moralische Positionen erschweren Koalitionen und Kompromisse, da sie, wie gesagt, die Welt in Freund und Feind aufteilen. Wenn das bürgerliche Lager so bestimmt wird, dass viele aus ihm herausfallen, ist es kein Wunder, dass sich politische Konflikte nun außerhalb des bürgerlichen Lagers Bahn brechen. Was wir jedenfalls beobachten, ist die Rückkehr eines (aus liberaler Sicht problematischen) Kampfes um soziale Ordnungsmodelle und Gesellschaftsbilder.

Der erste Irrtum der bürgerlichen Lager besteht nun darin, dass sie nicht glauben können, dass ein weiterer Vormarsch des Rechtsautoritarismus die Welt, an der sie hängen, weil sie in ihr ordentlich bis sehr gut, jedenfalls überdurchschnittlich leben, *zerstören* könnte, wenn sie diese nicht politisch verteidigen. Doch scheint das liberale Bürgertum auf politische Auseinandersetzungen nicht mehr so recht eingestellt, weil es sich angewöhnt hat, an eine Welt ohne Politik zu glauben – eine Welt, in der die Stabilität durch Gerichte und Zentralbanken, Verwaltungsapparate und Bildungsinstitutionen gewährleistet scheint. Doch eine solche Fortschreibung neoliberaler Postpolitik könnte sich langfristig als politisch naiv erweisen. Denn die Stabilität der öffentlichen Institutionen erweist sich als Illusion, wenn bestimmte Mitbürger ihre politischen Spielräume nutzen, um die unpolitischen Bürger in ihrer Ruhe zu stören und etwa Gesetzesänderungen, die Meinungsfreiheiten einschränken oder die Gewaltenteilung moderner Demokratien rückgängig machen, voranzutreiben. Heute erweisen sich vermeintlich politikimmune Institutionen als vom allgemeinen politischen Klima höchst abhängig. Wenn rechtspopulistische oder rechtsnationale Gruppen den Kampf gegen sie aufnehmen, sind sie verwundbar, wie sich etwa derzeit in Polen, Ungarn, den USA und der Türkei besichtigen lässt (Möllers 2017).

Der zweite Irrtum des liberalen Lagers, insbesondere der linksliberalen Lagers, besteht in der Überzeugung, dass die autoritären Protestbewegungen *eigentlich links und progressiv* sind. Die Verwechselung der Dimensionen kommt zum Beispiel darin zum Ausdruck, dass viele Linke davon ausgehen, der Bereitschaft von Deklassierten, Arbeitern oder Unterschichten (das Subjekt der Diagnose wechselt), rechts zu wählen, liege ›in Wirklichkeit‹ ein emanzipatorisches Klasseninteresse zugrunde, das durch die Anführer der populistischen Rechtsparteien ausgebeutet und manipuliert werde. Nancy Fraser, die am nachdrücklichsten die Meinung vertritt, dass sich im Rechtspopulismus eine Protestbewegung gegen kapitalistische Ausbeutungsverhältnisse und wachsende soziale Spaltungen formiert, behauptet, dass die »Mehrheit der Trump-Wähler [...] weder Rassisten noch in der Wolle gefärbte Rechte sind, sondern Opfer des manipulierten Systems« (Fraser 2017: 90).

Die ideologische Verzerrung in Frasers Stellungnahme ist daran erkennbar, wie sie über die Fähigkeit der Rechtspopulisten spricht, ›Klasseninteressen‹ zu manipulieren, als schlügen die Anführer der Rechtsparteien lediglich einen Vorteil aus der Notlage der prekären Schichten. Dazu sollte man sich schlicht zwei Dinge vergegenwärtigen: Erstens wird durch eine solche Unterscheidung den Anhängern ein Mangel an Authentizität und den Anführern eine manipulative Absicht unterstellt, als erlebten die Anhänger und die adressierten Deklassierten ihre Lage nicht selbst in durch rechte Gesellschaftsbilder gefilterten Begriffen. Zweitens muss man fragen: Wenn die Rechtspopulisten Vorteile aus der prekären Lage der Deklassierten schlagen, was hält dann die linken Bewegungen davon ab, ihrerseits dasselbe zu tun? Die traurige Implikation der Tatsache, dass diese offensichtliche Frage nicht gestellt wird, ist, dass die kritisierten Klassentrennungen Teil einer Gesellschaftsordnung sind, die auch durch die Linken, so kritisch deren Haltung im Einzelnen auch sein mag, in letzter Konsequenz verteidigt wird.

Der dritte Irrtum besteht darin, dass sich das liberale Bürgertum zumeist nicht vorstellen kann, dass die rechtspopulistischen Protestbewegungen *andere als ökonomische* Interessen verfolgen. Sie glauben, alles werde gut, solange jeder an sich, an sein wirtschaftliches Eigeninteresse denke, weil sie das genauso handhaben. Mit erstauntem Unbehagen müssen sie nun zur Kenntnis nehmen, dass politische Rechtsparteien auch von denen gewählt werden, die als erste unter ihrer Wirtschaftspolitik leiden (Frank 2009). Der Brexit, dessen Befürworter die ersten Opfer ihrer eigenen Entscheidung zu sein scheinen (so die etwas mitleidigen Kommentare), ist dafür nur das sichtbarste Beispiel. Doch niemand wählt allein nach seinen wirtschaftlichen Interessen. Vor allem erscheint es kurzsichtig, ausgerechnet die Wähler rechtspopulistischer Parteien, von denen viele der liberalen Bürgerlichen glauben, dass sie überwiegend aus den prekären Schichten stammen, auf wirtschaftliche Präferenzen zu reduzieren. Wie die vorangehenden Ausführungen gezeigt haben, steht im Kern der rechtspopulistischen Klassenkämpfe nicht das Materielle, sondern der Kulturkonflikt, d.h. der Kampf um Anerkennung, Würde, Macht und Einfluss. Hinzu kommt, dass kaum jemand in der gegenwärtigen Situation die politische Agenda seiner wirtschaftlichen Interessen hinreichend genau definieren kann. Wir haben zumeist keine Ahnung, welche konkreten Folgen politische Entscheidungen für die eigene wirtschaftliche Situation haben. So hat etwa die Liberalisierung des Welthandels bürgerliche Mittelschichten in Asien aufgebaut, aber in Europa und den USA schrumpfen lassen (Milanović 2016). Aus diesem Grund lässt sich nicht verdenken, dass gerade die rechtsautoritären Bewegungen weniger ökonomischen Nutzenkalkülen als bestimmten normativen Kriterien ihrer Politik vertrauen.

WIE UMGEHEN MIT DER AfD?

Doch wie nun umgehen mit der von den Rechten durchaus ausgehenden Gefährdung der Demokratie? Wie könnte eine demokratische Gefühlspolitik aussehen? Sicherlich wäre die beste Maßnahme gegen das in manchen Bevölkerungsgruppen grassierende Katastrophenbewusstsein das Betreiben einer *zukunftsorientierten* Politik, durch die sich allumfassende Bedrohungen in umgrenzte Risiken, diffuse Ängste in eine weitaus besser beherrschbare Furcht vor definierten Gefahren verwandeln ließen. Auffällig ist indessen, dass bürgerliche Parteien (bislang) keine stichhaltigen politischen Visionen hinsichtlich der Gestaltung zukünftiger Entwicklungen entwickelt haben: Was bedeutet der Klimawandel für Deutschland und ab wann sind ernsthafte Gefährdungen auch für Europa zu erwarten? Welche Auswirkungen haben der demografische Wandel und die Migration? Wie wird sich die Gesellschaft in 50 Jahren zusammensetzen und wie können wir diese Entwicklung gestalten? Was bedeutet es, dass die Bevölkerung (in einigen Regionen sichtbar) schrumpft, während der Anteil der Einwanderer zunimmt? Wie wird sich die Arbeitswelt durch Digitalisierung verändern? Eine Debatte und die politische Gestaltung dieser Entwicklungen könnte den Katastrophenängsten möglicherweise den Wind aus den Segeln nehmen. Andererseits: Vor dem Hintergrund der rasanten Veränderungen in den letzten drei Jahrzehnten erscheint die Zukunft so kontingent, dass sich jede konkrete politische Utopie wie Science-Fiction ausnehmen würde. Zumindest aber scheint es kein verbindliches Zukunftsnarrativ mehr zu geben, vielmehr treten auf beiden Seiten des politischen Spektrums an die Stelle von Wissen immer häufiger Meinungen, Ahnungen, Beschwichtigungen oder auch Verschwörungstheorien.

So lange allerdings, wie Zukunftspolitik bei den bürgerlichen Parteien ausgespart bleibt, kann die AfD für sich allein reklamieren, die Zukunftsängste der Bürger aufzugreifen. Zudem haben die Rechtsparteien in Europa eine Neubewertung der unbeabsichtigten Folgen des Endes des Kalten Krieges auf europäische Gesellschaften gefordert, die entscheidende neue Fragen aufwirft. Bis zum Fall der Mauer schien vollkommen klar, mit welchen Fragen die Menschheit sich in Zukunft auseinandersetzen musste: Wie kann der Westen den Rest der Welt transformieren und wie kann der Rest der Welt sich dem Westen soweit wie möglich angleichen? Welche Institutionen und Strukturen müssen dazu implementiert werden? Heute dagegen wird sichtbar, dass über das Schicksal des westlichen Liberalismus und die Entwicklung Europas im 21. Jahrhundert nicht mehr allein der Westen, sondern die Aufnahme der legal oder illegal in die Europäische Union kommenden Migranten bestimmen könnte (Krastev 2017). Problematisch an der bisherigen politischen Konzeption der Bewältigung der sogenannten Flüchtlingskrise war nicht nur, dass die Genfer Flüchtlingskonvention von 1951 sich zur Bewältigung als ungeeignet erwies, problematisch war vor allem die mangelnde Bereitschaft der bürgerlichen Parteien, die Migration und deren Folgen zum Gegenstand einer öffentlichen politischen Auseinandersetzung zu machen und an deren Stelle die bloße Behauptung zu setzen, die Politik der Grenzöffnung sei für alle Beteiligten von Vorteil (eine ›Win-win-Situation‹). Dies war ein zentraler Auslöser für den Wandel der politischen Landschaft und eine Ursache dafür, dass der Liberalismus in den Augen mancher als heuchlerisch erscheint.

Mittlerweile bezweifeln auch Liberale, dass es möglich ist, *alle* Asylsuchenden aufzunehmen und gesellschaftlich zu integrieren – allerdings sind ihre Schlussfolgerungen andere. Rechte Parteien behaupten, die wohlhabenden Länder hätten das Recht, ihre Lebensweise zu verteidigen und die Flüchtlinge abzuweisen, und betreiben somit eine offensive Selbstethnisierung westlicher Werte. Demgegenüber sind Liberale in dem Dilemma gefangen, dass sich die von ihr behauptete universelle Geltung der Menschenrechte nicht mit den eigenen exklusiven Privilegien in wohlhabenden Gesellschaften vereinbaren lassen. Die Migrationskrise in Europa ist somit ein Wendepunkt für die Erarbeitung einer neuen Sicht auf die westliche Welt, die deutlich macht, dass westliche Lebensformen und Gesellschaftsbilder eine neue Partikularität erlangt haben, durch die sie in Konkurrenz zu anderen Gesellschaftsordnungen treten.

GESELLSCHAFTLICHE GRÜNDE
FÜR DEN POLITISCHEN RECHTSSCHWENK

Die Ausführungen in diesem Buch sollten gezeigt haben, dass die Wähler der populistischen Rechtsparteien nicht nur in emotionalen Abwehrreflexen gefangen sind, sondern darüber hinaus auch nachvollziehbare Gründe für die Zurückweisung liberaler Gesellschaftsbilder, emanzipatorischer Politikmodelle und linksliberaler Eliten haben. Sie haben ein

Interesse an der Begrenzung von Zuwanderung, an der Zurückdrängung kosmopolitischer Lebensformen oder an der Wiederherstellung nationalstaatlicher Souveränität, weil sie einer Gesellschaftsordnung entgegenstehen, in der ihnen kulturell oder politisch der Boden unter den Füßen weggezogen wird. So entzieht etwa die zunehmende Berufung der Regierung auf politikfernes Expertenwissen der Bevölkerung Teile ihrer demokratischen Entscheidungsgewalt. Zudem gibt sie den kosmopolitischen Mittel- und Oberschichten überproportional viel Macht in die Hand, während sie konservativen Milieus und nichtakademischen Schichten politische Urteilskraft entzieht. Da die formelle Konkurrenz zwischen den etablierten Parteien in vielen Ländern zudem zunehmend inhaltslos geworden ist und sich zur Eindämmung kapitalistischer Herrschaft und wachsender Ungleichheiten kaum noch eignet, scheint es nicht so verwunderlich, dass der einzige Weg für die betroffenen Gruppen darin zu bestehen scheint, nach einer radikal anderen, antiliberalen Gesellschaftsordnung Ausschau zu halten.

Damit soll keineswegs behauptet werden, dass rechte Narrative nicht auch auf gewaltigen Irrtümern und Verzerrungen beruhen. Wichtig ist jedoch zu sehen, dass dies für *alle* politischen Glaubenssysteme und Ideologien gilt, also auch für linke und linksliberale Gesellschaftsbilder. Politische Wahrheiten sind an soziale Standpunkte gebunden. Auch linksliberale Gesellschaftsbilder wurzeln in spezifischen Kontexten, wo sie ihre ›Wahrheit‹ jeweils für ganz spezifische soziale Gruppen entfalten. Aus diesem Grund ist es auch nicht möglich, den Emotionen und Ängsten der Anhänger des Rechtspopulismus allein mit ›Aufklärung‹ zu begegnen. Dem steht nicht zuletzt auch der anti-elitäre Impuls des Rechtspopulismus, der sich gegen wissenschaftliche Expertise wendet und stattdessen ein Recht auf unvermittelte und authentische Formen des Gefühlsausdrucks beansprucht, entgegen. Gleichwohl mehren sich die Hinweise darauf, dass mit dem Aufstieg der populistischen Rechtsparteien auch das Politische in die Gesellschaft zurückkehrt. Die Rechtsparteien haben ein hochwirksames Gift in den Gesellschaftskörper geschleust, auf das dieser nun mit der Herausbildung von Antikörpern reagieren wird. Wenn die Zeichen nicht trügen, dann stehen uns konfliktreiche Zeiten bevor. Das muss nicht zwangsläufig eine schlechte Nachricht sein.

Danksagung

Ich möchte mich an dieser Stelle bei der TU Darmstadt bedanken, die mir im Sommer 2018 ein Forschungssemester gewährte, das die Niederschrift dieses Buches ermöglichte. Bedanken möchte ich mich bei meinem Lebensgefährten Kai und meinem Freund Martin, die den Stoff immer wieder mit mir diskutiert und weiterentwickelt haben, bei Demian Niehaus, der das Manuskript mit großer Sachkompetenz und in unglaublicher Detailarbeit lektorierte und daraus einen grundsätzlich besseren und gehaltvolleren Text gemacht hat, und bei Gloria Philipp für die überaus sorgfältige Unterstützung bei den Recherche- und Korrekturarbeiten. Schließlich bedanke ich mich bei meinen Interviewpartnern, die mir in biografischen Interviews vertiefte Einsichten in die Motive, sich rechtspopulistischen Parteien anzuschließen, vermittelten, sowie bei meinen Bekannten aus der AfD, die mir in vielen Diskussionen ihre gesellschaftlichen Sichtweisen dargelegt haben. Bedanken möchte ich mich auch bei dem Kollegen Dirk Jörke aus dem Institut für Politikwissenschaft der TU Darmstadt, der mir wertvolle Anregungen und Lektürehinweise gab.

Literatur

Ackleson, Jason (2005): Constructing security on the U.S.-Mexico border. In: Political Geography, 24 (2), S. 165–184. doi: 10.1016/j.polgeo.2004.09.017.

Adorno, Theodor W. (1950): The Authoritarian Personality. New York: Harper.

Albrow, Martin (1997): The Global Age. State and Society beyond Modernity. Stanford: Stanford University Press.

Allmendinger, Jutta (2017): Das Land, in dem wir leben wollen. Wie die Deutschen sich ihre Zukunft vorstellen. München: Pantheon.

Allmendinger, Jutta; Schreyer, Franziska (2005): Trotz allem gut. Zum Arbeitsmarkt von AkademikerInnen heute und morgen. In: Allmendinger, Jutta (Hrsg.): Karriere ohne Vorlage. Junge Akademiker und Beruf. Hamburg: Edition Körber Stiftung, S. 29–47.

Amann, Melanie (2017): Angst für Deutschland. Die Wahrheit über die AfD: Wo sie herkommt, wer sie führt, wohin sie steuert. München: Droemer.

Anderson, Benedict (1988): Die Erfindung der Nation. Zur Karriere eines erfolgreichen Konzepts. Frankfurt a.M.: Campus.

Appadurai, Arjun (2009): Die Geographie des Zorns. Frankfurt a.M.: Suhrkamp.

Augé, Marc (2010): Nicht-Orte. München: Beck.

Bacci, Massimo Livi (2015): Kurze Geschichte der Migration. Berlin: Wagenbach.

Bach, Maurizio (2008): Europa ohne Gesellschaft. Politische Soziologie der europäischen Integration. Wiesbaden: VS.

Bach, Maurizio (Hrsg.) (2013): Der entmachtete Leviathan. Löst sich der souveräne Staat auf? Baden-Baden: Nomos.

Baldwin, Richard E. (2016): The Great Convergence. Information Technology and the New Globalization. Cambridge und London: The Belknap Press of Harvard University Press.

Barlösius, Eva (2006): Pierre Bourdieu. Eine Einführung. Frankfurt a. M.: Campus.
Barlösius, Eva (2014): Dicksein. Wenn der Körper das Verhältnis zur Gesellschaft bestimmt. Frankfurt a. M.: Campus.
Bartmann, Christoph (2016): Die Rückkehr der Diener. Das neue Bürgertum und sein Personal. München: Carl Hanser.
Bauer, Thomas (2018): Die Vereindeutigung der Welt. Über den Verlust an Mehrdeutigkeit und Vielfalt. Ditzingen: Reclam.
Bauman, Zygmunt (2009): Gemeinschaften. Auf der Suche nach Sicherheit in einer bedrohlichen Welt. Frankfurt a. M.: Suhrkamp.
Bauman, Zygmunt (2017): Retropia. Berlin: Suhrkamp.
Beaud, Stéphane; Pialoux, Michel (2004 [1989]): Die verlorene Zukunft der Arbeiter. Die Peugeot-Werke von Sochaux-Montbéliard. Konstanz: UVK.
Beck, Ulrich (1986): Die Risikogesellschaft. Auf dem Weg in eine andere Moderne. Frankfurt a. M.: Suhrkamp.
Beck, Ulrich (2004): Der kosmopolitische Blick oder: Krieg ist Frieden? Frankfurt a. M.: Suhrkamp.
Beck, Ulrich; Beck-Gernsheim, Elisabeth (1992): Das ganz normale Chaos der Liebe. Frankfurt a. M.: Suhrkamp.
Bell, Daniel (1973): The Coming of Post-industrial Society. A Venture in Social Forecasting. New York: Basic Books.
Berger, Peter A.; Weiß, Anja (2008): Transnationalisierung sozialer Ungleichheit. Wiesbaden: Springer VS. doi: 10.1007/978-3-531-91160-1.
Bernstein, Eduard (1910): Die Arbeiterbewegung. Frankfurt a. M.: Rütten & Loening.
Bertram, Hans; Deuflhard, Carolin (2015): Die überforderte Generation. Arbeit und Familie in der Wissensgesellschaft. Opladen: Barbara Budrich.
Biess, Frank (2019): Republik der Angst. Eine andere Geschichte der Bundesrepublik. Reinbek bei Hamburg: Rowohlt.
Blühdorn, Ingolfur (2013): Simulative Demokratie. Neue Politik nach der postdemokratischen Wende. Berlin: Suhrkamp.
Boatcă, Manuela (2015): Global Inequalities beyond Occidentalism. Global Connections. Farnham und Surrey: Ashgate.
Boatcă, Manuela (2017): Exclusion through Citizenship and the Geopolitics of Austerity. In: Jonsson, Stefan; Willén, Julia (Hg.): Austere Histories in

European Societies. Social Exclusion and the Contest of Colonial Memories. London und New York: Routledge Taylor & Francis Group, S. 115–134.

Böckenförde, Ernst-Wolfgang (1976): Staat, Gesellschaft, Freiheit. Studien zur Staatstheorie und zum Verfassungsrecht. Frankfurt a. M.: Suhrkamp.

Boltanski, Luc; Chiapello, Eve (2003): Der neue Geist des Kapitalismus. Konstanz: Universitätsverlag Konstanz.

Bolz, Norbert (2004): Blindflug mit Zuschauer. Paderborn: Wilhelm Fink.

Bourdieu, Pierre (1982): Die feinen Unterschiede. Kritik der gesellschaftlichen Urteilskraft. Frankfurt a. M.: Suhrkamp.

Bourdieu, Pierre (1985): Sozialer Raum und Klassen. Frankfurt a. M.: Suhrkamp.

Bourdieu, Pierre (1990): Was heißt Sprechen? Die Ökonomie des sprachlichen Tausches. Wien: Wilhelm Braumüller.

Bourdieu, Pierre (1998): Praktische Vernunft. Zur Theorie des Handelns. Frankfurt a. M.: Suhrkamp.

Bourdieu, Pierre (2010): Politik. Schriften zur politischen Ökonomie. Konstanz: UVK.

Brenner, Neil (Hg.) (2006): The Global Cities Reader. London: Routledge.

Brock, Ditmar (1997): Wirtschaft und Staat im Zeitalter der Globalisierung. Von nationalen Volkswirtschaften zur globalisierten Weltwirtschaft. In: Aus Politik und Zeitgeschichte, 33–34, S. 12–19.

Bröckling, Ulrich (2007): Das unternehmerische Selbst. Soziologie einer Subjektivierungsform. Frankfurt a. M.: Suhrkamp.

Brooks, David (2000): Bobos in Paradise. The New Upper Class and How They Got There. New York: Simon and Schuster.

Brooks, David (2001): Die Bobos. Der Lebensstil der neuen Elite. München: EconUllstein List.

Brown, Wendy (2017): Mauern. Die neue Abschottung und der Niedergang der Souveränität. Frankfurt a. M.: Suhrkamp.

Brubaker, Rogers (1992): Citizenship and Nationhood in France and Germany. Cambridge, Massachusetts und London: Harvard University Press.

Bruns, Julian; Glösel, Kathrin; Strobl, Natascha (2016): Die Identitären. Handbuch zur Jugendbewegung der Neuen Rechten in Europa. Münster: Unrast.

Bude, Heinz (2006): Gläubig – Ungläubig. In: Lessenich, Stephan; Nullmeier, Frank (Hg.): Deutschland, eine gespaltene Gesellschaft. Frankfurt a. M. und New York: Campus, S. 313–335.

Bude, Heinz (2013): Bildungspanik. Was unsere Gesellschaft spaltet. Hamburg: DTV.
Bude, Heinz (2014): Gesellschaft der Angst. Hamburg: Hamburger Edition.
Bude, Heinz; Staab, Philipp (2017): Die gereizte Mitte. Soziale Verwerfungen und politische Artikulationen. In: Jörke, Dirk; Nachtwey, Oliver (Hg.): Das Volk gegen die (liberale) Demokratie. Leviathan, 45, Sonderband 32, S. 187–207. doi: 10.5771/9783845287843-186.
Burkart, Günter (1992): Liebe, Ehe, Elternschaft. Die Zukunft der Familie. München: Piper.
Burkart, Günter (1997): Lebensphasen – Liebesphasen. Vom Paar zur Ehe, zum Single und zurück? Opladen: Leske und Budrich.
Burkhardt, Christoph; Grabka, Markus M.; Groh-Samberg, Olaf; Lott, Yvonne; Mau, Steffen (2012): Mittelschicht unter Druck? Gütersloh: Bertelsmann Stiftung.
Castel, Robert (2000): Die Metamorphose der sozialen Frage. Eine Chronik der Lohnarbeit. Konstanz: UVK.
Castells, Manuel (1996): The Rise of the Network Society. Oxford und Malden: Blackwell.
Castells, Manuel (2001): Der Aufstieg der Netzwerkgesellschaft. Das Informationszeitalter, Teil I. Opladen: Leske und Budrich. doi: 10.1007/978-3-322-97534-8.
Castells, Manuel (2003): Die Macht der Identität. Das Informationszeitalter, Teil II. Opladen: Leske und Budrich. doi: 10.1007/978-3-663-09737-2.
Cramer, Katherine J. (2016): The Politics of Resentment. Rural Consciousness in Wisconsin and the Rise of Scott Walker. Chicago: University of Chicago Press. doi: 10.7208/chicago/9780226349251.001.0001.
Crouch, Colin (2008): Postdemokratie. Frankfurt a. M.: Suhrkamp.
Cuperus, René (2015): Wie die Volksparteien fast das Volk einbüßten. Warum wir den Weckruf des Populismus erhören sollten. In: Hillebrand, Ernst (Hg.): Rechtspopulismus in Europa. Gefahr für die Demokratie? Bonn: Dietz, S. 149–158.
Currid-Halkett, Elizabeth (2017): The Sum of Small Things. A Theory of the Aspirational Class. Frankfurt a. M.: Campus. doi: 10.2307/j.ctvc77hb4.
Dahrendorf, Ralf (1961): Politik im Garten der Tabus. In: Magnum, 36, S. 58, 73.
Dahrendorf, Ralf (2000): Die globale Klasse und die neue Ungleichheit. In: Merkur, 619, S. 1057–1068.

de Benoist, Alain (1985): Kulturrevolution von rechts. Gramsci und die Nouvelle Droite. Krefeld: Sinus.

Decker, Frank (2018): Wahlergebnisse und Wählerschaft der AfD. In: Bundeszentrale für politische Bildung vom 16.07. www.bpb.de/politik/grundfragen/parteien-in-deutschland/afd/273131/wahlergebnisse-und-waehlerschaft, zuletzt abgerufen am 28.02.2019.

Decker, Oliver; Kiess, Johannes; Brähler, Elmar (2016): Die enthemmte Mitte. Autoritäre und rechtsextreme Einstellung in Deutschland. Gießen: Psychosozial. doi: 10.30820/9783837972337.

Der Spiegel Wissen (2016): Heimat, Heft 6/2016. Hamburg: SPIEGELnet GmbH.

Djelic, Marie-Laure; Quack, Sigrid (Hg.) (2010): Transnational Communities. Shaping Global Economic Governance. Cambridge: Cambridge University Press. doi: 10.1017/CBO9780511778100.

Dlabaja, Cornelia (2017): Abschottung von oben – die Hierarchisierung der Stadt. In: Dimmel, Nikolaus; Hofmann, Julia; Schenk, Martin; Schürz, Martin (Hg.): Handbuch Reichtum. Innsbruck, Wien und Bozen: Studienverlag, S. 435–447.

Dörre, Klaus (2001): Das Pendel schwingt zurück. Arbeit und Arbeitspolitik im flexiblen Kapitalismus. In: Ehlscheid, Christoph; Mathes, Horst; Scherbaum, Manfred (Hg.): »Das regelt schon der Markt!« Marktsteuerung und Alternativkonzepte in der Leistungs- und Arbeitszeitpolitik. Hamburg: VSA, S. 37–58.

Dörre, Klaus; Hänel, Anja; Holst, Hajo; Matuschek, Ingo (2011): Guter Betrieb, schlechte Gesellschaft? Arbeits- und Gesellschaftsbewusstsein im Prozess kapitalistischer Landnahme. In: Koppetsch, Cornelia (Hg.): Nachrichten aus den Innenwelten des Kapitalismus. Zur Transformation moderner Subjektivität. Wiesbaden: Springer VS, S. 21–50. doi: 10.1007/978-3-531-93482-2_2.

Dörre, Klaus; Lessenich, Stephan; Rosa, Hartmut (2009): Soziologie. Kapitalismus. Kritik. Eine Debatte. Frankfurt a. M.: Suhrkamp.

Dowling, Emma; van Dyk, Silke; Graefe, Stefanie (2017): Rückkehr des Hauptwiderspruchs? Anmerkungen zur aktuellen Debatte um den Erfolg der Neuen Rechten und das Versagen der »Identitätspolitik«. In: PROKLA, 47 (3), S. 411–420. doi: 10.32387/prokla.v47i188.69.

Drasch, Katrin (2009): Berufliche Abwärtsmobilität in Deutschland. Angst vor dem Absturz. In: IAB-Forum, 2, S. 34–39.

Eckert, Roland (2006): Terrorismus, Ressentiment und religiöse Identität. In: Rehberg, Karl-Siegbert (Hg.): Soziale Ungleichheit, kulturelle Unterschiede. Verhandlungen des 32. Kongresses der Deutschen Gesellschaft für Soziologie in München 2004. Frankfurt a. M.: Campus, S. 275–286.

Ehrenberg, Alain (2004): Das erschöpfte Selbst. Depression und Gesellschaft in der Gegenwart. Frankfurt a. M.: Campus.

Eick, Volker; Sambale, Jens; Töpfer, Jens (2007): Kontrollierte Urbanität. Zur Neoliberalisierung städtischer Sicherheitspolitik. Bielefeld: transcript.

Elias, Norbert (1992 [1976] I): Über den Prozess der Zivilisation. Soziogenetische und psychogenetische Untersuchungen. Bd. 1: Wandlungen in den weltlichen Oberschichten der Gesellschaft. Frankfurt a. M.: Suhrkamp.

Elias, Norbert (1992 [1976] II): Über den Prozess der Zivilisation. Soziogenetische und psychogenetische Untersuchungen. Bd. 2: Wandlungen der Gesellschaft. Entwurf zu einer Theorie der Zivilisation. Frankfurt a. M.: Suhrkamp.

Elias, Norbert (1992 [1989]): Studien über die Deutschen. Machtkämpfe und Habitusentwicklung im 19. und 20. Jahrhundert. Frankfurt a. M.: Suhrkamp.

Elias, Norbert; Scotson, John L. (1990): Etablierte und Außenseiter. Frankfurt a. M.: Suhrkamp.

Eribon, Didier (2016): Rückkehr nach Reims. Frankfurt a. M.: Suhrkamp.

Faist, Thomas (Hg., 2000): Transstaatliche Räume. Politik, Wirtschaft und Kultur in und zwischen Deutschland und der Türkei. Bielefeld: transcript.

Fischer, Joschka (2018): Der Abstieg des Westens. Europa in der neuen Weltordnung des 21. Jahrhunderts. Köln: Kiepenheuer & Witsch.

Fisher, Marc (2013): Kapitalistischer Realismus ohne Alternative? Hamburg: VSA.

Flora, Peter (2000): Externe Grenzbildung und interne Strukturierung. Europa und seine Nationen. Eine Rokkan'sche Forschungsperspektive. Berliner Journal für Soziologie, 10 (2), S. 151–165. doi: 10.1007/BF03204348.

Florida, Richard (2002): The Rise of the Creative Class. New York: Basic Books.

Foroutan, Naika (2019): Die postmigrantische Gesellschaft. Ein Versprechen der pluralen Demokratie. Bielefeld: transcript.

Foroutan, Naika; Canan, Coşkun; Arnold, Sina; Schwarze, Benjamin; Beigang, Steffen; Kalkum, Dorina (2014): Deutschland postmigrantisch I: Gesellschaft, Religion, Identität. Erste Ergebnisse. Berlin: Humboldt-Universität.

Franck, Georg (1998): Ökonomie der Aufmerksamkeit. München: Carl Hanser.

Frank, Robert; Cook, Philip J. (1996): The Winner-Take-All Society. New York: Free Press.

Frank, Sybille (2009): Der Mauer um die Wette gedenken. Die Formation einer Heritage-Industrie am Berliner Checkpoint Charlie. Frankfurt a. M. und New York: Campus.

Fraser, Nancy (2017): Für eine neue Linke oder: Das Ende des progressiven Neoliberalismus. In: Blätter für deutsche und internationale Politik, (62) 2, S. 71–76.

Freud, Anna (1936): Das Ich und die Abwehrmechanismen. Wien: Internationaler Psychoanalytiker Verlag.

Fukuyama, Francis (1992): Das Ende der Geschichte. Wo stehen wir? München: Kindler.

Fukuyama, Francis (2018): Identity. Contemporary Identity Politics and the Struggle for Recognition. London: Profile Books.

Fukuyama, Francis (2019): Identität. Wie der Verlust der Würde unsere Demokratie gefährdet. Hamburg: Hoffmann und Campe.

Gauchat, Gordon (2012): The Politicization of Science in the Public Sphere. A Study of Public Trust in Science in the US, 1974 to 2010. In: American Sociological Review, 77 (2), S. 167–187. doi: 10.1177/0003122412438225.

Gehlen, Arnold (1986): Anthropologische und sozialpsychologische Untersuchungen. Reinbek bei Hamburg: Rowohlt.

Geiselberger, Heinrich (2017): Die große Regression. Eine internationale Debatte über die geistige Situation der Zeit. Frankfurt a. M.: Suhrkamp.

Gensing, Patrick (2015): Immer nur Vergangenheit. Einspruch. Die Debatte, wie der altdeutsche Begriff Heimat progressiv besetzt werden kann, löst kein einziges Problem. In: Berliner Republik. Das Debattenmagazin, 5, S. 38–40.

Gergen, Kenneth J. (1996): Das übersättigte Selbst. Identitätsprobleme im heutigen Leben. Heidelberg: Carl-Auer-Systeme.

Gerhards, Jürgen (2010): Mehrsprachigkeit im vereinten Europa. Transnationales sprachliches Kapital als Ressource in einer globalisierten Welt. Wiesbaden: Springer VS. doi: 10.1007/978-3-531-92036-8.

Gerhards, Jürgen; Hans, Silke; Carlson, Sören (2016): Klassenlagen und transnationales Humankapital. Wie Eltern der mittleren und oberen Klassen ihre Kinder auf die Globalisierung vorbereiten. Wiesbaden: Springer VS.

Gerhards, Jürgen; Hans, Silke; Carlson, Sören (2017): Social class and Transnational Human Capital. How Upper and Middle Class Parents Prepare Their Children for Globalization. London und New York: Routledge. doi: 10.4324/9781315313733.

Giddens, Anthony (1988): Die Konstitution von Gesellschaft. Grundzüge einer Theorie der Strukturierung. Frankfurt a. M. und New York: Campus.

Goldthorpe, John H.; Lockwood, David (1970): The changing national class structure. In: Butterworth, Eric; Weir, David (Hg.): The sociology of modern Britain. An Introductory Reader. London: HarperCollins, S. 206–213.

Goleman, Daniel (1997): Emotionale Intelligenz. München: DTV.

Goodhart, David (2017): The Road to Somewhere. The Populist Revolt and the Future of Politics. New York: Oxford University Press.

Gornig, Martin; Goebel, Jan (2013): Ökonomischer Strukturwandel und Polarisierungstendenzen in deutschen Stadtregionen. In: Kronauer, Martin; Siebel, Walter (Hg.): Polarisierte Städte. Soziale Ungleichheit als Herausforderung für die Stadtpolitik. Frankfurt a.M.: Campus, S. 51–68.

Grabka, Markus; Frick, Joachim R. (2008): Schrumpfende Mittelschicht. Anzeichen einer dauerhaften Polarisierung der verfügbaren Einkommen? Berlin: DIW Wochenbericht, 75 (10), S. 101–108.

Grabka, Markus; Goebel, Jan (2013): Rückgang der Einkommensungleichheit stockt. DIW Wochenbericht, 46, S. 13–23.

Graf, Angela (2015): Die Wissenschaftselite Deutschlands. Sozialprofil und Werdegänge zwischen 1945 und 2013. Frankfurt a.M.: Campus.

Grimshaw, Damian; Beynon, Huw; Rubery, Jill; Ward, Kevin (2002): The Restructuring of Career Paths in Large Service Sector Organisations. Delayering, Upskilling and Polarisation. In: The Sociological Review, 50 (1), S. 89–115.

Groh-Samberg, Olaf (2006): Arbeitermilieus in der Ära der Deindustrialisierung. Alte Benachteiligungen, gebrochene Flugbahnen, neue Ausgrenzungen. In: Bremer, Helmut; Lange-Vester, Andrea (Hg.): Soziale Milieus und Wandel der Sozialstruktur. Die gesellschaftlichen Herausforderungen und die Strategien der sozialen Gruppen. Wiesbaden: Springer VS, S. 241–265. doi: 10.1007/978-3-531-90281-4_10.

Groh-Samberg, Olaf; Mau, Steffen; Schimank, Uwe (2014): Investieren in den Status. Der voraussetzungsvolle Lebensführungsmodus der Mittelschichten. Leviathan, 42 (2), S. 219–247. doi: 10.5771/0340-0425-2014-2-219.

Groh-Samberg, Olaf; Hurch, Nepomuk; Waitkus, Nora (2018): Statuskonkurrenzen und soziale Spaltungen. Zur Dynamik sozialer Ungleichheiten. In: WSI-Mitteilungen, 5, S. 347–357.

Gross, Peter (1994): Die Multioptionsgesellschaft. Frankfurt a. M.: Suhrkamp.

Guérot, Ulrike (2017): Warum Europa eine Republik werden muss. Eine politische Utopie. München: Piper.

Habermas, Jürgen (1981a): Theorie des kommunikativen Handelns, Bd. 1: Handlungsrationalität und gesellschaftliche Rationalisierung. Frankfurt a. M.: Suhrkamp.

Habermas, Jürgen (1981b): Theorie des kommunikativen Handelns, Bd. 2: Zur Kritik der funktionalistischen Vernunft. Frankfurt a. M.: Suhrkamp.

Hanisch, Klaudia (2017): Ungarns rechtsnationale Wende als reaktionäre Mitte-Utopie. Soziokultureller Wandel nach 1989 und die adaptive Politik des Fidesz. In: Jörke, Dirk; Nachtwey, Oliver (Hg.): Das Volk gegen die (liberale) Demokratie. Leviathan, 45, Sonderband 32, S. 81–105. doi: 10.5771/9783845287843-78.

Hänzi, Denis (2015): Verheißungsvolle Potenziale. Ein neues Ideal der zukunftssicheren (Selbst-)Investition? In: Berliner Journal für Soziologie, 25 (1-2), S. 215–236. doi: 10.1007/s11609-015-0283-x.

Hark, Sabine; Villa, Paula-Irene (Hg.) (2015): Anti-Genderismus. Sexualität und Geschlecht als Schauplätze aktueller politischer Auseinandersetzung. Bielefeld: transcript.

Hartmann, Michael (2009): Die transnationale Klasse. Mythos oder Realität. Soziale Welt, 60 (3), S. 285–303. doi: 10.5771/0038-6073-2009-3-285.

Harvey, David (2005): A Brief History of Neoliberalism. New York: Oxford University Press.

Heinze, Rolf G. (2011): Die erschöpfte Mitte. Zwischen marktbestimmten Soziallagen, politischer Stagnation und der Chance auf Gestaltung. Weinheim und Basel: Juventa.

Heitmeyer, Wilhelm (2010): Deutsche Zustände. Frankfurt a. M.: Suhrkamp.

Helbig, Marcel; Jähnen, Stefanie (2018): Wie brüchig ist die soziale Architektur unserer Städte? Trends und Analysen der Segregation in 74 deutschen Städten. WZB Discussion Paper P 2018-001. Berlin: Wissenschaftszentrum Berlin für Sozialforschung.

Herbert Quandt-Stiftung (Hg.) (2007): Zwischen Erosion und Erneuerung. Die gesellschaftliche Mitte in Deutschland. Frankfurt a. M.: Societäts-Verlag.

Hillebrand, Ernst (Hg.) (2015): Rechtspopulismus in Europa. Gefahr für die Demokratie? Dietz: Bonn.

Hochschild, Arlie Russell (2002): Keine Zeit. Wenn die Firma zum Zuhause wird und zu Hause nur Arbeit wartet. Opladen: Leske + Budrich.

Hochschild, Arlie Russell (2017): Fremd in ihrem Land: Eine Reise ins Herz der amerikanischen Rechten. Frankfurt a. M.: Campus.

Hondrich, Karl Otto (1997): Wie werden wir die sozialen Zwänge los? Zur Dialektik von Kollektivierung und Individualisierung. Merkur, 577, S. 283–292.

Houellebecq, Michel (2015): Unterwerfung. Köln: DuMont.

Huntington, Samuel P. (1996): Kampf der Kulturen. Die Neugestaltung der Weltpolitik im 21. Jahrhundert. München und Wien: Europa.

Illouz, Eva (2003): Der Konsum der Romantik. Liebe und die kulturellen Widersprüche des Kapitalismus. Frankfurt a. M.: Campus.

Illouz, Eva (2009): Die Errettung der modernen Seele. Therapien, Gefühle und die Kultur der Selbsthilfe. Frankfurt a. M.: Suhrkamp.

Inglehart, Ronald F. (1990): Culture Shift in Advanced Industrial Society. Princeton: Princeton University Press.

Inglehart, Ronald F.; Norris, Pippa (2016): Trump, Brexit, and the Rise of Populism. Economic Have-nots and Cultural Backlash. In: Harvard Kennedy School. Faculty Research Working Paper. https://research.hks.harvard.edu/publications/workingpapers/Index.aspx, zuletzt abgerufen am 28.02.2019.

Jäggi, Rahel (2005): Entfremdung. Zur Aktualität eines sozialphilosophischen Problems. Frankfurt a. M. und New York: Campus.

Jörke, Dirk; Nachtwey, Oliver (Hg.) (2017): Das Volk gegen die (liberale) Demokratie. Leviathan, 45, Sonderband 32. Baden-Baden: Nomos. doi: 10.5771/9783845287843.

Jörke, Dirk; Selk, Veith (2015): Der hilflose Antipopulismus. In: Leviathan, 43 (4), S. 484–500. doi: 10.5771/0340-0425-2015-4-484.

Kahrs, Horst (2016): Jenseits der Statistiken sozialer Ungleichheit. Facetten modernisierter Beziehungen zwischen Arbeitswelt, Lebenswelt und Politik. In: Sozialismus, 43 (7-8), S. 5–10.

Kattenbach, Ralph; Schneidhofer, Thomas M.; Lücke, Janine; Latzke, Markus; Loaker, Bernadette; Schramm, Florian; Mayrhofer, Wolfgang (2014): A Quarter of a Century of Job Transitions in Germany. In: Journal of Vocational Behavior, 84 (1), S. 49–58. doi: 10.1016/j.jvb.2013.11.001.

Kaufmann, Franz-Xaver (2005): Schrumpfende Gesellschaft. Frankfurt a. M.: Suhrkamp.

Kaufmann, Jean-Claude (2005): Die Erfindung des Ich. Eine Theorie der Identität. Konstanz: UVK.

Kemper, Andreas (2014): Keimzelle der Nation? Familien- und geschlechterpolitische Positionen der AfD. Eine Expertise. Berlin: Friedrich Ebert Stiftung. http://library.fes.de/pdf-files/dialog/10641-20140414.pdf, zuletzt abgerufen am 28.02.2019.

Kern, Thomas (2008): Soziale Bewegungen. Ursachen, Wirkungen, Mechanismen. Wiesbaden: Springer VS.

King, Vera (2011): Beschleunigte Lebensführung – ewiger Aufbruch. Neue Muster der Verarbeitung und Abwehr von Vergänglichkeit in Lebenslauf und Generationenbeziehungen. In: Psyche, 65 (11), S. 1061–1088. doi: 10.21706/ps-65-11-1061.

King, Vera; Gerisch, Benigna (Hg., 2015): Perfektionierung und Destruktivität. Eine Einführung. In: psychosozial, 38 (3), S. 5–12.

Kitschelt, Herbert (1994): The Transformation of European Social Democracy. Cambridge: Cambridge University Press. doi: 10.1017/CBO9780511622014.

Kniebe, Tobias (2011): Wer hat Angst vorm fremden Mann? Thilo Sarrazin und seine Leser. In: Süddeutsche.de vom 08.01. www.sueddeutsche.de/kultur/thilo-sarrazin-und-seine-leser-wer-hat-angst-vorm-fremden-mann-1.1043753, zuletzt abgerufen am 28.02.2019.

Knötig, Nora (2010): Bildung im Spannungsfeld von Individualisierung und sozialer Distinktion. In: Burzan, Nicole; Berger, Peter A. (Hg.):

Dynamiken (in) der gesellschaftlichen Mitte. Wiesbaden: Springer VS, S. 331–354. doi: 10.1007/978-3-531-92514-1_16.

Kohli, Martin (1985): Die Institutionalisierung des Lebenslaufs. In: Kölner Zeitschrift für Soziologie und Sozialpsychologie, 37 (1), S. 1–29.

Koppetsch, Cornelia (Hg.) (2000): Körper und Status. Zur Soziologie der Attraktivität. Konstanz: UVK.

Koppetsch, Cornelia (2006): Das Ethos der Kreativen. Vom bürgerlichen Beruf zur Kultur des neuen Kapitalismus. Eine Studie zum Wandel von Arbeit und Identität am Beispiel der Werbeberufe. Konstanz: UVK.

Koppetsch, Cornelia (Hg.) (2011): Nachrichten aus den Innenwelten des Kapitalismus. Zur Transformation moderner Subjektivität. Wiesbaden: Springer VS. doi: 10.1007/978-3-531-93482-2.

Koppetsch, Cornelia (2013): Die Wiederkehr der Konformität. Streifzüge durch die verunsicherte Mitte. Frankfurt a. M.: Campus.

Koppetsch, Cornelia (2017a): Aufstand der Etablierten? Rechtspopulismus und die gefährdete Mitte. In: Soziopolis vom 12.04. https://soziopolis.de/beobachten/kultur/artikel/aufstand-der-etablierten/, zuletzt abgerufen am 28.02.2019.

Koppetsch, Cornelia (2017b): Rechtspopulismus, Etablierte und Außenseiter. Emotionale Dynamiken sozialer Deklassierung. In: Jörke, Dirk; Nachtwey, Oliver (Hg.): Das Volk gegen die (liberale) Demokratie. Leviathan, 45, Sonderband 32, S. 199–222. doi: 10.5771/9783845287843-207.

Koppetsch, Cornelia (2017c): In Deutschland daheim, in der Welt zu Hause? In: Soziopolis vom 22.12. https://soziopolis.de/beobachten/gesellschaft/artikel/in-deutschland-daheim-in-der-welt-zu-hause/, zuletzt abgerufen am 28.02.2019.

Koppetsch, Cornelia (2018): Rechtspopulismus als Klassenkampf? Soziale Deklassierung und politische Mobilisierung. In: WSI-Mitteilungen, 5, S. 382–391. doi: 10.5771/0342-300X-2018-5-382.

Koppetsch, Cornelia; Burkart, Günter (1999): Die Illusion der Emanzipation. Zur Reproduktion von Geschlechtsnormen in Paarbeziehungen im Milieuvergleich. Konstanz: UVK.

Koppetsch, Cornelia; Speck, Sarah (2015): Wenn der Mann kein Ernährer mehr ist. Geschlechterkonflikte in Krisenzeiten. Berlin: Suhrkamp.

Kocyba, Piotr (2016): Wieso PEGIDA keine Bewegung harmloser, besorgter Bürger ist. In: Rehberg, Karl-Siegbert; Kunz, Franziska; Schlinzig, Tino (Hg.): PEGIDA. Rechtspopulismus zwischen Fremdenangst und »Wende«-Enttäuschung? Bielefeld: transcript, S. 147–164.

Korzeniewicz, Roberto Patricio; Moran, Timothy Patrick (2009): Unveiling Inequality. A World-Historical Perspective. New York: Russell Sage Foundation.
Krämer, Klaus (2018): Sehnsucht nach dem nationalen Container. Zur symbolischen Ökonomie des neuen Nationalismus in Europa. In: Leviathan, 46 (2), S. 280–302. doi: 10.5771/0340-0425-2018-2-280.
Krastev, Ivan (2017): Europadämmerung. Ein Essay. Berlin: Suhrkamp.
Kriesi, Hanspeter; Grande, Edgar; Lachat, Romain; Dolezal, Martin; Bornschier, Simon; Frey, Timotheos (2006): Globalization and the Transformation of the National Political Space: Six European Countries Compared. In: European Journal of Political Research, 45 (6), S. 921–957. doi: 10.1111/j.1475-6765.2006.00644.x.
Kumkar, Nils C. (2018): The Tea Party, Occupy Wall Street, and the Great Recession. Critical Political Theory and Radical Practice. Cham: Springer Nature.
Küpper, Beate; Zick, Andreas; Krause, Daniela (2015): Pegida in den Köpfen – Wie rechtspopulistisch ist Deutschland? In: Melzer, Ralf; Molthagen, Dietmar (Hg.): Wut, Verachtung, Abwertung. Rechtspopulismus in Deutschland. Bonn: Dietz, S. 21–43.
Latour, Bruno (2018): Das terrestrische Manifest. Berlin: Suhrkamp.
Lengfeld, Holger; Hirschle, Jochen (2010): Die Angst der Mittelschicht vor dem sozialen Abstieg. Eine Längsschnittanalyse 1984–2007. In: Burzan, Nicole; Berger, Peter (Hg.): Dynamiken (in) der gesellschaftlichen Mitte. Wiesbaden: Springer VS, S. 181–200. doi: 10.1007/978-3-531-92514-1_9.
Lengfeld, Holger (2017): Die ›Alternative für Deutschland‹. Eine Partei für Modernisierungsverlierer? In: Kölner Zeitschrift für Soziologie und Sozialpsychologie, 69 (2), S. 209–232. doi: 10.1007/s11577-017-0446-1.
Lessenich, Stephan (2009): Der Wohlfahrtsstaat nach der Krise oder Die doppelte Privatisierung des Sozialen. In: Gegenblende 1, https://gegenblende.dgb.de/++co++2ede8f72-e3f0-11de-5a38-00093d10fae2, zuletzt abgerufen am 28.02.2019.
Lessenich, Stephan (2018): Die ewige Mitte und das Gespenst der Arbeitergesellschaft. In: Schöneck, Nadine M.; Ritter, Sabine (Hg.): Die Mitte als Kampfzone. Wertorientierungen und Abgrenzungspraktiken der Mittelschichten. Bielefeld: transcript.
Levitt, Peggy; Glick Schiller, Nina (2004): Conceptualizing Simultaneity. A Transnational Social Field Perspective on Society. In: International Migration Review, 38 (3), S. 1002–1039.

Lilla, Marc (2018): Der Glanz der Vergangenheit. Über den Geist der Reaktion. Zürich: NZZ Libro.

Littler, Craig R.; Wiesner, Retha; Dunford, Richard (2003): The Dynamics of Delayering. Changing Management Structures in Three Countries. In: Journal of Management Studies, 40 (2), S. 225–256. doi: 10.1111/146 7-6486.00339.

Lohmann, Henning; Katharina C. Spieß; Feldhaus, Christoph (2009): Der Trend zur Privatschule geht an bildungsfernen Eltern vorbei. Berlin: DIW-Wochenbericht, 38, S. 640–646.

Löw, Martina (2001): Raumsoziologie. Frankfurt a. M.: Suhrkamp.

Löw, Martina (2018): Vom Raum aus die Stadt denken. Grundlagen einer raumtheoretischen Stadtsoziologie. Bielefeld: transcript.

Löw, Martina; Berking, Helmuth (Hg.) (2008): Die Eigenlogik der Städte. Neue Wege für die Stadtforschung. Frankfurt a. M.: Campus.

Manow, Philip (2018): Die National Mall in Washington, DC – Einheit und Differenz des demokratischen Souveräns. In: Huhnholz, Sebastian; Hausteiner, Eva Marlene (Hg.): Politische Ikonographie und Differenzrepräsentation. Leviathan, 46, Sonderband 34, S. 182–195.

Manske, Alexandra (2007): Prekarisierung auf hohem Niveau. Eine Feldstudie über Alleinunternehmer in der IT-Branche. München und Mering: Rainer Hampp.

Manske, Alexandra (2015): Kapitalistische Geister in der Kultur- und Kreativwirtschaft. Bielefeld: transcript.

Manske, Alexandra; Pühl, Katharina (Hg.) (2005): Prekarisierung zwischen Anomie und Normalisierung. Geschlechtertheoretische Bestimmungen. Münster: Westfälisches Dampfboot.

Marg, Stine (2014): Mitte in Deutschland. Zur Vermessung eines politischen Ortes. Bielefeld: transcript.

Marx, Karl (2014 [1867]): Das Kapital. Kritik der politischen Ökonomie. Hamburg: Nikol.

Mau, Steffen (2007): Transnationale Vergesellschaftung. Die Entgrenzung sozialer Lebenswelten. Frankfurt a. M. und New York: Campus.

Mau, Steffen (2012): Lebenschancen. Wohin driftet die Mittelschicht? Berlin: Suhrkamp.

Mau, Steffen (2015): Die halbierte Meritokratie. In: Mau, Steffen; Schöneck, Nadine M. (Hg.): (Un-)Gerechte (Un-)Gleichheiten. Berlin: Suhrkamp, S. 36–45.

McRobbie, Angela (2010): Top Girls. Feminismus und der Aufstieg des neoliberalen Geschlechterregimes. Wiesbaden: Springer VS.

Merkel, Wolfgang (2017): Kosmopolitismus versus Kommunitarismus. Ein neuer Konflikt in der Demokratie. In: Harfst, Philipp; Kubbe, Ina; Poguntke, Thomas (Hg.): Parties, Governments and Elites. The Comparative Study of Democracy. Wiesbaden: Springer VS. doi: 10.1007/978-3-658-17446-0_2.

Michéa, Jean-Claude (2014): Das Reich des kleineren Übels. Berlin: Matthes & Seitz.

Milanović, Branko (2016): Die ungleiche Welt. Migration, das Eine Prozent und die Zukunft der Mittelschicht. Berlin: Suhrkamp.

Mishra, Pankaj (2017): Das Zeitalter des Zorns. Frankfurt a. M.: Fischer.

Mitscherlich, Alexander (1965): Die Unwirtlichkeit unserer Städte. Anstiftung zum Unfrieden. Frankfurt a. M.: Suhrkamp.

Mohler, Armin (1950): Die konservative Revolution in Deutschland 1918–1932. Stuttgart: Vorwerk.

Möllers, Christoph (2017): Wir, die Bürger(lichen). In: Merkur, 818, S. 5–16.

Mouffe, Chantal (1993): The Return of the Political. London: Verso.

Mouffe, Chantal (2007): Über das Politische. Wider die kosmopolitische Illusion. Frankfurt a. M.: Suhrkamp.

Mudde, Cas (2007): Populist Radical Right Parties in Europe. Cambridge: Cambridge University Press. doi: 10.1017/CBO9780511492037.

Mudde, Cas (2016): Populist Radical Right Parties in Europe Today. In: Abromeit, John et al. (Hrsg.): Transformations of Populism in Europe and the Americas: History and Recent Tendencies. London: Bloomsbury Academic, S. 295–307.

Müller, Hans-Peter (2014): Pierre Bourdieu. Eine systematische Einführung. Berlin: Suhrkamp.

Müller-Hilmer, Rita (2006): Gesellschaft im Reformprozess. TNS Infratest Sozialforschung. Friedrich Ebert Stiftung. https://www.kantartns.de/sofo/_pdf/2006_fes_ergebnisse.pdf, zuletzt abgerufen am 28.02.2019.

Müller-Hilmer, Rita; Gagné, Jérémie (2018): Was verbindet, was trennt die Deutschen? Werte und Konfliktlinien in der deutschen Wählerschaft im Jahr 2017. Forschungsförderung Report. Düsseldorf: Hans-Böckler-Stiftung.

Müller, Jan-Werner (2017): Fake Volk? Über Wahrheit und Lüge im populistischen Sinne. Kursbuch 189. Hamburg: Sven Murmann.

Münch, Richard (2002): Die Grenzen der zivilgesellschaftlichen Selbstorganisation. Ein modernisierungstheoretischer Blick auf die amerikanische Debatte über Multikulturalismus, Gemeinsinn und Sozialkapital. Berliner Journal für Soziologie, 12 (4), S. 445–465. doi: 10.1007/ BF03204071.

Münch, Richard (2007): Die akademische Elite. Frankfurt a. M.: Suhrkamp.

Münch, Richard (2009): Das Regime des liberalen Kapitalismus. Inklusion und Exklusion im neuen Wohlfahrtsstaat. Frankfurt a. M. und New York: Campus.

Münch, Richard (2011): Akademischer Kapitalismus. Über die politische Ökonomie der Hochschulreform. Frankfurt a. M.: Suhrkamp.

Münkler, Herfried (1996): Reich. Nation. Europa. Modelle politischer Ordnung. Weinheim: Beltz Athenäum.

Münkler, Herfried (2004): Enzyklopädie der Ideen der Zukunft. Solidarität. In: Beckert, Jens; Eckert, Julia; Kohli, Martin; Streeck, Wolfgang (Hg.): Transnationale Solidarität. Chancen und Grenzen. Frankfurt a. M.: Campus, S. 15–30.

Münkler, Herfried (2010): Mitte und Maß. Der Kampf um die richtige Ordnung. Berlin: Rowohlt.

Münkler, Herfried; Münkler, Marina (2016): Die neuen Deutschen: Ein Land vor seiner Zukunft. Berlin: Rowohlt.

Nachtwey, Oliver (2016): Die Abstiegsgesellschaft: Über das Aufbegehren in der regressiven Moderne. Berlin: Suhrkamp.

Nassehi, Armin (2018): Gab es 1968? Eine Spurensuche. Hamburg: Murmann.

Neckel, Sighard (1991): Status und Scham. Zur symbolischen Reproduktion sozialer Ungleichheit. Frankfurt a. M. und New York: Campus.

Neckel, Sighard (2005): Emotion by Design. Das Selbstmanagement der Gefühle als kulturelles Programm. In: Berliner Journal für Soziologie, 15 (3), S. 419–430. doi: 10.1007/s11609-005-0208-1.

Neckel, Sighard (2008): Flucht nach vorn. Die Erfolgskultur der Marktgesellschaft. Frankfurt a. M.: Campus.

Neckel, Sighard; Hofstätter, Lukas; Hohmann, Marco (2018): Die globale Finanzklasse. Business, Karriere, Kultur in Frankfurt und Sidney. Frankfurt und New York: Campus.

Neidhardt, Friedhelm; Rucht, Dieter (1993): Auf dem Weg in die ›Bewegungsgesellschaft‹? Über die Stabilisierbarkeit sozialer Bewegungen. In: Soziale Welt, 44 (3), S. 305–326.

Neugebauer, Gero (2007): Politische Milieus in Deutschland. Dietz: Bonn.
Nietzsche, Friedrich (1999 [1878]): Menschliches, Allzumenschliches. In: Ders.; Colli, Giorgio (Hg.): Sämtliche Werke. Kritische Studienausgabe in 15 Bänden. Bd. 2. München: dtv.
Nietzsche, Friedrich (1999 [1887]): Zur Genealogie der Moral. Eine Streitschrift. In: Ders.; Colli, Giorgio (Hg.): Sämtliche Werke. Kritische Studienausgabe in 15 Bänden. Bd. 5. München: dtv.
Nolte, Paul; Hilpert, Dagmar (2007): Wandel und Selbstbehauptung. die gesellschaftliche Mitte in historischer Perspektive. In: Herbert Quandt-Stiftung (Hg.): Zwischen Erosion und Erneuerung. Die gesellschaftliche Mitte in Deutschland. Ein Lagebericht. Frankfurt: Societäts-Verlag, S. 11–103.
Nussbaum, Martha (2019): Königreich der Angst. Gedanken zur aktuellen politischen Krise. Darmstadt: wgb Theiss.
Oesch, Daniel (2008): Explaining Workers' Support for Right-Wing Populist Parties in Western Europe. Evidence from Austria, Belgium, France, Norway, and Switzerland. In: International Political Science Review, 2 (3), S. 349–373. doi: 10.1177/0192512107088390.
Opitz, Sven; Tellmann, Ute (2012): Global Territories. Zones of Economic and Legal Dis/connectivity. In: Distinktion. Scandinavian Journal of Social Theory, 13 (3), S. 261–282. doi: 10.1080/1600910X.2012.724432.
Paris, Rainer (2010): Neid. Von der Macht eines versteckten Gefühls. Waltrop: Manuscriptum.
Peterson, Richard A.; Kern, Roger M. (1996): Changing Highbrow Taste. From Snob to Omnivore. In: American Sociological Review, 61 (5), S. 900–907. doi: 10.2307/2096460.
Peuckert, Rüdiger (2008): Familienformen im sozialen Wandel. Wiesbaden: Springer VS.
Pfaller, Robert (2008): Ästhetik der Interpassivität. Hamburg: Philo Fine Arts.
Piketty, Thomas (2014): Das Kapital im 21. Jahrhundert. München: Beck. doi: 10.17104/9783406671326.
Pohlmann, Markus (2009): Globale ökonomische Eliten? Eine Globalisierungsthese auf dem Prüfstand der Empirie. In: Kölner Zeitschrift für Soziologie und Sozialpsychologie, 61 (4), S. 513–534. doi: 10.1007/s11577-009-0083-4.

Pollak, Reinhard (2010): Kaum Bewegung, viel Ungleichheit. Eine Studie zu sozialem Auf- und Abstieg in Deutschland. Berlin: Heinrich-Böll-Stiftung.

Popper, Karl (2003): Die offene Gesellschaft und ihre Feinde, Bd. 1: Der Zauber Platons. Tübingen: Mohr Siebeck.

Pries, Ludger (Hg., 1997): Transnationale Migration. Baden-Baden: Nomos.

Pries, Ludger (2008): Die Transnationalisierung der sozialen Welt. Frankfurt a. M.: Suhrkamp.

Priester, Karin (2007): Populismus. Historische und aktuelle Erscheinungsformen. Frankfurt a. M.: Campus.

Priester, Karin (2012): Rechter und linker Populismus. Annäherung an ein Chamäleon. Frankfurt a. M.: Campus.

Prigge, Walter (Hg., 1998): Peripherie ist überall. Frankfurt und New York: Campus.

Przyborski, Aglaja; Wohlrab-Sahr, Monika (2010): Qualitative Sozialforschung. Ein Arbeitsbuch. München: Oldenbourg.

Putnam, Robert (Hg.) (2001): Gesellschaft und Gemeinsinn. Sozialkapital im internationalen Vergleich. Gütersloh: Bertelsmann-Stiftung.

Putnam, Robert (2008): The Growing Class Gap. Pittsburgh: Post-Gazette.

Reckwitz, Andreas (2017): Die Gesellschaft der Singularitäten. Zum Strukturwandel der Moderne. Berlin: Suhrkamp.

Reich, Robert (1993): Die neue Weltwirtschaft. Frankfurt a. M. und Berlin: Ullstein.

Reichhardt, Sven (2014): Authentizität und Gemeinschaft. Linksalternatives Leben in den siebziger und frühen achtziger Jahren. Frankfurt a. M.: Suhrkamp.

Retzlaff, Nane; Weidenhaus, Gunter (2015): Heimat in der Fremde. In: Berliner Republik. Das Debattenmagazin, 5, S. 32–34.

Riesebrodt, Martin (1990): Fundamentalismus als patriarchalische Protestbewegung. Tübingen: Mohr.

Rippl, Susanne; Klein, Marius; Wittenburg, Friederike; Kolb, Julia; Otto, Alina; Gärtner, Ricarda; Hinze, Stefanie (2016): Pegida und Co. Erste Ergebnisse einer Telefonumfrage in Chemnitz. Erklärungsansätze und erste Befunde. Forschungsbericht: TU Chemnitz, Institut für Soziologie. doi: 10.13140/RG.2.1.2077.6564.

Rippl, Susanne; Seipel, Christian (2018): Modernisierungsverlierer, Cultural Backlash, Postdemokratie. Was erklärt rechtspopulistische Orientierungen? Kölner Zeitschrift für Soziologie und Sozialpsychologie, 70 (2), S. 237–254. doi: 10.1007/s11577-018-0522-1.

Rokkan, Stein (2000): Staat, Nation und Demokratie in Europa. Die Theorie Stein Rokkans aus seinen gesammelten Werken rekonstruiert und eingeleitet von Peter Flora. Frankfurt a. M.: Suhrkamp.

Rosanvallon, Pierre (2013): Die Gesellschaft der Gleichen. Hamburg: Hamburger Edition.

Said, Edward D. (2003 [1978]): Orientalism. London: Penguin Books.

Sassen, Saskia (1991): The Global City. New York, London, Tokyo. Princeton: Princeton University Press.

Sassen, Saskia (1996): Metropolen des Weltmarktes. Die neue Rolle der Global Cities. Frankfurt a. M.: Campus.

Sassen, Saskia (2015): Losing Control. Sovereignty in an Age of Globalization. New York. Columbia University Press.

Sassen, Saskia (Hg.) (2007): Deciphering the Global. Its Scales, Spaces and Subjects. Routledge: Taylor & Francis Group.

Sauer, Dieter; Stöger, Ursula; Bischoff, Joachim; Detje, Richard; Müller, Bernhard (2018): Rechtspopulismus und Gewerkschaften. Eine arbeitsweltliche Spurensuche. Hamburg: VSA.

Schaffner, Brian F.; MacWilliams, Matthew; Nteta, Tatishe (2018): Understanding White Polarization in the 2016 Vote for President: The Sobering Role of Racism and Sexism. In: Political Science Quarterly, 133 (1), S. 9–34. doi: 10.1002/polq.12737.

Scheler, Max (1978 [1912]): Das Ressentiment im Aufbau der Moralen. Frankfurt a. M.: Vittorio Klostermann.

Schiffauer, Werner (2008): Parallelgesellschaften. Wie viel Wertekonsens braucht unsere Gesellschaft? Für eine kluge Politik der Differenz. Bielefeld: transcript.

Schüle, Christian (2017): Heimat. Ein Phantomschmerz. München: Droemer.

Schultheiss, Franz; Herold, Stefan (2010): Précarité und Prekarität. Zur Thematisierung der sozialen Frage des 21. Jahrhunderts im deutsch-französischen Vergleich. In: Busch, Michael; Jeskow, Jan; Stutz, Rüdiger (Hg.): Zwischen Prekarisierung und Protest. Die Lebenslagen und Generationsbilder von Jugendlichen in Ost und West. Bielefeld: transcript, S. 243–274.

Schwander, Hanna; Manow, Philip (2017): It's not the Economy, Stupid! Explaining the Electoral Success of the German Right-wing Populist

AfD. CIS Working Paper 4/2017, Center for Comparative and International Studies (CIS), Universität Zürich. https://www.zora.uzh.ch/id/eprint/143147/, zuletzt abgerufen am 28.02.2019.

Schwarzbözl, Tobias; Fatke, Matthias (2016): Außer Protesten nichts gewesen? Das politische Potenzial der AfD. In: Politische Vierteljahresschrift, 57 (2), S. 276–299. doi: 10.5771/0032-3470-2016-2-276.

Sennett, Richard (2000): Der flexible Mensch. Die Kultur des neuen Kapitalismus. New York: Siedler.

Shachar, Ayelet (2009): The Birthright Lottery. Citizenship and Global Inequality. Cambridge: Harvard University Press.

Siegrist, Hannes (2004): Wie bürgerlich war die Bundesrepublik, wie entbürgerlicht die DDR? Verbürgerlichung und Antibürgerlichkeit in historischer Perspektive. In: Hockerts, Hans Günther (Hg.): Koordinaten deutscher Geschichte in der Epoche des Ost-West-Konflikts. München: Oldenbourg, S. 207–243. doi: 10.1524/9783486594607.207.

Sieverts, Thomas (1997): Zwischenstadt. Zwischen Ort und Welt, Raum und Zeit, Stadt und Land. Braunschweig und Wiesbaden: Vieweg.

Sigusch, Volkmar (2005): Neosexualitäten. Über den kulturellen Wandel von Liebe und Perversion. Frankfurt a. M.: Campus.

Simmel, Georg (1992): Soziologie. Untersuchungen über die Formen der Vergesellschaftung. Frankfurt a. M.: Suhrkamp.

Siri, Jasmin (2015): Paradoxien konservativen Protests. Das Beispiel der Bewegungen gegen Gleichstellung in der BRD. In: Hark, Sabine; Villa, Paula-Irene (Hg.): Anti-Genderismus. Sexualität und Geschlecht als Schauplätze aktueller politischer Auseinandersetzung. Bielefeld: transcript, S. 239–256.

Sklair, Leslie (2001): The Transnational Capitalist Class. Oxford und Malden: Blackwell.

Sloterdijk, Peter (2006): Im Weltinneren des Kapitals. Für eine philosophische Theorie der Globalisierung. Frankfurt a. M.: Suhrkamp.

Sloterdijk, Peter (2008): Zorn und Zeit. Politisch-psychologischer Versuch. Frankfurt a. M.: Suhrkamp.

Smith, Anthony D. (1995): Nations and Nationalism in a Global Era. Cambridge: Polity.

Smith, Anthony D. (2007): Nations and Nationalism in a Global Era. New York: John Wiley & Sons.

Staab, Philipp (2014): Macht und Herrschaft in der Servicewelt. Hamburg: Hamburger Edition.

Statistisches Bundesamt (2018a): Pressemitteilung Nr. 282 vom 01.08.2018: Bevölkerung mit Migrationshintergrund 2017 um 4,4 Prozent gegenüber Vorjahr gestiegen. https://www.destatis.de/DE/PresseService/Presse/Pressemitteilungen/2018/08/PD18_282_12511.html, zuletzt aufgerufen am 28.02.2019.

Statistisches Bundesamt (2018b): Bevölkerung in Privathaushalten nach Migrationshintergrund und Altersgruppen. https://www.destatis.de/DE/ZahlenFakten/GesellschaftStaat/Bevoelkerung/MigrationIntegration/Migrationshintergrund/Tabellen/MigrationshintergrundAlter.html, zuletzt aufgerufen am 28.02.2019.

Statistisches Bundesamt (2018c): Statistisches Jahrbuch 2018. Wiesbaden: Statistisches Bundesamt. https://www.destatis.de/DE/Publikationen/StatistischesJahrbuch/StatistischesJahrbuch2018.pdf?__blob=publicationFile, zuletzt aufgerufen am 28.02.2019.

Stawarz, Nico (2015): Soziale Mobilität in Deutschland revisited. Die Entwicklung der Karrieremobilität in den letzten 80 Jahren. In: Kölner Zeitschrift für Soziologie und Sozialpsychologie, 67 (2), S. 269–291. doi: 10.1007/s11577-015-0308-7.

Stegemann, Bernd (2017): Das Gespenst des Populismus. Ein Essay zur politischen Dramaturgie. Berlin: Theater der Zeit.

Steinfeld, Thomas (2018): Der Held der Arbeiterklasse. Wechselfälle seiner Geschichte. In: Merkur, 825, S. 5–14.

Stenner, Karen (2005): The Authoritarian Dynamic. Cambridge und New York: University Press. doi: 10.1017/CBO9780511614712.

Tormey, Simon (2015): Vom Ende der repräsentativen Politik. Hamburg: Hamburger Edition.

Touraine, Alain (1991): Can One Still Be on the Left? In: Thesis Eleven, 28 (1), S. 100–104.

Treibel, Annette (2015): Integriert Euch! Plädoyer für ein selbstbewusstes Einwanderungsland. Frankfurt a. M.: Campus.

van Dyk, Silke (2017): Krise der Faktizität? Über Wahrheit und Lüge in der Politik und die Aufgabe der Kritik. In: Prokla, 47 (3), S. 347–368.

Vehrkamp, Robert; Wegschaider, Klaudia (2017): Populäre Wahlen. Mobilisierung und Gegenmobilisierung der sozialen Milieus bei der Bundestagswahl 2017. Gütersloh: Bertelsmann Stiftung.

Verhaeghe, Paul (2014): Der neoliberale Charakter. In: Der Freitag, 43. https://www.freitag.de/autoren/the-guardian/der-neoliberale-charakter, zuletzt abgerufen am 28.02.2019.

Vester, Michael (2017): Der Kampf um soziale Gerechtigkeit. Der Rechtspopulismus und die Potentiale politischer Mobilisierung. Zweiter Teil des Essays »Der gesellschaftliche Strukturwandel und der Kampf um soziale Gerechtigkeit in der Bundesrepublik Deutschland«. Rosa Luxemburg Stiftung. https://www.rosalux.de/publikation/id/14744/der-kampf-um-soziale-gerechtigkeit/, zuletzt abgerufen am 28.02.2019.

Vester, Michael; von Oertzen, Peter; Geiling, Heiko; Hermann, Thomas; Müller, Dagmar (2001): Soziale Milieus im gesellschaftlichen Strukturwandel. Frankfurt a. M.: Suhrkamp.

Villa, Paula-Irene (2013): Prekäre Körper in prekären Zeiten. Ambivalenzen gegenwärtiger somatischer Technologien des Selbst. In: Mayer, Ralf; Thompson, Christiane; Wimmer, Michael (Hg.): Inszenierung und Optimierung des Selbst. Zur Analyse gegenwärtiger Selbsttechnologien. Wiesbaden: Springer VS, S. 57–73. doi: 10.1007/978-3-658-00465-1_3.

Vobruba, Georg (2012): Der postnationale Raum. Die Transformation von Souveränität und Grenzen in Europa. Weinheim und Basel: Beltz .

Vogel, Berthold (2009): Wohlstandskonflikte. Soziale Fragen, die aus der Mitte kommen. Hamburg: Hamburger Edition.

Vogel, Berthold (2011): Mittelschicht zwischen Abstiegsängsten und hoher Belastung. In: Wirtschaftsdienst, 91 (8), S. 507–525. doi: 10.1007/s10273-011-1256-0.

von Braun, Christina (2017): Anti Genderismus. In: Kursbuch, 192.

Vorländer, Hans; Herold, Maik; Schäller, Steffen (2017): Entfremdung, Empörung, Ethnozentrismus. Was PEGIDA über den sich formierenden Rechtspopulismus verrät. In: Jörke, Dirk; Nachtwey, Oliver (Hg.): Das Volk gegen die (liberale) Demokratie. Leviathan, 45, Sonderband 32, S. 138–159.

Wagner, Greta (2017): Selbstoptimierung. Praxis und Kritik von Neuroenhancement. Frankfurt a. M.: Campus.

Wallerstein, Immanuel (1983): Historical Capitalism. London: Verso.

Walter, Franz (2009): Im Herbst der Volksparteien? Eine kleine Geschichte von Aufstieg und Rückgang politischer Massenintegration. Bielefeld: transcript.

Walter, Franz (2010): Gelb oder Grün? Kleine Parteiengeschichte der besserverdienenden Mitte in Deutschland. Bielefeld: transcript.

Weber, Hannes (2016): Der Einfluss des kontextuellen Einwandereranteils auf den Integrationserfolg von Migranten und Einstellungen zur

Zuwanderung in Westeuropa. Stuttgart: Universitätsbibliothek der Universität Stuttgart.
Weber, Iris (1997): Nation, Staat, Elite. Die Ideologie der Neuen Rechten. Köln: PapyRossa.
Wehrheim, Jan (2012): Die überwachte Stadt. Sicherheit, Segregation und Ausgrenzung. Opladen: Budrich.
Weiß, Anja (2017): Soziologie globaler Ungleichheiten. Berlin: Suhrkamp.
Weiß, Volker (2011): Deutschlands Neue Rechte. Angriff der Eliten von Spengler bis Sarrazin. Paderborn: Ferdinand Schöningh.
Weiß, Volker (2017): Die autoritäre Revolte. Die Neue Rechte und der Untergang des Abendlandes. Stuttgart: Klett-Cotta.
Werding, Martin; Müller, Marianne (2007): Globalisierung und gesellschaftliche Mitte. Beobachtungen aus ökonomischer Sicht. In: Herbert-Quandt-Stiftung (Hg.): Zwischen Erosion und Erneuerung. Die gesellschaftliche Mitte in Deutschland. Ein Lagebericht. Frankfurt a. M.: Societäts-Verlag, S. 103–161.
Wimbauer, Christine; Motafek, Mona; Teschlade, Julia (2015): Prekäre Selbstverständlichkeiten. Neun prekarisierungstheoretische Thesen zu Diskursen gegen Gleichstellungspolitik und Geschlechterforschung. In: Hark, Sabine; Villa, Paula-Irene (Hg.): Anti-Genderismus. Sexualität und Geschlecht als Schauplätze aktueller politischer Auseinandersetzung. Bielefeld: transcript, S. 41–57.
Wouters, Cas (1999): Informalisierung. Norbert Elias' Zivilisationstheorie und Zivilisationsprozesse im 20. Jahrhundert. Wiesbaden: Springer VS.
Zeh, Juli (2016): Unterleuten. München: Luchterhand.
Zick, Andreas; Klein, Anna; Melzer, Ralf (Hg.) (2014): Fragile Mitte. Feindselige Zustände. Rechtsextreme Einstellungen in Deutschland 2014. Berlin: Dietz.
Zick, Andreas; Küpper, Beate; Melzer, Ralf; Molthagen, Dietmar (Hg.) (2015): Wut, Verachtung und Abwertung. Rechtspopulismus in Deutschland. Bonn: Dietz.
Zielonka, Jan (2018): Counter-Revolution. Liberal Europe in Retreat. Oxford: Oxford University Press.
Žižek, Slavoj (2018): Ein Klüngel aus privaten und staatlichen Akteuren will unsere Freiheit rauben. Aber die Bürger-Wut wächst. NZZ vom 30.09. https://www.nzz.ch/feuilleton/wenn-unfreie-sich-fuer-frei-halten-ld.1423150, zuletzt abgerufen am 28.02.2019.

Soziologie

Juliane Karakayali, Bernd Kasparek (Hg.)
movements.
Journal for Critical Migration and Border Regime Studies
Jg. 4, Heft 2/2018

Februar 2019, 246 S., kart.
24,99 €(DE), 978-3-8376-4474-6

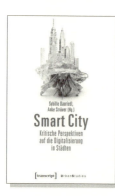

Sybille Bauriedl, Anke Strüver (Hg.)
Smart City –
Kritische Perspektiven auf die Digitalisierung in Städten

2018, 364 S., kart.
29,99 € (DE), 978-3-8376-4336-7
E-Book: 26,99 € (DE), ISBN 978-3-8394-4336-1
EPUB: 26,99 € (DE), ISBN 978-3-7328-4336-7

Weert Canzler, Andreas Knie, Lisa Ruhrort, Christian Scherf
Erloschene Liebe?
Das Auto in der Verkehrswende
Soziologische Deutungen

2018, 174 S., kart., zahlr. Abb.
19,99 € (DE), 978-3-8376-4568-2
E-Book: 17,99 € (DE), ISBN 978-3-8394-4568-6
EPUB: 17,99 € (DE), ISBN 978-3-7328-4568-2

Leseproben, weitere Informationen und Bestellmöglichkeiten finden Sie unter www.transcript-verlag.de

Soziologie

Gianna Behrendt, Anna Henkel (Hg.)
10 Minuten Soziologie: Fakten

2018, 166 S., kart.
16,99 € (DE), 978-3-8376-4362-6
E-Book: 14,99 € (DE), ISBN 978-3-8394-4362-0

Heike Delitz
Kollektive Identitäten

2018, 160 S., kart.
14,99 € (DE), 978-3-8376-3724-3
E-Book: 12,99 € (DE), ISBN 978-3-8394-3724-7

Anna Henkel (Hg.)
10 Minuten Soziologie: Materialität

2018, 122 S., kart.
15,99 € (DE), 978-3-8376-4073-1
E-Book: 13,99 €(DE), ISBN 978-3-8394-4073-5

**Leseproben, weitere Informationen und Bestellmöglichkeiten
finden Sie unter www.transcript-verlag.de**